プロのための
肉料理
大事典

牛・豚・鳥からジビエまで
300のレシピと技術を解説

ニコラ・フレッチャー 著　田辺晋太郎 監修　リース恵実 訳

NICHOLA FLETCHER

目次

はじめに 7

第1章 肉の基礎知識

肉をめぐる今日の諸問題 10
肉店の選び方と良質な肉の調達 12
肉のおいしさを構成する要素 14
包丁の話 16
生肉の加工について 18
皮下 20
スモーク（温燻）.............................. 22
ゆっくりが肝心 24
勢いよく、激しく 26
肉をローストする 28
ソースを作る 30
味付けの組み合わせ 32
少量の肉を生かして 34
鳥を切り分ける 36
肉を関節で切り分ける 38
カットと調理法一覧 40
調理法別レシピ紹介 46

第2章 家禽類の肉

家禽類の肉 54
家禽類のカット 56
家禽肉の保存食品 58
鳥の骨抜き…60
鳥のスパッチコック 61
家禽肉のレシピ 62

第3章 豚肉

豚肉 98
豚肉のカット 100
ベーコンとハム 102
乾燥／塩漬けソーセージ 104
仔豚の下準備 106
豚肉のレシピ 108

第4章 牛肉と仔牛肉

牛肉と仔牛肉 142
牛肉のカット 144
仔牛、バッファロー、バイソンのカット 146
牛肉の保存食品 148
ソルトビーフを作る 150
パストラミを作る 151
牛肉と仔牛肉のレシピ 152

第5章 仔羊肉と山羊肉

仔羊肉と山羊肉 186
羊肉と山羊肉のカット 188
仔羊肉と山羊肉の保存食品 190
脚を「バタフライ」にする 192
ラックのフレンチトリミング 193
仔羊肉と山羊肉のレシピ 194

第6章 狩猟肉

狩猟肉 224
毛皮を持つ狩猟肉のカット 226
羽毛を持つ狩猟肉のカット 228
狩猟肉の保存食品 230
狩猟肉をしっとり仕上げる 232
ウサギをカットする 233
狩猟肉のレシピ 234

第7章 臓物・その他の副産物

臓物・その他の副産物 260
臓物のカット 261
その他の副産物のカット 263
臓物・その他の副産物の保存食品 264
臓物の下準備 266
ブラックプディングを作る 268
臓物のレシピ 270

第8章 家で解体する

家で解体する 290
豚、仔羊、仔鹿 292
牛と大型の鹿 300
猟鳥の下準備 304
小動物の下準備 306
ソーセージの下準備と作り方 308
新鮮なソーセージを作る 310

索引 312

はじめに

　肉はじつに面白い題材です。光栄なことに、私はフードライター、教師、食物史家、農家、そして食肉加工を通して、40年以上にもわたり肉に関わってきました。そして、そのことが私に多面的なキャリアを与えてくれました。また、田舎での暮らしを通して私は野生動物についてもたくさんのことを学ぶことができました。この本を通して、私が得ることのできた洞察の一部をみなさんと共有できれば幸いです。

　肉を食べるということは、ただそれを食べたり、分け合ったりする喜びだけでなく、もっと複雑で強い感情を生むものです。例えば私が肉を食べるためには動物が命を落としているという事実、こうしたことを私は肉に関する様々なキャリアを通して学びました。

　狩人、遊牧民、牛飼い、そして農民といった役割を通して、人が動物と触れ合ってきたことを理解することが、バーチャル化、都市化の進む現代ではますます難しくなっています。例えば動物がどんな場面で苦痛を感じたり、静まるのかを観察したり、熟練の手さばきで肉が解体されたりする様子を見る機会はあまりないでしょう。動物と密接に関わることで、私たちは必然的に彼らを尊ぶことを学んできたのです。社会として私たちがこの親密さを失ってしまったことは、肉に対する不可解さ、困惑、そして恐れを生む可能性があります。

　しかし、敬意を払って動物を扱えば、恐れることは何もないのです。動物を育て、苦しまないように屠殺することは可能ですし、また、自然界の均衡が簡単に損なわれてしまう今の世界では、野生動物も管理を必要としています。土地不足が進む中、私たちは資源を最適な方法で利用しなければなりません。「肉をめぐる今日の諸問題」（P.10-11）では、人間が食べられない植物しか採取できない地域があることを記しています。この世界の膨大な人口を養うための、理想郷的な食糧生産法など存在しないのです。ビーガン食物（卵や乳製品、蜂蜜なども含む、一切の動物性食品を食べない菜食主義者。ただし許容される食物の範囲やスタイルによって複数の種類がある）の生産でさえ、昆虫や野生の動物、そして環境を傷つけます。つまり、肉を食べることを選ぶのであれば、私たちが責任を持って、それがどのように生産されているのかを知り、無駄のないように慎んで適量を使わなければなりません。それでこそ、喜びをもって食べられるのです。

　フードライター、そして教師としては、どのように肉がさばかれ、そして調理されるのかということを探求してきました。何をもって、ある肉は他の肉よりも優れているとされるのか、そもそも「優れている」とはどういうことなのか。誰かにとって完璧でも、また別の誰かは火を通しすぎている、あるいは逆に火の通しが足りない、と感じるかもしれません。しかし、「どのようにできており、どのように変化するのか」という肉の基本的な構造がいったん理解できたら、多くの人を当惑させる謎が簡単な基礎知識となって、どんな肉でも調達、解体、そして調理できるようになります。ですから、私たちの豪華なレシピコレクションに入る前に、ぜひこれらの大切な部分も読んでください。それはどんな材料にも劣らず、重要なことです。家庭での食肉処理というところまでは行く気になれなくても、これらを読むことで肉についてより深く理解することができるでしょう。

　肉は、世界のほとんどの国の文化において、必要不可欠な一部となってきました。富や、時には権力を示すものとして、また神からの贈り物として、喜ばしい特権として重宝されてきた肉は、讃美すべき食材なのです。どうかこの本を大いに味わってください。

　　　　　　　　　　　　　　ニコラ・フレッチャー

第1章
肉の基礎知識
MEAT KNOW-HOW

肉をめぐる今日の諸問題

肉、なんて食欲をそそる言葉でしょう。「肉を使わない食事は正式な食事ではない」と考える人はたくさんいますし、多くの新興国において肉の需要が高まっている今、世界の肉消費量も過去最高となっています。
ただ、肉を食べるということは私たちの感情を動かすような一面もあり、肉を食べないという多くの人々の選択にも様々な理由があるのです。結局のところ、私たちは肉を食べるべきでしょうか、食べるべきではないのでしょうか？
答えはその「両方」かもしれません。生産過程に納得が行く場合は楽しむべきですが、そうでない場合はおそらく消費を避けるべきなのでしょう。

多くの批評家は、食肉を作るにあたって穀物や脂肪種子（ゴマや大豆、アブラナなどのように、脂肪や油を多く貯蔵している種子）を飼料とすることは、長い目で見て持続可能な方法ではなく、穀物は人間が食べるべきだと言います。確かに一理ありますが、この主張は主に工場式畜産によって作られる牛の家畜飼育、養豚、そして養鶏に当てはまるものです。これらの施設はなるべく早く、そして世界の求める安い価格で肉を提供するため、穀物に頼っているのです。穀物を食肉に変えるのに最も効率が良いのが鶏で、以降豚、牛、そして羊と続きます。

グラスフェッド（牧草飼育）

世界の多くの地域では、持続可能な方法で穀物を生産することができません。暑く渇いた低木地や寒い国々、森林帯を思い浮かべてみてください。逆に牧草はこういった地域で一番効率良く育ちます。人間はうまく草を消化できないので、動物たちにそれらを栄養満点の肉に変えてもらうことが最も理にかなっているのです。そして彼らはそれを見事にやり遂げてくれます。

それからたくさんの野生動物もいます。これこそが肉の最も自然な形なのですが、現代では狩人も非常に少なく、数が増えすぎている種もあります。鳩は作物を襲い、イノシシはワイン農園を掘り荒らし、ノロジカは若い木をかじり、ヘラジカは車の走る道路を横切ります。有害な存在となってしまった動物たちは、時に自らの住む環境すらおびやかしてしまうのです。あなたの庭の野菜畑がイノシシに荒らされているとしたら、そのイノシシを庭で採れた野菜と一緒にいただき、野生の味を楽しむ方法もあるのではないでしょうか。

枯渇する森

小麦、大麦、大豆、脂肪種子、エンドウなどは人間の食べられる穀物ですが、動物の飼料（「濃厚飼料」と呼ばれる）用にも使われています。私たちの地球にとって森林帯は必要不可欠であり、たとえ誰が食べるにしても、穀物を育てるために森を伐採するという行為は、生態学上の問題を引き起こしてしまいます。家畜を養うために、大切な森林を切り倒さなければならないというのは、長期的に考えると疑わしい方法であり、つまり、家畜に何を食べさせるのかという問題は道徳的な意味においても重要な論点なのです。

肉と栄養

たんぱく質や鉄分など、肉は様々な栄養やビタミンに長けていますが、動物性脂質を取りすぎると肥満や心臓病につながるので控えるように、とも言われます。家畜を穀物で育てることによって生じるのは、環境問題だけではありません。牛や羊、鹿、山羊などの草食動物は、濃厚飼料で育ったものよりも、ゆっくりと草や植物を食べて自然に育ったものの方が、栄養的にもずっと優れているという事実があります。濃縮された、高エネルギーの食生活こそが、肉の「良い」脂肪を「悪い」脂肪に変えてしまう原因なのです。

食べるための肉

豚や鳥となるとさらに難題です。豚や鳥は何世紀ものあいだ民家の裏庭で飼われ、野原や森で様々な食糧をかき集め生きてきました。今でも個人消費のためにこうして育てられる家畜はありますが、ドングリを与えてゆっくり育てるイベリコ豚は別として、商業的生産のほとんどが濃厚飼料に頼っています。良いシステムは濃厚飼料と屋外飼育を組み合わせるものであって、放し飼いで育った鶏やガチョウは外で草をかじり、豚は屋外で泥の中を転げ回ったり虫を探したりして、最上級の肉となるのです。

しかし、ほとんどの豚や鳥は屋内に収められてしまいます。外の世界を体験することなど滅多になく、濃厚飼料で育てられるうえ、多くの国では抗生物質や成長促進剤を与えられます。家畜飼育場の牛はほかにも様々な薬を与えられ、こうして肉が安くなるのです。抗生物質を食糧生産に使うことは本当に賢明なのか、成長促進剤で育った肉を子供たちに

与えるのが良いことなのか、考えてみてください。

選別と品種改良

　動物たちは世界中でそれぞれの土地に適応し、そこで手に入る食糧をじつに効率的に利用してきました。山羊は砂漠に近い環境でとげや葉をかじって繁栄し、トナカイは長く寒い冬をしのぐために、夏の間に15cmもの脂肪を蓄えます。島羊は塩生草類や冬風に打ち上げられた海藻を食べて生き、牛は乾いた土地では、背に脂肪のコブを作って食料のない時期を乗り越えてきたのです。さらに、農家の求めに応じて、動物たちは何百年にもわたって様々な種が選別されてきました。昔は、脂肪の多い種が家畜に選ばれていましたが、今では逆の傾向にあります。羊は1匹以上の子羊を生むように育てられるほか、脚の筋肉を特別に増やした牛の種類も作られていますし、豚や鳥は厳しい環境にも耐え、かつ我々の要求を満たすように改良されています。しかし一方で、多くの病気はこのように改良された動物に起きる、ということも念頭に置いてください。

動物福祉とバランス

　一部の国では悪化も見られますが、世界の多くの国で、消費者からの圧力により動物福祉が大きく改善されてきました。動物行動の研究は、どうすれば家畜が幸せに暮らせるか、もっと道徳的な方法で屠畜できるか、ということを農家側が理解することにつながります。満足な育ち方をした動物は大きな利益をもたらしてくれるので、本来は誰もが得をすることなのです。

　動物福祉を充実させるにはバランスが重要です。ストレスや刺激を与えすぎると恐怖につながりますが、少なすぎると退屈などまた別の問題が出てきます。過密な環境はどんな動物にとっても良くありませんが、それと同時に多くの生き物は群れを好みます。飼料が多すぎるのも少なすぎるのも良くないし、極度の暑さ、寒さにさらされることは、天候というものを経験しないことと同じくらい悪条件です。やはり、生き物が自然体でいられるよう生息地の条件を再現することが、農家が家畜に与えられる最高の待遇なのです。

量より質を

　生産の過程を考慮しながら肉を慎重に選び、無駄なく使えば、私たちは安心して肉を食べることができます。肥満が深刻な社会問題になったのは、20世紀に入って人々が大量の肉を消費するようになってからであり、私たちがもっと慎重に肉を選び、食べる量も減らせば、多くの人が健康に暮らせるでしょう。また、家畜飼育場で作られる肉を減らすことで、自然界はもっと良い所になるかもしれません。

肉店の選び方と良質な肉の調達

良質な肉は色々な所から供給されますが、質の低い肉も同じ所から来ることがあるので、
信頼でき、質問に正直に答えてくれる店を探すことが大切です。

色々な店をためす

● スーパーマーケット　アメリカの西海岸では、ほとんどの肉がスーパーマーケットで購入されます。大企業は顧客の信頼を得る必要性を心得ており、供給元と協力して、格安の値段で良質の肉を提供しているところもあります。しかし、コストを抑え、供給網も複雑になってくると、好ましくない慣習のもとで作られた肉が紛れ込んでくることもあります。

● 市場とファーマーズマーケット　戸外で元気な露天商から買う食べ物は素晴らしいものだと思いたいですが、必ずしもそうとは言い切れません。自らが育てた肉や家禽類を売っている場合はたいてい良質なものですが、中には市場に出回っている肉を仕入れて売っている露天商もあります。自分で育てた肉を売っている人でも、ソーセージなどは工場でたくさんの添加物を入れたものを売っているかもしれません。その一方で、熱心に取り組んでいる生産者・製造者は増加の傾向にあり、こういったローカルな市場で専門家を探し求める価値は大いにあります。

● 肉屋　チェーン店ではなく家族で営んでいる肉屋がベストです。何世代にもわたって営業している店は世間の信頼を勝ち取っており、それに見合った価格を払う顧客をつかんでいます。こういった肉屋は供給源を熟知しており、多くの場合「乾燥熟成肉」を作る設備も持っています。前もって注文する必要はあるかもしれませんが、滅多に手に入らないような部位でも取り寄せてくれるでしょう。

● インターネットで購入する　ウェブサイトの質が良くても、悪質な商売をしている場合があります。ただし、一晩での宅配が可能になったため、無数の小規模優良店による販売も可能と

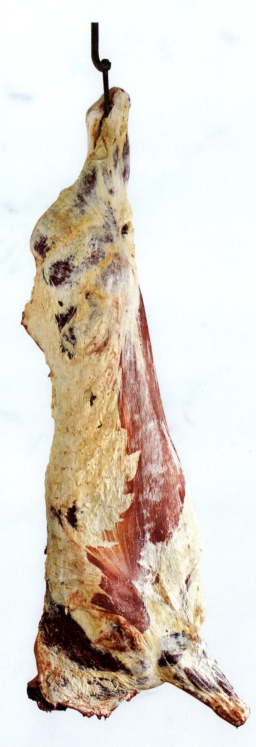

乾燥熟成肉
肉の周りに冷たい空気を循環させることで、有害なカビを発生させずに熟成させた肉。無害のカビが生えることもありますが、これらは切り取られます。

なりました。口コミサイトなどを利用して良い店を見つけましょう。

的を射た質問を

P.10～11ページで肉の様々な生産法について述べましたので、肉を買うときに何を基準にするか、どういう質問をするべきか、検討する際の参考にしてください。持続可能な方法で、良い生育環境のもと育てられた肉は、多くの場合最も高額になるのですが、他にもいくつかチェックすべき大切なポイントを挙げておきます。

肉の来た道

肉屋が生産者を直に訪ね、信頼関係を築けるような地元の肉は良質です。放牧に適さない土地では集約農業になりがちなので、一番良質の肉は遠くから運ばれて来たものや、輸入されたものかもしれません。適切な方法で輸送、保存されていれば質には問題ないでしょう。しかし生産地が遠くなればなるほど、生産過程を確実に知ることは難しくなります。

肉の熟成方法

一定期間熟成させることでよりおいしくなる肉があります。熟成はどちらかというと寒冷地で伝統的な手法であり、一般的に牛肉や猟の獲物は熟成されますが、家禽類、羊、豚は熟成されません。熟成には主に2つの方法があります。

● 乾燥熟成肉　最も良い結果を生む方法です。寒くて空気の循環が良い環境に肉（もしくはその一部）を吊るすことで、乾燥し、柔らかくなる酵素ができます。これにより風味が凝縮され、肉がよりおいしくなります。

● 真空熟成　肉（普通は骨抜きのもの）は強力な真空パックに包装、数週間熟成させ、柔らかくなります。しかし乾燥熟成によって得られる風味は、この方法では作ることができません。

牛、羊、豚の品種と猟鳥獣の種類

市販されている品種は特定の性質を持たせる

ために改良されたものです。品質が向上する場合も中にはありますが、逆の場合が多いでしょう。伝統的な品種もまだ残ってはいますが、多くは地方の特産品になっています。ただし、高価であるとはいえ、生産者は希少価値の高い動物とその肉を大切に扱うので、探し求める価値はあるでしょう。良い肉屋は地元特産の品種と狩猟肉のことを知っているので聞いてみましょう。

加工肉製品に使われているもの

ハンバーグやミートボール、サテ（串焼き）やソーセージ、パイなど、多くの加工肉製品には、他の料理に使えない切れ端を挽いた肉が使われています。これらは全ての部位を無駄なく使ううえでは効果的ですが、大量生産されている製品のほとんどは長期保存や味、色、食感の向上のため、たくさんの添加物が使われています。安価な製品には、機械で加工された切り落とし肉が使用されていることを示す、MRM (Mechanically Recovered Meat) というマークが記載されています。加工肉は家庭で簡単に手早く作ることができ、既製の加工肉製品より鮮度が良いので味もずっとおいしくなります。挽き肉を買って家庭で加工肉を作るように努めましょう。

良質な肉の色や匂い

● 色　どの肉にもそれぞれの自然な色がありますが、運動量や緑の野菜、草、鉄分、乾燥熟成によって肉の色は濃く変化し、空気に触れた肉はさえない茶色になります。真空熟成肉はパックの中では黒みを帯びたり、虹色に輝いたりしますが、取り出すと自然な色に戻ります。

● 匂い　新鮮な肉はかすかに甘い匂いがしますが、包装されていると匂いはわかりません。長いこと貯蔵されていた真空熟成肉は、袋から出したときに強く匂うことがありますが、1時間ぐらい出しておくと匂いは飛びます。飛ばない場合は処分しましょう。吊るし置きした狩猟肉はさらに強い匂いがします。

部位について

私たちは、よく知っているおいしい部位だけを使ってしまいがちですが、同じ胴体の中でも様々な風味や食感が楽しめます。高価な極上の肉はロースと脚の上部になり、肩と脚の下部はコラーゲンが多いので調理時間が長くなります。また、安い肉の方が風味や食感の面白いものが多いのも事実です。

熟成肉
熟成肉は深い赤で、茶色ではありません。外側が黒いものは部分的に熟成したもので、茶色い肉は酸化したものです。

熟成されていない肉
明るい赤色の肉がよりおいしいと思われがちですが、味わい深さでは熟成肉に劣ります。

購入量の目安

少量の肉を食べるのが健康的な食事法です。たくさんの量を食べるのが好きという人もいますが、適量とされているのが下記です。

- 骨なし肉 140〜170g　　● 骨付き肉 250〜350g
- 家禽類、野鳥など丸ごと 350〜450g
- 家禽類、野鳥などの骨付き肉 250〜350g

子供やお年寄りがいる場合、コース料理の時などは量を調節しましょう。

肉のおいしさを構成する要素

肉のおいしさは、柔らかさや味わい、なめらかさ、そしてジューシーさを含む幾つかの要素から成り立っています。また、人それぞれの好みも一つの要素です。ある人にとってちょうどいい焼き具合が、別の人にとっては焼きすぎだったり、また別の人にとっては生焼けだったり、またある人にとって硬い肉が別の人にとっては絶妙だったり、繊細で上品な味わいを薄味に感じてしまったりと、じつに様々です。

柔らかさ

　肉を柔らかく仕上げることが料理人のねらいですが、その度合いは肉のあらゆる面に左右されます。
- 動物の年齢はとても重要です。若い動物の肉は柔らかく、年齢を重ねると、腱や筋が太くなりますが、腕の良い肉屋であれば、これらの部分を切り落とすことで、若くはない動物の肉でも大幅に改善できます。
- 乾燥熟成や真空熟成（P.12〜13参照）、そして空気に触れないように液体に漬け込むことで肉は柔らかくなります。また、油や酸を含まないマリネ液で保存しても柔らかくなります。
- 叩く、挽く、切断するなど、機械を使う手法は、繊維を切断することで肉を柔らかく感じさせてくれます。
- パパイヤやパイナップルなど、肉の繊維を分解する酵素を持っている果物は、マリネ液に使われます。人工の軟化剤にも似たような酵素が含まれています。また別の手法として、中華料理では重曹、砂糖、酒、小麦粉を混ぜたものに硬い肉のカットを漬け込んで柔らかくします。
- それぞれのカットに対して適切な調理を施すことが柔らかさにつながります。肉を炙ったり焼いたりする時、火を通しすぎると肉は硬くなりますが、シチューなどは煮込み時間が短いと肉が柔らかくなりません。

味わい

　味を引き出すにしても、抑えるにしても、料理人の第二のねらいは良い風味で、それは様々な方法を組み合わせることで達成されます。動物の脂肪は全て味が付きやすいので、その動物が何を食べてきたかに大きく左右されます。つ

肉のピンク色

ジューシーな肉は水分を多く含みます。血液は大部分が水で成り立っているため、ピンク色の肉が乾いていることはあり得ません。

まり、放し飼いや野生の動物の方が、肉としては面白いものを持っているのです。野原や塩沼をさまよう動物は、多様な食生活を通して味のニュアンスを拾って行きます。一方で、鹿肉など脂肪の少ない肉だと、食生活に受ける影響は少なくなり、屠殺の際にストレスを与えたり打撲傷を負わせたりすると、肉に苦味や酸味が残ったりします。ほかにも、家畜飼育場で育った豚は特にストレスにさらされますし、屋内飼育の肉や狩猟した肉は、乾燥や吊るすことで味が改善されますが、長期的に真空包装された肉は酸っぱくなってしまいます。

　上手に飼育され解体された肉は手を加えすぎずに、一番シンプルな形で食べるのが最適ですが、キッチンには様々な材料があります。これらは主張の強い味を抑えるために使うこともありますが、主に肉の味を引き出すために使われます。スパイスやハーブ、野菜、果物、そして調味料は肉に奥深さを与えてくれます。

なめらかさ

　肉汁をたっぷり含んだなめらかな食感も、肉をおいしく感じるポイントで、これはたいてい脂肪による効果です。現代では脂肪はいつも喜ばれるものではありませんが、特に筋間に十分な脂肪を含んだ霜降り肉の場合、それは食感や味に変化を与えます。肉の表面の脂肪は外側の水分を保ち、中の脂肪は料理中に溶け出すことで内側の汁気を保ちます。脂肪の少ない肉は、汁気を保つものを加えないまま、ピンク色の段階を超えるまで調理すると乾いてしまいます。肉に加える脂肪は、ラード（P.232参照）、もしくはソーセージやハンバーグ、パイに入っているような挽いた脂肪などが適切です。クリーミーなソースも肉をなめらかに感じさせてくれます。

　また、脂質を加えなくてもなめらかさを持たせることはできます。長時間煮込んだ牛スネ肉の柔らかさや、コラーゲンを多く含むカットは、肉をしっとりさせてくれます。また、とろみとなる野菜と組み合わせると、なめらかさだけでなく旨味を足すことができます。ほかに、脂質の少ない肉をなめらかにする方法としては、肉を煮て、火が通ったら冷めるまで野菜油とハーブ、スパイスに漬け込むという方法もあり、この油が乾いた食感を中和してくれます。

ジューシーさ

　ジューシーな肉は水分を多く含み、ピンク色や赤い色の肉は、よく火の通った肉よりもしっとりしています。脂肪を含まない肉は、ピンク

脂質が非常に少ない肉
鹿やバイソンなどの肉は、肉中にも、部位間にも、目に見えるほどの脂肪はついていません。

脂質の少ない肉
この肉は筋肉間に脂肪のかたまりがありますが、肉中にはほとんど脂肪がありません。

霜降り肉
この部位のステーキは肉中に小さな脂肪のかたまりがまんべんなく見られるうえ、部位間にもたっぷり脂肪がついています。

色の段階を過ぎるまで調理すると不快なほどパサつきますが、上述したように、液体の中でゆっくり調理し、冷めるまで浸けておくと水分は保たれ、肉が乾くのを防ぐことができます。

たんぱく質と脂肪

　人類は有益な栄養素を摂るために100万年以上も肉を食べてきました。中でもわかりやすい栄養素がたんぱく質ですが、赤身肉からは容易に鉄分を摂取することができます（多くの女性は鉄分が不足気味です）。また、肉の色が濃いほど鉄分は多く含まれるので、狩猟肉は特に体に良いのです。

　健康な食生活に多くの脂肪は含まれません。飽和脂肪酸の取りすぎは良くないとはいえ、脂肪酸にはオメガ3など、脳を構成したり体を修復したりするのに欠かせない成分もあります。健康のために最良の肉を求めるなら、牧草で育った畜牛や羊、野生動物、または放し飼いで育った豚や鶏を選びましょう。

脂肪分の評価

　脂質は動物の体全体に分配されますが、ほかより多く脂肪が付く種もあります。また、その食生活も脂肪の量を左右します。脂肪の主なものは以下の3種です。

● **外側の脂肪**　皮のすぐ下に溜まる脂肪で、背中や臀部が一番厚くなっています。固めの脂肪なので切り落とすのが簡単で、多めに脂肪を残したい場合を除き、大きめのオーブン料理に使う物は最大2cm、小さい関節やステーキ、ラムチョップなどは約5mmの脂肪を残しましょう。

● **筋肉間の脂肪**　肩や前あばらに多く見られます。良い肉屋は大部分を取り除きますが、それでもところどころには残ります。

● **筋中の脂肪や霜降り肉**　動物が最高の状態にあるとき、小さな脂肪のかたまりが筋肉の中にまんべんなく見られます。これは肉を調理すると脂を分泌し、なめらかな食感を生みます。

包丁の話

包丁の好みは人それぞれです。重いものを好む料理人もいれば、軽いものを好む人もいますが、肉を上手に料理するために必須なのは、包丁の切れ味を保つということです。

包丁の種類

- **クリーバー** すべての台所仕事をこれ一本でこなす人もいれば、全く使わない人もいます。中華料理ではほとんどこれしか使いません。
- **牛刀** 大きな肉のかたまりをスライスしたり、骨抜きかたまり肉をカットするのに使います。きれいにスライスするには、のこぎりの要領ではなく長い切り込みを作ります。
- **中サイズ骨すき包丁** 薄くて湾曲した刃は、肉を傷つけることなく、骨の周りの作業をすることができます。
- **ペティナイフ** 家禽類の身を骨からはずしたり、小さな部位を切るのに不可欠です。

刃の材質

包丁の刃は様々な材質でできていますが、最も広く使われているのが下記です。

- **炭素鋼とダマスカス鋼** 研ぎやすさは一番ですが、油を差さないとさびてしまいます。食洗機には適しません。
- **ステンレススチール** もっとも一般的。鋭利さを保ちますが、研ぐ際は時間を要します。別の金属との合金や焼き戻し方によって、軽くて薄い刃の製品を作ることができます。
- **セラミック** 非常によく切れますが、値段が高いうえ壊れやすく、専門的な研ぎ道具を必要とします。

その他の備品

それぞれ特定の作業をうまくこなせるように作られていますが、リストの全てが必要不可欠というわけではなく、複数の役割をこなすものが多く含まれています。

- **肉用温度計** 肉を料理するにあたって、よい包丁の次に大切な道具です（P.29参照）。
- **オーブンの温度計** 特に旧式のオーブンは設定温度と実際の温度に誤差が生まれるので、オーブン内の温度を確実に計るのに便利です。
- **まな板** 木製のまな板は非衛生的と思われてきましたが、木にはもともと抗菌性が備わっているため、現在では、傷が付くと清潔にするのが難しいプラスチック製のものより優れていると考えられています。
- **トング** 関節やステーキに焼き色を付ける際、裏返すのにたいへん便利であるほか、油が手に飛び散るのを防ぎます。バーベキューには柄の長いトングを使ってください。
- **グレービースキマー** 低い位置に注ぎ口の付いているスキマーは、肉汁と脂肪を分けるのに優れています。
- **キッチンフォークとカービングフォーク** オーブンの中で家禽類や大きなかたまり肉を持ち上げたり、返したり、切るときに肉を押さえたりするのに使います。
- **家禽用はさみ** 主に家禽類の細い骨を切るのに使いますが、よく切れる手バサミでも代用できます。
- **肉用刺し針** 鳥の脚を胴にくくりつけたり、肉を縛る糸を通すための、長くて強い針です。

肉料理用の鍋

- **だし取り用鍋** だし用の骨は予想以上に場所をとるので、鍋は15～20ℓ入る、大きな蓋つきのものが最適です。
- **特大の水切り、またはふるい** 大きなボウルや鍋にだしをこし入れるために使います。細かいアクをこすのにモスリンの布があると便利です。
- **鉄製蓋つきキャセロール鍋** 熱を均等に通します。液体を加える前に肉や野菜をほどよい色になるまで炒め、じっくり煮るかオーブンで調理します。
- **フライパン** 小さいカットの肉をたくさん調理する場合は、過密にならないよう大きめのものを使いますが、ステーキや少量の肉の場合は中、小サイズで良いでしょう。底が薄いと歪むことがあるので、熱を均等に伝えるためにはできるだけ厚底のものを選んでください。
- **中華鍋** 炒め物に使います。ガスでも炭でも使用でき、電気用の付属品やスタンドも市販されています。
- **カゴつきフライヤー** 用途に合う十分なサイズのものを選んでください。一度にたくさん揚げすぎると、食材が油を吸収してしまうので注意しましょう。
- **ロースト用トレイ、またはラックつき耐熱皿** 2人用の小さいものも含め、いくつかサイズをそろえると便利です。ラックがあると肉の余分な脂を受け皿に落とすことができます。
- **クロックポット、または電気スロークッカー** 少量の電気で肉をゆっくり調理します。一日中放っておいても安心で忙しい人に理想的です。

ナイフの研ぎ方

切れ味の鈍い包丁では皮や腱が切りにくく、肉汁を逃してしまいます。包丁の研ぎ方にはいくつかの方法がありますので確認しましょう。

研ぎ棒やシャープナーを使う

【方法1】 木の板か折りたたんだ布の上に研ぎ鋼の先を置いて棒を縦に持ってください。研ぎ棒に対して包丁を10～20度に保ちながら研ぎ棒を下へ滑らせ両面を研いでいきます。

【方法2】 研ぎ棒を片手に、もう一方の手に包丁を持ち、刃の角度を一定に保ちながら研ぎ棒の両面を使って、自分のほうに向かって滑らせて研ぎます。

引き抜き式シャープナー

鋼の溝に刃を通過させて刃を研ぐ機械で、手動と電動があります。包丁をしっかり押さえつけながらシャープナーに通してください。刃先も研げるように最後は包丁を少し傾けながら引き抜くのがコツです。

生肉の加工について

肉の加工にはいくつかの目的があります。挽き肉は切れ端を利用するための調理法として伝統的なものですし、生で食べる肉の場合は、薄切りや粗みじんにして食感を変化させます。

薄切り肉、ぶつ切り肉、挽き肉、加工肉

- 柔らかい食感を作ったり、調理中に肉が歪んでしまうのを避けるためには、繊維を切断するように切りましょう。
- 炒めもの用の細切り肉は、繊維に沿って肉を帯状に切り、調理中に切れるのを防ぎましょう。肉を挽いたり加工したりする前に、肉を大まかに切り分けましょう。また、焼いたり炙ったりする際は均等に焼けるよう同じサイズに切ってください。
- 大きくて調理しにくいものは挽き肉にして（細かくすることで食感が柔らかくなります）調理時間を短縮し、テリーヌやソーセージ、ミート・パイやハンバーグに使いましょう。
- なめらかなパテや詰め物、クネルなどを作る場合は、フードプロセッサーやブレンダー、すり鉢を使って加工しましょう。

包丁でひき肉を作る

包丁を用いて作った挽き肉は、機械に水分をしぼり取られてしまったものよりはるかにジューシーで、豪華なハンバーグや、ステーキタルタルを作るのに最適です。鮮度を保つためには、なるべく料理の提供に近いタイミングで切りましょう。重量のあるまな板と、良く研いだ重い包丁を同じサイズで2本用意してください。

1. 筋や脂肪、腱をきれいに切り取る。
2. 肉を1cm角に切り、一層にしてまな板に広げる。
3. 包丁の重さを使って、ドラムを叩くように軽快なリズムで肉を切る。
4. 均等な大きさに切れるようときどき肉を中央に寄せ集め、好みの細かさになるまで続ける。

カルパッチョをつくる

一般的にカルパッチョは、2mmほどの厚さに切った牛肉で作りますが、生肉を切る場合と、先に外側を軽く炙ってから切る場合があります。また、あらかじめ肉を少し凍らせると、薄切りしやすくなるでしょう。切った肉が厚すぎた場合はラップにはさみ、叩いて伸ばします。

挽き肉を使って肉製品を作る

肉団子、ハンバーグ、パテ、サテやキョフテには、全て挽き肉を使います。大部分の肉には十分な脂肪が含まれていますが、特に脂肪の少ない肉の場合、肉の水分を保つために脂質を添加しなければいけない場合があります。

挽き肉に脂質を加えるかわりに、より健康的な方法として野菜のみじん切りを加えることもできます。玉ねぎやナス、甘いピーマンやしいたけなど、少量の油で柔らかく調理したものが適切です。また、ソースを添えて食卓に出すのもジューシーさを与える一つの手段です。

ハンバーグ純粋主義者は包丁で挽いた肉（上記参照）に塩胡椒と玉ねぎのみを混ぜ合わせたものを、ミディアムレアからミディアムで焼きます。しかし、たいていのハンバーガーは野菜やハーブ、スパイスが使われています。

手で成形するハンバーグ

1. 肉を均等に分け、それぞれ球型にしっかり握る。
2. 肉の球を軽く（パテにする場合はより強く）押さえて平らにする。

プレスで成形するハンバーグ

1. プレスをワックスペーパーやラップで覆う。
2. 肉を詰めてプレスを押さえ、形を作る。

肉団子を作る

ゴム手袋をはめるか、もしくは手を濡らして肉が指にくっつかないようにします。

1. 肉を均等に分ける。脂肪の少ない挽き肉の場合は、ソースに触れる面をより多くとるため小さめにつくる。また、こうすることで肉が乾いてしまうのを防ぐ。
2. 指先を使って球型にしっかり握る。
3. 料理する直前に小麦粉をまぶす。

サテやキョフテを作る

スパイシーに味付けされた挽き肉を棒に押し固め、炙ったり焼いたりします。小さめのものを付けダレと一緒に出すと、よいカナッペにもなります。

1. 木の棒を水に浸し、肉がずれることを防ぐ。これによって火が均等に通り、焦げを防ぐことができる。
2. 棒のまわりにしっかり押し固める。

豪華なハンバーグ
自然な旨味と脂肪が備わっている良質な肉を包丁で叩いたものを使います。玉ねぎ以外に加えるべき材料はほとんどありません。

挽き肉を料理する

挽き肉は外界と接する面が多いため、衛生面のリスクがより高くなります。自ら挽いた肉で汚染されていない自信がある場合を除いては、挽き肉製品は内部が75℃に達するまで火を通さなければいけません。

ビーフカルパッチョ
カルパッチョの本質は、極上の柔らかさを演出する薄切り肉です。生で食べるためには、調理器具の完璧な除菌が必要です。

照りを付ける
照り焼きにするというのも味にバリエーションを持たせる一つの方法です。マスタードやはちみつを使えば、スパイスやハーブが肉にしっかりと密着した状態で調理することができます。

皮下

ハーブやスパイス、調味料などを使えば、肉の味だけでなく食感も変化させることができます。また、組み合わせによって適応する肉も変わってきます。P.32〜33もご参照ください。

スパイスやハーブを揉み込む

スパイスやハーブを肉の表面や鳥の皮下に揉み込むと、新しい風味が加わります。またその際、塩やオイルを使えば風味も染み込みやすくなるでしょう。揉み込んだ後は数時間置いてから火を加えて味を強めます。

皮下揉み込み

- 小さめのヒレ肉や鶏肉に切り込みを入れ、ハーブやスパイスをバターかオイルに混ぜたものを入れたら、ひもや楊枝などで留める。
- 胸肉の皮をはがしてめくり、肉に切り込みを入れる。ハーブやスパイスをバターに混ぜ、肉になじませた後、皮をもう一度かぶせる。

ハーブクラスト

オイルを塗った肉の表面にハーブを押さえつけるシンプルな方法や、ハーブと穀物を混ぜて卵でつないだ厚めのクラストで覆い、噛みごたえのある食感を加える方法があります。ハーブクラストで覆う場合は肉に焼き色が付かないこと、クラストが厚い時は調理時間を長めに取ることを念頭に置いてください。

マリネにする

マリネなら、長時間漬け込まなくても肉に下味を付けることができます。酢やワイン、果汁など、酸性の調味料は肉の水分を奪ってしまいますが、オイル系のマリネ液はスパイス、野菜、ハーブの味が溶け込み、肉に染み込ませてくれます。サイズによって調整しながら調理の前に1〜5時間マリネ液に漬け込んでください。

1. マリネ液の材料を混ぜ、温めが必要な場合は火にかける。この場合、次の手順に進む前にマリネ液を冷ます。
2. マリネ液に肉を漬け込む。形がいびつな肉は全面が浸るようポリ袋などで漬ける。

塩漬け

塩を使って肉を保存する技術は古代から使われてきました。塩とスパイスのみを使って肉の水分を引き出すという点では単純な技術なのですが、ちょうど良い状態にするには試行錯誤を繰り返すしかなく、そういった意味では複雑な技術でもあります。実験を重ねて量やタイミングを記録しておきましょう。

塩の種類

塩をまぶすことでバクテリアの発生を防ぎ、肉の赤い色を保つことができます。

- ピクルス用の塩やコーシャーソルトは、粒子が細かいので溶けやすく、ヨウ素や固化防止剤など塩水を濁らせる物質が入っていないため、塩漬けに向いている。
- ヨウ素や固化防止剤を含まない粗塩は安価だが、溶け込むのに時間がかかる。乾燥塩漬けに向いている。
- 塩漬け用の塩や、"プラハパウダー No.1"（キュアリングソルト）は大部分が薄いピンク色で、中に含まれる亜硝酸ナトリウムが肉の赤みを保ってくれる。また家庭で乾燥塩漬けをする際は、カリウム硝酸塩の代わりに使うのがおすすめ。

乾燥保存の期間は？

肉を完全に乾燥保存する場合は、その後すぐ調理する場合よりも長く仕込まなければいけません。薄い肉ほど早く完成します。

- 豚バラ　乾燥塩漬け、もしくは液体塩漬け1週間でベーコンができる。
- 豚の脚　乾燥塩漬け4〜6週間でハムになり、6〜12ヶ月で完全に乾燥保存できる。
- ソルトビーフ　液体塩漬け1週間で塩漬け肉ができる（P.150参照）。それ以上塩漬けする場合は、調理前に12〜24時間水に浸けること。

塩漬けの注意点

- 昔ながらのカリウム硝酸塩は絶対に使わないこと。現代の塩漬け用のものを使う。
- 腐食してしまうので金属の皿は使わない。
- 骨抜き肉は骨つき肉よりも保存しやすい。
- 漬け込み期間が浅くても肉の味を引き出せるが、その場合、食べる前に火を通すこと。
- 食中毒を避けるため、基本的に鳥肉の長期保存はしないこと。保存加工したものは食べる前に必ず火を通すように。

乾燥塩漬け

- 小さい肉には塩のみを、大きい部位には塩2、砂糖1の割合で混ぜたものを使い、好みによってスパイスも合わせる。3kgの肉に対し、1.5kgの調合した塩と、30gの仕込み塩を混ぜ、涼しいところで作業する。乾燥塩漬けはもとの重さより30％ほど減った時点で完成だが、味見をして様子を見る。はちみつや砂糖を塩に加えると、肉が固くなるのを防ぐことができる。塩漬けして肉が固くなった場合は調理前に水に浸す。

液体塩漬け

- 乾燥塩漬けよりやさしい仕込み方で、漬け込み液は水、ワイン、サイダーなどの液体をスパイスやハーブと合わせて味を加えることができる。漬け込み液の強さは様々だが、まずは1kgの塩に対し5ℓの液体という割合で始めよう。長期保存する場合は仕込み塩を30g加える。料理したり燻製にする場合は8〜12時間、長期保存する場合は最短でも1週間は漬け込む。

塩漬け用の塩

スモーク（温燻）

燻製方法や燻製器にはいずれも様々な種類があり、自分で肉を燻煙すると新しい楽しさに世界が大きく広がります。燻煙とは、起こした火を湿った木で弱めることで煙を起こし、肉をゆっくり調理しながら風味を付けていくことです。多くの場合、あらかじめスパイスを擦り込んだり、マリネに浸けたりし、調理中は濃厚な外膜をつけるためにグレーズを塗り付けます。

肉を燻煙するときは、肉を焼く場合とは違って、長時間かけて作るので火元から離して調理します。肉が早く焼けすぎてしまわないように、火はグリルの片側に置き、肉は反対側に置いて蓋をかぶせます。火が一ヶ所に留まるように、木炭の位置に気をつけましょう。

必要な道具

インターネットで調べてみると、地面に穴を掘る、レンガで釜を作る、価格が1,000ポンドを超えるプロ用の燻製器を買うなど、様々な方法が見つかります。どの方法も良い結果をもたらしてくれますが、燻製器ならメーカー品付属の詳しい説明書が付いてくるでしょう。最も人気のある商品は以下のとおりです。

- チャコールのケトル・グリルやバレル・スモーカー　コストパフォーマンスの良い燻製器で、ブリケットや木炭の他、特殊な木材も使用でき、ガス、もしくは電気を使う。
- 木質ペレットの電気グリル　電気で火花を作り、火のついた木質ペレット（樹皮やおがくず、端材などを細かく砕いた後、圧縮・成形した固形燃料）を少しずつ下の木種に送り込むしくみ。ペレットが含む水分の割合が大事で、温度は調節できる。
- セラミックグリル　火箱が小さく、ごく少量の木炭しか使わない。水受けが付いていないので、調理中肉に液体をかけないように。

その他必要なもの

- 火起こし　始めにグリルに点火する際や、温度が下がらないよう燃料を追加する際の点火に使う。
- グリル温度計　燻製中にグリル内の温度を把握するのに使う。理想的の温度は110℃～120℃。
- 肉用温度計　肉の焼き具合をチェックするために使う。
- ハケ　調理中の肉にグレーズを塗る際に使う。柄が長いものを選ぶこと。
- 霧吹き　調理中の肉に水を吹きかける際に使う。
- フォーク　肉を裏返すために使う（穴を開けられるのでトングよりも適切）。
- 断熱手袋　飛び散る油から手や手首を守る。

燻製に適した木の種類

化学薬品を用いていなければどんな木でも使えます。小さい丸太や木片、木屑やおがくず、木質ペレットなどは全て使えます。燻製に慣れていない場合は、点火した木炭から始めて徐々に好みの木や木炭を足していけば、煙が強すぎたり、苦くなりすぎるのを防ぐことができます。

- 松やメスキート　最も強い樹脂質の煙を作る。
- オーク、ピーカン、くるみ、ヒッコリー　深みのある、リッチな味わいの煙を作る。
- アルダー、メイプル、蔓　軽め～中程度の煙を作る。
- 果樹　甘く香り高い煙を作る。

オーブンで作る燻製

オーブンを使えば、専用の機材がなくても燻製を作ることができます。肉は先にオイルやハーブでマリネし、焼き色を付けてから燻煙します。まずは5cmほどの厚さの肉を使ってやってみましょう。オーブンは230℃で予熱してください。

1. 底の平らなロースト用の金属トレイに燻製用おがくずを敷く。ハーブや果物茶など味付けを加えたらホイルをかぶせて、ホイルには穴を開ける。
2. 肉をホイルの上に乗せ、蓋またはホイルをかぶせる。トレイごと強火に乗せ、煙が出てきたらオーブンで6分間焼く。
3. オーブンから取り出し、ホイルをかぶせたまま肉を冷ます。冷えたらラップにくるみ、冷蔵庫に入れる。薄く切ってスパイスをきかせたフルーツゼリーなどを添えていただく。

鶏の燻製

鶏を燻製にするときは、甘くてマイルドな木を使い、熱湯の入ったトレイを隣に置いて蒸気を出しながら燻煙していきます。鶏は半分に割って、塩水か果汁を使ったマリネに5時間ほど漬け（P.21参照）、時間が経ったら軽く洗い流して水分をふき取ります。

1. 胸の皮をめくり、スパイス、ハーブ、バターを肉に擦り込む。
2. 火をつけ温度を120℃に設定する。鶏は皮を上にしてラックに乗せ、火元との距離を十分にとり、脚の方が火に近くなるように置いて蓋をする。
3. 煙と温度をこまめにチェックする。1時間ごとに霧吹きかハケを使って調味液を皮に塗る。熱くなりすぎて焦げないように気をつける。
4. 鶏は4時間ほどで火が通る。中の温度が75℃になったら完成。
5. 火が通ったら肉は全て裂き、スパイスと皮から落ちた調味液を混ぜていただく。

木炭で燻煙

木炭と木を混ぜて火に投入すると、水分を含んだ煙が作り出せます。

牛肉料理
深みとコクのあるグレイビーソースと、とろけるように柔らかい牛肉、これこそが極上のシチュー。

ゆっくりが肝心

低温加熱、液体調味料、そして長時間調理は、肉にしっかり火を通しつつ、その水分を保つためのポイントです。
筋が多く、硬くて安いカットの肉は、上質な肉の半分以下の値段で手に入りますが、じっくり調理しなければなりません。
以下は保存性とともに肉の味が良くなる、機能的な調理法です。

焼き色を付ける

肉を長時間かけて調理する際、はじめに焼き色を付けます。必須事項ではありませんが、これにより味や色の深みを引き出すことができます。手早く焼き色を付けられるよう、肉が乾いていることを確認しましょう。焼き色を付けるのに時間がかかると肉が硬くなってしまうので、短時間で行うために小分けにして、十分に場所をとって炒めてください。一度に多くの量を炒めると水分がたくさん出てしまい、"焼く"というより"煮る"ことになってしまいます。

フライパンをきれいに

焼き色を付ける際に出た汁は、放っておくとカラメル化し、焦げてフライパンにこびりついてしまうので、早めに水を足して溶かし、ソースなどに利用しましょう。

調理法

● 煮込み　小さく切った肉に焼き目を付け、蓋のできる容器に煮汁を入れて、オーブンまたはコンロ上で調理する。煮汁がたくさんある場合は、肉に火が通った後に水餃子やダンプリング（P.34参照）を煮るのも良い。電気圧力鍋はごく少量の電気しか消費せず、置いたまま調理することも可能。

● 蒸し煮　厚切り肉やかたまり肉をしっかり火が通るまで、蓋をしてゆっくり調理する。シチューよりは水分が少ないが、蒸気が肉を柔らかく保ってくれるので、脂肪の多い部位はこの方法で特においしく仕上がる。脂肪の少ない肉の場合はラードなどを使うと良い。調理時間は一時間ほどで、鶏や豚の厚切り肉、子羊の肩肉などがおすすめ。

● 鍋で蒸し焼き、オーブンで低温調理　極上肉はピンクの段階まで、それよりも硬い肉は火が通るまで調理する。深めのトレイや耐熱皿に肉を入れ、好みで野菜を添える。鍋で蒸し焼きにする場合も少し煮汁を使う。肉は先に高温で焼き色を付けてから、少し隙間を作って蓋をし、140℃ほどで数時間調理する。

● 弱火のソテー、ポーチング　肉に焼き色を付けないので、余分な油を使わない方法。骨付きの大きな厚切り肉や丸ごとの鳥を、液体（通常は水を使う）に完全に浸し、ゆっくり沸騰させる。沸騰したらすぐに火を弱め、弱火のままことこと煮る。煮終わったら煮汁に浸けたまま冷まし、肉が乾いてしまうのを防ぐ。煮汁は煮詰めてソースに使う。濃厚でなめらかな出汁が取れる骨つき肉が特に適している。

● 蒸す　柔らかい薄切り肉や細切り肉を蒸し器で調理する、脂質の少ない調理法。しっかりと肉に火が通るよう注意しなければならないが、蒸しすぎで硬くなってしまうのも避ける必要があるので、温度計を使って火が通るタイミングを見極めること。完成した肉は、そのままでは淡白なので味付けが必要（P.29「真空調理と蒸し焼き」も参照）。テリーヌなどの挽き肉料理は、水を張った湯煎鍋（「ベンマリー」が有名）に入れてオーブンで加熱する。湯煎することで肉にゆっくり、均等に火が通る。

● 圧力鍋を使う　調理前の準備は煮込みや蒸し煮とあまり変わらないが、圧力をかけて高温状態を作ることで、すみやかに火が通るので、経済的な方法でもある。完成したら、温度が下がったことを確認してから蓋を開けること。

● じっくり直火焼き　ゆっくり火を通すのに適した方法で、肉は割いても良い。手順は燻製（P.22参照）と同じだが、煙は必要ないので湿らせた木は使わない。

風味と食感

● 圧力鍋を使用する場合を除き、じっくり調理する際は時間を惜しみなく使うこと。熱を加えすぎると肉は水分を失い、硬くなったり、乾いたりしてしまう。

● 肉に小麦粉をまぶすのはソースにとろみを付けたい場合のみ。肉は水分をふき取り、小麦粉は少量に抑えて、ソースがどろっとしすぎないように。

● じゃがいもなど、他にとろみのもととなる食材を使っている場合は小麦粉を使わない。

● 小麦粉を使う場合、コンロを使うと鍋底にこびりついてしまうので、オーブンを使う。

● 煮汁が水っぽくなりすぎた場合はいったん肉を取り出し、煮汁のみを煮詰めてから再度肉を入れること。肉を入れたまま煮詰めると形が崩れてしまう。

● 野菜を加えると食感や味が良くなるうえ、脂肪の少ない肉の旨味を引き出す。かさ増しにもなるので経済的。

● ベーコンの切れ端は煮込み料理の良い味付けになる。

● ハーブやスパイスは肉と一緒に調理するが、塩辛くなりすぎないよう塩は最後に加える。

余分な脂肪

煮込みを作る際に余分な脂肪がたくさん出てくるようなら、溜まった脂をスプーンやお玉を使って取り除く。汁が入り込まないようスプーンを鍋の中心に沈ませ、円を描くように鍋の端へ動かしながら、溜まった脂肪をすくい出す。脂肪が全て取り除けるまで繰り返す。

勢いよく、激しく

ソテーやグリルは、火加減の腕が問われる、スリルある調理法。火の通しすぎに気をつけなければなりませんが、大胆に加熱し、その後ゆっくり休ませることが最もよい結果を生みます。

揚げ焼きやグリルの目的は、表面に風味豊かな焼き色を付け、中に肉汁を閉じ込めることにあります。様々な部位やハンバーグ、ソーセージ、ケバブ、サテもこの方法で調理できます。レアやミディアムレアには上質な肉をおすすめしますが、安価な部位にも色々と使えるものがあります。ただし、牛肉の焼き加減を"ウェルダン"にする場合は、上質な肉でないと硬くなってしまいます。焼き加減は好みによりますが、家禽類とミンチは中の温度が75℃に達し、汁が澄んだ色になるまで調理する必要があり、国によっては豚も同様です（P.40〜45のカットと調理法一覧参照）。表面と中の温度差がなくなるよう、肉は室温に戻してから調理するのが理想的ですが、実際はほとんどの場合、冷蔵庫から出してすぐに調理されるので、調理時間が少し余分にかかります。

完璧なピンク色

表面の焼き色はしっかりでも中心はレア、という肉を好む人もいれば、均一な焼き色で、肉汁と風味が全体に行き渡っているのを好む人もいます。後者のためには、特に肉の厚みが2cm以上の場合、以下3つの工程が必要となります（肉の厚みが1cm以下の場合は1と3のみ）。

1. 肉の表面にできるだけ早く、均等に焼き色を付ける。ステーキの場合は両面最低2分ずつ加熱する。
2. 火を弱めて少し焼く。
3. 火をとめて、肉汁が全体に行き渡るよう、肉の厚み1cmにつき2分間、温かいところで寝かせて完成。

焦がす、照りを付ける

高温で揚げ焼きしたりグリルをすると、肉の表面がカラメル化して風味が増します。その際、フライパンは底の厚いものを使いましょう。薄

火の上で（右写真）
バーベキューで調理する場合は、厚い肉やかたまり肉を寝かせるための温かい場所を確保しておくこと。

いものを使うと熱で底が歪むことがあり、不均等な焼き色の原因となります。

純粋なラード、牛脂、高温に強いぶどう種油、菜種油、ピーナッツオイルなどを薄く引き、煙が出てくるまで熱します。肉を入れ1～2分触らずに加熱し、焼き色がしっかり付いたら裏返します。十分に焼き色が付かないうちに返してしまうと、肉汁が出てしまい、焼き色が付かないまま煮ることになってしまいます。

浅いフライパンとグリルパン

厚みのあるフライパンか、鉄のグリルパンを使い、上記同様に肉に焼き色を付けます。好みでバターを使うのも良いでしょう。弱火にして、火が通るまで2～3度肉を裏返します。厚い肉の場合は、薄い肉よりも多くの脂が必要です。

炒める、ソテーする

中華鍋か深型のフライパンで強火で行います。均等に火が通るよう、前もって材料を薄く切っておきましょう。肉、野菜の順で入れ、すばやく混ぜながら調理し、最後に調味料を加えます。数分で完成するので、できたらすぐに食卓に出しましょう。

炭火焼きとバーベキュー

屋内用に作られた、形だけの炭焼きグリルも売られてはいますが、一般的には屋外で行います。調理は炭が灰状になるまで待ち、また可能な限り、大きな肉を焼いた後に寝かせるための涼しい場所を確保してください。脂肪の多い肉は、火が燃え上がって焦げてしまわないよう、こまめに裏返します。

油で揚げる

大きくていびつな形の肉や衣のついた肉は、平たいフライパンでは調理しにくいので、フライヤーを使いましょう。調理の際は油、または脂を鍋の半分ほどまで入れて180～190℃に熱してください。油の温度が低すぎると、食材が油を吸収してしまいます。

オーブンのブロイラーでグリルにする

肉を強火の下に置いて、上方向から熱を加え

肉に焼き色を付ける

バターを使う場合は、泡が落ち着くまでフライパンに肉を入れないこと。そうすれば肉に焼き色が早く付きます。

ます。少量の油を吹き付けるだけで肉に焼き色が付くので、脂質の少ない食事に向いています。厚み2cm以下の肉は焼きすぎになりやすいので厚めの肉を使いましょう。

タンドールオーブン

厚いシリンダー型の土で作られたオーブンで、炭火の高熱を反射し、保温するように作られています。肉はマリネかペーストで覆い、金属製の串に刺してオーブンに吊り下げます。短時間でできるので、ジューシーに仕上がります。

両面焼きグリル

蓋を閉じると両面がグリルされ、余分な脂はトレイに流れ出ます。脂肪分の多い肉は焼き色が付きますが、少ないと肉は蒸されるので焼き色が付きません。

肉をローストする

完璧にローストされたかたまり肉は、お祝い用の特大サイズでも、家庭用や2人用の小〜中サイズでも、食事を特別なものにしてくれます。調理の際、肉に起きていることを理解すれば、より上手に焼くことができます。

適切な部位を選ぶ

骨付きのかたまり肉は見栄えが良いですが、骨付きと骨なし、どちらでもできます。肉にしっかり火を通す場合、骨があれば肉はしっとり仕上がりますが、レアに焼く場合、骨の有無による影響はあまりありません。

骨付き肉（ロースは例外）には筋肉が複数含まれており、それぞれ適当な調理時間や筋繊維の向きが異なるので、調理のタイミングや肉の切り方が難しくなります。ローストに最適な部位は胴体の中心部（肩ロース、リブロース、サーロイン）や後ろ脚部分ですが、ラムや仔牛の柔らかい肩肉もおいしくできます。硬い部位はゆっくりローストするとおいしくなるでしょう。

霜降り肉の場合はしっかり火を通してもなめらかに仕上がりますが、狩猟肉や脂肪の少ない肉は、全体に火が通るまでローストしてしまうと成功しにくくなります。小さいかたまり肉（厚さ5cm以下）は厚いステーキのようなものです（P.174〜175参照）。

オーブンローストとその3つの段階

1 焼き色を付ける 焼き色を付けることでローストはおいしくなります。小さい部位や鳥などは、焼き色が付くほど長くは加熱しないので、最初にフライパンで全面に焼き色を付けてから（P.27参照）オーブンで5〜10分ほど調理します。大きいかたまり肉は、コンベクションオーブンなら220℃、普通のオーブンなら230℃で、20〜30分加熱します。七面鳥やガチョウといったより大きなローストは、焼き色を付けるのに45〜50分加熱し、また、場合によっては途中で一度裏返す必要があります。

2 途中まで火を通す 焼き色を付けたらオーブンの温度を180℃に下げ、ほぼ火が通るまで焼きます。調理前の肉の温度、肉や脂肪の厚さ、オーブンの種類、目指す仕上がりなど、条件によって所要時間が変動するので、ここで肉用温度計が必須となります。火を通しすぎないため

完璧なロースト
しっかりと休ませた肉は、肉汁が均等に行き渡り、端の方までしっとりとしています。

には、完成を示す温度の3〜5℃手前でオーブンから取り出しますが、狩猟肉などダークミートの場合は10℃手前で出しましょう。

3 肉を休ませる　この段階で調理が完了し、肉が柔らかくなります。この時余熱は肉の中心部へ、また火の通りが少ない中心部の肉汁は外側へ向かうので、肉汁が均等に広がります。これこそが完璧なローストの秘訣です。肉を温かく保ちつつ、火の通りを止めます。最適な温度は80℃です。皿を温めるための引き出しがオーブンに付いていれば完璧ですが、なければ暖かいストーブや暖房器具の上に肉を置いてください。そしてアルミホイルと厚手の布で覆って熱を逃がさないように注意しながら、好みの焼き加減に到達するまで温度計の目盛りを注視しましょう。

串焼き

かつてローストは、すべて串焼きで調理されていましたが、おそらくこれは最も良い方法でもありました。焼き色を付ける、火を通す、休ませる、という3つの段階がすべて、一連の行為の中でこなせるからです。肉はかごに入れるか金属製の串に刺して、熱い火の前でゆっくりと回転させます。周りにたくさんの脂がついている肉が最適ですが、脂の少ない肉の場合は、脂を多く含んだ薄切り肉を巻きつけます（P.232参照）。脂や汁の受け皿も設置しましょう。電気金串付きのオーブンもありますが、焼き具合を見るためには必ず肉用温度計を使いましょう。

低温焼き

この方法ではローストの2段階目が省かれます。レアに仕上がりますが、調理時間が多少延びても火が通りすぎるということはありません。フライパンまたはオーブンで肉の表面に十分な焼き色を付けましょう。オーブンのドアを開けて庫内の高熱を逃がし、80〜100℃で数時間かけてゆっくり調理します。厚さ5cm以下の薄めの肉は1時間ほど、大きいかたまり肉は2〜3時間、もしくはそれ以上の時間がかかりますので、火の通り具合をつかむために肉用温度計を使ってください。また、この方法は家禽類には不適です。

真空調理と蒸し焼き

肉を真空パックに入れて、慎重に温度管理したお湯につけます。時間はかかりますが、完璧かつ均等に火が通るでしょう（全体の均一な仕上がりを好まない人もいますが）。蒸し煮はこれに似ていますが、お湯の入った容器ではなく蒸気を使います。味と見栄えをより良くするため、食卓に出す前に焼き色を付けましょう。

ピットクッキング

環太平洋地域、特にニュージーランドで盛んな調理法で、穴に石を入れて火を起こします。肉や他の食材は前もって準備し、金属製のかごに詰めておきます。そしてこれらを熱した石の上に置き、湿ったむしろや葉で覆い、土をかぶせて、穴にこもった熱で3時間ほど蒸します。

休ませて完成した肉の内部温度
（オーブンから取り出すのはこれより3〜5℃手前）

牛、鹿、羊、山羊

ブルー（エクストラレア）	50℃
レア	55℃
ミディアム	60℃
ウェルダン	65℃
（野生動物のダークミートには適さない）	

豚

ミディアム	60℃
ウェルダン	65℃
（野生動物のダークミートには適さない）	
家畜	75℃

肉用温度計

肉用温度計はローストをうまく行うための最も重要な道具です。オーブンの温度調節が不正確でも、肉のサイズ、重さ、形状にかかわらず、確実に調理段階を把握することができます。片付ける際は、針以外の部分を濡らさないよう十分注意を払って温度計をきれいにし、殺菌してからしまってください。また、骨に触れた状態だと正確に温度が読めないので注意しましょう。主に以下2種類の温度計があります。

時計盤式温度計
金属やシリコン製で、バッテリー切れの心配もなく、丈夫で安価。火の通り具合がひと目でわかるように表記されています。肉を動かす必要がないように、オーブンの窓からよく見える場所を選んで、肉の一番厚い部分に差し込んでください。調理中も、肉を休ませている間も差し込んだままにします。

デジタル式温度計
先がとがっているので肉の一番厚い部分にも刺し込みやすく、温度も読み取りやすくなっています。このタイプはステーキ、鳥の胸肉、ハンバーグなどを焼く際にも使えます。柄が長く、針が折りたためるタイプもありますが、こちらはバーベキューに最適です。

ソースを作る

ローストやグリルなどの肉料理は、ソースを付け足すことで格段においしくなるものです。ソースによっては調理に長時間を要するものもあるので、肉を加熱しすぎないためにも前もって作っておきましょう。

スープストックを作る

濃縮したスープストックを冷凍庫に作りおきしておけば簡単にソースを作れます。濃縮していないものでもおいしいスープのもとになるので、骨があるときは十分な量が貯まるまで包んで冷凍しておきましょう。風味のために身の付いた骨や軟骨付きの骨を混ぜて使ってください。

1 骨にハケで油を塗り、濃い茶色になるまでオーブンでローストする。スープが苦くなってしまうので焦がさないように注意する。
2 フライパンに骨と野菜を敷き詰め、ひたひたに水を入れる。沸騰したら弱火で煮るか、160℃に温めたオーブンに入れる。鶏の骨の場合は沸騰するとスープが濁ってしまうので注意する。
3 2〜3時間経ったら目の細かいこし器かモスリン布を使ってスープをこす。完全に冷めたら浮いた脂を取り除く。
4 別の鍋にスープを戻し、好みでワインを加え、元の半分〜1/3量になるまで煮詰める。
5 冷めたら小さい容器や製氷皿に入れて随時使えるよう冷凍する。

グレイビーソースを作る

カラメル化した肉汁がたくさん残っているとおいしくできます。シロップのような質感を目指す場合は濃縮したゼリー状のスープを、甘味をきかせたい場合は少量のフルーツジャムを加えます。

ソースにとろみをつける

料理に新しい食感を与えます。例えば、なめらかなソースはよく焼いた肉に合います。

小麦粉を加える

● ローストに使ったトレイに小麦粉小さじ2〜3を加え、肉汁と混ぜたら水を入れ加熱する。
● スープかミルクを小麦粉と混ぜて薄いホワイトソースを作り、トレイに加える。大量のグレイビーソースを作る時によい。
● バターと小麦粉を30gずつ混ぜて「ブールマニエ（練りバター）」を作る。ソースに少しずつ加えよく混ぜて10〜15分沸騰させずに煮る。

卵、クリーム、バターを加える

● ベンマリーポットに入った卵黄にバターとレモン汁を加え、その後ハーブも加える。
● ダブルクリームを使ってとろみを加えるが、このとき沸騰しても問題はない。風味も吸収しやすい。
● 食卓に出す直前に、弱火の状態で少量のバターを混ぜ入れる。

野菜や果物を加える

野菜や果物を柔らかくなるまで煮たら、こすかピューレ状にして、ソースに加える。

なめらかなソース

鶏やキジ、ホロホロチョウなど、鳥の胸肉は火を通すとパサつきがちなので、なめらかなソースがよく合います。

急いで味付けする

ソースやグレイビーソースの味が薄いと、急いで何か足さなければいけない場合があります。どんな味付けが肉に合うか考えて少量ずつ加えましょう（P.32〜33参照）。固形スープのもとを少量入れるのもおすすめです。
酸味：オレンジ、レモンやライムの果汁、ワイン、ワインビネガー、ヨーグルト
甘味や果汁：フルーツジャム、サイダー、スピリッツ
風味豊かな味：醤油、茶、マスタード、コーヒー、ココアパウダー、カレーペースト

ベアルネーズソース

200㎖分　準備：10分　調理：5分

材料
エシャロット…2個分　みじん切り
タラゴン（ヨモギに似たハーブの一種）…大さじ1
白ワインビネガー…大さじ2
白ワイン…大さじ2
砕いた胡椒の実…小さじ1
卵黄…3個分
無塩バター…200g　柔らかくする
塩、挽きたて黒胡椒…適量
レモン汁…大さじ1

1 エシャロット、タラゴン、白ワインビネガー、ワイン、胡椒を厚手の鍋に入れる。2分間、または半量になるまで沸騰させ、こして冷ます。
2 卵黄と水大さじ1を耐熱ボウルに入れ、沸騰寸前のお湯が入った鍋の上に乗せる。ボウルの底が鍋の湯につかないよう気をつける。冷めた1を混ぜ、バターを一切れずつ溶かしながら入れる。塩、胡椒、レモン汁で味を調える。

オランデーズソース

200㎖分　準備：10分　調理：5分

材料
白ワインビネガー…大さじ1
レモン汁…1/2個分
卵黄…3個
塩、白胡椒…適量
バター…175g

1 白ワインビネガーとレモン汁を小さい鍋に入れて火にかけ、沸騰したら火からおろす。
2 その間に卵黄に塩、胡椒を加えて1分間フードプロセッサーかミキサーにかける。機械を回したまま1を少しずつ入れる。
3 1で使った鍋にバターを入れて、溶けるまで弱火にかける。泡が出始めたら火からおろし、フードプロセッサーを使いながらソースにとろみがつくようバターを入れていく。完成したらすぐにいただくこと。

ベアルネーズソース

オランデーズソース

ブルーチーズソース

250㎖分　準備：15分　調理：15分

材料
無塩バター…50g
エシャロット…2個分　みじん切り
辛口の白ワイン…大さじ4
ブランデー…大さじ1
濃厚なビーフストック…大さじ2
ダブルクリーム…200㎖
砕いたロクフォールチーズ…100g
ニラ…大さじ1　みじん切り
塩、挽きたて胡椒…適量

1 バターの半量をフライパンに入れ、弱火で温める。エシャロットを加えて、5分ほど炒めたら、ワイン、ブランデーを加えて沸騰させる。
2 スープを入れ、半量になるまで加熱する。クリームを入れてよく混ぜ、沸騰しないよう火を弱める。5分ほど加熱したら残りのバターとチーズを加える。火からおろしてこし器に通し、ニラを入れて塩胡椒で味を調える。

クランベリーソース

300㎖分　準備：5分　調理：15分

材料
生または冷凍のクランベリー…250g
エシャロット…1個分　みじん切り
ライトマスコバド糖…100g
オレンジの皮（削った小片）と絞り汁…1個分
赤ワインまたはポートワイン…大さじ4

1 エシャロット、ライトマスコバド糖、オレンジの皮と絞り汁、赤ワインまたはポートワインと一緒にクランベリーを鍋に入れる。ライトマスコバド糖が溶けるまでよくかき混ぜながら沸騰させる。
2 10〜12分、もしくはクランベリーが崩れ始めるまで弱火で加熱する。
3 冷ましてボウルか保存容器に入れる（冷蔵庫で1週間保存できる）。

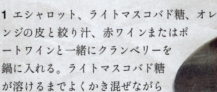

ブルーチーズソース

クランベリーソース

味付けの組み合わせ

現代の料理人にとって、世界はじつに様々な材料であふれています。どんな肉にも合う食材がある一方、特定の肉にのみ合う食材もあり、それは風味の組み合わせだったり、食感の組み合わせだったりします。まずは簡単に解説しましょう。

鶏肉

繊細な風味を持つ七面鳥、鶏、若鶏などは様々な味付けのよい基盤。カモやガチョウの肉は少し味が強く、その風味豊かな脂肪を調和させます。

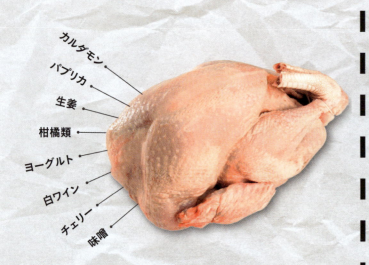

- カルダモン
- パプリカ
- 生姜
- 柑橘類
- ヨーグルト
- 白ワイン
- チェリー
- 味噌

豚肉

野生的なアクセントと脂肪を持ち合わせた豚は、複雑で力強い味付けが良くなじみます。脂肪を切り落とすと風味が繊細になるので、鳥同様の味付けをする場合があります。

- ケッパー
- しょう油
- オイスターソース
- クローブ
- サイダー（りんご酒）
- セージ
- ナツメグ
- セイヨウネギ
- りんご

仔牛

色も淡く繊細な味の仔牛肉は、合わせる調味料も繊細な味わいのものが多く用いられてきましたが、時に力強い風味のものを少量加え、アクセントを付けることもあります。

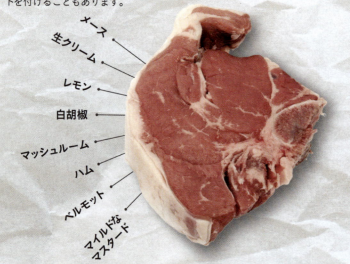

- メース
- 生クリーム
- レモン
- 白胡椒
- マッシュルーム
- ハム
- ベルモット
- マイルドなマスタード

牛肉

しっかり味付けすることの多い牛肉ですが、濃くなりすぎないようほどほどにしましょう。脂肪が少ない場合は、なめらかな食感と組み合わせることで肉を硬く感じないようにします。

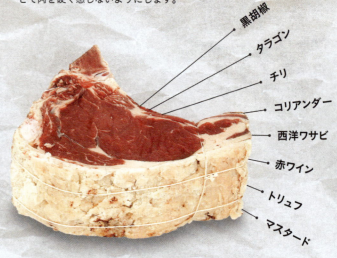

- 黒胡椒
- タラゴン
- チリ
- コリアンダー
- 西洋ワサビ
- 赤ワイン
- トリュフ
- マスタード

MEAT KNOW-HOW FLAVOUR PAIRINGS

ラム、仔山羊

マトンよりは少ないですが、ラムにも脂肪がついているのでそれを考慮したうえで材料を選びましょう。仔山羊は脂肪が少ないので繊細な味付けと組み合わせます。

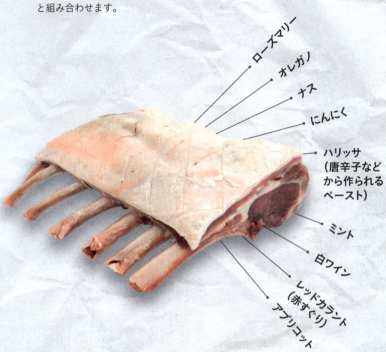

- ローズマリー
- オレガノ
- ナス
- にんにく
- ハリッサ（唐辛子などから作られるペースト）
- ミント
- 白ワイン
- レッドカラント（赤すぐり）
- アプリコット

マトン、大人の山羊

色の濃い肉と、力強い風味を持つマトンや大人の山羊は、パンチのきいた味付けや、なめらかな食感とよく合います。狩猟肉のダークミートに使われる調理法も応用できます。

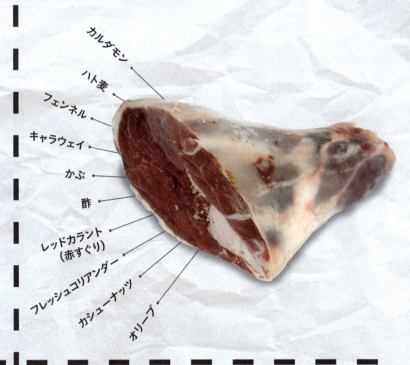

- カルダモン
- ハト麦
- フェンネル
- キャラウェイ
- かぶ
- 酢
- レッドカラント（赤すぐり）
- フレッシュコリアンダー
- カシューナッツ
- オリーブ

狩猟肉（ライトミート）

キジや若鶏、ヤマシギ、ウズラやウサギなど、ライトミートを持つ野生動物はじつに様々で、繊細かつ複雑な味を持ち合わせており、吊るすことでそれらを引き出すこともできますが、以下の組み合わせにより際立たせることもできます。

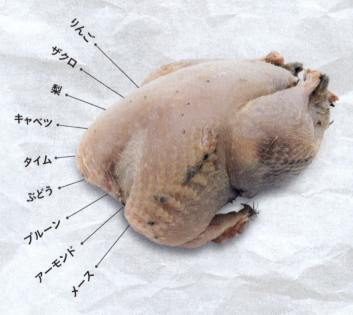

- りんご
- ザクロ
- 梨
- キャベツ
- タイム
- ぶどう
- プルーン
- アーモンド
- メース

狩猟肉（ダークミート）

鹿や大きい種の野ウサギなどのダークミートを吊るすと味が際立ちますが、新鮮なうちに食べると濃密な肉の味がします。これらは果実の味やなめらかな食感とよく合います。

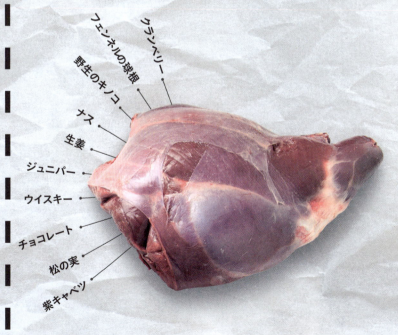

- クランベリー
- フェンネルの球根
- 野生のキノコ
- ナス
- 生姜
- ジュニパー
- ウイスキー
- チョコレート
- 松の実
- 紫キャベツ

MEAT KNOW-HOW FLAVOUR PAIRINGS

少量の肉を生かして

肉は高価な食材ですので、決して無駄にはできません。
少量の肉でも家族を満足させられる、数々のおいしい調理法が何世紀にもわたって、考案されてきました。

費用を抑える
- あらゆる部位を使いましょう。高級肉は贅沢品なのでときどき楽しむ程度にし、安価な部位をもっと頻繁に利用しましょう。
- 挽き肉料理を色々試しましょう。挽き肉は一番安く手に入る肉であり、ミートボールからサテまで、おいしい料理がたくさんあります。
- 切り落としや臓物に挑戦しましょう。そのおいしさや安さには驚くかもしれません。
- たくさん作って冷凍しましょう。オーブンの燃料、時間の節約になります。

炭水化物を添える
どの国にも、少量の肉で満足できる伝統的な調理方法があり、その多くは炭水化物を使った料理を肉料理の前、もしくは同時に出します。

ペストリー
ペストリーは少量の肉をおいしく変身させます。
- ミートパイはショートクラストや生地の薄いペストリーを上にかぶせて焼いたものです。
- レイズト・ミートパイと呼ばれるものはホット・ウォーター・クラスト・ペストリーで全体が包まれています。
- スエット・ミート・プディングは濃厚な生地で包み、蓋付きのボウルで蒸したものです。

ダンプリング
ダンプリングは小麦粉、脂肪、ベーキングパウダー、調味料を混ぜたものを丸め、シチューやスープストックに入れて煮ます。多くの場合、ハーブや野菜も入れます。

パスタと麺
小麦粉、卵、水でできているこれらの料理はほんの少し肉があるだけでおいしくなります。

生地
- ヨークシャープディングはオーブンに入れて高温の油で焼く生地です。伝統的には肉料理の前にグレイビーソースと一緒に出されましたが、今ではローストビーフと一緒が主流です。
- シュペッツレは生地を穴に押し込んで、小さな不ぞろいの形状にしてゆでたものです。後でバターで炒める場合もあります。

フォースミート
玉ねぎ、ハーブ、スパイスで味付けしたパン粉を卵でつないだものです。
- 小さく丸めて揚げたものは肉料理と一緒に。
- 型に入れてオーブンで焼き鶏や肉と一緒に。
- 内臓を取り除いた鳥のお腹や、皮の下に入れる詰め物に。

野菜
野菜を上手に組み合わせると、少ない肉の量を補うことができます。
- ソースと一緒に炒めたり、ローストした肉に添えてなめらかな食感を与える。
- 食べる直前に新鮮なハーブをたくさんのせ、レモン汁をたっぷりかける。
- 根菜を煮てビネグレットソースに漬け、新鮮なハーブと一緒に温かいうちにいただく。
- 衣を付けて揚げ、シチューと組み合わせる。
- 根菜を肉と一緒にオーブンで焼いて、色付け、香り付けする。
- 缶詰のトマトや炒めた玉ねぎ、なす、ピーマンなどを薄く切って層状に敷き詰め、挽き肉と重ね合わせて風味とかさを増す。

残り物の肉を使う
残り物の肉を利用して、別の料理をおいしく作る方法はたくさんあります。

リソールを作る
調理済みの肉が少し残ったら、リソールを作りましょう。
1 ジャガイモやパースニップ（白人参）など、炭水化物を多く含む根菜をゆでてすりつぶす。
2 新鮮なハーブに調味料、刻んだ肉を混ぜて形をととのえ、パン粉を付けて揚げる。

パイを作る
ローストチキンを作ったあとの骨には、驚くほどたくさん肉が残りますが、これらはパイを作るのに最適です。
1 残った肉をすべて骨から外し、余ったグレイビーソースなどと混ぜる。ソースの量が少なすぎる場合は、バター、小麦粉、ミルクでホワイトソースを作る。
1 加熱した玉ねぎやきのこなど野菜を混ぜる。
2 耐熱性容器に移して生地をかぶせ、おいしいパイにしていただく（ローストや煮込みで残った肉を使うのもよい）。

パスタソースを作る
肉が少量しか残っていないときに最適です。
1 肉を刻み、残ったソースや加熱した玉ねぎ、にんにく、トマト、ハーブなどを加える。
2 水、スープ、ワイン、生クリームなどで水分を加え、パスタとからめて食べる。

じっくり調理する（右ページ写真）
安価な肉はじっくり調理するとおいしくなる。玉ねぎ、長ねぎ、にんじんなどを入れてかさ増ししよう。

パスタソース
なめらかなソースはスパゲッティのようなパスタによくからみ、肉はごく少量で済む。

肉を冷凍する

空気が入らないようにプラスチックで厚めに覆って密封すれば、生肉は冷凍庫で何ヶ月も保存できます。真空包装を用いれば数年保存できるでしょう。シチューなど液体は数ヶ月保存できる冷ましてから冷凍庫に入れること。

- ミンチや細切れ肉は平たいパックにしておくと、手早く均等に解凍できる。これも数ヶ月保存できる。

以下のように保存すると、身体に害はなくても味が落ちるので注意する
- 長期間冷凍保存しすぎると、脂肪の風味が変化して腐ったような臭いになる。
- テリーヌやパイといった水分の多い料理は冷凍期間が長すぎると、水っぽく、柔らかくなりすぎてしまう。
- パッケージが破れて肉が空気に触れると、冷凍焼けして表面が白っぽく乾燥してしまう。この場合は冷凍焼けした部分を切り落とす。
- 丸ごと鳥を冷凍する場合、お腹の空洞が冷凍焼けしやすい。

肉を冷凍する

細胞膜が破れて水分が漏れてしまわないよう、なるべく冷たい環境で解凍すること。

- 電子レンジで解凍する時はできるだけ低い設定にして、解凍後少し寝かせることで水分が失われるのを防ぐ。
- 内部が解凍されるあいだ、外側が温かくなってしまわないよう、大きいかたまり肉は冷蔵庫に入れて解凍する。
- 解凍の際には必ず水が出るので、他の食材が汚れないように必ず皿に乗せて解凍する。
- 真空包装された肉は、冷たい水を入れた桶につけると手早く安全に解凍できる。大きなかたまり肉でも2時間程度で解凍できる。

鳥を切り分ける

どんな鳥でも、脚とモモのダークミートが最も肉汁の多い部位です。胸肉は色も明るく柔らかいですが、乾きやすい面もあります。叉骨は調理前に取り除いて、切り分ける際の手間を省きます。

小さい鳥を切り分ける

小さい鳥は丸ごと、もしくは半分に切るか、脚や胸を外して調理します。こうすると肉に無駄が出てしまいますが、ナイフとフォークを使って食べやすくなります。

1 胸骨に沿って縦に長く切り、鳥を開く

2 切れ味の良いハサミや重量のある包丁を使い、背骨の両側を切って鳥を2つに分ける。

鶏など中くらいの鳥を切り分ける

鶏や屋内で育ったカモは全体的に肉が柔らかいですが、野生の鳥の場合は脚、特に手羽元が硬く筋張っていることがあります。

1 脚を外側に曲げて根元から外す。丸ごと、もしくは手羽元とモモに分けていただく。

2 肉が厚い方(首元)から下に向かって胸肉を薄切りにしていく(P.37の手順5参照)。手羽は切り外して別にいただいてもよい。

肉の切り分け方

一般的には調理後少し休ませた肉の方が切りやすいでしょう。切る時にキュッと音がなる場合は、火が通りきっていないか、休ませる時間が少ないかのどちらかです。

カービングナイフ

カービングナイフは薄くてしなやかな刃を持ち、かつ関節でも切れるくらい強度のあるものを選びましょう。最も重要なのは刃が鋭いこと。切れ味が鈍いと肉汁が押し出されてしまい、きれいに肉を切ることができません。また、ナイフを前後に引いて切れるように、肉の両側から少なくとも5センチははみ出る、長めのものを選びましょう。

カービングフォーク

カービングフォークは、切っている最中にナイフがフォークの上部に上がってこないよう、ストッパーが付いています。また、先端は緩やかにカーブし、肉を固定しやすくなっています。

何に乗せて切ればよい?

よく火の通った肉はまな板の上で切りますが、ナイフを傷めることのないものを使いましょう。肉汁をたくさん含む部位は、板から肉汁がこぼれてしまうので、この場合は肉汁を受けられるようにカービング用の大皿を使います。カジュアルな席では、焼けた肉を骨から外してトレイのまま食卓に出します。余分な脂肪は先に取り除いて、焼く過程で出た肉汁に水分を少量加えて混ぜ、切った肉に吸収させます。

焼き串やひもを外す

焼き串やひも、伸縮バンドなど、固定に使ったものは切り分ける前に外します。ネットをかぶせた肉は外すと崩れる場合がありますが、可能な範囲で外してください。

七面鳥や大きなガチョウを切り分ける

肉は体に付いている時の方が水分が保たれるので、食べる分だけを切り取りましょう。
七面鳥の中、もしくは別の皿で調理したスタッフィングを肉と一緒に盛り付けます。

1 叉骨を取り除き首の皮をめくる、もしくは切り取る。なるべく無駄のないよう周りを切り、取り除く。

2 脚を取り外す。肉切り用の大型フォークを使って、外側に引っ張り、関節のところで切り離す。

3 切り離した脚を手羽元とモモに分ける。骨と平行に肉を切り離していただく（お好みで皮は付けたままでもよい）

4 胸肉を少し含んだ形で手羽を根元から切る。関節で切り分けて上記と同じように肉を切り取る。もしくはスープストック用に保管する。

5 肉が厚い方（首元）から下に向かって胸肉を薄切りにしていく。フォークの裏側を肉にあてて固定しながら切る。

6 反対側も同じように切っていくが、今度はフォークを肉の付いていない面にまっすぐ刺して固定する。

肉を関節で切り分ける

どの肉でも繊維に対して平行に切るよりは、垂直に切ったほうが肉は柔らかくなります。ただし、ロースやヒレ肉などのとても柔らかい肉なら、繊維と平行に切っても問題ないでしょう。ステーキや小さいかたまり肉は肉が薄いので、繊維に対して垂直に切ろうとすると小さくなりますが、大きく切るためには肉を斜めに切る必要があります。

リブやヒレを切り分ける

リブはあばらの間を切りますが、牛リブの場合は、事前に肉を骨から外した後に切り分けます。骨のないヒレ肉は通常繊維に対して垂直に切っていきます。

1 肉切り用の大型ナイフを骨に対して平行に持ちながら、あばらの内側にナイフを走らせる。ナイフを90度傾け、肉を骨から切り離す。

2 裏返してヒレがあれば、そちらも同じ要領で外す。繊維に対して垂直に薄切りしていく。

背肉やあばらを切り分ける

背骨を取り除いたあばら部は骨の間を切っていきます。背骨がまだついている場合は背肉と同じように切っていき、若くて柔らかい背肉は筋肉に沿って切りましょう。

1 かたまり肉のヒレはあばら側を下にして置き、背骨の片側にナイフを走らせる。基部にある小さなこぶを避けて切っていく。ナイフを外側に90度傾けて、肉を手羽先やあばら部から切り離す。

2 繊維を断つように肉を薄切りにしていき、背肉丸ごとの場合は反対側も同じようにする。裏返してヒレ肉があれば切り離し、繊維を切断しながら斜めに切って、ロースとヒレ、それぞれ配分する。

骨付き脚を丸ごと切り分ける

骨付きの脚を丸ごと切り分ける際、骨盤（または臀の骨）が調理前に取り除かれていると比較的簡単にできます。
骨盤が付いている場合は肉屋に処理してもらうか、P.292以降の手順に従って取り除いてください。

1 肉をしっかり固定できるように、骨の細い方から厚めに肉を切っていく。

2 太い筋肉を一番上にして、骨に当たるまでまっすぐ刃をおろし、続いて4ミリほどの厚さに切っていく。

3 ナイフを骨と平行にして骨の上を横向きに切っていき、肉を骨から切り離す。

4 かたまり肉を裏返して、同じように切っていく。肉は斜めに切るが、小さくなりすぎないように注意すること。

肩肉を切る

肩甲骨の変わった形を除けば、肩肉の切り分け方は、脚のやり方とほぼ同じです。

1 皮の付いた面を上にして、肩甲骨の片側に沿って切る。ナイフを90度外に傾けて、肉を骨の側面から持ち上げる。

2 筋肉はいずれも繊維を断つように切ること。全体を裏返し、反対側も同じように、今度は少し大きめに切れるよう斜めに切っていく。

MEAT KNOW-HOW CARVING JOINTS OF MEAT

カットと調理法一覧《家禽類や野生の鳥》

備考：鳥肉は全て内部温度75℃に仕上げる。ダチョウに関してはP.45の調理法参照。
表記の温度は一般的な仕上がり温度ではあるが、レシピによって変動する場合がある。

カット	グリル／バーベキュー	揚げる／炒める	ロースト	蒸し焼き／煮込み
【鶏や七面鳥】鶏丸ごとか半身、鶏1/4、鶏胸肉、七面鳥1/4	鶏1/4：少なくとも2回は裏返しながら、中火で25〜30分、もしくは火が通るまで焼く。鶏半身、七面鳥1/4：切断面を中火で30分グリルする。肉を返し、火が通るまで15〜20分ほどグリルし、食卓に出す前に焼き色を付ける。胸肉や丸焼きには向かない。	鶏1/4：20〜30分、もしくは火が通るまで加熱する。七面鳥丸ごと、半身、胸肉には向かない。	鶏丸ごとか半身：オーブンを180℃に予熱する。450gごとに20分加熱し、さらに20分、もしくは肉汁が透明になるまで加熱する。鶏1/4：30分間、もしくは透明の肉汁が出るまでローストする。七面鳥：詰め物を入れずに丸ごとでじっくりローストする。3.5〜5.5キロのものは3時間半〜4時間、5.5〜7キロのものは4時間〜4時間半、7〜9キロのものは4時間半〜5時間ローストし、火が通ったら30分寝かせる。	鶏丸ごと、もしくは半身：好みで焼き色を付け、水やスープストックなどの液体と野菜を加えて蓋をする。160℃で1〜2時間煮込む。七面鳥：かたまり肉を鶏と同じように調理するが、調理時間を30分延長する。
脚丸ごと、モモ肉、手羽元	脚丸ごと、モモ、手羽元は1/4同様に調理する。	脚丸ごと、モモ、手羽元は1/4同様に調理する。七面鳥などの大きい部位はこの調理法には向かない。	脚丸ごと、モモ、手羽元は1/4同様に調理する。	脚丸ごとは鶏丸ごと、もしくは半身同様に煮込むが、煮込み時間は1時間にする。スープに使うのも良い。七面鳥：鶏同様に調理するが、調理時間を30分延長する。
手羽先	少なくとも2回は裏返しながら20〜25分、もしくは火が通るまで焼く。	1/4同様に調理する。七面鳥などの大きい部位はこの調理法には向かない。	1/4同様に調理するが、調理時間は20分にする。	鶏丸ごと、もしくは半身同様に煮込むが、煮込み時間は1時間にする。スープに使うのも良い。七面鳥：鶏同様に調理するが、調理時間を30分延長する。
胸の厚切り肉	少なくとも2回は裏返しながら20〜30分、もしくは火が通るまで焼く。	1/4同様に調理するが、調理時間は10〜20分、もしくは火が通るまでにする。七面鳥の大きい部位はこの調理法には向かない。	この調理法には向かない。	鶏丸ごと、もしくは半身同様に煮込むが、煮込み時間を1時間にする。七面鳥：鶏同様に調理するが、調理時間を30分延長する。
薄切りや角切り	グリルを中〜強火で熱する。串に通してハケで油を塗る。全体に焼き色を付け、10〜15分、もしくは火が通るまで焼く。七面鳥：鶏の半身同様に焼く。	フライパンに油を入れて強火で熱する。角切り肉の全体に焼き色を付け、5〜15分（薄切りは3〜5分）、もしくは火が通るまで焼く。七面鳥の大きい部位はこの調理法には向かない。	この調理法には向かない。	小さいカットはこの調理法には向かない。角切りや厚めのカット：鶏丸ごと、もしくは半身同様に煮込むが、煮込み時間は1時間にする。
鳥挽き肉	グリルを中〜強火で熱する。脂肪も加えつつ串に付けるか、パテにする。厚さによるが、10〜20分、もしくは火が通るまで焼く。	フライパンに油を入れて中火で熱する。脂肪も加えつつ串に押さえ付けるか、パテにする。厚さによるが、10〜20分、もしくは火が通るまで加熱する。	この調理法には向かない。	野菜と一緒に焼き色を付け、水やスープストックなどの液体を入れて1時間〜1時間半、沸騰寸前もしくは160℃で煮る。
【若鶏やひなバト】	半分に切るかスパッチコックにして10〜15分、もしくは火が通るまで焼く。	この調理法には向かない。	220℃で20〜30分焼く。	全体に焼き色を付け、160℃で1時間〜1時間半もしくは柔らかくなるまで煮る。
【カモや野生のカモ（マガモなど）】	カモ：胸肉は各面2分ずつ焼き、皮面を火に向けて8分焼く。2〜3分寝かせる。野生のカモ：胸肉はレアかピンク色になるまで各面3〜5分ずつ焼き、薄く切る。	カモ：胸肉は各面2分ずつ揚げ、皮面を下にして10〜12分加熱する。2〜3分寝かせる。野生のカモ：胸肉はレアかピンク色になるまで各面3〜5分ずつ加熱し、薄く切る。	カモ：丸ごとを220℃で30分焼き、火を180℃に弱めて1〜1時間半焼く。野生のカモ（若いもののみ）：フライパンで焼き色を付けてから220℃で30〜45分加熱する。5分寝かせる。	カモ：鶏同様に煮込む。食卓に出す前に余分な脂を取り除く。野生のカモ：全体に焼き色を付け、水やスープストックなどの液体を加えて160℃で2時間〜2時間半、もしくは柔らかくなるまで煮る。
【ガチョウや野生のガチョウ】	ガチョウ：胸肉は各面5分ずつ焼き、皮面を下にして10〜15分焼く。5分寝かせる。野生のガチョウ：若いもののみグリルする。レアでいただく。	ガチョウ：胸肉は各面5分ずつ加熱した後、皮面を下にして15〜20分加熱する。5分寝かせる。野生のガチョウ：若いもののみ可。レアに仕上げる。	ガチョウ：丸ごとを220℃で45分焼き、火を180℃に弱めて2〜2時間半焼く。野生のガチョウ（若いもののみ）：上記同様に調理するが、220℃で30分焼いたのち、160℃で1〜1時間半焼く。	鶏同様に煮込むが、時間は1時間半〜2時間にする。食卓に出す前に余分な脂を取り除く。
【キジやホロホロチョウ】	胸肉は各面7〜10分ずつ、もしくは透明の肉汁が出るまでグリルする。	胸肉は各面7〜10分ずつ、もしくは透明の肉汁が出るまで加熱する。	丸ごとを190℃で40〜50分、もしくは透明の肉汁が出るまで加熱する。5〜10分寝かせる。加熱しすぎに注意。	全体に焼き色を付ける。水やスープストックなどの液体を入れて160℃で2時間〜2時間半、もしくは肉が柔らかくなるまで煮る。
【ライチョウ、ウズラ、ハト、小さい野生のカモ、ヤマシギ】	ライチョウ、ウズラ、ハト：半分に切るかスパッチコックにして各面10〜15分ずつ、もしくは透明の肉汁が出るまでグリルする。小さい野生のカモやヤマシギ：上記同様に調理するが、加熱時間を各面7〜10分ずつにする。	ライチョウ、ウズラ、ハト：胸肉は各面2〜4分ずつ、ピンク色になるかレアになるまで焼き、薄く切る。小さい野生のカモやヤマシギ：この調理法には向かない。	若鳥のみローストする。胸肉に焼き目を付け、200℃で20〜30分（ライチョウは40分程）焼く。食卓に出す前に寝かせる。	全体に焼き色を付ける。水やスープストックなどの液体を入れて160℃で2時間〜2時間半、もしくは肉が柔らかくなるまで煮る。
【タシギ】	熱したグリルで10〜15分焼く。2度裏返す。	この調理法には向かない。	200℃で10〜15分焼き、5分寝かせる。	バターを熱して全体に焼き色を付け、30〜40分、もしくは肉が柔らかくなるまで煮る。

COOKING CHARTS POULTRY AND FEATHERED GAME

カットと調理法一覧《豚肉》

カット	グリル／バーベキュー	揚げる／炒める	ロースト	蒸し焼き／煮込み
備考：表記の温度は一般的な仕上がり温度ではあるが、レシピによって変動する場合がある。	ステーキは2.5cmの厚さで設定。それより厚いものは加熱時間を延ばし、薄いものは短縮する。	ステーキは2.5cmの厚さで設定。それより厚いものは加熱時間を延ばし、薄いものは短縮する。	しっかり火の通った豚肉の内部温度は70℃。63℃で火からおろして寝かせる。	重さより、切り方によって調理時間を調節する。
脚肉	**脚肉のステーキ、エスカロープ、ケバブ**：強火でグリルを熱し、ハケで肉に油を塗る。エスカロープは各面3分ずつ焼き、火を弱めてさらに2分ずつ焼く（厚いものは時間を延長する）。ケバブは各面2〜3分ずつ焼く。	**脚肉のステーキ、エスカロープ、角切り**：油を厚手のフライパンで熱々に熱し、エスカロープは各面2分ずつ焼く。ステーキは各面2分ずつ焼いた後、さらにまた2分ずつ焼く。2〜3分寝かせる。角切りは全体に焼き色が付くまで焼く。	**かたまり肉**：オーブンを220℃に予熱する。皮付きの場合は切り込みを入れて塩で揉む。30分焼き、温度を160℃に落として450gにつき23分焼く。20〜30分寝かせる。	**脚肉のステーキ（2.5cm）**：オーブンを160℃に予熱する。全体に焼き色を付け、焼いた野菜と水やスープストックなどの液体を加える。蓋をして1時間半〜2時間煮込む。**かたまり肉**：ステーキと同様調理するが、3時間〜3時間半煮込む。皮付きの場合は温度を200℃に上げて、最後の20〜30分は蓋を取って加熱し、皮をこんがりさせる。
イチボ	**チョップ**：グリルを強火で熱する。ハケで肉に油を塗る。各面2〜3分ずつ焼き、火を落としてさらに各面2〜3分ずつ焼く。	脚肉のステーキ同様に焼く。	この調理法には向かない。	脚肉のステーキ同様に調理するが、調理時間は2〜3時間にする。
ヒレのかたまり肉、サーロイン、メダリオン、バレンタイン・ステーキ	**ヒレのかたまり肉、厚さ4.5cm以上のカット**：グリルを強火で熱し、ハケで肉に油を塗る。各面2〜3分ずつ焼き、火を落として肉を裏返しながら後10分程焼く。5〜10分寝かせる。メダリオンやバレンタイン・ステーキは脚肉のステーキ同様に焼く。	**ヒレのかたまり肉、厚さ4.5cm以上のカット**：フライパンでバターか油を熱々に熱し、10分焼いて焼き色を付け、火を落としてさらに5分加熱する。5〜10分寝かせる。メダリオンやバレンタイン・ステーキは脚肉のステーキ同様に焼く。	この調理法には向かない。	オーブンを150℃に予熱し、焼き色を付けた肉、野菜、水やスープストックなどの液体を蓋付きの鍋に入れて1〜2時間蒸し焼きにする。照りを付けるために、ときどきハケで水やスープストックなどの液体を塗る。
ロースのステーキ、かたまり肉、チョップ	ロースのステーキとチョップはイチボのチョップ同様に調理する。**かたまり肉**：中火に熱し、全体に焼き色を付ける。火が直接当たらない場所に移動し、1時間15〜30分、もしくは火が通るまで加熱する。10〜15分寝かせる。	ロースのステーキとチョップは脚肉のステーキ同様に調理する。	ロースのかたまり肉とラックは脚肉のかたまり肉同様に調理する。	ロースのステーキとチョップは脚肉のステーキ同様に調理する。ロースのかたまり肉とラックは脚肉のかたまり肉同様に調理するが、調理時間は1時間半〜2時間にする。
バラ肉とスペアリブ	**バラ肉のスライス**：何度か裏返しながら中火で10〜15分グリルし、こんがりさせるため、必要に応じて最後は強火で仕上げる。**スペアリブ**：P.130〜131のバーベキューレシピ参照。	**バラのかたまり肉**：2時間弱火で煮て下準備し、冷めたら薄切りか厚切りにして熱したフライパンで8〜10分、焼き色が付いてこんがりするまで焼く。**バラ肉のスライス**：時々肉を裏返しながら中火で15〜20分焼く。最後に強火で脂や皮をこんがり仕上げる。	**バラのかたまり肉**：オーブンを220℃に熱する。皮に切り目を入れて塩を擦り込む。20分焼く。オーブンの熱を150℃に下げ、3〜4時間焼く。**スペアリブやスライス**：160℃のオーブンで1〜1時間半ゆっくり焼く。オーブンの熱を200℃に上げ、20〜30分焼いて焼き色を付ける。	**バラのかたまり肉**：弱火で2〜3時間煮る。照りを付けない場合は薄切りでそのままいただく。または焼き色を付けて130℃で4〜5時間蓋付きの鍋で蒸し焼きにする。冷めたら薄切りにしてフライパンかオーブンで照りを付ける。
肩肉	肩肉のステーキやチョップはイチボのチョップ同様に調理する。	肩肉のステーキやチョップはイチボのチョップ同様に調理する。	**肩／豚足／肩甲骨のかたまり肉**：オーブンを220℃に予熱する。皮に切り込みを入れて塩で揉む。30分加熱して焼き色を付けたら150℃に下げて3〜3時間半焼く。	肩肉のステーキやチョップは脚肉のステーキ同様に調理する。**肩／足／肩甲骨のかたまり肉**：オーブンを150℃に予熱する。野菜と一緒に4時間〜4時間半蓋付きの鍋で蒸し焼きにし、照りを付ける。**角切り肉**：ヒレ／サーロイン同様に下準備し、1時間半煮込む。
頭、頬／顎、ネック／カラー、スネ／膝	この調理法には向かない。	この調理法には向かない。	**頭**：オーブンを190℃に予熱する。蓋付きの鍋で蒸し焼きにしたら耳をアルミホイルで保護して、30〜45分ローストして焼き色を付ける。最後の15分はアルミホイルをとる。他のカットには向かない。	**頭**：野菜に焼き色を付け、水やスープストックなどの液体に頭を入れる。弱火で煮るか、150℃のオーブンで3〜3時間半調理する。**頬／顎**：野菜と一緒に焼き色付け、液体を加えて45〜60分弱火で煮るか、190℃のオーブンで蓋をして蒸し焼きする。ネック／カラーは肩／豚足／肩甲骨同様に調理する。**スネ／膝**：2〜3時間弱火で煮る。
豚足	調理して冷ましたら半分に割り、ハケで溶かしバターを塗り、パン粉をまぶす。15〜20分、もしくは全体にこんがり焼き色が付くまで焼く。	この調理法には向かない。	火を通して冷ましたらグリル同様に準備する。200℃で15〜20分、もしくは全体にこんがり焼き色が付くまで焼く。	1〜2時間弱火で煮る。冷ましたら半分に割ってパン粉をまぶし、焼くかローストする。
挽き肉	グリルを強火で熱する。串に押さえ付けるか、パテにする。ハケで油を塗り、10〜15分、裏返しながら火が通るまで焼く。	フライパンで油を熱し、挽き肉をパテにする。ハケで油を塗ってときどき裏返しながら火が通るまで10〜15分焼く。	この調理法には向かない。	挽き肉と野菜を炒め、水やスープストックなどの液体を加えて1時間〜1時間半弱火で煮る。
仔豚	この調理法には向かない。	この調理法には向かない。	P.106〜107の手順参照。	ヒレ肉同様に調理するが、時間は3〜4時間。最後の20〜30分は蓋を外して200℃で焼き皮をこんがりさせる。

カットと調理法一覧《牛肉》

カット	グリル／バーベキュー	揚げる／炒める	ロースト	蒸し焼き／煮込み
備考：表記の温度は一般的な仕上がり温度ではあるが、レシピによって変動する場合がある。	ステーキは2.5cmの厚さで設定。それより厚いものは加熱時間を延ばし、薄いものは短縮する。	ステーキは2.5cmの厚さで設定。それより厚いものは加熱時間を延ばし、薄いものは短縮する。	内部温度を測るときは肉用温度計を使います。内部温度：レアは60℃、ミディアムは65℃、ウェルダンは75℃。	重さより、切り方によって調理時間を調節する。
ステーキ：ヒレ、サーロイン、リブ、Tボーン、イチボ、トップサイド、シルバーサイド、ミニッツステーキ	サーロイン、リブ、Tボーン、イチボ、トップサイド、シルバーサイド：グリルを強火で熱し、ハケで肉に油または溶かしたバターを塗る。レアの場合は各面2分半ずつ、ミディアムは4分ずつ、ウェルダンは6分ずつ焼き、食卓に出す前に2～3分寝かせる。トップサイドとシルバーサイドはピンク色になったらそれ以上加熱しない。ヒレステーキ：レアの場合は各面2分ずつ、ミディアムは3分ずつ、ウェルダンは4分ずつ焼き、2－3分寝かせる。ミニッツステーキ：この調理法には向かない。	ヒレ、サーロイン、リブ、Tボーン：フライパンに油とバターを入れて熱々になるまで熱する。ステーキをフライパンに入れる。裏返すまで動かさないように。レアの場合は各面2分半ずつ、ミディアムは分ずつ、ウェルダンは6分ずつ焼く。2～3分寝かせる。ミニッツステーキ：各面1～1分半ずつ焼き、すぐに食卓に出す。トップサイド／シルバーサイド：ピンク色になるまで焼く。それ以上は加熱しない。	この調理法には向かない。	イチボ、トップサイド、シルバーサイドステーキ：オーブンを160℃に予熱する。全体に焼き色を付け、水やスープストックなどの液体を加える。1時間半～2時間蒸し焼きにする。サーロイン、ヒレ、Tボーン、リブアイステーキ：上記同様に調理するが、調理時間は1時間～1時間半にする。
短時間で焼き上げるステーキ：デックル、トップキャップ、リブアイキャップ、フランク、スカート、トライティップ、キャップオブランプ、フラットアイロン、ハンガー、ポイント、ナックルキャップ	そのままで、もしくは薄く切って串に通してグリルする。グリルを強火で熱す。ステーキにハケで油を塗り、各面2～3分ずつ焼いて熱々で食卓に出す。ピンク色になったらそれ以上調理しないこと。切らずにグリルしたものは食卓に出す前に繊維を絶って薄く切る。	そのまま、もしくは薄く切って調理する。フライパンに油とバターを入れて強火で熱する。各面2～3分ずつ焼き、熱々で食卓に出す。ピンク色になったらそれ以上調理しないこと。切らずにグリルしたものは食卓に出す前に繊維を断ち、薄く切る。	この調理法には向かない。	オーブンを160℃に予熱する。野菜も使う場合は肉と野菜に焼き色を付け、水やスープストックなどの液体を加える。2～3時間蒸し焼きにする。
骨付きロースト：サーロイン、サーロインリブ、フォアリブ	グリルを230℃に熱する。蓋をおろした状態で25分加熱する。温度を190℃に下げ、450gにつきレアなら12～15分、ミディアムなら20分、ウェルダンなら25分焼く。20～30分寝かせる。	この調理法には向かない。	オーブンを230℃に予熱する。25分ローストする。温度を190℃に下げ、450gにつきレアなら12～15分、ミディアムなら20分、ウェルダンなら25分焼く。20～30分寝かせる。	オーブンを160℃に予熱する。焼き色が付いたら水やスープストックなどの液体を加える。2～3時間蒸し焼きにする。
骨抜きロースト：ヒレ、サーロイン、リブアイ、イチボ、トップサイド	グリルを190℃に熱する。450gにつき20分加熱し、レアならさらに20分、ミディアムなら25分、ウェルダンなら30分焼く。20～30分寝かせる。	この調理法には向かない。	骨抜きサーロイン、リブアイ、イチボ、トップサイドのかたまり肉：オーブンを190℃に予熱する。450gにつき20分ローストし、レアならさらに20分、ミディアムなら25分、ウェルダンなら30分焼く。20～30分寝かせる。ヒレかたまり肉とシャトーブリアン：オーブンを230℃に予熱する。フライパンで油を熱して肉に焼き色を付け、オーブンに移す。450gにつきレアなら10～12分、ミディアムなら12～15分、ウェルダンなら14～16分ローストする。10分寝かせる。	オーブンを160℃に予熱する。焼き色が付いたら水やスープストックなどの液体を加える。2～3時間蒸し焼きにする。
蒸し焼きかたまり肉：厚いフランク（トップランプ）シルバーサイド、トップサイド、チャックとブレード、肩肉、ブリスケット	低温でじっくり焼く。グリルを160℃に熱する。かたまり肉にハケで油を塗る。火に直接当てないで柔らかくなるまで3～4時間かけてゆっくり加熱する。	この調理法には向かない。	この調理法には向かない。	オーブンを160℃に予熱する。焼き色が付いたら水やスープストックなどの液体を加える。3～4時間、もしくは柔らかくなるまで蒸し焼きにする。
じっくり調理するカット：短時間で焼き上げるステーキとスネ肉、オッソブッコ、カカト、ネック、肩肉、リブ	この調理法には向かない。	この調理法には向かない。	この調理法には向かない。	オーブンを160℃に予熱する。焼き色が付いたら水やスープストックなどの液体を加える。3～4時間、もしくは柔らかくなるまで蒸し焼きにする。
挽き肉	グリルを強火で熱す。挽き肉を串に付けるかパテにする。ハケで油を塗り、時々裏返しながら10～15分、もしくは内部温度が75℃に達するまでグリルする。	グリルを強火で熱す。挽き肉を串に付けるかパテにする。ハケで油を塗り、時々返しながら10～15分、もしくは内部温度が75℃に達するまで加熱する。	この調理法には向かない。	焼き色を付け、水やスープストックなどの液体を加えて煮るか、160℃で1時間～1時間半（ステーキ肉の挽き肉）、もしくは1時間半～2時間（通常の挽き肉）蒸し焼きにする。

カットと調理法一覧《仔牛肉》

カット	グリル／バーベキュー	揚げる／炒める	ロースト	蒸し焼き／煮込み
備考：表記の温度は一般的な仕上がり温度ではあるが、レシピによって変動する場合がある。	ステーキは2.5cmの厚さで設定。それより厚いものは加熱時間を延ばし、薄いものは短縮する。	ステーキは2.5cmの厚さで設定。それより厚いものは加熱時間を延ばし、薄いものは短縮する。	内部温度を測るときは肉用温度計を使います。 内部温度：レアは60℃、ミディアムは65℃、ウェルダンは75℃。	
ステーキ：トップサイド、シルバーサイド、エスカロープ、イチボ、サーロイン、ヒレ、Tボーン、ロースチョップ、厚切り肉、リブアイ	グリルを強火で熱する。ハケで油か溶かしバターを塗る。レアなら各面2分半ずつ、ミディアムなら4分ずつ、ウェルダンなら6分ずつグリルする。2〜3分寝かせる。 エスカロープ：グリルを強火で熱する。ハケで油を塗る。各面2分ずつグリルする（パン粉をまぶしている場合はこの調理法には向かない）。 ケバブ：グリルを強火で熱する。ハケで油を塗る。各面2〜3分ずつグリルする。 ミニッツステーキ：この調理法には向かない。	油、もしくはバターと油をフライパンで高温に熱する。ステーキを入れ、裏返すまで動かさずに加熱する。レアなら各面2分半ずつ、ミディアムなら4分ずつ、ウェルダンなら6分ずつ焼く。2〜3分寝かせる。エスカロープ：5mmのラード、もしくは油やバターを熱し、パン粉をまぶしたエスカロープなら各面3分ずつ、衣のないエスカロープは2分ずつ焼く。脚肉の角切り：油、もしくはバターと油を熱し、全体に短時間で焼き色を付ける。大きめの角切りは食卓に出す前に5分寝かせる。ミニッツステーキ：各面1〜1分半ずつ焼いて熱々で食卓に出す。トップサイドとシルバーサイド：ピンク色になったらそれ以上加熱しないこと。	この調理法には向かない。	全体に焼き色を付ける。焼き色の付いた野菜と水やスープストックなどの液体を加え、弱火で煮るか、柔らかくなるまで180℃で1時間〜1時間半蒸し焼きにする。
短時間で焼き上げるステーキ：デックル、トップキャップ、リブアイキャップ、フランク、スカート、トライティップ、キャップオブランプ、フラットアイロン、ハンガー、ポイント、ナックルキャップ	そのままで、もしくはスライスして串に通してグリルする。グリルを高温で熱したらステーキにハケで油を塗り、各面2〜3分ずつ焼いて熱々で食卓に出す。ピンク色になったらそれ以上調理しないこと。切らずにグリルしたものは繊維を断ち、薄く切る。	そのまま、もしくは先に薄切りにして調理する。フライパンに油とバターを入れて強火で熱したら各面2〜3分ずつ焼き、熱々で食卓に出す。ピンク色になったらそれ以上調理しないこと。切らずにグリルしたものは繊維を断ち、薄く切る。	この調理法には向かない。	オーブンを160℃に予熱する。野菜も使う場合は肉と野菜に焼き色を付け、水やスープストックなどの液体を加えて2〜3時間蒸し焼きにする。
骨付きロースト：ベストエンド（リブ）、サーロイン	グリルを230℃に熱する。蓋をおろした状態で25分加熱する。温度を190℃に下げ、450gにつきレアなら12〜15分、ミディアムなら20分、ウェルダンなら25分焼く。20〜30分寝かせる。	この調理法には向かない。	オーブンを230℃に予熱する。20分ローストする。温度を190℃に下げ、450gにつきレアなら12〜15分、ミディアムなら20分、ウェルダンなら25分焼く。15〜20分寝かせる。	各面に焼き色を付ける。焼き色の付いた野菜と水やスープストックなどの液体を加え、弱火で煮るか、柔らかくなるまで180℃で1時間〜1時間半蒸し焼きにする。
骨抜きロースト：シルバーサイド、トップサイド、ランプ、ヒレ、ロース、ベストエンド（リブアイ）	グリルを190℃に熱する。450gにつき20分焼き、レアならさらに20分、ミディアムなら25分、ウェルダンなら30分焼く。20〜30分寝かせる。	この調理法には向かない。	シルバーサイド、トップサイド、イチボ、ロース、ベストエンド（リブアイ）かたまり肉：オーブンを190℃で予熱する。450gにつき15分とレアならさらに20分、ミディアムなら25分ローストする。ウェルダンなら450gにつき25分とさらに30分ローストする。20〜30分寝かせる。ヒレかたまり肉とシャトーブリアン：オーブンを230℃に予熱する。フライパンに油を熱して焼き色を付けたらオーブンに移す。450gにつきレアなら10〜12分、ミディアムなら12〜15分、ウェルダンなら14〜16分ローストする。10分寝かせる。	全体に焼き色を付けたら、焼いた野菜と水やスープストックなどの液体を加えて弱火で煮るか、柔らかくなるまで180℃のオーブンで1時間〜1時間半蒸し焼きにする。
蒸し焼きかたまり肉：厚いフランク（トップランプ）シルバーサイド、トップサイド、チャックとブレード、肩肉、マトンの脚肉、ブリスケット	低温でじっくり焼く。グリルを160℃に熱する。かたまり肉にハケで油を塗る。火に直接当てずに柔らかくなるまで3〜4時間かけてゆっくり焼く。	この調理法には向かない。	この調理法には向かない。	全体に焼き色を付けたら、焼いた野菜と水やスープストックなどの液体を加えて弱火で煮るか、柔らかくなるまで180℃のオーブンで1時間〜1時間半蒸し焼きにする。
じっくり調理するカット：短時間で焼き上げるステーキとスネ肉、オッソブッコ、カカト、ネック、肩肉、リブ	短時間で焼き上げるカットを除いてこの調理法には向かない。	短時間で焼き上げるカットを除いてこの調理法には向かない。	この調理法には向かない。	オーブンを160℃に予熱する。肉に焼き色を付けて水やスープストックなどの液体を加える。柔らかくなるまで2〜3時間蒸し焼きする。
挽き肉	グリルを強火で熱する。ハンバーグ、ケバブなどにハケで油を塗って裏返しながら加熱し、焼き色を付け、中火に弱める。火が通るまで、裏返しながら焼く。	ハンバーグやケバブなどを熱した油、ラード、バターのいずれかを使い、内部温度が75℃に達するまで時々返しながら10〜15分焼く。	この調理法には向かない。	挽き肉と野菜をフライパンで加熱して焼き色を付け、水やスープストックなどの液体を加えて弱火で煮るか、180℃のオーブンで1〜1時間半調理する。

カットと調理法一覧《ラム、マトン、山羊肉》

カット	グリル／バーベキュー	揚げる／炒める	ロースト	蒸し焼き／煮込み
備考：表記の温度は一般的な仕上がり温度ではあるが、レシピによって変動する場合がある。	調理時間は厚さによって変わる。	調理時間は厚さによって変わる。	内部温度：レアは60℃、ミディアム派65℃、ウェルダンは75℃。	
【ラム】脚肉ステーキ、脚肉の角切り、脚のかたまり肉	脚肉のチョップとステーキ：グリルを強火で熱する。肉にハケで油を塗る。各面3〜4分ずつグリルしたら5分寝かせる。ケバブ：ステーキとチョップ同様にグリルするが、加熱時間は各面2分ずつにする。脚のかたまり肉、骨付き／骨抜き：バーベキューを200℃で予熱する。450gにつき25〜30分調理し、450gにつき5〜10分寝かせる。	脚肉ステーキとチョップ：油とバターを熱いフライパンで熱する。各面2分ずつ焼いて肉に焼き色を付けたら火を弱めて各面2〜4分ずつ調理する。食卓に出す前に少し寝かせる。ケバブ：各面2分ずつ焼き、熱々で食卓に出す。脚肉のかたまり肉にはこの調理法は向かない。	脚肉ステーキとチョップ（厚さ2.5cm）：オーブンを200℃で予熱する。ハケで肉にバターか油を塗って30〜40分ローストする。脚のかたまり肉、骨付き／骨抜き：オーブンを200℃で予熱する。450gにつき25〜30分ローストし、450gにつき5分寝かせる。	脚肉ステーキとチョップ（厚さ2.5cm）：肉に焼き色を付け、液体を加えて弱火でゆっくり煮るか、190℃のオーブンで1時間加熱する。脚肉の角切り：ステーキとチョップ同様に蒸し焼きするが、調理時間は1時間〜1時間半にする。脚のかたまり肉、骨付き／骨抜き：全体に焼き色を付け、液体を加えて180℃のオーブンで3時間〜3時間半加熱する。
サドルとロース	ヒレ：グリルを強火で熱する。肉にハケで油を塗る。ロースとバーンズリーチョップ、ノワゼットは脚肉ステーキやチョップ同様に調理する。バタフライステーキはケバブ同様に調理する。ロースかたまり肉：高温で各面2分ずつ焼いたら火を弱め、各面3〜4分ずつグリルする。5〜10分寝かせる。各面2分ずつ焼いて5分寝かせる。	ロースかバーンズリーチョップとロースステーキ：脚肉ステーキやチョップ同様に調理する。バタフライステーキ：ケバブ同様に調理する。ロースかたまり肉：各面2分ずつ焼いて焼き色を付け、火を弱めてさらに各面3〜5分ずつ焼く。5〜10分寝かせる。サドルのかたまり肉：この調理法には向かない。	サドル：脚のかたまり肉同様にローストする。ロースかバーンズリーチョップ：脚肉のかたまり肉同様にローストする。バタフライステーキ：この調理法には向かない。ロースのかたまり肉：オーブンを220℃に予熱する。各面に焼き色を付け、8〜10分ローストし、5〜10分寝かせる。	サドル：脚のかたまり肉同様に蒸し焼きするが、調理時間は2時間〜2時間半にする。ロースやバーンズリーチョップ、ノワゼット：脚肉ステーキやチョップ同様に蒸し焼きする。バタフライステーキ：この調理法には向かない。ロースかたまり肉：脚のかたまり肉同様に蒸し焼きするが、調理時間は1時間〜1時間半にする。
首のベストエンド（ラック）	厚切り肉や首のヒレ肉は脚肉のステーキやチョップ同様にグリルする。ラックのかたまり肉：オーブンを200℃に予熱する。450gにつき25〜30分焼き、450gにつき5〜10分寝かせる。	首のヒレ肉、厚切り肉、ベストエンドは脚肉のステーキやチョップ同様に調理する。ラック：この調理法には向かない。	首のヒレ肉や厚切り肉は脚肉のステーキやチョップ同様にローストし、ラムラックはロースのかたまり肉同様に調理する。クラウンロースト、ガードオブオナー、ベストエンド等のかたまり肉は脚のかたまり肉同様に調理する。	首のヒレ肉や厚切り肉は脚肉のステーキやチョップ同様に蒸し焼きする。ベストエンド、ラムラック、クラウンローストは脚のかたまり肉同様に調理するが、調理時間は1時間〜1時間半にする。
フォークォーター、フランク、胸肉	肩肉のステーキやチョップは脚肉のステーキやチョップ同様にグリルする。その他のカットには向かない。	肩肉のステーキやチョップは脚肉のステーキやチョップ同様に焼く。その他のカットには向かない。	肩のかたまり肉、骨抜き／骨付き：オーブンを200℃に予熱する。450gにつき20〜30分ローストし、その後さらに30分ローストする。その他のカットには向かない。	肩肉のステーキやチョップ：脚肉のステーキやチョップ同様に蒸し焼きする。肩肉の角切り：脚肉のステーキやチョップ同様に蒸し焼きするが、調理時間を1時間半〜2時間にする。肩のかたまり肉：脚のかたまり肉同様に加熱する。スネ肉、胸肉、スクラグエンド：焼き色を付けたら、水やスープストックなどの液体を加えて弱火で煮るか、160℃のオーブンで1時間半〜2時間蒸し焼きにする。
ラム、マトン、山羊の挽き肉	グリルを強火で熱する。挽き肉を串に付けるかパテにする。ハケで油を塗り、各面2分ずつグリルし、5分寝かせる。	炒めて肉の色が変わったら、水やスープストックなどの液体を加えて45分〜1時間弱火で煮る。またはパテやミートボールにして各面3〜5分ずつ焼く。	この調理法には向かない。	焼き色を付け、水やスープストックなどの液体を加えて弱火で煮るか、160℃のオーブンで1時間半〜2時間加熱する。
【マトンと山羊】脚肉	年齢の高いマトンや山羊には向かない。脚肉のチョップやケバブ：ラムチョップやケバブ同様に調理する。若い山羊やマトンのかたまり肉：ラム脚肉同様に調理する。	脚肉のチョップやケバブ：油とバターをフライパンで熱する。チョップは好みで各面3〜5分程度ずつ焼く。ケバブは各面2〜4分ずつ焼く。	脚のかたまり肉：オーブンを230℃に予熱する。ピンク色に仕上げる場合は450gにつき12分ローストし、その後450gにつき12分寝かせる。ウェルダンは温度を180℃に下げてさらに15〜20分加熱し、その後5〜10分寝かせる。	脚肉のチョップや角切り肉：肉に焼き色を付けたら、水やスープストックなどの液体を加えて弱火で煮るか、180℃のオーブンで1〜1時間半煮込む。脚のかたまり肉：全体に焼き色を付けたら野菜、水やスープストックなどの液体を加え、蓋をかけて2〜3時間煮る。
ロースとリブ	ロースのチョップや厚切り肉は脚肉のチョップ同様にグリルする。サドルはこの調理法には向かない。	ロースのチョップや厚切り肉は脚肉のチョップ同様に焼く。サドルはこの調理法には向かない。	サドルやロースのかたまり肉は脚のかたまり肉同様にローストする。リブはこの調理法には向かない。	ロースチョップ：脚肉のチョップ同様に蒸し焼き、煮込みにする。ロースのかたまり肉：オーブンを150℃に予熱する。かたまり肉全体に焼き色を付けたら、水やスープストックなどの液体を加えてオーブンで50分加熱する。温度を130℃に下げ、頻繁に肉汁をハケで全体にたっぷり塗りながらさらに45分加熱する。
フォークォーター	この調理法には向かない。	この調理法には向かない。	この調理法には向かない。	肩のかたまり肉、ネック／スクラグエンド、フランク：脚肉のチョップ同様に蒸し焼きするが、調理時間は2時間〜2時間半にする。肩肉の角切り：1時間半〜2時間蒸し焼きに。スネ肉：脚肉のチョップ同様に蒸し焼きにするか煮込むが、調理時間は2時間半〜3時間。

カットと調理法一覧《狩猟肉やその他の動物の肉》

カット	グリル／バーベキュー	揚げる／炒める	ロースト	蒸し焼き／煮込み
備考：表記の温度は一般的な仕上がり温度ではあるが、レシピによって変動する場合がある。	調理時間は厚さによって変わる。	調理時間は厚さによって変わる。	内部温度：レアは60℃、ミディアムは65℃。	
グリルする、焼く：鹿イチボのステーキ、ロースステーキ、ヒレ肉、Tボーンステーキ、チョップ ダチョウの胸肉ステーキ、脚肉ステーキ バイソンとバッファローの脚肉ステーキ、Tボーン、ヒレ、サーロインとリブアイステーキ	イチボ／脚肉／胸肉ステーキ（若い動物のみ）：グリルを高温で熱する。ハケで肉にバターか油を塗り、グリルして各面に焼き色を付け、火を弱めて一度裏返し、さらにグリルする。レアなら厚さ1cmにつき1分半、ミディアムなら厚さ1cmにつき2分、加熱しすぎないように注意しながら焼き、3～5分寝かせる。厚さ2.5cm以上のステーキは火の通しを控え目に仕上げる。 イチボ／脚肉／胸肉の角切り：串に通して全体に焼き色を付ける。熱々で食卓に出す。	イチボ／脚肉／胸肉ステーキ（若い動物のみ）：フライパンにバターか油、もしくは両方を熱する。両面に焼き色を付けたら火を弱めて1度返しながらさらに焼いて仕上げる。レアなら厚さ1cmにつき3分で焼き色を付け、さらに厚さ1cmにつき1分焼き、厚さ1cmにつき1分寝かせる。ミディアムなら4分で焼き色を付け、さらに厚さ1cmにつき1分半焼いて、厚さ1cmにつき1分寝かせる。イチボ／脚肉／胸肉の角切り：そのままで、もしくは串に通して調理する。高温に熱したフライパンで全体に焼き色を付ける。熱々で食卓に出す。	この調理法には向かない。	イチボ／脚肉／胸肉ステーキ（若い鹿のみ）：肉に焼き色を付けて、水やスープストックなどの液体を加え、若い動物は190℃のオープンで1時間半～2時間蒸し焼きする。年齢の高い動物は180℃のオープンで2～3時間蒸し焼きする。 イチボ／脚肉／胸肉の角切り：オープンを160℃に予熱する。肉に焼き色を付けて、1時間半、年齢の高い動物は2～3時間蒸し焼きする。
骨付きかたまり肉：鹿のサドル、ラック、イチボ バイソンとバッファローのサーロイン、リブ、フォアリブ	グリルやバーベキューに向くのは若い動物のかたまり肉のみ。グリルを230℃に予熱する。かたまり肉の全体に焼き色を付け、レアなら厚さ1cmにつき1分焼いて火からおろし、蓋をかぶせて厚さ1cmにつき2分寝かせる。ミディアムなら厚さ1cmにつき3分焼いて、厚さ1cmにつき3分寝かせる。	この調理法には向かない。	ローストに向くのは若い動物のかたまり肉のみ。オープンを230℃に予熱する。全体に焼き色を付ける。レアなら厚さ1cmにつき2分半ローストし、80℃に下げたオープンで厚さ1cmにつき2分寝かせる。ミディアムのかたまり肉なら厚さ1cmにつき3分ローストし、厚さ1cmにつき3分寝かせる。	オープンを190℃に予熱する。肉に焼き色を付け、水やスープストックなどの液体を加え、柔らかくなるまで1時間半～2時間半蒸し焼きする。年齢の高い動物のかたまり肉は180℃のオープンで柔らかくなるまで2時間半～3時間半蒸し焼きする。
骨抜きかたまり肉：鹿イチボのロール肉、ロース肉 ダチョウの胸肉、脚肉 バイソンとバッファローのヒレ肉、サーロイン、リブアイ、イチボ、トップサイド	骨付き肉同様に調理する。	この調理法には向かない。	オープンを230℃に予熱する。全体に焼き色を付ける。レアのかたまり肉なら厚さ1cmにつき2分ローストし、厚さ1cmにつき2～3分寝かせる。ミディアムのかたまり肉なら厚さ1cmにつき3分ローストし、厚さ1cmにつき2～3分寝かせる。	オープンを190℃に予熱する。肉に焼き色を付け、1時間半～2時間、年齢の高い動物の肉であれば2時間半～3時間半蒸し焼きする。
蒸し焼き用のカット：鹿肩肉、イチボ ダチョウの胸肉、脚肉 バイソンとバッファローの脚肉、肩肉	この調理法には向かない。	ステーキは硬くならないようにピンク色に短時間で焼く。	この調理法には向かない。	オープンを160℃に予熱する。肉に焼き色を付け、水やスープストックなどの液体を加えて2～3時間、もしくは年齢の高い動物の肉であれば3～4時間蒸し焼きする。
じっくり煮込むカット：鹿スネ肉、シャンク、ネック、フランク バイソンとバッファローのスネ肉、オッソブッコ、ヒール、ネック、肩肉、リブ	この調理法には向かない。	この調理法には向かない。	この調理法には向かない。	スネ肉：弱火で煮るか、160℃のオープンで4時間、年齢の高い動物の肉であれば4～5時間煮込む。その他のカット：オープンを160℃に予熱する。肉に焼き色を付けたら2～3時間、年齢の高い動物の肉であれば3～4時間蒸し焼きするか煮込む。
挽き肉：全ての肉	グリルを強火で熱する。挽き肉を串に付けるかパテにする。ハケで油を塗り、時々裏返しながら8～10分グリルする。	炒めて肉の色が変わったら、水やスープストックなどの液体を加えて45分～1時間弱火で煮る。またはパテやミートボールにして各面3～5分ずつ焼く。	この調理法には向かない。	焼き色を付けたら弱火で煮るか160℃で1～2時間蒸し焼きする。
【野生のイノシシ】	この調理法に向くのは若いイノシシのみ。鹿肉同様にグリルする。	この調理法に向くのは若いイノシシのみ。鹿肉同様に焼く。	この調理法に向くのは若いイノシシのみ。鹿肉同様にローストする。	野生のイノシシは、年齢の高い鹿の肉と同様に蒸し焼きにする
【馬とカンガルー】	この調理法に向くのは若いカンガルーのみ。鹿肉同様にグリルする。	この調理法に向くのは若いカンガルーのみ。鹿肉同様に焼く。	この調理法に向くのは若い馬のカットや若いカンガルーのかたまり肉のみ。鹿肉同様にローストする。	鹿肉同様に蒸し焼きする。
【野ウサギ】	この調理法には向かない。	この調理法には向かない。	野ウサギのサドルを鹿の骨付きかたまり肉同様にローストする。	鹿の骨付きかたまり肉同様に蒸し焼きする。
【ウサギとリス】	グリルに向くのは国産ウサギの塊かたまり肉のみ。油でマリネし、中火で15～20分、もしくは透明の肉汁が出るまで焼く。	ローストに向くのは国産ウサギのかたまり肉のみ。油でマリネし、各面中火で8～10分、もしくは透明の肉汁が出るまで焼く。	この調理法に向くのは国産ウサギのかたまり肉。フライパンでかたまり肉に焼き色を付け、220℃のオープンで5～10分ローストし、5分寝かせる。	水やスープストックなどの液体に入れて、弱火で柔らかくなるまで1時間半～2時間半ゆっくり煮る。
【モルモット】	半分に切るかスパッチコックにして肉汁が透明になるまで中火で20～30分グリルする。	半分に切るかスパッチコックにしてフライパンで蓋をかぶせて肉汁が透明になるまで20～30分ゆっくり焼く。	腹の空洞に詰め物をしてバターか油を塗り、200℃のオープンで30～40分ローストする。	水やスープストックなどの液体に入れて、蓋をかぶせて弱火で1時間半～2時間半ゆっくり煮る。

調理法別レシピ紹介

じっくり調理する

オッソブッコ
(P.287)

燻製ハムのポットロースト
(P.136)

チョレント
(P.092)

ケイジャン・アンドゥイユ・ガンボー
(P.139)

猪のドライカレー
(P.239)

牛スネ肉の赤ワイン煮
(P.177)

ハンガリアン・グーラッシュ
(P.113)

タジン・ビル・ミシュミシュ
(P.200)

MEAT KNOW-HOW RECIPE CHOOSERS

ベネチア風鴨のラグー
(P.091)

オックステールの焼き煮 ミカン添え
(P.286)

豚とクラム
(P.114)

牛肉のドーブ プルーン添え
(P.155)

こちらもどうぞ

- チキン・ジャンバラヤ (P.063)
- チキン・タジン (P.068)
- コッコーヴァン (P.070)
- ポットロースト・チキン (P.078)
- カスレ (P.088)
- 豚のビール煮込み (P.110)
- ビゴス (P.110)
- ポソレ (P.113)
- 豚足の砂糖煮 (P.117)
- ショークルート・ガルニ (P.123)
- ビルマ風ゴールデン・ポーク (P.124)
- プティ・サレとレンズ豆の煮込み (P.127)
- 豚脚肉のマリネ (P.132)
- アスツリア風豆煮込み (P.134)
- ハムホックの紫キャベツ添え (P.135)
- フェイジョアーダ (P.135)
- チリコンカルネ (P.152)
- エールの牛肉カルボナード (P.154)
- フィリピン風ビーフシチュー (P.154)
- ビーフ・グーラッシュ (P.156)
- ケーララビーフ (P.157)
- 牛ブリスケットとハーブのダンプリング添え (P.158)
- 牛バラ肉のスパイス焼き ビーツ、クレームフレーシュ、ホースラディッシュ添え (P.158)
- ブフ・ブルギニョン (P.177)
- バッファローブリスケットの蒸し焼き (P.178)
- 仔牛のクリーム煮 (ブランケット・ド・ヴォー) (P.182)
- ギリシャ風ラムシチュー (P.196)
- ラムと大麦のシチュー (P.198)
- アイリッシュシチュー (P.199)
- ランカシャー・ホットポット (P.199)
- ラムのじっくり煮 ファトゥーシュサラダ添え (P.206)
- ラムスネ肉のライマメとセロリ添え (P.214)
- アプリコットとプルーンのモロッコ風マトン煮込み (P.216)
- マトンとかぶのカシミール風煮込み (P.218)
- ミルクで煮込んだマトンのモモ肉 ケッパー乗せ (P.218)
- 山羊とキャベツのシチュー (P.220)
- 鹿のシヴェ (P.234)
- 鹿肉、エシャロット、栗の鍋煮込み (P.234)
- 鹿肉の赤ワイン煮込み (P.235)
- 猪のドルチェフォルテ (P.236)
- 鹿肉ソーセージ 根セロリのグラタンと紫キャベツの蒸し焼き添え (P.238)
- カンガルーテールとひよこ豆のスープ (P.240)
- 野ウサギとマッシュルームのシチュー (P.242)
- 狩猟肉のキャセロール (P.252)
- ダーティーライス (P.274)
- ラムの心臓のプルーン煮 (P.275)
- アンダルシア風トリッパ (P.279)
- トリップ・ア・ラ・モード・ド・カーン (P.280)
- チタリングス (P.281)
- 牛頬肉のグレモラータがけ (P.284)
- ピエ・ド・コション・ア・ラ・サントムヌー (P.284)

ロースト

ライチョウのオーブン焼き
(P.248)

ハーブのローストチキン
(P.136)

メイプルとマスタードクラストの牛リブ
(P.160)

ターダッキン
(P.083)

豚肩肉のじっくり煮
サイダーグレイビーソース (P.112)

テンダーロインのパルマハム包み ソーセージとゴルゴンゾーラチーズ詰め (P.121)

塩漬けレモンのローストプッサン
(P.095)

北欧流マトンのハニーマスタード焼き
根菜添え (P.218)

キジのノルマンディー風
(P.245)

豚バラ肉のポルケッタ
(P.127)

ピリッとスパイシーな牛ヒレ 焼き野菜添え (P.165)

ラムと根セロリのガレット
(P.205)

こちらもどうぞ

- ポットロースト・チキン (P.078)
- 北京ダック (P.090)
- ガチョウのロースト (P.092)
- カリブ風ジャークプッサン (P.094)
- コチニータピビル (P.114)
- ローストポークのセージと玉ねぎ詰め (P.121)
- 中華風豚バラ肉 (P.125)
- 牛ヒレ肉のスパイスチリ 赤ワインとマッシュルームのソースがけ (P.168)
- ローストビーフ (P.176)
- 仔牛ラックのロースト ペスト添え (P.178)
- 仔牛のロースト レモン、オリーブ、ミニトマト添え (P.182)
- ラムの干し草焼き アンチョビとケッパーのソース (P.208)
- ラムの厚切り肉 西洋かぼちゃ、豆、ミントを添えて (P.208)
- 山羊肩肉のはちみつ漬け フラジョレット豆添え (P.220)
- 野ウサギのサドルとビーツ (P.243)
- イワシャコのシャルトルーズ (P.249)
- ヤマウズラとレンズ豆の蒸し焼き (P.250)
- 野生ガチョウの胸肉包み焼き (P.254)
- 野生ガチョウのじっくり焼き (P.255)
- 仔鴨のサルミ (P.256)

フランゴ・ピリピリ
(P.079)

バヴァリアンローストポーク
(P.110)

揚げ焼き

仔牛のスカロピーネとサルサ・ヴェルデ (P.179)

仔牛のシュニッツェル 目玉焼き、ケッパー、パセリ添え (P.180)

ヒレステーキのブルーチーズソースがけ (P.163)

バターミルクチキンとビスケット (P.064)

フリカデラ (P.109)

鹿のステーキ ブラックベリー添え (P.238)

こちらもどうぞ

- サウザン・フライドチキン (P.071)
- ラズベリーとカルダモングレーズの焼き鴨胸肉 (P.085)
- 豚のサテ ピーナッツソース添え (P.124)
- ポークシュニッツェルのクリーミーマスタードソースがけ (P.132)
- カントリーハムと卵のレッドアイ・グレイビーとグリッツ添え (P.136)
- ビーフとグリーンピースのスパイシーパテ (P.152)
- 牛ヒレ肉のフライパン焼き (P.164)
- わさびビーフと青梗菜 (P.170)
- 仔牛のエスカロープ ピーマン添え (P.180)
- ラムバーガー 焼きトマトのレリッシュ添え (P.195)
- ラムロースの赤ピーマン添え (P.203)
- 鹿の厚切り肉 アンズタケ添え (P.236)
- ホロホロチョウとスモークベーコン (P.253)
- 野生鴨の胸肉とソース・ビガラート (P.255)
- 仔牛のレバーとセージ (P.271)
- レバー、玉ねぎ、じゃがいものソテー (P.272)
- 鹿のレバー 玉ねぎ添え (P.272)
- 鹿ハツのソテー (P.274)
- 鶏レバーとマルサラソース (P.275)

グリル

キューバサンドイッチ
(P.137)

スパイス風味のステーキ
チミチュリーソース添え (P.159)

ラムケバブ ヨーグルトとザクロ添え
(P.196)

ダチョウのハンバーガー
(P.257)

ケイジャン・スパイス・チキン
(P.074)

クラシックバーガー
(P.153)

モロッコ風レバーとハツの串焼き
(P.272)

こちらもどうぞ

- 七面鳥のスパッチコックグリル (P.083)
- ガイヤーン (P.095)
- チポトレシナモンベーコン (P.125)
- ポークリブのバーベキュー (P.130)
- みすじのステーキ 黒オリーブバター添え (P.153)
- カリビアン・ジャーク・ビーフ (P.162)
- ステーキのバルサミコ焼き ビーツ添え (P.164)
- 牛サーロインの生姜、はちみつ、醤油グレーズ焼き (P.172)
- ゴア風仔牛のケバブ (P.183)
- ラムコフタのグリル (P.194)
- 仔羊ヒレ肉のアンチョビペースト焼き (P.198)
- ラムヒレ肉 トマトとバジルのサラダ添え (P.202)
- ラムチョップとなすの炭火焼き 紫キャベツのコールスロー添え (P.206)
- ラムのバーベキュー ミントのオランデーズソースがけ (P.209)
- 鹿後脚のバーベキュー (P.236)
- ダチョウのステーキ (P.254)

第2章
家禽類の肉
POULTRY

家禽類の肉

家禽類は世界で最も普遍的に親しまれている肉のひとつ。柔らかくておいしく、様々な味によくなじみます。その万能さ、調理のしやすさ、価格の安さから世界中で愛されているのです。

この人気はつまり、家禽類の膨大な需要を意味します。鶏だけでも世界の総生産量は年間1億トン近くに上っていて、その多くはいくつかの集約的方法で生産されています。

生産方法

家禽類の飼育法は様々。重複する部分もありますが、主な生産法は以下の通りです。

● 家庭用放し飼い
家庭や個人農家で飼育される家禽類は庭先や野原、低木林地などの戸外で自由に餌を探します。様々なものを食べ、十分に運動して育った肉は風味も食感も一番です。たいていは家庭用に育てられるものですが、地元で売られる場合もあり、努力して探し出す価値があります。使用する飼料には様々な種類がありますが、多くの場合濃縮された餌や濃厚飼料が含まれています。

● 商業用放し飼い
外の空気や運動により、放し飼いの鳥はゆっくり育ちます。最良のシステムでは、鳥が自由に動きまわって本来の自然な暮らしができるように、草木の茂る戸外のスペースを十分に与えます。また、日陰や休息場所、夜間の安全を確保するために屋内のスペースも用意されます。使用される飼料は濃厚飼料、草木などです。

● 集約的放し飼い
鳥たちは日中を戸外で過ごすため外気にはさらされるものの、あまりの過密状態に草木に触れることはほとんどありません。極端なシステムでは大きな群れが巨大な深床式の小屋で集約され、たどり着くのも難しいような、戸外への小さな戸口が1つか2つ設けられます。
餌：濃厚飼料

● 過密な深床式小屋
何千羽もの鶏が、温度や換気調節された大きな屋内養鶏場で飼育されます。歩きまわったり止まり木で休むのは可能ですが、過密な環境です。排泄物のアンモニアが溜まって衛生状態が悪くなり、健康を損ねたり奇形になっ

世界の鶏の年間生産量は1億トンに近づいており、そのほとんどが集約的に飼育されています。

てしまう場合があります。
餌：濃厚飼料
● ケージ生産
食肉用鶏もケージで飼育することがありますが、主に産卵用の鶏に限られます。飛ぶことや止まり木で休むこと、そして歩きまわることさえなかなかできません。このような飼育方法が禁止されている国もあれば、そうでない国もあります。
餌：濃厚飼料
● 有機家禽
有機製品の表示には様々なものがありますが、一般的に有機表示は過密度の低い環境で放し飼いされ、有機飼料で育ったことを示します。しかし、有機製品であっても集約的放し飼いの養鶏場で飼われている場合もありますので注意してください。有機飼育のシステムは、よく管理された群れであれば、薬による治療は不必要という前提で飼育されますが、薬の投与は許可されます。
餌：有機濃厚飼料と植物

家禽類の飼料

家禽類は、草食動物のアヒルとガチョウを除いてすべて雑食動物で、飼育はほぼすべての場合、大豆、穀物、魚の肉、または動物のたんぱく質を含んだ濃厚飼料が用いられます。これらの飼料にはその他にもビタミンなど、鳥の健康を保つために必要な成分が含まれています（P.12～13の濃厚飼料に使われている穀物や種を参照）。

健康と安全

多くの国で鳥は生産の効率を上げるために成長促進剤を与えられます。成長促進剤には抗生物資、成長ホルモン、ヒ素を含む化学物質などが含まれ、これらのうち、国によっては禁止されている成分（主に成長ホルモン）もあります。

生、および十分に火の通っていない家禽類の肉は、サルモネラ菌や大腸菌による食中毒の危険性があるので、内部が少なくとも75℃になるまで火を通すことが推奨されています。家禽類の生肉を扱うのに使用した道具は必ずお湯で念入りに洗いましょう。また、家禽類の肉の販売や貯蔵は適切な冷蔵設備のもとで行われなければなりません。

家禽類の肉を買う

家禽類を低価格で提供するためには妥協が必要になってきます。値段は生産方法（前ページ参照）によって変わりますが、胸肉に水、塩、調味料などを注入して安くしたり、大きく見せたりするのは業界の慣行です。ナゲットやソーセージといった加工食品は多くの場合、集約的な施設の年をとった産卵鶏や、砕いた骨、皮、脂肪が用いられます。この事実がパッケージに表示されることはほとんどありません。逆に、良い習慣のもとで作られた商品は堂々と宣伝されるので、購入の際にはラベルをよく確認しましょう。

品種と用途

家禽類の展示会では、産卵用、食肉用、両用、闘鶏用など、それぞれ特定の目的のために交配された品種が何百種も出品されます。商用鶏のほとんどは特定の環境で丈夫に育ち、高度な生産力を発揮できるよう掛け合わせられたハイブリッドです。

● 七面鳥
現代の七面鳥はメキシコの小さい野生種の子孫ですが、今日では商業的に飼育され、体もその先祖よりずっと大きくなっています。この他にブロンズ七面鳥など、風味や食感の優れた放し飼いのプレミア品も買うことができます。

● 鶏
現代の飼育用の鶏はインドの野鶏から進化したものです。商業用鶏は純粋種ではなくハイブリッドですが、ドーキング、プリモスロックなど養鶏業者に保存された各地の銘柄品種も存在します。鶏には以下のようにいくつかのカテゴリーがあります。

ブロイラー
生後約12週。ローストに使われる。

カポン
大きくて柔らかい胸肉を生産するために、去勢して肥えさせた雄鶏。

ボイル用鶏
多くが年をとって卵を産まなくなった産卵鶏。煮込む必要はあるが風味がすばらしい。

プッサン
生後4～6週のひな鳥。コーニッシュゲームヘンも生後4～6週だが体が少し大きい。名前は野生の雌鶏を意味するが、実際は野生でもなければ雌とも限らない。

● アヒル・カモ
家畜として4000年以上の歴史を持ち、今ではほとんどが集約的に飼育されている。アヒルのほとんどは野生のマガモの子孫であり、一般的なのは白い北京ダックとエールスベリー。カラフルなローエンダックは発育が遅い。体が大きく脂肪の少ないムスコビーは厳密にはガチョウの仲間とされている。

● ガチョウ
トゥールーズのような養鶏用の品種は野生のグレイラグの子孫であり、アジア、アフリカで飼われているガチョウは白いスワングースの子孫。ガンは草食で屋内で飼われることがないため、季節で楽しまれるが、短期間であれば穀物で飼育することも可能。

家禽類のカット

家禽類の肉はじつに万能で、その様々なカットはあらゆる料理に応用がききます。マリネに漬けるとグリルやローストに風味を加えることができるでしょう。ふっくらと弾力があり、部分的な乾燥や裂け目、傷みのないものを選んでください。また、清潔で新鮮な匂いは必須です。そうでない場合食べずに処分しましょう。

手羽元肉
骨や皮を取るのはまれで、モモ肉よりも肉が少ないが、漬け込んだものやソースにからめたものは、特に子供用やフィンガーフードとして人気。

鶏
汁が他の食材に落ちないよう、必ず冷蔵庫の一番下の棚で保存すること。調理の際は、肉の一番厚い部分にも完全に火が通るように。

スプリーム（皮なし）
手羽先の骨の一部を含む胸肉。皮なしで端を切り揃えたスプリームを使うと上品なカツができる。揚げる前にパン粉で衣を付けるとよい。

ホールウィング
3つの部分からなるカット。肉の大部分は胸側に付いているので、先端の骨は大部分が切り落とされる。バッファローウィングやその他のフィンガーフード、またはスープストックを作るのに最適。

胸肉の切り身
皮なしの胸肉は脂肪分が最も少ないカットだが、皮に詰めものをすれば肉をしっとりと仕上げられる。グリルや蒸し料理、オーブン料理、煮込みに。また、たたいて薄く伸ばしたものはスカロッピーネや炒めものに。

レッグ・クォーター
脚全体と背骨の一部を含む。骨が多いので安価だが、煮込みはもちろん、グリルやバーベキューにも相性がよい。

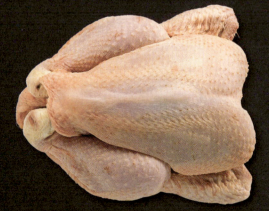

鶏丸ごと
トウモロコシで育った鶏は皮や脂肪が黄色いが、穀物飼料の場合はピンクがかっている。胸肉は脚よりも火が通りやすいが、皮下に詰めものをすると水分を保つことができる。

皮・骨付きモモ肉
モモ肉は色が濃く、肉汁が多いのでキャセロールに最適。また、肉はしっとり、皮はパリッと焼けるのでグリルにも向く。皮なし、骨抜きでも売られている。

角切り
脂肪が少なく柔らかい角切りの鶏肉はキャセロールやケバブによく合う。薄切りやゴージョンは炒めものに最適。

POULTRY INTRODUCTION

七面鳥

七面鳥は鶏より脂が少なく、平均的なサイズは5.5kg。小さいものはお祝いの時期以外で販売される。

七面鳥丸ごと
究極のお祝い食材。料理を始める1時間前には室温に戻しておく。

七面鳥のクラウン、またはサドル
脚と背中を外した七面鳥。調理や切り分けが簡単。

七面鳥の骨なしロール
胸肉か脚肉、もしくは組み合わせ。切り分けが簡単。

ミンチ
脂肪の少ない七面鳥ミンチは健康的で、牛肉の代用品にも。

プッサン

生後4〜6週間のひな鳥。成長過程なので骨に対して肉が少ない。

プッサン丸ごと
柔らかくしっとりしている。脂が少ないのでハケで表面に油を塗る。

スパッチコック
平たく広げて串を刺したプッサンは短時間で均等に焼ける。

ガチョウ

骨に対して肉が少ないため高価な食材。ガチョウの油は軽いため、揚げものなどに最適。

ガチョウ丸ごと
調理する前に油が流れ落ちるよう、脂肪部を数カ所刺しておく。

ガチョウ胸肉、皮付き
肉の水分を保つために皮面を下にする（上からグリルする場合は皮面を上にする）。

アヒル・カモ

脂肪と骨に対して肉が少ないが、濃厚でとても美味。脂肪は料理用に別売もされている。

丸ごと
脂はおいしいが、あまりたくさん付いているものは避けるように。

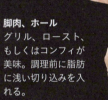

脚肉、ホール
グリル、ロースト、もしくはコンフィが美味。調理前に脂肪に浅い切り込みを入れる。

アヒル胸肉、皮付き
脂肪が厚い場合は調理する前に浅い切り込みを入れ、脂肪を下にして焼く。

アヒル ゴージョン
胸の大きな筋肉をスライスしたもの。マリネや炒めものに。

POULTRY INTRODUCTION

家禽肉の保存食品

衛生面でのリスクが高いため、家禽類の貯蔵はあまり一般的ではありません。しかしガチョウやアヒル、カモの生産が豊富な地域では様々な保存製品が生まれました。中華料理でも完全に、もしくは部分的に乾燥させた家禽肉の保存製品がいくつか使われます。

広東ソーセージ
甘辛さが特徴の中国の乾燥ソーセージは、粗く刻んだカモや鶏で作られます。空気乾燥させたものを蒸してご飯にのせたり、薄切りにしたものを炒めていただきます。

カモの熟成サラミ
フランスのカモの名産地で生まれたこのサラミは、カモの脂が入り混じっています。できるだけ薄く切っていただくと風味が際立ちます。

ガチョウのサラミ
このイタリアのソーセージはガチョウの脂肪やレバー、脂の多い豚肉を、ガチョウの皮や首に詰めて乾燥させ、調理していただきます。まだらなピンクで柔らかく、モスタルダ（果物や野菜をシロップで煮たマスタード風味の食べもの）と一緒にいただきます。

バロッソ・モンタレーグレのアリェイラ
元はポルトガルのユダヤ人が豚以外の肉を用いて作ったソーセージで、軽く燻製されています。アリェイラはにんにくで味付けすれば、どの家禽類の肉でも作ることができます。

ハーブのカモハム
カモ肉の厚い切れにハーブをまぶしてひもで縛り、硬いハムになるまでドライソルトに漬けたもの。ダークミートの強い風味を味わえます。

カスレ
フランス南西部の特産品。保存加工されたカモやガチョウの大きな肉、豆などが入った煮込み料理。トゥールーズ製のものにはソーセージも入っています。

トルンのキルバサ
ポーランド東部の中世都市トルンの細いソーセージ。主に豚で作られますが、鶏が使われることもあり、伝統的な長い輪状のものは燻煙されます。

ガチョウのコンフィ
ガチョウのかたまり肉をドライソルト漬けにした後、肉から出た脂を使ってじっくり調理したもの。瓶や缶に詰めて長期保存されます。

胡椒漬けの干しカモ胸肉
カモ胸肉を、砕いた黒胡椒の実でこすった後、ドライソルトで塩漬けにし、吊るして乾燥させたもの。片面は濃厚な脂肪で覆われています。

干しカモ胸肉のフォアグラ詰め
カモの胸にフォアグラを詰め、塩水に浸け込んだ後空気乾燥させたもの。クリーミーなフォアグラと濃厚なマグレットが対照的。保存期間が短いので開封後はあまり日持ちしません。

カモ胸肉の燻製
右下のプロシュート同様、この料理は保存処理の後に燻製されることで、濃厚なカモの脂に酸味が加わります。

カモのプロシュート
カモの胸肉を塩水に漬け込んだ後空気乾燥させたもの。色濃く濃厚で、強い風味のなめらかな脂肪層が肉を覆います。

PRESERVED POULTRY 059

鳥の骨抜き

骨抜きの鳥はターダッキン（P.83参照）のように、目をひく豪華な料理になります。
ナイフを骨の方へ傾けて、肉を切らないよう気をつけましょう。関節を外すときは、きれいに折れるまで反対側に曲げます。

1 胸側を下にして鳥の尻肉を切り落とし、背骨に沿って皮を切る。皮を引っ張ってめくりあげ、片側の肉を削ってはがす。

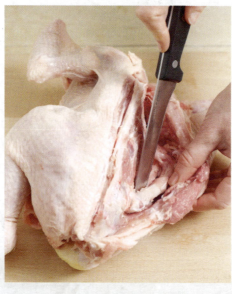

2 モモ部は、関節部分の肉を取り外して骨をあらわにする。モモ肉を骨から切り離し、手羽元を関節ではずしたら、モモの骨を取り除く。

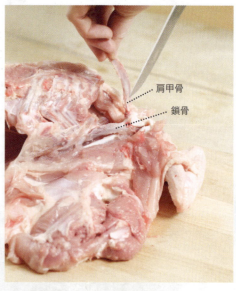

3 上部に移動しながらあばらやその上の肩甲骨から肉を切り離していく。この肩甲骨と鎖骨、上腕骨、そして叉骨はすべて一ケ所つながっている。

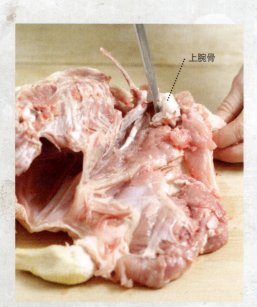

4 肩甲骨と鎖骨を上腕骨からはずし、残った肉のみで胴体につながっている状態にする。この骨は後ほど取り外す。

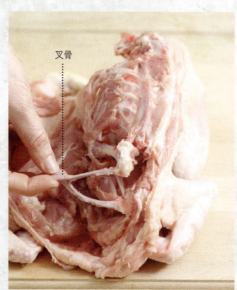

5 叉骨まわりから肉をはがし、関節を反対側に曲げて取り外す。反対側も同じように1〜5の手順を繰り返す。

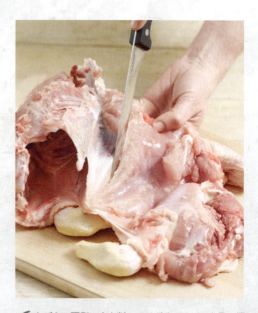

6 あばらの両側の肉を削ってはがす。ナイフを骨の端に沿わせながら肉を切り離し、肉と骨を分ける。

7 上腕骨を取り除くには羽の先を切り落とす。内側の肉を端から（どちら側でもよい）引っ張ってはがし、骨を引き抜く。

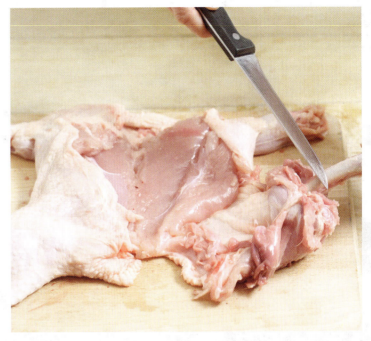

8 手羽元を取り除く際は皮がブツブツしている面のまわりを切り、7と同様に肉をはがして骨を引き抜く。これで鳥の骨抜きは完了。詰めものを入れたり調理するまで、ラップに包んで冷蔵庫で保存する。

鳥のスパッチコック

スパッチコックは鳥（どんなサイズでも可）を平たく開いて、バーベキューで焼いたり燻製にしたりするための調理法です。肉の薄い部分が焦げているのに厚い部分は生焼け、という状態を回避しましょう。

1 鳥を上下逆に置く。肉用はさみを使って、背骨の横に沿って両側に切り込みを入れ、背骨を完全に取り除いたら鳥を開いて裏返す。

2 胸を手の平で押さえつけて鳥を開き、なるべく均等で平らな状態にする。筋肉の厚みが異なる部分などは厚い部分に切り込みを入れて、均等に火が通るようにする。

3 写真のように手羽元から串を刺して、モモ、胸肉の下部、手羽に通す。もう一本串を使って反対側も同様にし、再度押さえつけてしっかり平らな状態にする。好みに応じて調理前にマリネする。

MATZO BALL SOUP

マッツォ・ボール スープ

過越の伝統的な料理をシンプルにした一品。
マッツォ・ボールがスープに浮けば
成功とされています。

使用するカット：鶏のモモと胸肉　4～6人分
準備時間：10分＋冷まし時間
調理時間：1時間

材料
- オリーブオイル…大さじ2
- マッツォ・ミール…150g
- チキンストック…60㎖
- 卵…4個
- ベーキングパウダー…小さじ1
- サラダ油…大さじ4
- 塩、挽きたて黒胡椒…適量

スープの材料
- チキンストック…2ℓ
- 人参…150g　薄く切る
- ディル…大さじ2　細かく刻む

1 マッツォ・ミール、チキンストック、卵、ベーキング・パウダー、サラダ油、塩胡椒をボウルに入れ、生地を作る。よく混ぜて、ラップをかぶせて1時間冷やす。

2 中鍋にチキンストック、人参、ディルを入れて火にかける。沸騰したら火を中～弱火にして15分煮る。

3 マッツォの生地を冷蔵庫から出し、スプーンを使って生地をライムぐらいの大きさに6等分して丸める。一つずつスープの中に落とし入れる。2～3分煮たらひっくり返す。蓋をして、弱火で30～40分、火が通って生地が膨らむまでことこと煮る。温かいうちにいただく。

NO PEEKING
途中でのぞかないこと！

マッツォ・ボールは蓋をして煮ます。途中でのぞくと崩れてしまうことがありますので注意。

TANDOORI CHICKEN SAMOSAS

タンドリー・チキン・サモサ

北インドに始まったこのスパイシーな肉のペストリーは、
何世紀にもわたって中東地域で親しまれてきた料理です。

使用するカット：調理済みの鶏肉　16～20人分
準備時間：30分＋冷まし時間
調理時間：35分

生地の材料
- 小麦粉…300g
- ターメリック…大さじ1
- カレー粉…大さじ1
- 塩…小さじ1
- ショートニング等の植物性脂肪…200g
- 溶き卵…1個分　グレーズ用

具の材料
- 調理済みの鶏肉…150g　細かく裂く
- さつまいも…300g　皮をむいてすりつぶす
- 玉ねぎ…250g　みじん切り
- ターメリック…大さじ1
- カレー粉…大さじ1
- ガラムマサラ…大さじ1
- にんにく…3片　つぶす
- 冷凍グリンピース…75g
- レモン果汁…1個分

1 小麦粉、スパイス、塩を大きなボウルにふるい入れる。植物性脂肪を加え、パン粉のような状態になるまで手で混ぜる。水250㎖を少しずつ加え、ゆるめの生地にまとまるまで混ぜる。ラップに包んで1時間冷やす。

2 別の大きなボウルに具の材料をすべて入れる。鶏肉が均等に行きわたるようよく混ぜる。オーブンを180℃に予熱し、オーブン用の鉄板にクッキングシートを敷く。

3 薄く小麦粉をはたいた台で生地をできるだけ薄くのばす。ペストリーナイフで10cm幅の長い切れを作ったら、10cm角の正方形に切り、さらにそれを半分に切って三角にする。具を大さじ1杯分ずつ生地の真ん中に置き、三角形の2点を合わせて半分に折り、指を使って周りを閉じていく。生地と具がなくなるまで繰り返す。

4 サモサを鉄板に並べ、ハケで表面に溶き卵を塗る。オーブンで30～35分、もしくはきつね色になるまで焼く。少し冷ましてからいただく。

CHICKEN JAMBALAYA

チキン・ジャンバラヤ

アメリカ南部、ルイジアナの伝統料理はピーマン、グリーンピース、ハーブといった夏の味とカイエンペッパーの辛さを合わせます。

使用するカット：鶏モモ肉と胸肉　4〜6人分
準備時間：15〜20分
調理時間：1時間半

材料

- オリーブオイル…大さじ2
- 塩、挽きたて黒胡椒…適量
- 骨抜き鶏肉（モモ肉と胸肉）…700g　角切り
- オレガノ…大さじ2　みじん切り
- カイエンペッパー…小さじ2
- 赤玉ねぎ…1個　みじん切り
- にんにく…3片　みじん切り
- 青ピーマン…1個　みじん切り
- 赤ピーマン…1個　みじん切り
- 火の通った厚切りのハム…200g　粗切り
- 熱いチキンストック…900ml
- ロンググレインライス…175g
- さやから出した新鮮なえんどう豆…140g
- コリアンダー…ひとつまみ（好みで）　みじん切り

1 大きな耐熱鍋もしくはダッチオーブンに油を入れ中〜強火で熱する。鶏肉にオレガノとカイエンペッパーをまぶして下味をつけ、鍋に入れる。鍋が過密にならないよう少量ずつ入れる。焼き色が付くまで6〜10分炒めたら鍋から取り出して別皿に取り置く。

2 残りの油を鍋に入れ、中火で熱する。玉ねぎ、にんにく、ピーマンを加えて柔らかくなるまで5〜8分炒める。鶏肉を再び鍋に戻し、ハムも入れる。チキンストックを加え、沸騰したら弱火にして味付けをし、蓋をして40分程ことこと煮る。水分が飛びすぎないよう時々チェックし、必要に応じてお湯を足す。

3 米を入れ、チキンストックを吸収するようによく混ぜ、米に火が通るまで15分加熱する。必要に応じてストックを少し加えて水分を調節する。最後の5分でえんどう豆を投入する。

4 味を見て塩、胡椒で調節し、好みでコリアンダーを混ぜ入れる。緑のサラダと、プレーンヨーグルトかサワークリームと共に食卓に出す。

CHICKEN AND PESTO MEATBALLS

チキンとバジルソースのミートボール

新鮮なバジルと香ばしいオリーブオイルがジューシーなミートボールを複雑な味わいに仕立てます。

使用するカット：鶏挽き肉　4人分
準備時間：25分
調理時間：25分

材料

- 松の実…100g
- フレッシュバジル…100g
- にんにく…3片
- パルメザンチーズ…50g　おろしたてのもの
- 塩、挽きたて黒胡椒…適量
- オリーブオイル…大さじ5
- 鶏挽き肉…450g
- パン粉…150g
- 卵…1個
- エシャロット…1個分　みじん切り
- ペンネ…450g

1 フライパンで松の実を軽く乾煎りし、黄金色になったら取り出して冷ます。フードプロセッサーにバジル、にんにく、パルメザンチーズ、松の実、塩を入れて混ぜる。高速にしてオリーブオイル大さじ4を少しずつ加え、ソース状になるまで混ぜる。

2 オーブンを180℃に予熱する。オーブン用の鉄板にクッキングシートを敷く。大きなボウルに鶏挽き肉、パン粉、卵、塩胡椒、エシャロット、バジルソースの半量を入れてよく混ぜる。

3 生地を直径5cmほどに均等に丸め、鉄板に並べる。焼き色が付くまで30〜40分ほどオーブンで焼く。

4 その間にパスタを表示時間通りに茹でる。水を切ったら残りのバジルソースとオリーブオイルに絡める。パスタの上に出来上がったミートボールをのせていただく。

VARIATION

《ビーフのミートボール》

牛挽き肉450gと卵2個、おろしたてのパルメザンチーズ50g、パン粉150g、そして乾燥オレガノ、バジル、タイム、ローズマリーそれぞれ小さじ2杯ずつをよく混ぜる。均等に分けて丸め、上記と同様にオーブンで焼く。トマトがごろごろ入った市販のトマトソースといただく。

POULTRY RECIPES

MARINATED CHICKEN FAJITAS
マリネチキンのファヒータ

誰もが喜ぶテックスメックスの王道料理。料理名は「細長い肉の切れ」を意味するスペイン語に由来しています。

使用するカット：鶏胸肉　3～4人分
準備時間：15分＋マリネ時間
調理時間：15分

マリネの材料
- オリーブオイル…大さじ2
- ライムの果汁…大さじ1
- クミン…小さじ2
- スモークパプリカ…小さじ1とファヒータ用に少々
- 乾燥オレガノ…小さじ1
- カイエンペッパーもしくはチリパウダー…小さじ1
- 塩、挽きたて黒胡椒…適量

ファヒータの材料
- 皮なし・骨抜きの胸肉薄切り…300g
- ひまわり油…大さじ2
- 赤玉ねぎ…1個　1cm幅の輪切り
- 赤ピーマン…1個　1cm幅の輪切り
- 黄ピーマン…1個　1cm幅の輪切り
- トルティーヤ…8枚
- 付け合わせにサワークリームかプレーンヨーグルト、チリソース、ワカモレ、トマトサルサ…各適量

1　鶏肉を大きなボウルに入れる。マリネの材料をよくかき混ぜて上からかける。蓋をするか、ラップをかぶせて冷蔵庫で30分～4時間漬け込む。
2　グリルを強に設定して温める。チキンは両面3～5分ずつ、火が通って焼き色が付くまで、もしくは炭火の香ばしい匂いがするまで焼く。
3　その間にひまわり油を大きなフライパンか中華鍋に入れて強火で熱し、玉ねぎとピーマンを火が通って色が変わるまで5～7分ほど炒める。塩胡椒、スモークパプリカで味をととのえる。
4　トルティーヤをレンジか弱火のオーブンで表示時間通りに温める。野菜と肉を8等分し、トルティーヤに野菜、肉の順にのせて丸め、ファヒータをつくる。サワークリーム、チリソース、ワカモレ、トマトサルサと一緒にいただく。

BUTTERMILK CHICKEN WITH BISCUITS
バターミルクチキンとビスケット

アメリカ南部の大人気料理。熱々に揚げた鶏とサクッとしたバター風味のビスケット、もしくはスコーンを組み合わせます。

使用するカット：鶏胸肉　4人分
準備時間：30分＋マリネに一晩
調理時間：30～45分

チキンの材料
- 皮なし・骨抜き胸肉…4切れ　合計600gほど
- バターミルク…250ml
- カイエンペッパー…大さじ1とマリネ用に小さじ1
- 塩…小さじ3とビスケット用にひとつまみ
- 揚げ油…適量
- 新鮮なパン粉…200g
- ふくらし粉入りの小麦粉（小麦粉にベーキングパウダーと塩を足したもので代用できる）…200g
- 唐辛子のフレーク…小さじ2

ビスケットの材料
- 小麦粉…200gとまぶす用に適量
- ベーキングパウダー…小さじ1/2
- 料理用重曹…小さじ1
- カイエンペッパー…小さじ1
- ショートニングなどの植物性脂肪…大さじ6
- バターミルク…150ml
- 好みで付け合わせにはちみつ、マヨネーズ…各適量

1　大きなボウルに鶏胸肉とバターミルクを入れ、カイエンペッパー小さじ1と塩小さじ1を加える。ラップをかぶせて一晩冷蔵庫で寝かせる。
2　ビスケットを作る。小麦粉、ベーキングパウダー、重曹、カイエンペッパー、塩ひとつまみを大きなボウルにふるう。植物性脂肪を加え、パン粉のような状態になるまで手で混ぜる。バターミルクを少しずつ加えてひとまとめにする。オーブンを180℃に予熱する。
3　軽く小麦粉をふった台で生地を厚さ5mmに伸ばす。生地を半分に折ってもう一度伸ばす。3～4回繰り返したら今度は1cmの厚さに伸ばす。ビスケット型を使って直径10～12cmのビスケットをくり抜く。オーブン用の鉄板に移して15分、またはふくらんできつね色になるまでオーブンで焼く。
4　その間に揚げ油をフライパンで180℃に温める。パン粉、ふくらし粉入りの小麦粉100g、唐辛子フレーク小さじ1、カイエンペッパー大さじ1/2、塩小さじ1/2をボウルに入れて合わせる。別のボウルに残りの小麦粉と唐辛子フレーク、カイエンペッパー、塩を入れる。
5　肉を取り出し、1枚ずつ小麦粉、マリネ、パン粉の順に衣を付けて、必要に応じて裏返しながら、火が通ってきつね色になるまで、少なめの油で7～8分揚げる。取り出して、キッチンペーパーを敷いた皿に移す。ビスケットで鶏を挟んでサンドイッチにし、好みではちみつやマヨネーズと一緒に出す。

VARIATION
《七面鳥のソーセージとビスケット》
七面鳥ソーセージ肉600g、唐辛子フレーク大さじ1、おろしたてのパルメザンチーズ50gを合わせる。塩胡椒で味をととのえ、ハンバーグのようなパテを成形する。形を保つため冷蔵庫で最低1時間冷やす。上記と同様に衣を付けて揚げる。ビスケットやはちみつと一緒にいただく。

PAD THAI

パッタイ

タイで人気の屋台料理。
うまみと酸味、甘味を合わせる炒めもの。

使用するカット：鶏胸肉　8人分
準備時間：15分
調理時間：15分

材料

中〜太めの乾燥ライスヌードル…550g
ひまわり油…大さじ3
卵…4個
シュリンプペースト…小さじ1（好みで）
唐辛子…4本　種を取って細かく刻む
皮なし・骨抜き鶏胸肉…900g（6枚ほど）
5mmの薄切りにする
わけぎ…2束　みじん切り
ナンプラー…少々
ライム果汁…2個分
デメララ糖…大さじ2
塩、挽きたて黒胡椒…適量
無塩ピーナッツ…300g

トッピングに

コリアンダー…1束　細かく刻む
ライム…数切れ

1 麺を大きなボウルに入れ、沸騰したお湯で麺が柔らかくなるまで8分ほどゆでる。水を切っていったんわきに置く。大きな中華鍋に油大さじ1を入れて強火で熱し、鍋の全体に行きわたらせる。溶き卵を入れたら鍋を傾けて広げ、完全に火が通る手前まで1分ほど加熱し、取り出してナイフで刻み、わきに置く。

2 残りの油とシュリンプペースト、唐辛子を鍋に入れて混ぜる。鶏肉を入れて素早くかき混ぜながら、火が通ってピンク色でなくなるまで5分ほど加熱する。わけぎ、ナンプラー、ライム果汁、砂糖を入れてよくからませる。砂糖が溶けるまで1〜2分調理したら塩胡椒で味をととのえる。刻んだ卵を再度鍋に投入する。

3 麺を鍋に入れてソースをからませ、ピーナッツとコリアンダーをそれぞれ半量ずつ加える。温めておいた大きめの皿に移し、残りのピーナッツとコリアンダーを振りかけ、ライムを添えて熱いうちにいただく。

WALDORF CHICKEN SALAD

ウォルドーフ・チキンサラダ

定番料理を現代風にアレンジしたこの料理は、
ヨーグルトのドレッシングで残りもののローストチキンも
すっきり味に仕上げます。

使用するカット：鶏胸肉　6人分
準備時間：25〜30分＋冷まし時間
調理時間：25〜35分

材料

セロリ…4本
玉ねぎ…1個　4等分に切る
人参…1本　4等分に切る
胡椒の実…10〜12個
ブーケガルニ…1束（フラットリーフパセリ5〜6枝、タイム2〜3本、ベイリーフ1枚を使用）
塩、挽きたて黒胡椒…適量
皮なし・骨抜き鶏胸肉…750g
クルミ…125g
りんご…500g　酸味のきいた、歯ごたえのしっかりしたもの
レモン果汁…1個分
プレーンヨーグルト…175ml
マヨネーズ…175ml

1 セロリの上部を切り外す。大きめのシチュー鍋にセロリ、玉ねぎ、人参、胡椒の実、ブーケガルニを入れる。塩を加えて沸騰させる。弱火にして10〜15分ことこと煮る。鶏肉を入れてさらに10〜12分、一度裏返しながら一番厚い部分を刺した時に透明な肉汁が出てくるまで加熱する。

2 火から下ろし、そのまま鶏肉を10〜15分ポーチングする。キッチンペーパーで水分を切り、フォークを使って細かく裂く。

3 オーブンを180℃に予熱する。クルミを鉄板に広げ、ときどき返しながらこんがりするまで5〜8分焼く。

4 その間にセロリを取り出して薄切りにし、わきに置く。りんごの上と下を切り、半分に切って芯を除き、角切りにする。大きなボウルに移してレモン汁をかけ、よく混ぜる。

5 鶏肉、セロリ、ヨーグルト、マヨネーズ、クルミの2/3量を投入し、混ぜ合わせて塩胡椒で味をととのえたら、1時間冷蔵庫で冷やす。残りのクルミを粗く刻む。サラダを皿6枚に盛り付け、クルミをトッピングして食卓に出す。

CHICKEN PARMESAN

チキン・パルメザン

パルメザンチーズとパン粉で包まれたチキン、香り高いソース、そして溶けたモッツァレラチーズで作る、ほっとする家庭料理。

使用するカット：鶏胸肉　4〜6人分
準備時間：30分
調理時間：1時間40分

材料

皮なし鶏胸肉…1kg
小麦粉…75g
パン粉…75g
パルメザンチーズ…100gとトッピング用に少々　おろしたてのもの
卵…2個　水大さじ1〜2と一緒に溶く
オリーブオイル…大さじ3
塩…小さじ1

ソースの材料

オリーブオイル…大さじ1
玉ねぎ…150g　みじん切り
にんにく…3片　つぶす
トマトの角切り…800g
チキンストック…250㎖
ローズマリー…大さじ1
バジル…小さじ1
乾燥オレガノ…小さじ1
乾燥タイム…小さじ1
塩、挽きたて黒胡椒…適量

1 ソースを作る。オリーブオイルを大きめの鍋に入れて中火で熱する。玉ねぎとにんにくを加えて混ぜながら飴色になるまで5分加熱する。残りの材料を入れて塩胡椒で味をととのえ、弱火でことこと煮る。ときどき混ぜなから45分調理する。最後に味を見て必要であれば塩胡椒で再び味をととのえる。
2 肉をラップに挟んで肉叩きかローラーで平らにする。ハーブの半量、パルメザンチーズ、パン粉を皿に入れて混ぜ合わせる。小麦粉、残りのハーブ類、塩小さじ1を浅い容器に入れて混ぜる。オリーブオイルを底の厚いフライパンで熱し、先ほど混ぜ合わせた小麦粉、溶き卵、パン粉の順に肉に衣を付け、両面4分ずつ揚げる。
3 火を最大に設定する。ソースを蓋付きの耐熱皿に入れて肉を入れ、部分的にソースを乗せる。モッツァレラチーズをたくさんかけて、ぐつぐつしてくるまで15分加熱する。パスタにのせていただく。

JAMAICAN JERK CHICKEN

ジャマイカ風ジャーク・チキン

スパイシーなチキンをマンゴーサルサ、ジャマイカンライス、えんどう豆でいただくカリブ海のご馳走です。

使用するカット：鶏の手羽元かモモ肉　4人分
準備時間：10分＋マリネ時間
調理時間：30〜40分

材料

わけぎ…4本　粗く切る
にんにく…1片　輪切り
生姜…2cm　みじん切り
ひまわり油…大さじ4
醤油…大さじ2
りんご酢…大さじ1
おろしたライム皮と果汁…1/2個分
乾燥タイム…小さじ1/2
オールスパイス…小さじ1/2
ナツメグ…小さじ1/4
シナモン…小さじ1/4
柔らかい黒糖…大さじ1
塩、挽きたて黒胡椒…適量
皮・骨付きの手羽元かモモ肉…8切れ

1 ソースを作る。鶏肉以外のすべての材料をフードプロセッサーに入れ、塩胡椒で味をととのえる。ときどき側面をゴムベラですくって混ぜながら、とろりとしたなめらかなソースになるまで混ぜ、大きいボウルに移す。
2 鶏肉の両面の一番厚い部分にそれぞれ2〜3ヶ所切り込みを入れる。ソースに入れてよく混ぜる。蓋をして冷蔵庫で最低2時間漬け込む。味が均等に染み込むように半ばで一度裏返す。
3 バーベキューもしくはコンロを中に設定し、肉を焼いていく。こまめに裏返し、余ったソースをときどき塗りながらながら手羽元は30分、モモ肉は40分加熱する。
4 切り込みを入れたところが少し開くことによって肉に火が通り、ソースを吸収する面積が増える。一番厚い部分を串で刺した時に透明の肉汁が出たら完成。

POULTRY RECIPES

CHICKEN ADOBO

チキン・アドボ

醤油の塩味、お酢のパンチ、ベイリーフの香りをきかせた世界中で人気のフィリピン料理。

使用するカット：鶏モモ肉　8人分
準備時間：20分
調理時間：1時間

材料

- オリーブオイル…大さじ1
- 皮・骨付き鶏モモ肉…1.5kg
- 玉ねぎ…500g　輪切り
- にんにく…4片　つぶす
- 挽きたて胡椒…大さじ1
- クズウコン…大さじ1
- 白ワインビネガー…125mℓ
- 醤油…125mℓ
- ライム果汁…3個分
- ベイリーフ…1枚

1　鍋に油を熱する。鶏肉を入れて全体に焼き色が付くまで両面5〜6分ずつ加熱する。鍋の中が過密にならないよう数回に分けて調理したら取り出してわきに置く。
2　玉ねぎ、にんにく、胡椒、クズウコンを鍋に入れる。玉ねぎにスパイスがからまるよう混ぜる。鶏肉を鍋に戻す。ワインビネガー、醤油、ライム果汁、ベイリーフを加える。
3　弱火にして蓋なしで肉に火が通るまで45分ほどことこと煮る。スプーンで白いご飯にかけて熱いうちにいただく。

CHICKEN AND DATE EMPANADAS

鶏肉とデーツのエンパナーダ

16世紀にカタルーニャ料理本で紹介されて以来、エンパナーダは世界中で愛されてきました。このレシピに使われるチポトレペーストはアメリカ流のアレンジ。

使用するカット：鶏モモ肉　10〜12人分
準備時間：40分＋冷まし時間
調理時間：1時間20分

材料

- 小麦粉…300gとまぶす用に少々
- カイエンペッパー…大さじ1
- 塩…小さじ1/2
- ショートニングなどの植物性脂肪…100g
- バター…200g　冷やして角切り
- 溶き卵…1個分　グレーズ用

具の材料

- 皮、骨付き鶏モモ肉…750g
- オリーブオイル…大さじ2と少々
- 乾燥デーツ…100g　細かく刻む
- はちみつ…100g
- カイエンペッパー…大さじ1/2
- チポトレペースト…大さじ1/2
- 粉末シナモン…大さじ1/2

1　ペストリーの生地を作る。小麦粉、カイエンペッパー、塩小さじ1/2を大きいボウルにふるう。植物性脂肪とバターを入れてパン粉のような状態になるまで混ぜる。
2　オーブンを180℃に予熱する。水250mℓを少しずつ1の小麦粉に混ぜ入れ、ゆるめの生地にまとめる。ラップに包んで1時間冷やす。
3　具を作る。鶏モモ肉をオーブン用の鉄板にのせ、油をまわしかける。しっかり火が通るまでオーブンで35〜40分ほど焼く。オーブンから取り出して冷ます。オーブンはつけたままにして、別の鉄板に油を敷く。
4　鶏モモ肉の皮と骨を取り除き、フォークを使って細かく裂いたらボウルに移す。デーツ、はちみつ、スパイス、塩少々を加えて混ぜ合わせる。
5　小麦粉を軽くはたいた台にペストリー生地を広げ、厚さ5mmに伸ばす。ビスケット型で直径10cmほどの円型を10〜12個くり抜く。具を生地の真ん中に大さじ1のせ、半分にたたんで半円を作る。生地の端を少量の水で濡らし、指でつまんで閉じる。
6　3で油を塗った鉄板にエンパナーダを並べ、グレーズ用の溶き卵をハケで塗る。きつね色になるまで35〜40分ほど焼き、皿に並べて熱いうちにいただく。

CHICKEN TAJINE

チキン・タジン

手軽に作れるアフリカ北部の料理。塩漬けレモンが光る、誰もが喜ぶ一品。

使用するカット：鶏モモ肉　4人分
準備時間：10分
調理時間：2時間15分

材料

- オリーブオイル…大さじ2
- 皮・骨付き鶏モモ肉…1.5kg
- にんにく…2片　つぶす
- 玉ねぎ…300g　厚めの輪切り
- カレー粉…大さじ2
- パプリカ…大さじ1
- 粉末マスタード…大さじ2
- 塩、挽きたて黒胡椒…適量
- 黒オリーブ…100g
- レモンの塩漬け…1個　薄い輪切り
- チキンストック…500mℓ

1　タジン鍋（大きく平たい鍋）、キャセロール鍋、またはダッチオーブンに油を入れて熱する。鶏肉を入れて全体に焼き色が付くまで両面5〜6分ずつ焼く。鍋の中が過密にならないよう数回に分けて調理し、取り出してわきに置く。
2　1の鍋ににんにくを入れて焼き色が付くまで5分炒める。玉ねぎとスパイス、塩胡椒適量を加えたら、よく混ぜて玉ねぎにまんべんなくからめる。玉ねぎを鍋底に均等に平らに広げる。
3　鶏肉を黒オリーブとレモンの塩漬けと一緒に玉ねぎの上にのせ、チキンストックを流し入れて沸騰させる。
4　弱火にして蓋をし、2時間ことこと煮る。ときどき様子を見て水分が飛びすぎないよう注意する。必要に応じてチキンストックを足す。火から下ろし、クスクスと一緒に熱々でいただく。

COQ AU VIN

コッコーヴァン

冬に家庭で食べられるフランスの王道料理。アルコールは飛びますが、奥深い風味が残ります。

使用するカット：鶏モモ肉か手羽元　4人分
準備時間：10分
調理時間：1時間10分

材料

- オリーブオイル…大さじ4
- ベーコンのラードン…100g
- 小さめのボタンマッシュルーム…150g　すすいで水を切り、必要に応じて半分に切る
- エシャロットかピクルス用の小さい玉ねぎ…12個
- 小麦粉…大さじ4
- 塩、挽きたて黒胡椒…適量
- 皮・骨付き鶏モモ肉か手羽元、もしくは両方…8切れ（合計で1kgほど）
- ブランデー…大さじ4（好みで）
- 赤ワイン…300ml
- チキンストック…300ml
- レッドカラントジャム…大さじ1
- ブーケガルニ…1束

1 蓋付きの鍋に中火で油大さじ2を熱する。ベーコン、マッシュルーム、エシャロットか玉ねぎを炒め、飴色になるまで5分ほど炒める。火から下ろす。
2 残りの油を別のフライパンで熱する。小麦大さじ1を小さいボウルに入れ、塩胡椒する。鶏肉に小麦粉をまぶす。余分な小麦粉は落とす。きつね色になるまで両面3〜5分ずつ焼く。鍋の中が過密にならないよう数回に分けて調理する。火から下ろして（好みで）ブランデーを加え、火を点けてアルコールを飛ばす。
3 鶏肉をフライパンから取り出し、1の野菜とベーコンに加える。残りの小麦粉を加え、1分加熱する。ワイン、チキンストック、レッドカラントジャム、ブーケガルニを加える。火を強めて沸騰したら弱火にし、蓋をして火が通るまで40〜45分ほどことこと煮る。ブーケガルニを取り出し、熱々を食卓に出す。

ONE-POT SPANISH CHICKEN WITH RICE

鍋一つで作るスパニッシュチキンとライス

別名「アロズ・コン・ポヨ」として知られるこの一つ鍋料理は、スパイスの味が広がる、豪華かつ手軽な一皿。

使用するカット：鶏モモ肉　4〜6人分
準備時間：20分
調理時間：1時間

材料

- オリーブオイル…大さじ4
- 小麦粉…大さじ山盛り1
- 塩、挽きたて黒胡椒…少々
- スモークパプリカ…大さじ2と仕上げ用に少々
- 皮なし・骨抜き鶏モモ肉…8切れ（合計650gほど）一口大に切る
- 玉ねぎ…1個　みじん切り
- 赤ピーマン…1個　2cm角
- オレンジピーマン…1個　2cm角
- チョリソー…200g　皮を取って厚さ3cmの輪切り
- にんにくみじん切り…2片
- カイエンペッパー…小さじ1/2（好みで）
- チキンストック…800ml
- イタリアンパセリ…大さじ山盛り3　みじん切り
- ロンググレインか白いバスマティーライス…300g
- 冷凍グリーンピース…75g
- バター…大さじ1

1 オリーブオイル大さじ2を大きい厚手の蓋付き鍋に入れて熱する。小麦粉に塩胡椒、好みでスモークパプリカを少々加える。鶏肉に小麦粉を均等にまぶし、余分な粉は落とす。全体がきつね色に焼けるまで両面2〜3分ずつ加熱する。鍋の中が過密にならないよう数回に分けて調理する。火から下ろしてわきに置き、冷めないように注意する。
2 残りのオリーブオイルを鍋に熱し、玉ねぎとピーマンに焼き色が付いて柔らかくなるまで3〜5分炒める。チョリソーを加え、端の方が焼けてくるまで1〜2分加熱する。にんにく、スモークパプリカ、カイエンペッパー（好みで）を加え、香りが出るまで1分加熱する。
3 チキンストックを加え、底に残った肉汁・肉片をはがして混ぜる。鶏肉を鍋に戻し、パセリの2/3両を加え、沸騰させる。弱火にし、蓋をして10分ことこと煮る。
4 米を入れてよく混ぜる。蓋をして、米が大方の水分を吸って柔らかくなるまでごく弱火で15分ほど煮る。グリーンピース、バター、残りのパセリを混ぜ入れる。火から下ろし、蓋をかけたまま5分ほど休ませる。熱いうちにいただく。

SOUTHERN FRIED CHICKEN

サウザン・フライドチキン

外はサクッと軽く、
中はジューシーなチキン。
油の温度を正確に保つのがコツ。

使用するカット：鶏モモ肉、手羽元　4人分
準備時間：20分
調理時間：15分

材料

- バターミルク…500㎖
- ホットチリソース…大さじ1
- 皮・骨付きの小さい鶏モモ肉と手羽元…8切れ
- ふくらし粉入り小麦粉…150g
- コーンフラワー…25g
- 塩…小さじ1
- カイエンペッパー…小さじ1
- パプリカ…小さじ1
- 黒胡椒…小さじ1
- 揚げ油用にピーナッツ油かひまわり油…1ℓ

1 バターミルクとホットチリソースを混ぜ合わせ、塩胡椒を振る。鶏肉を平たく敷き詰め、バターミルクをかける。ラップで包んで最低4時間、できれば一晩寝かせる。
2 鶏を調理する準備ができたら他の材料をすべて大きなビニール袋に入れ、よく振って混ぜ合わせる。鶏肉を漬けだれから取り出して余分なバターミルクを落としたら、1切れずつ袋に入れて衣をつける。ラックに並べて常温で30分休ませる（こうすることで揚げている途中に衣がはがれてしまうのを防ぐ）。
3 大きな厚手の鍋もしくはフライヤーに油を入れ、190℃に熱する。鶏肉をゆっくり油に入れる。過密にならないよう必要に応じて数回に分ける。色が均等になるようときどき裏返しながら両面5～7分ずつ（大きさによって調整）揚げる。鶏肉を入れると油の温度が下がるが、150～160℃に保つ。串で一番厚い所を刺した時に透明の肉汁が出れば火が通っている証拠。
4 鶏肉を取り出し、キッチンペーパーにのせて油を切る。1回分より多く作る場合は残りが揚がるまで150℃のオーブンで保温する。

KARAHI CHICKEN

チキン・カラヒ

シンプルな北インド発祥のドライカレー。
調理に使う伝統的な「カラヒ」という鍋から名前をとっています。

使用するカット：鶏モモ肉　4人分
準備時間：15分
調理時間：1時間

材料

- コリアンダーシード…小さじ1
- 青唐辛子…2本　種は取り除く
- にんにく…3片
- ターメリック…小さじ1
- ひまわり油…大さじ2
- 塩、挽きたて黒胡椒…適量
- 皮付きの鶏モモ肉…8切れ（合計1kgほど）縦横に切り込みを入れる
- 玉ねぎ…1個　粗みじん切り
- トマト…6個　乱切り
- ベジタブルストック…900㎖
- 生姜…5cm　皮をむいてみじん切り
- タイチリー…3～4本
- コリアンダー…1束　みじん切り

1 コリアンダーシード、青唐辛子、にんにく、ターメリック、油大さじ1をフードプロセッサーにかけ、ペースト状にする。鶏肉を塩胡椒で味付けし、切り込みにペーストを押し込みながら塗る。残りの油の半量を耐熱性のキャセロール鍋に入れて中～強火で熱する。鶏肉を入れて焼き色が付き始めるまで両面5～6分ずつ焼く。鶏肉を取り出していったんわきに置く。
2 残りの油を同じキャセロール鍋に入れ、中火で熱する。玉ねぎを加えて柔らかくなるまで3～4分加熱する。トマトを加えて柔らかくなるまでさらに5～10分加熱する。スープストックを加えて沸騰させる。火を弱めて生姜とタイチリーを加え、再び鶏肉を鍋に戻す。
3 蓋をして弱火で30～40分煮る。水分が飛びすぎたり底が焦げないようときどき様子を見ながら必要に応じてお湯を足す。タイチリー、生姜を取り除き、コリアンダーを入れる。ミント入りのヨーグルトを添えてご飯かチャパティと一緒にいただく。

VARIATION

《ラビット・カラヒ》

鶏肉の代わりに8切れに分けたウサギを1羽使う。スパイスのペーストにはクミンシード小さじ1と粉末クローブ小さじ1/4を足してフードプロセッサーにかける。手順2で赤ピーマンの角切りをトマトと一緒に投入し、上記と同様に調理する。

バッファローチキンウィング

NY州バッファロー発祥の、簡単に作れる甘辛い手羽先料理。
フィンガーフードに最適なこの一品は、定番のブルーチーズドレッシングでいただきます。

使用するカット：鶏手羽先　6人分
準備時間：20〜30分＋冷やし時間
調理時間：40〜50分

材料
- 小麦粉…130g
- パン粉…150g
- パプリカ…小さじ1
- カイエンペッパー…小さじ1/2
- 塩…小さじ1/2
- バターミルク…500㎖
- 骨付き鶏手羽先…24本
- 揚げ油用にピーナッツ油もしくはひまわり油…1ℓ

ソースの材料
- ホットチリソース…250㎖
- にんにく…2片　みじん切り
- はちみつ…大さじ2
- バター…115g

ドレッシングの材料
- マヨネーズ…50g
- サワークリーム…100g
- バターミルク…90㎖
- ブルーチーズ…115g　砕く
- リンゴ酢…30㎖

MAKE YOUR OWN
自分で作る

市販のバターミルクを買わなくても、レモン果汁かお酢大さじ1と低脂肪乳250㎖を合わせれば家庭で作ることができます。混ぜたら10分間休ませてから使います。

1 小麦粉、パン粉、パプリカ、カイエンペッパー、塩を大きなボウルに入れて混ぜる。バターミルクを別のボウルに入れ、手羽先をバターミルクに浸し、先ほど混ぜた小麦粉を全体にまぶす。余分な粉は落とし、冷蔵庫で最低1時間休ませる。

2 その間にソースをつくる。ホットチリソース、にんにく、はちみつ、バターを鍋に入れて弱火で熱する。バターが溶けたら火をさらに弱め、5分ほど加熱する。火から下ろしてわきに置き、冷めないように蓋をする。

3 大きな鍋かフライヤーに油を入れ、190℃に熱する。手羽先を入れて8〜10分、全体がきつね色になるまで揚げる。鍋の中が過密にならないよう4〜5本ずつ揚げる。手羽先を鍋から取り出し、皿にのせる。

4 手羽先をソースに浸す。裏返してソースをまんべんなくからめ、バットに乗せて冷ます。ドレッシングを作る。すべての材料をフードプロセッサーに入れ、よく混ぜ合わせる。小さめの容器に入れて、手羽先と一緒に食卓に出す。

CAJUN-SPICED CHICKEN

ケイジャン・スパイス・チキン

甘辛いマリネードは絶品かつ万能。
オーブン料理、バーベキュー、グリルなどにも使えます。

使用するカット：鶏モモ肉もしくは手羽元　4人分
準備時間：10分＋マリネ時間
調理時間：40〜45分

材料

- オリーブオイル…大さじ2
- きび砂糖…小さじ2
- パプリカ…小さじ2
- カイエンペッパーかチリパウダー…小さじ1/2〜1（好みで）
- クミン…小さじ1
- 乾燥タイム…小さじ1
- 粉末コリアンダー…小さじ1
- 塩、挽きたて黒胡椒…適量
- 皮・骨付き鶏モモ肉か手羽元…8本

1 鶏肉以外のすべての材料を大きなボウルに入れてよく混ぜる。
2 鶏肉を加えてよく混ぜ、全体にからませる。ラップなどで覆って冷蔵庫で最低1時間、できれば4時間漬け置く。
3 オーブンを200℃に予熱する。十分に間隔を空けて鶏肉を鉄板に並べる。
4 鉄板をオーブンに入れ、ときどき裏返しながら火が通ってきつね色に焼けるまで40〜45分焼く。温かい皿にのせ、ご飯や野菜炒めと一緒にいただく。

CHICKEN CACCIATORE

チキン・カチャトラ

イタリア語で「狩人流チキン」という意味。伝統的にはスープをよく吸うポレンタでいただきます。

使用するカット：鶏の脚肉　4人分
準備時間：20分
調理時間：35〜40分

材料

- 鶏の脚肉…1.5kg　脂肪を切り落とす
- 塩、挽きたて黒胡椒…適量
- オリーブオイル…大さじ2
- にんにく…2片　薄切り
- 玉ねぎ…1個　粗みじん切り
- 辛口の白ワイン…20㎖
- セロリの茎部…1本　粗みじん切り
- ボタンマッシュルーム…200g　薄切り
- 角切りトマトの缶詰…400g
- チキンストック…150㎖
- トマトピューレ…大さじ1
- ローズマリー…小さじ2　細かく刻む
- セージ…小さじ2　細かく刻む
- 黒オリーブ…8個　種を除いて半分に切る

1 塩胡椒で鶏肉に下味を付ける。オリーブオイルの半量を大きな厚手のフライパンで熱し、鶏肉を入れて全体にしっかり焼き色が付くまで焼く。フライパンが過密にならないように数回に分けて焼く。取り出してキッチンペーパーを敷いた皿にのせ、冷めないように注意する。
2 余分な油を拭き取って、残りのオリーブオイルをフライパンに入れる。にんにくと玉ねぎを入れ、茶色くなる手前で柔らかくなるまで3〜4分炒める。ワインを入れて1分間煮立てる。
3 セロリ、マッシュルーム、トマト、チキンストック、トマトピューレ、ローズマリー、セージを加える。よく混ぜて弱火にする。鶏肉をフライパンに戻し、蓋をして肉に火が通るまで30分ほど加熱する。
4 蓋を取り、オリーブを入れてさらに5〜10分加熱する。火から下ろして柔らかいポレンタとサラダを添えて熱々でいただく。

CHICKEN TIKKA MASALA

チキン・ティッカ・マサラ

世界中で愛されているインド料理。ガラムマサラ、トマト、フレッシュコリアンダー、生クリームの組み合わせがソースを甘辛味に仕上げます。

使用するカット：鶏1羽　6人分
準備時間：20分
調理時間：1時間40分

材料

鶏…1羽（およそ1.8kg)
プレーンヨーグルト…285g
塩…大さじ1
粉末コリアンダー…大さじ2

ソースの材料

ギーなどの澄ましバター…大さじ2
ガラムマサラ…大さじ2
カレー粉…大さじ1
粉末ターメリック…大さじ1
クミン…小さじ1
カイエンペッパー…小さじ1
粉末ジンジャー…小さじ1
粉末コリアンダー…小さじ1
玉ねぎ…500g　角切り
にんにく…4片　つぶす
トマト缶（汁ごと）…400g×4缶
ダブルクリーム…250㎖
トッピングのコリアンダー…200g　粗く刻む

1 オーブンを180℃に予熱する。鶏肉にヨーグルトを塗る。鉄板にのせて粉末コリアンダーと塩をふりかける。オーブンに入れて1時間半、肉中温度が75℃に達するまでローストする。

2 その間に澄ましバターとスパイスを大きな鍋に入れ、中火で熱する。常に混ぜながら1〜2分加熱する。玉ねぎとにんにくを加えて蓋をし、5〜7分もしくは玉ねぎが柔らかくなるまで熱する。トマト缶を汁ごと投入し、沸騰させる。火を弱火にしてときどきかき混ぜながら45分ことこと煮る。

3 オーブンから鶏を取り出し、少し冷ます。皮と骨を取り除き、フォークを使って鶏肉を裂いていく。鶏肉をソースに加えてよく混ぜてダブルクリームを加えてさらに5〜7分、弱火で煮て火から下ろす。刻んだコリアンダーをふりかけ、温かいバスマティーライスといただく。

LOCRO DE PAPAS

ロクロ・デ・パパ

濃厚で優しいポテトのスープは南米のアンデス山脈一帯で食べられています。

使用するカット：鶏1羽　6人分
準備時間：15分
調理時間：1時間45分〜2時間15分

材料

煮崩れしにくいジャガイモ…1.5kg
鶏…1羽（およそ1.8kg)
にんにく…6片　つぶす
オリーブオイル…大さじ1
玉ねぎ…500g　みじん切り
乾燥オレガノ…小さじ2
チリフレーク…小さじ1
コーン（穀粒）…500g
全乳…250㎖
塩、挽きたて黒胡椒…適量
ケソ・フレスコもしくはフェタチーズ…200g

1 ジャガイモ500gを半分に切っておく。鶏を大きな寸胴鍋に入れてひたひたに水を注ぎ、沸騰させる。

2 にんにくの1/3量と切ったジャガイモを鍋に入れ、弱火にする。蓋をして鶏に火が通るまで45分ほど加熱する。

3 鶏とにんにく、ジャガイモを鍋から取り出す。皮と骨を取り除き、フォークを使って肉を裂いていく。裂いた肉を鍋に戻す。

4 残りのジャガイモを角切りにする。フライパンにオリーブオイルを熱し、玉ねぎと残りのにんにくを加えて5〜7分加熱する。ポテト、オレガノ、チリフレークを加えて茶色くなるまで3〜5分ほど炒める。コーンを加えてよく混ぜ、火から下ろす。

5 4を寸胴鍋に戻し、全乳を加えて塩胡椒する。沸騰したら弱火にしてジャガイモが柔らかくなるまで35〜40分ほどことこと煮る。ケソ・フレスコを加えてさらに10分加熱する。火から下ろし、ボウルに盛り付け、熱々でいただく。

POULTRY RECIPES　075

POULE AU POT

プール・オ・ポ

「鍋に入った鶏」を意味するこのフランスの伝統料理は、
ソース・グリビッシュという卵の冷製ソースでいただく料理です。

使用するカット：鶏1羽　4～6人分
準備時間：20分
調理時間：1～1時間半

材料

- 玉ねぎ…1個
- クローブ…1個
- 鶏…1羽（およそ2kg）
- 塩、挽きたて黒胡椒…適量
- ブーケガルニ…1束
- チキンストック…4ℓ
- セイヨウネギ…1kg　根を切り落として縦に薄く切る
- 人参…375g　薄切り
- かぶ…375g　角切り
- ヴェルミチェッリ…60g

ソース・グリビッシュの材料

- ゆで卵…2個　殻をむく
- レモン果汁…1/2個分
- ディジョンマスタード…小さじ1
- 辛口白ワイン…大さじ2
- サラダ油…250㎖
- ケッパー…大さじ1　汁気を切って細かく刻む
- きゅうり…1本半　みじん切り
- イタリアンパセリ…5～7枝　細かく刻む
- ニラ…1束　小さく切る

1　玉ねぎにクローブを刺す。鶏をキャセロール鍋に入れて塩胡椒し、ブーケガルニと玉ねぎを加える。鶏の3/4がかぶるぐらいにチキンストックを入れる。沸騰させて蓋をかぶせ、弱火で45分ことこと煮る。

2　セイヨウネギをモスリン布に包んでひもで結び、ひとまとめにする。人参とかぶも同様にそれぞれ包む。鍋に入れてかぶるようにチキンストックを足す。蓋をして25～30分弱火で煮る。

3　ソースを作る。ゆで卵を白身と黄身に分ける。白身は細長く切って細かく刻み、黄身はスプーンの背を使ってボウルに濾す。レモン果汁、マスタード、白ワイン、塩胡椒を加えてよく混ぜる。常にかき混ぜながら少しずつ油を入れ、白身、ケッパー、きゅうり、ハーブを混ぜる。

4　鶏を鍋から取り出して切り分けていく。切ったものはアルミホイルをかぶせて熱を逃がさないようにする。野菜をスープストックから取り出し、冷めないようにする。別の鍋にスープストックを濾し入れ10～20分弱火で煮る。余分な脂肪をすくいとって塩、胡椒で味をととのえる。ヴェルミチェッリを入れて表示通りにゆでる。

5　モスリン布から野菜を取り出して鶏肉と一緒にスープストックに入れ、混ぜ合わせて火から下ろす。ボウルに盛り付けて別の容器に入れたソース・グリビッシュと一緒に食卓に出す。

TOM KHA GAI

トムカーガイ

伝統的なタイのスープ。鶏丸1羽とハーブやスパイスをたっぷり使うことで濃厚で奥深い味わいに仕上がります。

使用するカット：鶏1羽　6人分
準備時間：10分
調理時間：3時間

材料

- 鶏…1羽（およそ1.8kg）
- かぶ…1個　半分に切る
- 生姜…2.5cm　皮をむいて薄い輪切り
- レッドカレーペースト…大さじ1
- ライム果汁…2個分
- ナンプラー…大さじ2
- ガランガルか生姜…40g　輪切り
- フクロ茸、舞茸、ボタンマッシュルームのいずれか…200g　厚めに切る
- エシャロット…2個　輪切り
- レモングラス…3本　刻む
- タイチリー…2～3本　種を取り除いて刻む
- コブミカンの葉…6枚　細かく刻む
- ココナッツミルク…600㎖
- コリアンダー…50g　粗みじん切り
- 塩、挽きたて黒胡椒…適量

1　鶏を大きな寸胴鍋に入れて水をかぶるくらいまで入れ、沸騰させる。かぶと生姜を加えて火を弱める。蓋をして鶏に完全に火が通るまで2時間ほど弱火で煮る。

2　火から下ろして鶏を鍋から取り出し、かぶと生姜を捨てる。皮と骨を取り除き、フォークを使って肉を裂いていく。肉をスープストックに戻し入れる。

3　レッドカレーペースト、ライム果汁、ナンプラー、ガランガル、マッシュルーム（フクロ茸、キノコ）、エシャロット、レモングラス、タイチリー、コブミカンの葉を加えて沸騰させる。

4　弱火にしてココナッツミルクを混ぜ入れる。ときどきかき混ぜながら弱火で45分煮る。コリアンダーを加えて好みで塩胡椒する。ボウルに入れて、熱いうちにいただく。

VARIATION

《鶏肉とライスのスープ》
上記同様に調理するが、最後の15分で米をスープに入れる。熱いうちにいただく。

POT-ROAST CHICKEN

ポットロースト・チキン

シンプルな一つ鍋料理ですが、伝統的なローストより、肉がなめらかで柔らかい仕上がりになります。

使用するカット：鶏1羽　4人分
準備時間：10分
調理時間：1時間45分

材料

- オリーブオイル…大さじ2
- 玉ねぎ（大）…1個　くし切りで8等分
- セイヨウネギ…1本　3cm角
- セロリの茎部…1本　2cm角
- 人参…4本　3cm角
- にんにく…2片　粗みじん切り
- 皮付きの新ジャガイモ…8個　半分に切る
- チキンストック…350ml
- タイム…小枝1本
- ベイリーフ…1枚
- 塩、挽きたて黒胡椒…適量
- 鶏…1羽（およそ1.5kg）
- バター…1かけ

1 オーブンを180℃に予熱する。オリーブオイルを大きな耐熱性キャセロール鍋に入れて熱する。玉ねぎ、セイヨウネギ、セロリ、人参を色が付き始めて柔らかくなるまで5分ほど炒める。にんにくとジャガイモを混ぜ入れて2分加熱する。

2 スープストック、タイム、ベイリーフを加え、塩胡椒で味をととのえる。さらに2分ほど加熱したら鍋を火から下ろす。

3 鶏にバターを擦り込み、胸部を塩胡椒で味付けする。野菜の上にのせて蓋をし、オーブンで1時間焼く。鶏が蓋に近すぎる場合はクッキングシートなどをそっとかぶせる。

4 蓋を取ってオーブンの温度を200℃に上げ、胸部が黄金色に焼けてソースが濃縮されるまで30分焼く。食卓に出す前にハーブ類を取り出す。

SESAME CHICKEN SALAD

ゴマのチキンサラダ

酸味のきいたこのサラダは、新鮮な野菜をあざやかな味付けで際立たせます。

使用するカット：鶏1羽　4人分
準備時間：20分
調理時間：1～1時間半＋冷まし時間

材料

- 鶏…1羽（およそ1.25kg）
- 塩…大さじ1
- ごま油…大さじ2
- セロリの茎部…100g　薄切り
- 人参…100g　皮をむいてすりおろす
- 紫キャベツ…100g　千切り
- エシャロット…100g　薄切り
- にんにく…3片　つぶす
- コリアンダーの葉…50g　粗みじん切り
- 新玉ねぎ…50g　粗みじん切り
- 白ごま…大さじ1
- ライム果汁…2個分

ドレッシングの材料

- ごま油…大さじ3
- 醤油…大さじ3
- 米酢…大さじ3
- レッドチリペースト…大さじ1

1 オーブンを180℃に予熱する。胸を上にして鶏をロースト用のトレイにのせ、塩とごま油を表面に擦り込む。肉中温度が75℃に達するまで1～1時間半ローストする。オーブンから取り出して冷ます。

2 触れられる温度に冷めたら皮を取り、フォークを使って骨から外しながら肉を裂いていく。皮と骨は処分して、裂いた鶏肉を大きなボウルに移す。

3 ドレッシングを作る。すべての材料を小さめのボウルに入れ、よく混ぜ合わせる。味を見ながらごま油と醤油の量を調節する。

4 セロリ、人参、キャベツ、エシャロット、にんにくを鶏肉のボウルに加える。ドレッシングを入れて全体に行きわたらせる。

5 コリアンダー、玉ねぎ、白ごま、ライム果汁を混ぜ入れる。ラップで包んで冷蔵庫で1時間、もしくは一晩冷やす。室温に戻してからそのままいただくか、サンドイッチに挟んだり、グリーンサラダにのせて食べる。

CIRCASSIAN CHICKEN SALAD

チェルケシアン・チキンサラダ

スモーキーなパプリカとクルミのソースを合わせたこの一品は、コーカサスの山脈地帯発祥の一品です。

使用するカット：鶏1羽　6人分
準備時間：15分
調理時間：2時間10分

材料

- 鶏…1羽（およそ1.8kg）
- 塩、挽きたて黒胡椒…大さじ1
- クルミ…100g
- パン…2切れ
- 玉ねぎ…500g　粗みじん切り
- にんにく…4片
- カイエンペッパー…大さじ1
- パプリカ…大さじ2
- チキンストック…500㎖
- クルミ油…大さじ1
- レモン果汁…1個分
- イタリアンパセリ　飾り付けに

1 大きな鍋に鶏を入れ、水をひたひたに注いで蓋をし、沸騰させる。塩をひとつまみ加えて弱火にする。蓋をして2時間ことこと煮る。
2 鶏に火が通ったら鍋から取り出す。ゆで汁は取り置く。皮と骨を捨てて、フォークを使って肉を裂いていく。大きな皿に鶏肉を並べてわきに置く。
3 フードプロセッサーを使ってクルミを細かく刻む。パンを鶏のゆで汁に浸し、玉ねぎ、にんにく、カイエンペッパー、パプリカ大さじ1、黒胡椒大さじ1と一緒にフードプロセッサーに加え、とろりとしたペースト状になるまで混ぜる。ソース状になるまでチキンストックを少しずつ混ぜ加える。
4 裂いた鶏肉にソースをまわしかける。小さい鍋にクルミ油と残りのパプリカを熱する。2～3分頻繁に混ぜながらパプリカが少しこんがりするまで加熱したら、鶏の上にレモン果汁と一緒にまわしかける。パセリをのせて室温で、もしくは冷蔵庫で冷やしていただく。

FRANGO PIRI PIRI

フランゴ・ピリピリ

ポルトガルで大人気のこの料理は、夏の長い午後にお庭でいただくのが最適。
伝統的にはグリルで調理しますが、このレシピではオーブンを使う方法を紹介します。

使用するカット：鶏1羽　6人分
準備時間：15分＋マリネ1日
調理時間：1時間10分

材料

- 赤唐辛子…10本
- オリーブオイル…115㎖と大さじ1
- にんにく…4片
- 赤ワインビネガー…大さじ4
- 海塩…小さじ1
- オレガノ…小さじ1
- スモークパプリカ…小さじ1
- 鶏…1羽（およそ1.8kg）
- 塩、挽きたて黒胡椒

1 赤唐辛子とオリーブオイル大さじ1をフライパンに入れる。よく混ぜ合わせて加熱し、一度裏返しながら5～10分中～強火で加熱する。唐辛子をフライパンから取り出す。
2 残りのオリーブオイル、にんにく、赤ワインビネガー、海塩、オレガノ、スモークパプリカ、1の唐辛子をフードプロセッサーでなめらかになるまで混ぜる。
3 キッチンばさみを使って鶏をスパッチコックにする（P.61参照）。2のソースと一緒にポリ袋に入れて最低24時間マリネする。
4 オーブンを200℃に予熱する。鶏を袋から取り出し、ロースト用のトレイにのせて塩胡椒する。肉中温度が75℃になるまで50分～1時間加熱する。

HERBY ROAST CHICKEN

ハーブのローストチキン

ハーブのバターで旨みを引き出しつつ、肉の水分を保ちます。

使用するカット：鶏1羽　4〜6人分
準備時間：10分
調理時間：1時間15分〜1時間30分＋寝かせ時間

材料

- バター…大さじ3　柔らかくする
- タラゴン…大さじ1　粗みじん切り
- イタリアンパセリ…大さじ1　粗みじん切り
- タイム…大さじ1　粗みじん切り
- にんにく…1片　つぶす
- レモンの皮のすりおろしと果汁…1個分
- 塩、挽きたて黒胡椒…適量
- 鶏…1羽（1.5〜2kg）
- オリーブオイル…大さじ1

1 オーブンを230℃に予熱する。ハーブバターを作る。バター、ハーブ、にんにく、レモンの皮のすりおろしを大きなボウルに入れ、よく混ぜ合わせる。塩胡椒で味をととのえる。
2 鶏を清潔な台にのせる。皮がちぎれないようにていねいにめくって肉と皮の間に隙間をつくる。皮の内側にハーブバターを均等に塗る。
3 鶏を大きなロースト用のトレイにのせる。皮にオリーブオイルを塗り、塩胡椒する。レモン果汁を回しかけ、絞り切ったレモンは鶏の腹部に入れる。
4 オーブンに移して15分焼く。温度を180℃に下げてさらに1時間〜1時間20分ほど、ナイフで刺した時に透明の肉汁が流れるまで焼き、アルミホイルをかぶせて10分休ませる。温かいうちにいただく。

BEER CAN CHICKEN

ビア缶チキン

バーベキューをスパイシーに仕上げるこのレシピは絶品です。

使用するカット：鶏1羽　6人分
準備時間：20分
調理時間：2時間＋冷まし時間

材料

- 鶏…1羽（およそ1.8kg）
- バター…75g　柔らかくする
- 塩…大さじ1
- ローズマリー…大さじ2　刻む
- ビール缶（ラガーが望ましい）…330㎖

1 鶏を清潔な台に置き、バターを均等にハケで塗ったら、塩とローズマリーを全体に擦り込む。
2 バーベキュースモーカーもしくはオーブンを180℃に予熱する。中身を半分にしたビール缶を、鶏の腹部の空洞に合わせて入れ、缶を使って鶏が座る状態にする。
3 そのまま鶏をグリルにのせる。蓋をして1時間半〜2時間ほど、肉中温度が75℃に達するまで加熱する。鶏が倒れないようにときどき確認する。グリルから取り出してしばらく休ませ、切り分けて温かいうちにいただく。

TURKEY TETRAZZINI

七面鳥のテットラジーニ

このチーズたっぷりのオーブン料理は、お祝いの七面鳥の残りをおいしくいただくのに最適です。

使用するカット：調理済みの七面鳥　8〜10人分
準備時間：10分
調理時間：55分

材料

- 乾燥パスタ…500g
- バター…大さじ1
- にんにく…4片　つぶす
- 玉ねぎ…500g　粗みじん切り
- ボタンマッシュルーム…100g　薄く切る
- 白ワイン…250㎖
- チキンストック…500㎖
- 小麦粉…50g
- 七面鳥のスープストック…250㎖
- ダブルクリーム…100㎖
- 牛乳…250㎖
- 調理済みの七面鳥…400g　細かく裂く
- ナツメグ…小さじ1
- モンテレージャックかチェダーチーズ…300g
- パルメザンチーズ…100g　おろしたてのもの
- 塩、挽きたて黒胡椒…適量
- 冷凍グリーンピース…225g
- レモン果汁…1個分
- パン粉…70g

1 パスタを表示通りにゆでる。湯を切ってわきに置く。大きいフライパンにバターを入れて溶かす。にんにくと玉ねぎを加え、玉ねぎが柔らかくなるまで5〜7分炒める。マッシュルームを加え、混ぜながらさらに5分ほど加熱する。
2 白ワインとチキンストックを加え、弱火にしてさらに10分加熱する。小麦粉を加えて混ぜ合わせ、七面鳥のスープストックを少しずつ加え、よく混ぜてソースを作る。
3 火を中〜弱火にし、クリーム、牛乳、七面鳥、ナツメグ、チーズ2種を混ぜ入れる。塩胡椒を加え、よく混ぜて弱火で15〜20分煮る。パスタとグリーンピースを混ぜ入れる。オーブンを180℃に予熱する。
4 フライパンを火から下ろし、レモン果汁を混ぜ入れる。フライパンの中身を耐熱性のグラタン皿に移し、パン粉をふりかける。きつね色の焼き色が付き、ぐつぐつしてくるまで25分焼く。熱いうちに食卓に出す。

TURDUCKEN

ターダッキン

鴨の脂が七面鳥と鶏の間で調理されることで、とてもジューシーに仕上がります。

使用するカット：七面鳥、鴨、鶏…各1羽　20〜25人分
準備時間：2時間
調理時間：3〜4時間＋寝かせ時間

材料

- 七面鳥…1羽（およそ6kg）
- カイエンペッパー…大さじ2
- 塩、挽きたて黒胡椒…適量
- ガーリックパウダー…大さじ2
- バター…250g　角切り
- 鴨…1羽（およそ2kg）
- 鶏…1羽（およそ1.8kg）

1 大きなロースト用のトレイにアルミホイルを敷く。叉骨、手羽先、手羽元の骨だけ残して七面鳥の骨を取り除く。皮面を下にしてトレイにのせる。カイエンペッパー、塩、黒胡椒、ガーリックパウダーを全体にたっぷりと振りかける。最後にバターの1/4量をのせる。
2 鴨の骨を取り除く。手羽先は完全に取り外し、手羽元は骨だけを取り除く（P.60参照）。皮を下にして七面鳥の上に置き、中心を合わせる。カイエンペッパー、塩、黒胡椒、ガーリックパウダーを全体にたっぷりと振りかける。最後にバターの1/4量をのせる。
3 鶏の骨を取り除く。手羽先は完全に取り外し、手羽元は骨だけを取り除く（P.60参照）。皮を下にして鴨の上に置き、中心を合わせる。カイエンペッパー、塩、黒胡椒、ガーリックパウダーを全体にたっぷりと振りかける。最後にバターの1/4量をのせる。
4 上の2羽を包むようにして七面鳥をたたむ。タコ糸などで七面鳥を背骨のあたりを縫ってとじる。鴨と鶏がずれないで中に収まるよう注意する。オーブンを180℃に予熱する。
5 縫った面が下になるよう七面鳥をトレイの中で裏返す。残りのスパイス、ハーブ、バターをのせる。肉中温度が75℃に達するまで3〜4時間ほど焼く。火が通っていれば一番厚い所を串で刺した時に透明の肉汁が出る。
6 オーブンから取り出し、30分寝かせる。一切れで七面鳥、鴨、鶏が一緒に味わえるよう横にスライスする。

TURKEY AND OLIVE QUICHE

七面鳥とオリーブのキッシュ

オリーブの塩気、熟したトマト、そしてシナモンと、風味のメドレーが理想的なブランチキッシュを作ります。

使用するカット：調理済みの七面鳥　6人分
準備時間：15分＋冷やし時間
調理時間：45分

ペストリーの材料

- 小麦粉…150gとまぶす用に少々
- シナモン…小さじ1
- 塩…小さじ1
- 植物性脂肪…50g
- 冷たいバター…10gと余分に少々　角切り
- 溶き卵…1個

具の材料

- 卵…6個
- ダブルクリーム…120ml
- 牛乳…大さじ3
- 調理済みの七面鳥…200g　細かく裂く
- 黒オリーブ…100g　種を取って半分に切る
- ミニトマト…100g　半分に切る
- ほうれん草…50g
- チリフレーク…小さじ1
- シナモン…小さじ1
- ガーリックパウダー…小さじ1

1 ペストリーを作る。小麦粉、シナモン、塩を大きなボウルに入れてよく混ぜる。植物性脂肪とバターを加え、パン粉のような状態になるまで手で混ぜる。水75mlを少しずつ加え、ひとまとめにしてゆるい生地を作る。
2 オーブンを180℃に予熱する。卵とクリーム、牛乳を混ぜる。七面鳥、オリーブ、トマト、ほうれん草、チリフレーク、シナモン、ガーリックパウダーを加え、よく混ぜる。
3 直径23cmの底の外れる型に油を塗る。軽く粉をはたいた台にペストリーをのせて5mmの薄さに伸ばし、型全体に敷く。ハケで溶き卵をペストリーの端に塗っていく。卵の生地を流し入れて均等に広げる。オーブンに入れて卵が固まるまで45分焼き、熱々でいただく。

SPATCHCOCKED AND GRILLED TURKEY

七面鳥のスパッチコックグリル

平たくすることで調理時間が短くなり、おいしい七面鳥を手軽に食べることができます。

使用するカット：七面鳥丸1羽　8〜10人分
準備時間：30分
調理時間：2時間＋寝かせ時間

材料

- 七面鳥…1羽（およそ6kg）
- 塩、挽きたて黒胡椒…各大さじ2
- ガーリックパウダー…大さじ1
- カイエンペッパー…大さじ1
- バター…230g　柔らかくする

1 キッチンばさみか骨抜きナイフを使って七面鳥をスパッチコックにする（P.61参照）。胸側を上にして七面鳥を置き、トレイにのせる。折れた音がするまで胸部を手のひらで押さえて体重をかける。
2 グリルを中〜強火にセットする。ハーブとスパイスを小さなボウルに入れてよく混ぜる。七面鳥にバターを塗り、ハーブとスパイスをまんべんなく擦り込む。大きめのオーブン用トレイにのせて肉中温度が75℃に達するまで1時間半〜2時間焼く。
3 グリルから下ろして大きな皿にのせ、アルミホイルをかぶせて30分寝かせたら、ナイフで切り分けて温かいうちにいただく。

VARIATION

《七面鳥のスパッチコックロースト》

七面鳥をグリルではなくオーブンでローストする。スパイスをカイエンペッパー小さじ1とパプリカ小さじ1にする。手順2の最後でオーブンを190℃に予熱する。七面鳥を大きなロースト用のトレイに入れて、30分ごとにハケで肉汁を塗りながら2時間ローストする。オーブンから取り出して30分休ませる。ナイフで切り分けて温かいうちにいただく。

DEEP-FRIED TURKEY

七面鳥の丸揚げ

この七面鳥の丸揚げはサンクス・ギビングのおもてなしに最適。お客も感激することうけあいです。

使用するカット：七面鳥1羽　6人分
準備時間：15分＋マリネに2日以上
調理時間：30分＋寝かせ時間

材料
七面鳥…1羽（およそ3kg）
揚げ油用にピーナッツ油

浸け置き水の材料
レモン…4個　半分に切る
にんにく…4片　皮をむいて半分に切る
塩…100g
ベイリーフ…3枚
黒糖…100g

1 調理の2日以上前から準備する。七面鳥を大きな寸胴鍋に入れて水をひたひたに入れる。レモン、にんにく、塩、ベイリーフ、砂糖を入れる。蓋をして涼しい場所で最低2日間漬けておく。
2 ボウルに水切り器を重ねる。七面鳥を水から取り出して水切り器に入れ、1時間ほど置く。
3 大きなフライヤーで油を190℃に熱する。キッチンペーパーで七面鳥の表面の水分を拭き取る。大きなトングなどを使って油が飛び散らないように注意しながら七面鳥をゆっくりフライヤーに入れる。
4 ときどき裏返しながら全体がきれいな茶色になって肉中温度が75℃になるまで30分間揚げる。油から取り出して皿にのせ、最低1時間休ませたらナイフで切り分けて温かいうちにいただく。

SAFETY FIRST
安全第一！
フライヤーは説明書をよく読み、外で使用しましょう。腕や脚を露出しないで、七面鳥を触る時は手袋を使いましょう。

TURKEY, MINT, AND CHICORY WRAPS

チコリーの七面鳥とミントのせ

シャキッとしたチコリー、新鮮なミント、そして濃厚なヨーグルトが合わさった、軽くてさわやかな前菜。

使用するカット：調理済みの七面鳥　4人分
準備時間：15分＋冷まし時間
調理時間：45分

材料
調理済みの七面鳥…200g　フォークで裂く
ギリシャヨーグルト…100g
ミントの葉…50g　細かく刻む
赤タマネギ…100g　薄切り
人参…100g　すりおろす
粉末ジンジャー…小さじ1
レモン果汁…1個分
塩、挽きたて黒胡椒…適量
チコリーの葉…8枚

1 大きなボウルに裂いた七面鳥、ヨーグルト、ミント、玉ねぎ、人参、ジンジャー、レモン果汁、塩胡椒を入れる。よく混ぜ合わせ、冷蔵庫で30～45分寝かせる。
2 チコリーの葉を皿に並べる。1で混ぜた七面鳥を8等分し、チコリーにのせて食卓に出す。

POULTRY RECIPES

SEARED DUCK BREAST WITH A
RASPBERRY CARDAMOM GLAZE

ラズベリーとカルダモングレーズの焼き鴨胸肉

酸味のきいたラズベリーソースがこんがり焼いた濃厚な鴨胸肉によく合います。

使用するカット：鴨胸肉　4人分
準備時間：20分
調理時間：20分

材料
皮付きの鴨胸肉…600g
塩、挽きたて黒胡椒…適量

ソースの材料
バター…大さじ1
黒砂糖…大さじ1
エシャロット…100g　みじん切り
ラズベリー…200g　種を除いて粗みじん切り
カルダモン…1粒　砕く
赤ワインビネガー…大さじ1

1 鋭いナイフを使って皮に浅い切り込みを入れていき、塩胡椒をたっぷり擦り込む。
2 皮を下にして鴨を厚手のフライパンに入れ、中〜弱火で熱する。鴨の脂が溶け出すよう10〜12分加熱する。裏返してさらに3〜5分調理する。火から下ろし、温かいまま休ませ、冷まさないように気をつける。
3 鴨の脂を取り除く。同じフライパンでバターを溶かす。砂糖とエシャロットを加えてカラメル化するまで加熱する。
4 ラズベリー、カルダモン、赤ワインビネガーを加える。頻繁に混ぜながら5〜7分調理する。鴨を皿に移してラズベリーソースをかけ、食卓に出す。

VARIATION
《ブラックベリーグレーズのポークチャップ》
鴨胸肉の代わりに豚の厚切り肉を使い、ラズベリーの代わりにブラックベリーを使ってカルダモンは省く。上記と同様に調理するが、豚肉を焼く際は火が通るまで30〜35分加熱する。

DUCK PÂTÉ

鴨のパテ

田舎風のシンプルなパテが挽きたての胡椒、柑橘、そしてピスタチオのアクセントでいきいきする一品です。

使用するカット：鴨胸肉　パテ900g分
準備時間：25分＋冷やし時間
調理時間：2時間

材料
皮を取った鴨胸肉…200g　角切り
にんにく…4片　つぶす
オレンジリキュール…大さじ3
豚肩肉…1kg　細かく切る
ベーコン…100g　細かく切る
鶏レバー…200g　細かく切る
エシャロット…250g　粗みじん切り
豚の背脂…450g
溶き卵…3個分
タイム…大さじ1　細かく刻む
クローブ…小さじ1/2
粉末ジンジャー…小さじ1/2
オールスパイス…小さじ1
殻をむいたピスタチオ…100g
海塩…小さじ1
挽きたて黒胡椒…小さじ1
バター…450g

1 鴨の胸肉、にんにく、オレンジリキュールをボウルに入れて混ぜ合わせる。ラップで蓋をして冷蔵庫で1時間冷やす。豚肉、ベーコン、鶏レバー、エシャロット、豚の背脂をフードプロセッサーに入れ、必要ならば数回に分けて混ぜ合わせる。ボウルに移して卵、タイム、クローブ、ジンジャー、オールスパイス、ピスタチオ、塩胡椒を混ぜ合わせる。冷蔵庫から鴨を取り出してボウルに加え、よく混ぜる。
2 オーブンを160℃に予熱する。バターをフライパンに入れて溶かし、泡ができたら取り除く。1で混ぜた肉を上が1cm空くようにテリーヌ容器に入れる。スプーンでバターを肉の上にかけて完全に覆う。肉をロースト用のトレイに移し、トレイの半分までお湯を注ぐ。
3 トレイをオーブンに移し、肉中温度が63℃に達するまで2時間ほど焼く。オーブンから取り出し、完全に冷ます。薄く切ってトーストやパンにのせていただく。密封して冷蔵庫に入れれば2週間ほどもつ。

鴨のコンフィ

鴨脚を鴨の脂肪でじっくり調理し、長期保存が可能な状態にするこの一品は、バターのように濃厚な味わいです。

使用するカット：鴨脚　6人分
準備時間：15分＋マリネに2日間
調理時間：3時間10分＋冷やし時間

材料

- 海の粗塩…大さじ4
- 挽きたて黒胡椒…小さじ1
- 皮・骨付きの鴨脚…6本（合計およそ1.3kg）
- にんにく…4片　つぶす
- 鴨の脂…1ℓ

LOW-FAT CONFIT
低脂肪のコンフィ

鴨脚の皮を下にしてフライパンに入れることで鴨自身の脂で調理することができる。脂の1/4量が溶け出すまで中火で熱する。蓋をして、レシピ同様に調理する。

1 塩胡椒を小さいボウルに入れて混ぜる。鴨脚によく揉み込み、にんにくと一緒にポリ袋か脚が入るボウルに入れる。袋を閉じ、もしくはボウルをラップなどで密閉し、冷蔵庫で1〜2日間保存する。

2 オーブンを110℃に予熱する。脚を袋もしくはボウルから取り出し、水分と余分な塩を拭き取る。鴨の脂を大きな耐熱性のキャセロール鍋かダッチオーブンで溶かす。皮を下にして鴨脚を入れ、少し脂を沸騰させる。蓋をして肉が柔らかくなるまでオーブンで3時間ほど加熱する。

3 脚をオーブンから取り出し、蓋付きの深い密閉タッパーに入れる。上から脂を流し入れ、蓋をして冷蔵庫で冷やす。最低でも1日、最高2週間保存する。

4 脚をタッパーから取り出し、できる限り脂肪を削り取る。底の厚いフライパンを熱し、鴨脚を10〜12分、こんがり焼けるまで加熱し、熱いうちにいただく。付け合わせにインゲンを添えるとよい。

CRISPY DUCK CHAR SIU

鴨のクリスピーチャーシュー

鴨の中華風ローストはとても美味ですが、1羽を丸ごと料理するのは大変です。
胸肉で簡単に作れるこちらのレシピをお試し下さい。

使用するカット：鴨胸肉　4人分
準備時間：5分＋マリネ時間
調理時間：25分

材料

- 皮付き・骨抜き鴨胸肉…4枚
- にんにく…3片　つぶす
- 醤油…大さじ3
- 日本酒…大さじ3
- 海鮮醬…大さじ1
- はちみつ…大さじ2
- 五香粉…大さじ2
- 塩、挽きたて黒胡椒…適量

1　鴨胸肉の皮を上にして清潔な台に乗せる。ナイフで、交差する形に浅い切り込みを入れていく。肉を切りすぎないよう気をつける。

2　残りの材料をすべて広くて浅い皿に入れてかき混ぜる。鴨胸肉を入れ、肉の表面が漬けだれにまんべんなく覆われるように混ぜ合わせる。ラップをかぶせて冷蔵庫で2〜4時間マリネする。

3　オーブンを200℃に予熱する。皮を下にして鴨胸肉をフライパンに入れ、中火で8分ほど焼いたら火から下ろす。

4　オーブン用トレイにアルミホイルを敷く。皮を上にして鴨胸肉をトレイに入れ、オーブンの上段で10分焼く。取り出して5分寝かせたら斜めにそぎ切りにし、炒麺や緑のサラダと一緒にいただく。

BATCH AND FREEZE
小分けで冷凍

このレシピを2倍量で作り、小分けにして冷凍保存すれば、素早く炒めものに加えられる具材としても活用できます。

CASSOULET

カスレ

フランス発祥のこの濃厚な一品は、伝統的な土鍋の名前を取ったものです。

使用するカット：鴨脚　6〜8人分
準備時間：20分
調理時間：3時間半

材料

- パンチェッタのラードン…200g　角切り
- トゥールーズ・ソーセージ…3本　合計200gほど
- 鴨脚…850g
- 塩…少々
- オリーブオイル…大さじ1
- 玉ねぎ…2個分　みじん切り
- にんにく…4片　つぶす
- 人参…200g　角切り
- タイム…大さじ1　刻む
- オレガノ…大さじ1
- トマト…400g　角切り
- 白ワイン…250ml
- チキンストック…500ml
- 白インゲン豆…400g　水に一晩浸け、乾かす
- バター…75g　柔らかくする
- パン粉…100g

1　パンチェッタ、ソーセージ、鴨脚を大きな耐熱性のキャセロール鍋かダッチオーブンに入れ、塩ひとつまみで味付けする。よく焼き色が付くまで中火で10〜15分加熱したら取り出して、わきに置く。オーブンを150℃に予熱する。

2　フライパンにオリーブオイルを入れる。次に玉ねぎ、にんにくを加え、玉ねぎに焼き色が付くまで中火で5分加熱する。人参、タイム、オレガノを入れてよく混ぜ、2〜3分加熱する。

3　トマト、ワイン、チキンストック、インゲン豆を加える。肉を鍋に戻して沸騰させ、火から下ろす。バターとパン粉をボウルに入れて混ぜ合わせ、鍋に入った具材の上に振りかける。蓋をせずにオーブンで3時間焼き、熱々で食卓に出す。

VARIATION

《ポークのカスレ》

鴨脚の代わりに豚ロースを使い、白インゲン豆の半量をインゲン豆に代える。上記と同様に料理し、熱々で食卓に出す。

THAI RED DUCK CURRY

鴨のレッドタイカレー

パイナップルという意外な具材が料理にパンチをきかせます。

使用するカット：鴨脚肉とモモ肉　4人分
準備時間：15分
調理時間：1時間15分

材料

- 皮なし・骨付き鴨脚肉、モモ肉…合わせて850g
- ゴマ油…小さじ2
- 挽きたて白胡椒…小さじ1
- チリフレーク…小さじ1

ソースの材料

- ココナッツミルク…400㎖　1缶
- タイレッドチリペースト…100g
- ライムの葉…10枚　ざく切り
- にんにく…3片　つぶす
- 生姜…大さじ1　みじん切り
- ナンプラーなどの魚醤…大さじ2
- 砂糖…大さじ2
- ライム果汁…1個分
- タイチリー…100g　種を取り除いて刻む
- パイナップル…100g　角切り
- ミニトマト…24個
- バジル…ひとつかみ　ざく切り

1 オーブンを160℃に予熱する。フライパンに脂肪の付いた面を下にして鴨脚とモモ肉を入れる。ごま油をかけて塩、白胡椒、チリフレークをふる。
2 肉中温度が75℃に達するまで40〜45分ほどローストする。オーブンから取り出して10分休ませ、骨を取り除く。肉を切ってわきに置く。
3 鍋を強めの中火で熱して250㎖のココナッツミルクとレッドチリペーストを混ぜ合わせ、沸騰したら弱火で10分ことこと煮る。
4 鴨と残りのココナッツミルク、ライムの葉、にんにく、生姜を加え、ときどき混ぜながら15分煮る。
5 風味がなじんだらナンプラー、砂糖、ライム果汁、タイチリー、パイナップルを混ぜ入れる。パイナップルが柔らかくなるまで3〜5分煮る。トマトとバジルを混ぜ合わせ、火から下ろす。バスマティライスにかけて温かいうちにいただく。

CHINESE ROAST DUCK AND PANCAKES

北京ダック

この伝統的な中華料理は、家族みんなのお気に入りになるでしょう。

使用するカット：鴨脚肉　4人分
準備時間：20分
調理時間：1時間10分

材料

- 鴨脚肉…4本
- 五香粉…小さじ山盛り1
- 海の粗塩…小さじ1
- 挽きたて黒胡椒…適量
- きゅうり…1本　皮をむく
- わけぎ…2束
- 薄餅…110g入り×2袋
- 海鮮醤かプラムソース…300g

1 オーブンを160℃に予熱する。フォークで鴨の皮をまんべんなく刺す。ボウルに五香粉、塩、多めの黒胡椒を混ぜ合わせ、鴨の表面全体に擦り込む。
2 鴨の脚を皮を上にしてロースト用のトレイに入れ、オーブンの上の段で45分加熱する。オーブンの温度を220℃に上げて皮をこんがり焼き、中にも火が通るまでさらに25分焼く。
3 その間に野菜を準備する。きゅうりを縦に4つに切り、スプーンで中の種を取り除いてさらに縦半分に切り、千切りにする。わけぎを細長く切る。
4 鴨をまな板にのせ、よく切れる包丁で皮と骨を取り除いた肉を丁寧に縦に切る。骨は捨て、皮と肉は皿に移して温かく保つ。
5 薄餅を表示通りに温める。鴨を野菜と薄餅と一緒に出す。付け合わせに海鮮醤かプラムソースを添える。

VENETIAN DUCK RAGÙ

ベネチア風鴨のラグー

濃厚なミートソースが特徴のイタリア北部の名物。ハーブの香りに誘われて、ついおかわりしてしまいます。

使用するカット：鴨脚肉　6人分
準備時間：40分
調理時間：1時間半

材料

- 皮・骨付き鴨脚肉…1.35kg
- 塩、挽きたて黒胡椒…適量
- オリーブオイル…大さじ2
- にんにく…4片　つぶす
- 玉ねぎ…500g　ぶつ切り
- セロリ…100g　薄切り
- 人参…200g　皮をむいて薄切り
- ヤマドリタケ…60g　細かく刻む
- ローズマリー（ドライでもフレッシュでも可）…大さじ1　刻む
- トマト缶…400g×2缶
- 鴨かチキンのスープストック…250㎖
- キャンテイなどの赤ワイン…250㎖
- パッパルデッレなどのパスタ…500g

1 清潔な調理台に鴨脚を置き、たっぷり塩胡椒する。大きなキャセロール鍋かダッチオーブンに油を入れ、鴨を加熱する。両面がこんがりするまで4〜5分焼く。

2 にんにくと玉ねぎを加え、混ぜながらしんなりするまで10分ほど炒める。セロリ、人参を入れ、火を弱火にする。

3 ヤマドリタケ、ローズマリー、トマト、スープストック、赤ワインを入れる。キャセロール鍋に鴨脚肉をそっと戻す。蓋をせずにじっくり1時間煮る。

4 鴨を取り出して少し冷ます。パッパルデッレを表示時間通りにゆでる。

5 皮を取る。フォークを使って骨から肉をはがす。皮と骨は処分する。肉を鍋に戻し、味がなじむようよく混ぜる。

6 パスタのゆで汁を捨て、オリーブオイルを少しふって皿に盛る。ラグーをたっぷりかける。

ROAST GOOSE
ガチョウのロースト

オーブンでローストしたガチョウのカリッとした皮と、柔らかい肉はお祝いにぴったり。

使用するカット：ガチョウ丸1羽　6〜8人分
準備時間：30分
調理時間：3時間15分＋寝かせ時間

材料

人参…900g　皮をむいて薄切り
レッドポテト…900g　皮をむいて4等分
玉ねぎ…500g　みじん切り
にんにく…5片　つぶす
オリーブオイル…大さじ3
バルサミコ酢…大さじ2
塩…大さじ2
ガチョウ1羽、内臓を取り除いたもの…6kg
バター…115g　柔らかくしたもの
挽きたて黒胡椒…少々
ローズマリー…大さじ4　細かく刻む
レモン…1個
タイム…1束

1 オーブンを190℃に予熱する。大きなロースト用トレイに人参、レッドポテト、玉ねぎ、にんにくを入れる。オリーブオイル、バルサミコ酢、塩半量をふりかけ野菜にからませる。

2 トレイに胸面を上にしてガチョウを置く。バター、胡椒、ローズマリー、残りの塩を全体にたっぷり塗る。レモンを押しつぶして半分に切り、タイムと一緒に腹部に入れる。

3 蓋をせずにガチョウを焼き、色が付いてこんがりするまで45分ローストする。流れた肉汁をガチョウにまわしかけ、ホイルをかぶせて肉中温度が75℃になるまでさらに2時間半ほどローストする。オーブンから取り出して30分寝かせる。肉を切り分け、ローストした野菜と一緒に出す。

GOOSE POT PIE
ガチョウのポットパイ

スパイシーでおいしいこの料理は、軽くて薄いパイ皮と風味豊かで栄養たっぷりのシチューがよく合います。

使用するカット：調理済みガチョウ肉　6人分
準備時間：30分＋寝かせ時間
調理時間：1時間半

材料

小麦粉…300gと余分に少々
チポトレチリパウダー…小さじ1
塩…小さじ1
ショートニングなどの植物性脂肪…75g
バター…75g　冷やして角切り
溶き卵…1個分　グレーズ用

具の材料

バター…大さじ2
エシャロット…500g　薄切り
にんにく…4片　刻む
人参…500g　皮をむいて乱切り
エンドウ豆…500g
チポトレチリパウダーかパプリカ…大さじ1
カイエンペッパー…小さじ1
塩…小さじ1
挽きたて黒胡椒…適量
裂いたガチョウの肉…800g
チキンストック…250mℓ

1 大きなボウルに小麦粉、チポトレチリパウダー、塩をふるい入れる。ショートニングとバターを入れてパン粉のような状態になるまで手で混ぜる。冷水250mℓを少しずつ入れてひとまとめにし、ラップに包んで冷蔵庫で1時間寝かせる。

2 その間にパイの具を作る。大きなフライパンでバターを温める。エシャロットとにんにくを飴色になるまで炒める。人参、エンドウ豆、スパイス、塩、胡椒を加える。ガチョウ、スープストックを加えて弱火にし、煮詰まるまで30分煮る。オーブンを180℃に予熱する。

3 軽く小麦粉をはたいた台にパイ皮の半量を厚さ5mmの円に伸ばす。10×5cmのパイ皿に敷いて具を入れる。残りのパイ皮も伸ばしてパイの上に均等に載せる。パイ皮の端にひだを作り、真ん中に切り込みを入れる。溶き卵を表面に塗る。黄金色に焼けるまで45分ほど焼き、温かいうちに出す。

CHOLENT
チョレント

この安息日のごちそうは、一晩から次の日にかけてじっくり煮込みます。

使用するカット：ガチョウ胸肉　6人分
準備時間：10分
調理時間：8〜12時間

材料

オリーブオイル…大さじ3
骨付き牛肉ショートリブ…700g
皮なし・骨抜きガチョウ胸肉…500g
皮なし・骨付き鶏腿肉…500g
マリス・パイパーなどのジャガイモ…500g　皮をむいて4等分
玉ねぎ…500g　乱切り
人参…250g　皮をむいて薄切り
にんにく…4片　つぶす
インゲン豆、白インゲン豆…各100g　洗って一晩水に浸し水気を切る
精白玉麦…100g
スモークパプリカ…大さじ1
塩、挽きたて黒胡椒…少々
チキンストック…1.5ℓと余分に少々
はちみつ…大さじ2

1 大きなキャセロール鍋かダッチオーブンに油を入れて加熱する。リブ、ガチョウ胸肉、鶏腿肉を入れて、しっかり焼き色が付くまで両面を3〜4分ずつ焼く。鍋の中が過密にならないよう数回に分けて焼いたら取り出してわきに置く。

2 ジャガイモ、玉ねぎ、人参、にんにくを鍋の底に均等に広げる。野菜の上に**1**の肉をのせる。上から豆、麦、パプリカをのせて塩、胡椒する。

3 スープストックとはちみつを入れて蓋をする。沸騰したら弱火にし、ときどき混ぜながら8〜12時間煮込む。必要に応じてスープストックを足す。骨は取り出して処分する。熱々でいただく。

CARIBBEAN JERK POUSSIN

カリブ風ジャークプッサン

ピリ辛のスパイスブレンドとこんがり焼けた皮がおいしい
ジャークプッサンはカリブ諸国で大人気の料理。

使用するカット：プッサン丸一羽　4人分
準備時間：10分
調理時間：45分＋寝かせ時間

材料

プッサン…2羽（合計1kg）
バター…プッサン1羽に対し75g　柔らかくしたもの
乾燥タイム…小さじ1
オールスパイス…小さじ1
シナモン、ナツメグ…各小さじ1/2
カイエンペッパー…大さじ1
塩…ひとつまみ
挽きたて白胡椒…小さじ1
ライム果汁…2個分

1 オーブンを190℃に予熱する。小さいロースト用トレイに胸面を上にしてプッサンを置き、バターを均等に塗る。
2 小さなボウルにタイム、その他のスパイス、調味料を入れてよく混ぜ、肉に振りかける。オーブンに入れ、肉中温度が75℃に達するまで45分ほど焼く。
3 オーブンから取り出し、ライム果汁を振りかけ、切り分ける前にアルミホイルをかぶせて10〜15分寝かせる。流れ出た肉汁を上からかけて温かいうちに食卓に出す。

BRAISED POUSSIN OVER POLENTA

プッサン蒸し煮とポレンタ

クリーミーなポレンタは甘い煮込みトマト、スパイシーなチョリソー、赤ワインで蒸したプッサンと最高の組み合わせ。

使用するカット：プッサン丸1羽　6人分
準備時間：20分
調理時間：2時間

材料

皮付きプッサン…3羽　計1.5kg
チキンストック…1ℓ
赤ワイン…250mℓ
オールスパイス…大さじ1
ローリエ…1枚
海塩…大さじ1とポレンタ用に小さじ1

ソース

バター…100g
にんにく…1玉　みじん切り
玉ねぎ…200g　みじん切り
マッシュルーム…200g　へたを取って洗い、薄切り
プチトマト…100g
透明なはちみつ…大さじ1
チリフレーク、パプリカ…各小さじ1/2
塩、挽きたて黒胡椒…少々

ポレンタの材料

チキンストック…1ℓ
ポレンタ…225g
ダブルクリーム…250mℓ

1 オーブンを160℃に予熱する。厚手の寸胴鍋かダッチオーブンにプッサンを入れる。スープストック、ワイン、オールスパイス、ローリエ、塩を入れ、蓋をして肉が骨から外れるまで2時間ほどオーブンで調理する。
2 ソースを作る。鍋を中火にかけてバターを入れる。にんにく、玉ねぎを加えてキツネ色になるまで10分ほど炒める。他の材料をすべて入れ、火を弱めて20分ほど煮る。
3 ポレンタを作る。大きなキャセロール鍋にスープストックを入れ沸騰させる。クリームを入れ、塩、胡椒で味をととのえ沸騰させる。火を弱め蓋をしてときどきかき混ぜながら12〜15分煮る。プッサンを鍋から取り出し、ローリエを取り除く。鍋の汁お玉1杯分をポレンタに入れてよく混ぜ、ボウルに入れる。プッサンをのせ、ソースをかける。

ROAST POUSSIN WITH PRESERVED LEMONS

塩漬けレモンのローストプッサン

塩漬けレモンの繊細な風味が、伝統的なローストプッサンのアクセントになります。

使用するカット：プッサン丸1羽　4人分
準備時間：20分
調理時間：45分

材料

- 粉末シナモン…小さじ1
- きめの細かい海塩…小さじ2
- パプリカ…小さじ1
- ガーリックパウダー…小さじ1
- オリーブオイル…大さじ4
- プッサン…2羽　合計1kg
- レモンの塩漬け　薄い輪切り
- にんにく…4片　みじん切り

1 オーブンを180℃に予熱する。小さいボウルにシナモン、塩、パプリカ、ガーリックパウダー、オリーブオイルを入れてよく混ぜ、胸面を上にしてロースト用トレイに置いたプッサンにまんべんなく擦り込む。

2 レモンの半量とにんにくをプッサンの腹に詰める。残りのレモンはプッサンの上に並べる。

3 トレイをオーブンに入れ、皮がこんがり焼けて肉中温度が75℃に達するまで35〜40分ほど加熱する。レモンライスかクスクスと一緒に熱々でいただく。

GAI YANG

ガイヤーン

スパイスのきいたタイの伝統的な焼きプッサンは、スイートチリソースとコリアンダーでいただきます。

使用するカット：プッサン丸1羽　4人分
準備時間：20分
調理時間：35分＋寝かせ時間

材料

- プッサン…2羽　合計1kg
- コリアンダーの茎…大さじ1　刻む
- 三温糖…大さじ1
- レモングラス…1本　細かく刻む
- 粉末ジンジャー…小さじ1
- ナンプラーなどの魚醤…大さじ4
- トッピングに刻んだコリアンダーの葉

ソースの材料

- にんにく…4片　つぶす
- 赤唐辛子…2本　種を取り除いて刻む
- 米酢…75㎖
- 塩…小さじ1
- コーンスターチ…大さじ1　少量の水で溶く

1 キッチンばさみを使ってプッサンをスパッチコックにする（P.61参照）。胸面を上にして皿に広げる。グリルを中より弱めに予熱する。

2 コリアンダーの茎、砂糖、レモングラス、ジンジャー、ナンプラーをボウルに入れて混ぜ、プッサンに塗る。肉中温度が75℃に達するまで30〜35分グリルする。

3 その間にソースを作る。鍋ににんにく、唐辛子、酢、水120㎖、塩を入れて、唐辛子とにんにくが柔らかくなるまで10〜15分弱火で煮る。水で溶いたコーンスターチを少しずつかき混ぜながら入れる。とろみがしっかり付くまでさらに10分ほど加熱する。

4 プッサンを取り出し10分ほど休ませる。スイートチリソースをハケで塗り、コリアンダーを散らし、温かいうちにいただく。

POULTRY RECIPES

第3章
豚肉
PORK

豚肉

飼育しやすい豚は、洋の東西を問わず、その肉と脂で人々を養ってきました。
豚は雑食で様々な動植物を食べられるうえ、食材を集める能力に長けています。
また多くの農民にとって、豚は何世紀にもわたって唯一の食肉でした。

今日における豚の生産は年間20億匹にも及ぶ巨大な産業です。世界の65%の豚を生産しているアジアに続き、世界第2位はEU。EU内では、生産量に関しては、様々なソーセージが作られるドイツが1位ですが、デンマークでは豚の数が人口の3倍にも及びます。EUに続いて世界第3位はアメリカです。

豚は汚いと思われがちですが、実はとても賢く、きれい好きな生きものです。汗腺がないため暑さに弱く、泥にまみれる習慣があるので、不潔な印象を与えてしまうのかもしれません。宗教によっては豚を食べることを禁じている場合もあるので、人を招いて食事をする際などは気をつけましょう。ユダヤ、イスラム、ラスタ、そして一部のヒンドゥーとキリスト教では豚肉を食べません。

豚肉には様々な食べ方がありますが、その醍醐味が保存製品だと言ったら多くの人は反論するでしょう。乾燥ハムやベーコン、熟成肉や燻製ソーセージなど、その種類は実に様々ですが、すべては冷蔵手段がなかった時代に保存の必要性から生まれたものなのです。

動物福祉

豚の生産において、動物福祉という面での問題はその出産と屠殺に集中しています。多くの国で雌豚は、寝ころんだ際に仔豚をつぶしてしまわないよう出産用のクレート（繁殖や管理を目的とした飼育用の囲い）で飼育されますが、専門家の間では豚は頭の良い動物なので、子供をつぶしてしまうというのは考えにくいという指摘も上がっています。EUやアメリカのいくつかの州ではクレートの使用が禁止されていますが、規則の異なる国の間では輸出入が行われているのが現実です。豚はストレスに敏感なので、屠殺前の管理はとても重要です。大きな施設では輸送を避けるため敷地内で屠殺が行われることもあります。豚は雑食なので商業的生産では穀物、大豆、動物性たんぱく質を組み合わせた飼料が使用されます。

生産方法

● 家庭

家庭で商業用の豚が育てられることはとても少なくなりましたが、庭で豚を1〜2匹飼うという伝統的習慣が現在も続いている国は世界にいくつもあります。小屋で育つものもあれば小牧場や野飼いで育つものもあり、飼料には穀物や家庭の残飯が使用されます。

● 放し飼い（戸外）

豚の放し飼いを分類するのは容易ではありません。雌豚は戸外の「アーク」（円形の小屋）

ブラックプディング、パテ、テリーヌ、ヘッドチーズは、
どんな部位でも無駄にしたくないという
思いから生まれました。

で飼われ、仔豚は離乳後屋内で、主に集約的に育てられる場合もあれば、逆に出産は屋内で行われ、離乳した仔豚が食べごろになるまで戸外で飼われる場合もあります。戸外で豚を飼うと、湿った野原が沼地に変わることがあります。豚は日焼けに弱いので、太陽の光や雨から守ってくれる屋根が必要となります。飼料には根菜や草木、濃厚飼料が使用されます。

● 集約生産

豚のほとんどは集約的に生産されます。法律で禁止されていない場合、雌はクレートで出産し、離乳した仔豚は空調管理された藁や板を敷いた大きな小屋に入れられます。これらの仔豚はユニットごとに感染症が発生しないかなど厳しく監視されます。また、病気を予防し、成長を促進させるためビタミンや抗生物質が与えられます。飼料には濃厚飼料が使用されます。

● 有機生産

有機システムはほとんどの場合、戸外での飼育が絶対で、クレートの使用は禁じられています。病気を予防する薬や成長促進剤、抗生物質の投与も許されません。薬の使用は感染を妨げるときのみで、餌止めも通常より長い期間を要します。飼料(有機濃厚飼料、根菜、草木)もすべて有機物でないといけません。

品種やカテゴリー

● 商業用養豚

これらは集約的環境の中で効率的に生産できるよう掛け合わされた品種(ハイブリッド)です。アメリカのハイブリッドはデュロック種を基に作られていますが、ヨーロッパではランドレース種を用いる品種も多く作られています。しかし、現代では在来品種を使って職人がつくる豚肉が見直され、タムワース種やグロスター・オールド・スポット種といった昔ながらの品種が放し飼いで育てられています。

● プレミア豚の製品

ハムやサラミの多くは在来品種が使用されます。スペインやポルトガルでは、イベリコ黒

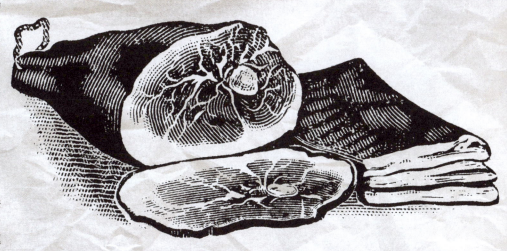

乾燥ハムやベーコン、熟成肉や燻製ソーセージなど、
豚肉の加工製品の種類は実に様々ですが、
すべて冷蔵手段がなかった時代に保存の必要性から生まれたものです。

豚が重宝され、ハンガリーでは毛に覆われたマンガリッツァ豚という品種がその絶品の脂のために育てられています。プレミア豚を使うヨーロッパ製品の多くはPDO(原産地呼称保護)、PGI(地理的表示保護)、TSG(伝統的特産品保護)、そしてAOC(原産地統制呼称)など、これらの品種の重要性を示すシンボルが使われます。

● 仔豚

大方が生後2~6週間の豚ですが、中にはそれ以上のものもいます。母豚の乳で育ち、皮膚はクリーム色、肉は淡いピンク色です。

● 食用豚

ほとんどの豚は生後8ヶ月で脂肪の層ができますが、それまでは脂は少量です。肉はピンク色、脂肪は白い。これに比べて多くの在来品種はその飼料やゆっくり育つことで肉の色が濃くなります。

● 加工製品用豚

これらの豚は年齢も高く体も肥えているのでベーコン、ハム、ソーセージ、サラミなど、脂肪を多く要する加工食品に使われます。

豚肉を買う

豚肉は世界中で大量に輸出入されているため、その生産方法を知るのはとても難しくなっています。また、その「放し飼い」を定義づける法律も存在しません。動物福祉を考慮して生産されている豚肉はそのことが大きく宣伝されますが、逆に生産方法が記載されていないものは集約的に育てられた豚の肉である可能性が高いと言えます。

商業用ベーコンやハムは塩水を注入して塩漬けにされているものもあります。この方法は費用の削減にはなりますが、肉の水分が増えてしまいます。調理する時に白い液体が出てきてしまい、焼き目を付けるのが難しいこともあります。ドライソルトで塩漬けにした製品の場合はこのようなことは起こりません。肉片が見えないほど重度に加工されたソーセージなどの安価な商品は、どの部位が使われているか分からないMRM(機械的回収肉)が使われている可能性があります。MRMの使用が商品に明記される場合もときどきあります。豚の病気は感染しやすいため、多くの国で旅行者による豚肉やソーセージ、サラミなどの豚肉加工製品の輸入を禁止しています。

豚肉のカット

豚肉はソーセージやハムなど、他のどの肉よりも様々な加工肉製品に使われ、また、最も安価な肉のひとつでもあるのですが、新鮮なものが安く手に入り、おいしい料理になります。良質の豚肉は灰色ではなくピンク色で、戸外で育った豚は集約的施設で育った豚よりも濃い色の肉になります。

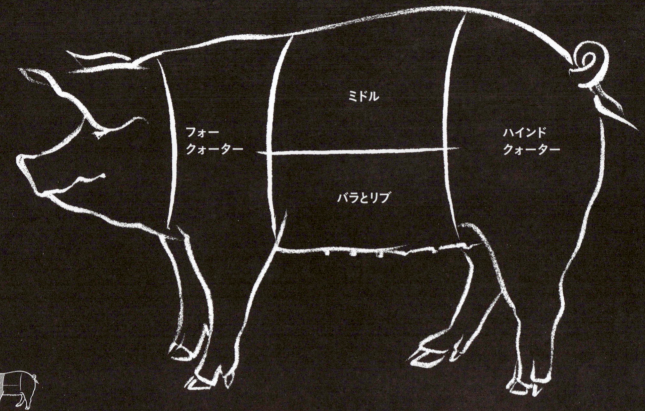

フォークォーターのカット

豚のフォークォーターは脂肪が連なっているので、じっくり調理するのに最適。首やあばら部のスペアリブもグリルなどに向いている。

肩挽き肉
脂肪を含むこちらの挽き肉は、ミートボールやミートローフ、餃子などに最適。

その他フォークォーターのカット

- 肩のロール肉：肩の様々な部位をひもで巻いて留め、じっくりローストする。
- スペアリブのラック：この「リブ」は実際は首の骨。助骨のリブと同様に調理する（P.101参照）。
- リブロースのかたまり肉：まんべんなく霜の降った骨抜きのスペアリブ。皮あり、皮なし、どちらでも調理できる。
- 膝を取り除いた脚の上部の肉：じっくり煮るか、蒸し焼きにする。
- フォークォーターホック：燻製にされることが多い。ゼラチンが多いため、スープやスープストック作りに役立つ。

スペアリブのかたまり肉
塩漬けになると「カラー」と呼ばれるこの骨付き肩・首肉は、切り分けるのがより簡単な、骨を抜いて縛った形でも売られている。

肩ステーキ
贅沢な霜降りの肩ステーキは、じっくり焼くのに最適。

仔豚

仔豚丸一匹を使うと（P.106～107参照）豪華なセンターピースになる。また、その肉は完璧に調理された場合、皿の端で切れてしまうほど柔らかくなる。購入の際、肉屋に耳や鼻をきれいに掃除してもらおう。

ミドルカット

ロース部の芯の筋肉は脂肪が少ないが、外側の脂肪は厚く、必要に応じて切り落とすことも可能。長時間調理しすぎると乾いてしまうので注意。

ラック
フレンチトリム（上の写真）にすると特に上品なかたまり肉。尖った背骨は肉屋に取ってもらおう。

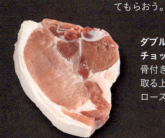

ダブル・ロースチョップ
骨付きロースから切り取る上質な肉。左側がロースで右側がヒレ。

リブアイ・ステーキ
骨抜きのロースから切り取るカット。外側の脂肪は切り落としても、切り落とさなくてもよい。

ヒレ／テンダーロイン
どのカットよりも柔らかいヒレは火の通りが早い。量は2〜3人前。

その他のミドルカット

- ボンレスロース：柔らかい筋肉は背中に沿ってつながっているので、どんな長さにも切れる。また、このカットを使ってステーキ肉も切れる。
- 厚切り肉：ラックから切り取ったこちらは、あばら間ほどの厚さだが、さらに厚く切ってもよい。
- 皮・骨付きロースかたまり肉：この部位は焼けた皮が良い食感を作るが、多くの場合、皮の真下に厚い脂肪の層がある。
- 脂肪を切り取ったロースアイ：皮と脂肪をすべて切り取ったロース肉は、脂肪が少なく健康的。

腹バラとリブのカット

これらのカットは脂肪分が多い。大きなかたまりをバーベキューで焼くことも可能だが、通常は切り分けて焼く。ベーコンはバラ肉で作られる。

スペアリブのラック
主にかたまり肉として、そのまま調理されるが、リブをそれぞれ切り離して中華風スペアリブを作ることも可能。じっくり火を通してから、こんがり仕上げるのが最適。

骨付きバラ肉
骨や軟骨が入っている場合もあるが、どちらも調理すると柔らかくなる。

その他のバラとリブのカット

- 短く切ったリブ：リブをラックから外して短く切ったもの。フォークォーターのスペアリブと同様に調理するか、バーベキューにする。
- バラ：脂が多いこのカットは、甘いたれでゆっくり焼き上げると美味。かたまり肉として調理しても、スライスしてから調理してもよい。
- 豚バラのロール肉：ひもで巻いて縛る前に詰めものをする場合もあり、じっくり長時間かけて調理する必要がある。

ハインドクォーターのカット

ハインドクォーターからは、脂肪の少ないカットが取れる。脚を丸ごと使って伝統的な乾燥ハムにしたり、モモ肉やステーキで燻製が作れる。

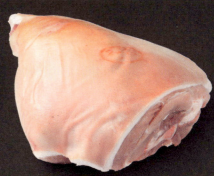

脚丸ごと
伝統的なこのカットは経済的で家庭向きで、皮に切り込みを入れてこんがり焼き上げるのが最適。骨を抜いてさらに小さく切り分けることも可能。

脚肉ステーキ
脂肪の少ないこのステーキ肉は、グリルや炒めものに最適。叩いて薄く伸ばせばシュニッツェルも作れる。厚く切りすぎると調理した際に固くなってしまうので注意。

ホック
塩漬けや燻製になると「ナックル」と呼ばれる。ゼラチン質が多く、スープやスープストック作りにも適している。また、コストパフォーマンスのよいハムとしても楽しめる。

その他のハインドクォーターのカット

- 骨付き尻肉のロースト：ふっくらと柔らかく、肉厚なこのカットにはヒレの一部も含まれる。
- 骨抜き脚ロール肉のロースト：均等に焼けるこのカットは、小さめのロースト料理に役立つ。
- 尻肉のチョップ（チャム・チョップ）：半円形が特徴的なこのカットはチョップの中でも肉厚。
- 尻肉のステーキ：上記と同様だが、こちらは骨抜き。こちらもチャム・チョップと呼ばれることがある。

ベーコンとハム

ベーコンとは主に豚バラ肉を塩で漬けて薄く切ったものです。ドライソルトで塩漬けする場合もあれば、塩水浸けにする場合もあります。また、燻製のものも多くあります。ハムは主に豚の脚肉を塩漬けした後、自然乾燥させたもので、こちらも燻製のものが多くあります。乾燥ハムは長持ちするうえ、生でも食べられるものが多いです。

スペック
オーストリアとイタリアの境にある山脈地帯で作られるこのハムは、ハーブやスパイスと共に塩漬けした後、じっくり燻煙、乾燥させます。

パンチェッタ
豚バラ肉をハーブ、スパイス、にんにくとドライソルトで漬け、3ヶ月間乾燥させたもの。世界中のシェフに風味付けとして使われています。「ステサ」は平たいパンチェッタ、「アロットラータ」は巻いたものを指します。

イギリス／アメリカのベーコン
いずれも軽く塩漬けされたもので、食べる前に調理が必要。主に豚バラ肉で作られますが（上）、ロースで作られる場合もあります（下）。塩漬けと塩水浸け、の2枚燻製とそうでないものがあります。

ラルド
厚い豚の背脂をハーブやスパイスと共に塩水に浸けたイタリアのベーコン。なめらかな食感と奥深い風味は、トーストにのせてアンティパストとして楽しめます。

ラップユク
「蝋の肉」を意味する中国の風味豊かなベーコンは、豚バラを中華の香辛料でマリネした後ゆっくり乾燥させたもの。細かく切って料理の味付けに使用されます。

ハモン・デ・バイヨンヌ
ワインの入った塩水に浸けることで独特の風味となめらかな食感が生まれます。

コッパ
カポコッロとも呼ばれるこのハムは豚肩肉または首の肉を使っているので脂が多いです。マリネしたものを塩漬けした後、乾燥させます。

ハモン
スペインの最高級ハムにはセラーノ、イベリコ黒豚を使って3年間乾燥熟成させたイベリコ（上の写真）、そしてどんぐりの実で育てたベジョータの3種類があります。

金華ハム
クリーム色の脂と濃い赤身を持つこのハムは人気者。塩漬けした後、乾燥させる前に水に浸けて風味を引き出します。

エレンスキ
40日間塩漬けした後、数ヶ月間乾燥熟成させたブルガリアで人気のハム。伝統的な農家のキッチンで乾燥させると、スモーキーな風味が加わります。

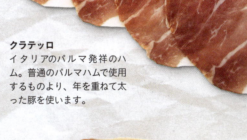

プレスント
塩漬けしたポルトガルのハムで、スペインのハモンに似ています。イベリコ黒豚で作ったものが最も美味。

クラテッロ
イタリアのパルマ発祥のハム。普通のパルマハムで使用するものより、年を重ねて太った豚を使います。

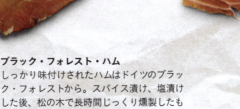

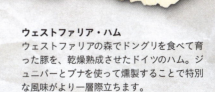

ブラック・フォレスト・ハム
しっかり味付けされたハムはドイツのブラック・フォレストから。スパイス漬け、塩漬けした後、松の木で長時間じっくり燻製したもの。極薄切りにしていただきます。

ウェストファリア・ハム
ウェストファリアの森でドングリを食べて育った豚を、乾燥熟成させたドイツのハム。ジュニパーとブナを使って燻製することで特別な風味がより一層際立ちます。

乾燥／塩漬けソーセージ

豚肉のソーセージは実に様々。ワインビネガーや塩漬けで保存加工したものは発酵した風味が伴います。ここで紹介するソーセージは、さらに乾燥させることで長期保存が可能になったものです。塩漬けしないで乾燥させるソーセージもありますが、これらは純粋な豚の味が際立ちます。

フィノッキオーナ
胡椒と地元の野生のフェンネルで力強い味付けを組み合わせたトスカナ地方のサラミ。乾燥させたフェンネルの葉に巻いたものもあります。

アーレ・ヴルスト（古ソーセージ）
塩漬けした後乾燥熟成させたドイツの「古ソーセージ」はその名の通り、じっくり熟成されたもの。肉は特別大きい豚の肉を使用し、燻煙させることもあります。

アイヒスフェルダー・フェルドカイヤ
塩漬け、乾燥させたドイツのローヴルスト（生ソーセージ）。伝統的には豚の膀胱を使っていたため、水滴形になっています。1年かけて乾燥熟成させます。

チョリソー・デ・ポルコ・プレート
黒いアレンテージョ豚を使い、粗く刻んだ肉を塩漬けした後、オークで燻製し、乾燥させたものです。生でも食べられますが料理にも用いられます。

カバノス
脂の少ない肉を胡椒、ジュニパー、キャラウェイ、にんにく、オールスパイスで味付けしたポーランドで大人気の狩人ソーセージ。塩漬けした後燻煙、乾燥させます。

キルバサ・リシエツカ
粗く刻んだ脂肪の少ない豚肉を、胡椒とにんにくで風味付けしたポーランドの塩漬けソーセージ。輪状にしたものを棒に掛けて燻煙した後、堅木の上で乾燥させます。

リングィーサ
塩漬けし乾燥させたこちらのソーセージは、ポルトガルでは一般的。にんにく、パプリカ、オレガノ、クミンを含むスパイスで風味付けされています。塩漬けはしても乾燥させない南アメリカのリングィーサとは別物。

ベルグサラミ
オーストリアの山脈で生まれたこちらのローヴルストは塩漬けした後、ブナとジュニパーを使って燻製にし、このサラミの特徴でもある外側のカビが生えるまで6週間ほど乾燥させます。

トスカーナサラミ
とても塩辛いこのイタリアのサラミはトスカーナの無塩パンと一緒に食べられます。色の濃い赤身には大きな脂のかたまりがちりばめられています。

マンガリカ
くせっぽい毛皮を持つ、よく肥えたマンガリカ豚の肉を使ったハンガリーの長いソーセージ。甘いパプリカを使うので明るいオレンジ色をしています。塩漬けした後燻煙し、3ヶ月乾燥させます。

サルチチョン・デ・ヴィック
塩漬けの豚に砕いた黒胡椒を混ぜた、山生まれの硬いソーセージ。軽く燻煙した後、乾燥されています。サルチチョンはスペイン中で人気が高く、その種類は様々です。

ロゼッテ・デ・リオン
このフランスのソーセージはそのピンク色の肉が名前の由来。気前よく脂がちりばめられています。へスース・デ・リオンはよく似たソーセージですが、豚の腸に入れて乾燥させるのでふくらみを帯びた形をしています。

PORK CURED AND DRIED SAUSAGES

仔豚の下準備

こんがり焼けた薄い皮と旨みの詰まった柔らかい肉。その両方が味わえる仔豚のローストは
世界でも最高の料理のひとつです。仔豚の体重は5〜15kgほど。1人前に450gみておきましょう。

1 肉屋によって足、耳、鼻がすべてきれいに下処理されていることを確認する。毛がまだ残っていたらすべて取り除く。豚の内側と外側にまんべんなく塩をすり込んで一晩置く。翌日豚の水分を拭き取り、腹の空洞に詰めものを入れる。詰めものは膨張するので入れすぎないように。

2 端の方を刺して皮が破れてしまわないよう注意しながら、串を使って詰めものを入れたお腹の裂け目を閉じる。写真のようにひもを串の間で交差させ、外側に巻きつけながら肉を引っ張り合わせる。

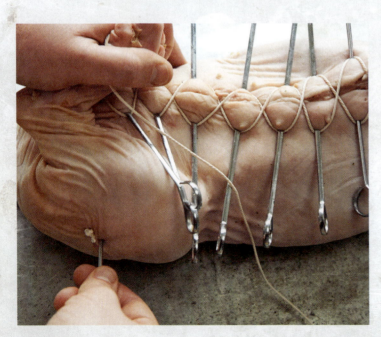

3 後ろ脚を曲げて縛る。針で後ろ脚の中心にひもを通して体にくくり付ける。

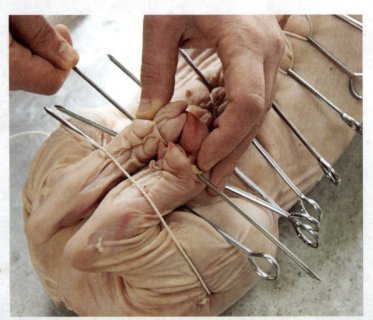

4 後ろ脚を手で押さえて密着させ、写真のように両方に串を刺す。ひもの両端をきつく引っ張ってしっかり結ぶ。

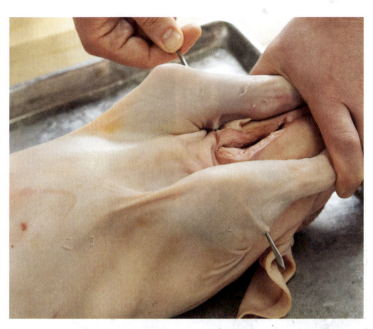

5 次に前脚を縛る。針を両脚、胸、のどに通してひもを縛る。前脚を両方引っ張って頭の横に上げ、串を通す。

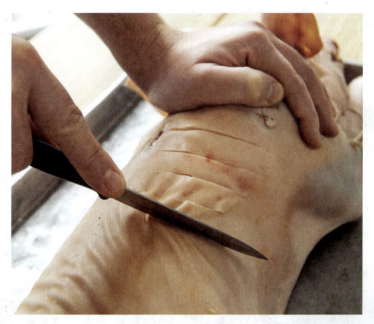

6 豚を裏返して腹を下にし、鋭いナイフを使って背中面の皮に切り込みを入れていく。次に背骨の両側に2cmおきに斜めの切り込みを入れる。肉まで切ってしまわないよう気をつける。

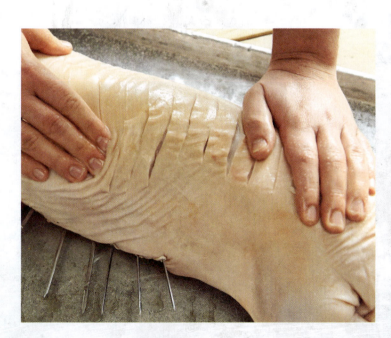

7 腹を下にしたままで豚を大きなオーブン用のトレイに移し、油と塩をまんべんなくすり込む。オーブンを180℃に予熱する。1kgにつき45分の計算で調理し、肉用温度計を使って詰めものにも火が通っていることを確認する。

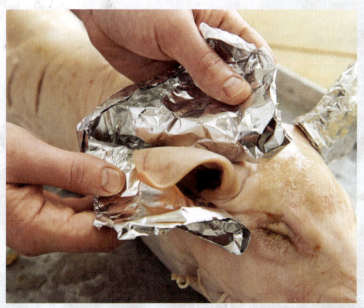

8 豚を調理する前にアルミホイルで耳や尾をカバーし、焦げを防ぐ。豚をオーブンに入れて30分ごとに流れ出た肉汁をハケで全体に塗る。火が通ったら豚を温かい所に移して20〜30分寝かせる。

SCOTCH EGGS

スコッチエッグ

卵を挽き肉で包んだ贅沢なこちらの一品はクラシックな英国の料理。ピクニックのおやつとしても人気。

使用するカット：豚の挽き肉　6人分
準備時間：20分
調理時間：20分

材料

卵…8個
豚のソーセージ肉…600g
にんにく…3片　つぶす
新玉ねぎ…100g　細かく刻む
ニラ…50g　細かく刻む
粒マスタード…大さじ1
チリフレーク…小さじ1
海塩…小さじ1と1/2
挽きたて黒胡椒…小さじ1と1/2
小麦粉…250g
揚げ油にピーナッツ油
パン粉…250g

1 鍋に水を入れて沸騰させる。卵を6つ入れ、半熟なら3〜5分、固ゆでなら5〜7分ゆでる。取り出して冷水をかけ、わきに置いて冷ます。触れられる温度になったら殻をむく。
2 大きなボウルに豚、にんにく、玉ねぎ、ニラ、マスタード、チリフレークの1/3量、塩胡椒小さじ1ずつを加える。
3 油をフライヤーか大きな鍋で180℃に熱する。豚肉を6等分に分け、平たくしてゆで卵が完全におさまるように包む。
4 残り2つの卵を小さなボウルで溶く。パン粉と残りのチリフレーク、塩胡椒を浅い器でよく混ぜる。卵に小麦粉、溶き卵、パン粉の順番で衣をつける。
5 きつね色になるまで4〜5分ずつ揚げていく。取り出して少し冷まし、熱いうちにいただく。

SWEDISH MEATBALLS WITH GRAVY

スウェディッシュミートボール グレイビーソースがけ

伝統的にマッシュポテトとレッドカラントジャムを添えていただくこのミートボールは、濃厚なグレイビーソースがよく合う家庭料理。

使用するカット：豚挽き肉　4人分
準備時間：10分＋冷まし時間
調理時間：20〜25分

材料

豚挽き肉…450g
新鮮な白パン粉…75g
玉ねぎ…1/2個　すりおろして冷やしたもの
全乳…大さじ1
溶き卵…1個分
白砂糖…大さじ1
塩、挽きたて黒胡椒…少々
バター…25g
ひまわり油…大さじ1
付け合わせにマッシュポテト

グレイビーソースの材料

小麦粉…大さじ山盛り1
ビーフストック…250ml
レッドカラントジャム…大さじ1
シングルクリーム…大さじ1

1 大きなボウルに豚肉、パン粉、玉ねぎ、全乳、卵、砂糖、塩胡椒を混ぜ合わせる。最低1時間は冷やす。オーブンを150℃に予熱する。
2 バターと油を大きなフライパンに入れて熱する。軽く濡らした手で豚肉をクルミ大に丸める。ときどき返しながら弱火で、全体に焼き色が付いて弾力が出るまで10分焼く。フライパンの中が過密にならないよう数回に分けて料理する。火が通ったらオーブンに移してアルミホイルをかぶせ、温かく保つ。
3 グレイビーソースを作る。2のフライパンを火からおろし、小麦粉をフライパンに残った油に混ぜ入れた後、少しずつスープストックを溶き入れる。
4 フライパンを再び火にかけてソースが濃縮されるまで加熱する。弱火にしてレッドカラントジャムとクリームを加え、さらに2〜3分加熱する。味見して、塩胡椒でととのえる。スプーンでミートボールとマッシュポテトにかける。

FRIKADELLER

フリカデラ

デンマーク発祥のこのパテはドイツでも大人気。
クリーミーなディルのディップがさわやかなアクセントに。

使用するカット：豚挽き肉　4人分
準備時間：30分＋寝かせ時間
調理時間：20〜25分

パテの材料

豚挽き肉…450g　脂の少ないもの
新鮮なブラウンパン粉…125g
玉ねぎ…1個分　みじん切り
オールスパイス…小さじ1/4
卵…1個
全乳…大さじ1
ディル…小さじ2　みじん切り
塩、挽きたて黒胡椒…少々
ひまわり油…大さじ1

ディップの材料

サワークリーム…大さじ4
ディル…大さじ2　刻む

1 油以外のすべての材料をボウルに入れ、ディルと玉ねぎが均等に行きわたるまでよく混ぜる。混ぜたものを12等分し、丸めてから平たいパテを形作る。皿に乗せて涼しい場所で30分寝かせる。

2 焦付き防止加工された大きなフライパンで中火で油を熱する。頻繁に返しながら、両面に軽く焼き色が付くまで5〜10分焼く。火を弱め、中に火が通るまでさらに5分焼く。フライパンからおろして皿に移し、温かく保つ。フライパンの中が過密にならないよう数回に分けて調理する。

3 ディップを作る。サワークリームとディルを小さめのボウルに入れて混ぜる。緑のサラダとディルのディップを添えて食卓に出す。

STEAMED PORK DIM SUM

豚肉の点心

古代から、シルクロード沿いの茶屋でも出されていた点心は、今でも人気の軽食。

使用するカット：豚挽き肉　20〜24個分
準備時間：30分＋冷まし時間
調理時間：15分

生地の材料

小麦粉…300g＋少々
塩…小さじ1
卵…1個　水小さじ1と一緒に溶く
油…少々

具の材料

豚挽き肉…350g
醤油…大さじ1
魚醤…大さじ1
ごま油…小さじ1
わけぎ…1本　細かく刻む
米酒…大さじ1
にんにく…1片　つぶす
生姜…大さじ1　つぶす
白砂糖…大さじ1
卵…1個
コーンフラワー…小さじ1
しいたけ…50g　粗みじん切り

1 小麦粉と塩を大きなボウルにふるう。真ん中にくぼみを作り、卵を入れてよく混ぜ合わせる。水120mℓをひとまとめになるまで混ぜ加える。なめらかでツヤのある生地になるまでよくこねる。

2 軽く小麦粉をはたいた台にのせてさらに5分こねる。ラップをかぶせて冷蔵庫で30分冷やす。

3 具を作る。すべての材料を大きなボウルに入れてよく混ぜ合わせる。

4 2の生地を軽く小麦粉をはたいた台で薄く伸ばし、7.5〜10cm角の正方形に切る。

5 生地の中心に大さじ1杯の具をのせる。生地の端を濡らしてひだを作る。具を中にして端をすべて中心であわせてつまみ、中に火が通りやすいよう少し口を開けておく。上から軽く押さえて底を平たくする。

6 油を塗った皿に点心をのせ、沸騰した湯の入った鍋の上で、具に火が通るまで10〜15分ほど蒸す。醤油と一緒に食卓に出す。

PORK AND BEER STEW

豚のビール煮込み

ドイツの代表的な煮込みは、風味の強いビールとスパイスで味付けし、ライ麦パン粉でとろみをつけた濃厚で味わい深い一品。

使用するカット：豚肩肉　4人分
準備時間：30分
調理時間：1時間半

材料
- ピーナッツ油…大さじ2
- 豚肩肉…600g　角切り
- 玉ねぎ（大）…2個　薄切り
- にんにく…2片　つぶす
- 人参…2本　太い棒状に切る
- ボタンマッシュルーム…125g　薄切り
- オールスパイス…小さじ1/4
- ベイリーフ…1枚
- シナモンスティック…1本
- ダークビール…300ml瓶1本
- ポークまたはチキンストック…200ml
- ライ麦パン粉…85g
- 塩、挽きたて黒胡椒…少々
- 飾り付けにイタリアンパセリ…少々

1 油大さじ1を厚手のキャセロール鍋で熱する。豚肉を数回に分けて全体に焼き色が付くまで10分ほど加熱する。肉を取り出し、わきに置く。
2 残りの油を鍋に入れ、火を弱めて玉ねぎを加える。かき混ぜながら玉ねぎが柔らかくなるまで5分ほど加熱する。にんにくを加えてさらに1分ほど加熱する。人参とマッシュルームを加え、弱火で5分炒め、オールスパイスとベイリーフを加える。
3 肉を鍋に戻し、シナモンスティック、ビール、スープストック、パン粉を加える。沸騰したら塩胡椒で味をととのえる。弱火にして蓋を斜めにずらし、1時間ほどじっくり煮る。
4 ベイリーフとシナモンスティックを取り出して味見する。パセリをふりかける。キャベツかケールのバター炒めを添えてもよい。

BIGOS

ビゴス

この伝統的なポーランドの狩人煮込みを作る際は、キルバサなどポーランドのソーセージを使うのがおすすめですが、その他燻製ソーセージでもおいしくできます。

使用するカット：豚肩肉　8人分
準備時間：40分
調理時間：2時間

材料
- ポルチーニなどの乾燥マッシュルーム…15g
- ザワークラウト…680g瓶×2本
- 薄切りのすじ入りベーコン…250g　ラードン用にカット
- 玉ねぎ（大）…2個　粗みじん切り
- 豚肩肉…1kg　角切り
- ドライプルーン…10個
- ジュニパーベリー…8粒
- 粉末オールスパイス…小さじ1/2
- ベイリーフ…3枚
- 透明なはちみつ…大さじ2
- トマトピューレ…大さじ1
- チキンストック…1ℓ
- スモークソーセージ…250g　一口大に切る
- ジャガイモ…適量　ゆでる

1 マッシュルームを200mlの熱湯に浸け、蓋をしてわきに置く。ザワークラウトを大きな耐熱性のキャセロール鍋に入れて5〜10分ほど弱火にかける。その間に大きな焦げ付き防止加工のフライパンでベーコンの半量を焼く。玉ねぎを混ぜ入れ、火を弱めてときどきかき混ぜながら柔らかくなるまで5分加熱する。ベーコンと玉ねぎをザワークラウトに加えてよく混ぜ、わきに置く。オーブンを180℃に予熱する。
2 残りのベーコンを先ほどのフライパンに入れて5分ほど焼く。脂はフライパンに残してベーコンのみを取り出し、ザワークラウトに加える。豚肉の角切りを同じフライパンで強火で5〜10分、しっかり焼き色が付くまで加熱し、ザワークラウトに加える。マッシュルームと戻し汁を混ぜ入れ、ソーセージ以外の残りの材料をすべてキャセロール鍋に加える。強火にかけ、沸騰したら蓋をしてオーブンに移し、1時間半加熱する。
3 オーブンから取り出し、ソーセージを加えて混ぜ合わせる。オーブンに戻して豚が柔らかくなるまで30分ほど加熱する。ベイリーフとジュニパーベリーを取り出して完成。ゆでたジャガイモを添えていただく。

BAVARIAN ROAST PORK

バヴァリアンローストポーク

このドイツの人気料理はキャラウェイシードとにんにくが特徴。ザワークラウトを添えていただくのが一番です。

使用するカット：豚肩肉　6人分
準備時間：20分
調理時間：4時間+寝かせ時間

材料
- 豚肩肉…1.8kg　皮付き、骨抜き
- キャラウェイシード…大さじ2
- パプリカ…大さじ1
- 塩、挽きたて黒胡椒…各大さじ1
- オリーブオイル…大さじ4
- 玉ねぎ…500g　粗みじん切り
- 人参…500g　輪切り
- ジャガイモ…500g　メークインなどの煮くずれしにくいもの
- にんにく…4片
- ベジタブルストック…250ml（お好みで）

1 オーブンを160℃に予熱する。ナイフで豚肉の皮に切り込みを入れる。キャラウェイシードを加え、パプリカ、塩胡椒、オリーブオイルの半量をボウルに入て混ぜる。肉に2/3量をまぶす。
2 玉ねぎ、人参、ジャガイモ、にんにくをロースト用のトレイにのせ、残りのオリーブオイルとスパイスを混ぜ合わせる。脂面を上にして豚をトレイにのせる。
3 豚と野菜をオーブンで、肉の内部温度が65℃に達するまで3〜4時間焼く。野菜が乾いてしまわないよう必要に応じてスープストックを加える。
4 オーブンから取り出し、切り分ける前に5分ほど寝かせる。お好みで焼き野菜と一緒に食卓に出す。

VARIATION
《バヴァリアンローストビーフ》
豚肉の代わりに牛イチボを使う。キャラウェイの代わりに砕いたオールスパイスの実を入れ、パプリカの代わりにチポトレペースト大さじ1を入れる。上記と同様に調理し、焼き野菜と一緒に食卓に出す。

SLOW-COOKED PORK SHOULDER WITH CIDER GRAVY

豚肩肉のじっくり煮 サイダーグレイビーソース

豚肩肉は大きくてコストパフォーマンスの良い部位。
また、多くの伝統的な豚肉ローストよりもおいしく焼けます。
シンプルな一品ですが、お酒の香るグレイビーソースで風味豊かに仕上がります。

使用するカット：豚肩肉　6〜8人分
準備時間：10分＋冷まし時間
調理時間：3時間＋寝かせ時間

材料

豚肩肉…2kg　皮・骨付き
オリーブオイル…大さじ1
塩、挽きたて黒胡椒…少々
サイダー（りんご酒）…300ml
チキンストック…200ml
小麦粉…大さじ1

1 鋭いナイフで豚の皮に十字の切り込みを入れていく。肉を切ってしまわないよう気をつける（肉屋に頼むのも良い）。キッチンペーパーで水分を拭き取り、蓋をせずに最低4時間、できれば一晩冷蔵庫で寝かせる。こうすることで皮がこんがり焼ける。

2 オーブンを180℃に予熱する。肉をロースト用のトレイに入れ、オリーブオイルと塩を切り込みにも入るよう表面にまんべんなくすり込む。

3 豚の表面を濡らさないよう気をつけながらサイダーとスープストックをトレイに入れる。皮をクッキングシートなどで覆って（皮がアルミホイルにくっつくことを防ぐ）、トレイ全体にアルミホイルをかぶせ、蒸気が逃げないようまわりをしっかり閉じる。

4 2時間半焼いたら、アルミホイルとクッキングシートを取って温度を230℃に上げ、皮がこんがり焼けるまでさらに30〜40分焼く。豚を取り出して皮をはがし、皮のみを火を消したオーブンの中に入れて置く。グレイビーソースを作る間、温かく保てるよう豚をアルミホイルで包む。

5 グレイビーソースを作る。豚の肉汁から大さじ4杯ほどの脂を鍋にすくい入れ、弱火で熱する。小麦粉を溶かし入れ、混ぜながら泡が立って色が変わってくるまで2〜3分ほど加熱する。残りの肉汁から脂をできるだけ取り除いたものを、混ぜながら少しずつ鍋に加え、とろっとした濃厚なソースになるまで加熱する。味見して塩胡椒でととのえる。ソースを沸騰させ、弱火でさらに5分ほど加熱し、豚肉、皮と一緒に食卓に並べる。

NICE DEVICE
便利な道具

ファットセパレーターはキッチン用具の中でも特に優れた道具のひとつ。注ぎ口が上ではなく一番下についています。脂は液体に浮かぶので、ロースト料理などで自然に出たおいしい肉汁を、脂を取り除いて使いまわすことができます。

HUNGARIAN GOULASH

ハンガリアン・グーラッシュ

伝統的な牧夫の晩ご飯が、パプリカと
キャラウェイシードでユニークに仕上がります。

使用するカット：豚肩肉　6〜8人分
準備時間：30分
調理時間：2時間

材料

- サラダ油…大さじ3
- 豚肩肉…800g　角切り
- 玉ねぎ（大）…1個　粗みじん切り
- にんにく…1片　つぶす
- キャラウェイシード…小さじ1/2
- パプリカ…大さじ1〜2
- 完熟トマト…2個　湯むきして角切り
- トマトピューレ…大さじ3
- 赤ピーマン（大）…1個　薄切り
- ジャガイモ（大）…2個　皮をむいて角切り
- 塩、挽きたて黒胡椒…少々
- ディル…適量　トッピング用に刻む

1 大きな耐熱性のキャセロール鍋に油を入れて熱する。豚肉を数回に分けて鍋に入れ、全体に焼き色が付くまで加熱する。肉を取り出して、キッチンペーパーを敷いた皿に移してわきに置く。
2 火を弱めて玉ねぎを加え、1〜2分加熱する。にんにく、キャラウェイシード、パプリカ、水大さじ2を加え、よく炒め合わせる。
3 肉を鍋に戻し、よく炒め合わせる。肉がかぶるくらいに水を注いで沸騰させる。弱火にして蓋をし、肉が柔らかくなるまで1時間煮込む。
4 トマト、トマトピューレ、赤ピーマン、ジャガイモを加える。塩胡椒で味をととのえて沸騰させる。弱火にしてさらに30分煮込む。火からおろして刻んだディルを散らし、深めの器に盛り付けて食卓に出す。

VARIATION
《チキングーラッシュ》
豚の代わりに鶏肉を、赤ピーマンの代わりに緑のピーマンを、パプリカの代わりにスモークパプリカを使って上記と同様に調理する。サワークリームと刻んだディルを散らしていただく。

POSOLE

ポソレ

このメキシコの伝統的な煮込み料理は、
ホミニーという液体に浸して戻した
とうもろこしの粒を使って作ります。

使用するカット：豚肩肉　8人分
準備時間：20分
調理時間：5時間＋寝かせ時間

材料

- 豚肩肉…1kg　骨抜き
- クミン…大さじ2
- ガーリックパウダー…大さじ1/2
- スモークパプリカ…大さじ1/2
- 赤玉ねぎ…200g　薄切り
- チキンストック…250mℓ

ポソレの材料

- サラダ油…600mℓ
- にんにく…4片　粗みじん切りにする
- 玉ねぎ
- ミニトマト…20個　半分に切る
- カットトマト缶…400g缶×2本
- チキンストック…1.25ℓ
- 乾燥ピント豆…50g　洗って一晩水に浸ける
- 乾燥オレガノ…大さじ1
- クミンシード…小さじ1

トッピングに

- コリアンダーの葉…50g
- チェダーチーズ…100g　おろしたもの
- 玉ねぎ…250g　刻んだもの

1 オーブンを140℃に予熱する。クミン、ガーリックパウダー、スモークパプリカを小さなボウルに入れて混ぜる。豚の全面にまんべんなくスパイスをすり込む。豚と赤玉ねぎを小さなロースト用のトレイに入れてストックを加え、アルミホイルをかぶせる。オーブンに移して5時間ほど焼く。
2 その間にポソレを作る。大きな厚手の鍋に油を熱し、にんにくと玉ねぎを入れて柔らかくなるまで炒める。残りの材料を加えて塩胡椒し、炒め合わせる。蓋をしてときどきかき混ぜながら2時間ほど弱火で煮る。
3 豚をオーブンから取り出し、30分寝かせたらフォークを使って肉を裂く。肉を玉ねぎと一緒にポソレに加える。コリアンダー、チーズ、玉ねぎをかけて熱々でいただく。

COCHINITA PIBIL

コチニータピビル

「穴で焼いた子豚」を意味する、マヤ文明の時代から伝わるメキシコの伝統料理をアレンジしたレシピ。豚肩肉をじっくり煮込みます。

使用するカット：豚肩肉　8人分
準備時間：45分＋一晩マリネ
調理時間：2時間半＋寝かせ時間

材料

豚肩肉…2.7kg　皮・骨付きのもの
にんにく…大さじ3　みじん切り
オレンジの皮のすりおろしと果汁…3個分
乾燥オレガノ…大さじ1
クミン…大さじ1
塩、挽きたて黒胡椒…大さじ1
玉ねぎ…225g　薄切り
ライム果汁…1個分
レモン果汁…1個分
ドライシェリー…120㎖

1　豚肉の余分な脂肪を切り取って肉に切り込みを入れる。にんにく、オレンジ皮のすりおろし、オレガノ、クミン、塩胡椒を小さいボウルに入れて混ぜ合わせ、ペースト状にする。切り込みにも押し込みながら豚全体にすり込む。
2　玉ねぎを大きなボウルに入れ、豚をのせる。果汁とシェリーを混ぜて回しかけ、ラップをかぶせて冷蔵庫で一晩マリネする。
3　オーブンを160℃に予熱する。豚をボウルから取り出し、マリネ液は取り置く。キッチンペーパーで豚の水分を拭き取り、室温に戻るまで2時間ほど寝かせる。
4　豚とマリネ液をロースト用の鉄板に移す。ときどきマリネ液を塗りながら、内部温度が75℃に達するまでオーブンで2時間半焼く。オーブンから取り出し、切り分ける前に15分寝かせる。肉を薄く切って皿に盛り、熱い肉汁をスプーンでまわしかけて食卓に出す。

POTTED PORK

ポッテド・ポーク（瓶詰めポーク）

「リエット」としても知られる風味豊かなスプレッドは、スパイシーなマスタードと一緒にカリッと焼いたパンにのせて。

使用するカット：豚肩肉　1.2ℓ分
準備時間：15分
調理時間：4時間＋寝かせ時間、冷まし時間

材料

黒砂糖…大さじ1
乾燥タイム…小さじ1/2
シナモン…小さじ1/2
クローブ…小さじ1/2
挽きたてナツメグ…小さじ1/2
粉末ジンジャー…小さじ1/2
ガーリックパウダー…小さじ1/2
海塩…小さじ1＋少々
豚肉…1kg
バター…350g
にんにく…4片　つぶす
エシャロット…100g　細かく刻む
セージ…50g
塩、挽きたて黒胡椒（好みで）

1　オーブンを160℃に予熱する。砂糖、タイム、シナモン、クローブ、ナツメグ、ジンジャー、ガーリックパウダー、塩を小さなボウルに入れてよく混ぜ合わせる。豚肩肉の全面にスパイスをすり込み、鉄板にのせる。アルミホイルをかぶせて4時間焼く。
2　バター半量を鍋に入れて弱火で溶かし、泡を取り除く。豚肉をオーブンから取り出して30分休ませる。肉を軽く裂いてにんにく、エシャロット、セージ、バターの半量と一緒にフードプロセッサーに入れ、なめらかなペースト状になるまで混ぜる。好みで塩胡椒で味をととのえる。
3　スプーンでパイントグラスにすくい入れ、上から残りのバターをかける。蓋をして冷蔵庫で最低1時間冷やし、パンやクラッカーと一緒に食卓に出す。

PORK WITH CLAMS

豚とクラム

豚肉、貝、そして保存加工されたハムのマリアージュが際立つ、アレンテージョ発祥のポルトガル料理。

使用するカット：豚肩肉　6人分
準備時間：30分
調理時間：2時間

材料

オリーブオイル…60㎖
豚肩肉…500g　骨抜きのもの
玉ねぎ…450g　みじん切り
にんにく…6片　粗みじん切り
ベイリーフ…1枚
チリフレーク…小さじ1/4
皮むきミニトマト缶…400g×1缶
辛口白ワイン…大さじ2
プレストかパルマハム…50g
ショリーソかチョリソーソーセージ…175g
ハマグリかザルガイ…300gほど

1　オリーブオイルを厚手のキャセロール鍋に入れて強火で熱する。豚を2.5cm角に切って鍋に入れ、全体に軽く焼き色が付くまで10分ほど炒める。火を弱めて玉ねぎ、にんにく、ベイリーフ、チリフレークを加える。ときどきかき混ぜながらさらに5分加熱する。
2　スプーンの裏でつぶしながらトマトを入れる。ワインを大さじ2加えて混ぜ、沸騰したら弱火にする。蓋をして30分煮る。
3　プレストを小さく角切りにして鍋に加える。蓋をして30分煮る。ショリーソを小さく切って煮込みに加え、蓋をして豚が柔らかくなるまで15分ほど煮込む。
4　冷たい流水で貝を洗い、鍋の上面に均等に広げて煮込みに少し混ぜる。蓋をして火を少し強め、5分ほど鍋を揺すって貝を開かせる。開かないものは取り除く。よく混ぜ合わせてベイリーフを取り除く。こんがり焼いたパンと緑のサラダを添えて食卓に出す。

PORK CARNITAS

ポークカルニータス

メキシコ料理の自慢の一品。
じっくり煮込むことで肉が柔らかくなり、
味に深みが出ます。

使用するカット：豚肩肉　6人分
準備時間：30分
調理時間：3時間半

材料

- 豚肩肉…1kg　骨抜きのもの
- チポトレペーストかスモークパプリカ…大さじ1
- 乾燥オレガノ…小さじ1
- 挽きたてクミン…小さじ1
- チリフレーク…小さじ1
- ガーリックパウダー…小さじ1
- 塩、挽きたて黒胡椒…適量
- 玉ねぎ…500g　薄切り
- にんにく…3片　つぶす
- オリーブオイル…大さじ3
- ライム果汁…1個分

1 オーブンを160℃に予熱する。豚を洗ってキッチンペーパーで拭く。スパイスと塩胡椒を小さなボウルに入れてよく混ぜる。豚を清潔な台にのせてスパイスミックスをたっぷりすり込む。

2 大きなロースト用トレイに玉ねぎとにんにくを入れて中火で熱する。豚をのせてオリーブオイル大さじ1とライム果汁を回しかける。アルミホイルをかぶせてオーブンに移す。肉の内部温度が65℃に達するまで2時間半〜3時間ほど焼く。

3 トレイをオーブンから取り出し、最低5分寝かせて少し冷ます。触れられるくらいになったらフォークで軽く裂く。残りのオリーブオイルを大きいフライパンで熱し、裂いた豚肉を中〜強火でこんがり焼く。トウモロコシのトルティーヤとサルサでいただく。

VARIATION

《チキンカルニータスのじっくり煮、ワカモレ添え》
豚肩肉の代わりに骨抜きの鶏胸肉を使い、上記と同様に調理する。ワカモレは、皮をむいたアボカドをつぶし、4つに切ったミニトマト100g、赤玉ねぎのみじん切り1個分、刻んだコリアンダー75g、塩胡椒、ライム果汁2個分と一緒に大きなボウルで混ぜる。鶏肉を皿に盛り付け、ワカモレをのせていただく。

CANDIED HAND OF PORK

豚足の砂糖煮

コストパフォーマンスの良い部位を使った
シンプルな中華レシピ。
甘味と酸味の融合が絶妙です。

使用するカット：豚足　6人分
準備時間：20分
調理時間：2時間半

材料

- 骨付きの豚足…1本　およそ2kg
- 生姜…10cm　皮をむいて厚い輪切り
- わけぎ…3本　縦半分に切る
- 醤油…大さじ6
- ドライシェリー…大さじ3
- 黒砂糖…25g

1 豚足を厚手の鍋に入れる。水をかぶるぐらいに入れて沸騰させ、5分ゆでる。水を切って豚足をすすぎ、皮を下にして再び鍋に入れる。生姜、わけぎ、醤油、シェリー、砂糖、水1ℓを加える。沸騰したら蓋をして、肉が鍋底に焦げつかないようときどき動かしながら弱火で1時間煮る。

2 肉を裏返し、肉の1/3が浸るまで水を加える。蓋をして沸騰させる。弱火にしてときどき肉を動かしながらさらに1時間煮る。

3 蓋を取って火を強め、煮汁を煮詰める。煮詰まってきたら肉が鍋底に焦げつかないよう煮汁にからめる。十分に煮詰まったら豚肉を鍋から取り出す。

4 肉を骨の方向に切ってさばき、皿に盛り付けて煮汁を回しかける。熱々でいただく。

SHAKE IT UP
焦げつく前に

豚が鍋底に焦げつかないように、中国ではよく最初の5分以降竹製のマットに豚肉をのせて調理する方法が使われます。ときどき肉をつついたり、鍋を揺するのも良いでしょう。

PORK AND SPRING GREENS

豚肉と春キャベツの炒めもの

手早く作れて旬の春キャベツもおいしく
食べられる炒め料理。ふっくら炊いた
ご飯と一緒に食べるのが一番です。

使用するカット：豚ヒレ肉かテンダーロイン　4人分
準備時間：10分
調理時間：10分

材料

- オリーブオイル…大さじ1
- 豚ヒレ肉かテンダーロイン…350g　細切れ
- にんにく…4片　薄切り
- 春キャベツ…2枚　ちぎる
- オニオンシード…小さじ2
- 塩、挽きたて黒胡椒…適量

1 中華鍋にオリーブオイルを入れ、中〜強火で熱する。豚肉を入れてゆすりながら5分ほど炒める。

2 にんにくと春キャベツを入れて中〜強火でしんなりするまで1分ほど炒める。オニオンシードを混ぜ入れ、塩胡椒で味をととのえる。

VARIATION

《鳩胸肉と春キャベツの海鮮醤炒め》
豚の代わりに皮なしの鳩胸肉8枚（およそ350g）を、オリーブオイルの代わりにひまわり油を使う。肉を2分炒めたら海鮮醤大さじ2を加えて1分炒める。上記と同様に調理し、好みで最後に醤油を少し加える。

豚脚肉のグレーズ焼き

マーマレードとパイナップルジュースの組み合わせが、なめらかな肉に絶妙の甘さと粘りを与えます。
お祝いの席に最適な一品。

使用するカット：脚丸ごとかハム　8〜10人分
準備時間：20分
調理時間：2時間半

材料

燻製脚肉かハム…2kg前後のもの
マーマレード…大さじ山盛り3
パイナップルジュース…大さじ2
透明のはちみつ…大さじ1
きび砂糖…大さじ山盛り1
粒マスタード…大さじ2
塩、挽きたて黒胡椒…適量

PORK RECIPES

1 オーブンを160℃に予熱する。脚肉の皮を上にして、ロースト用トレイにのせる。トレイの3cmの深さまで水を注ぐ。アルミホイルをかぶせて蒸気が逃げないようしっかり閉じる。オーブンで2時間焼く。

2 その間にマーマレード、パイナップルジュース、はちみつ、きび砂糖、マスタードを大きな鍋に入れて中火で熱する。塩胡椒で味をととのえ沸騰させる。沸騰したら弱火にして濃縮するまで5〜7分煮る。

3 脚肉をオーブンから取り出し、温度を200℃に上げる。皮を取り、薄い脂肪の膜を残す。脂肪に十字の切り込みを入れる。

4 脚肉にハケで少しグレーズを塗る。オーブンに戻して10分ごとにグレーズを塗りながら焼き色が付いてこんがりするまで30分焼く。オーブンから取り出し、マッシュポテトを添えて熱々で食べる。

LOIN OF PORK COOKED IN MILK

豚ロースのミルク煮

牛乳の乳酸が肉を柔らかく仕上げ、レモンのソースが風味を引き出す、イタリア北部のクラシックな一品。

使用するカット：豚ヒレ肉かテンダーロイン　4人分

準備時間：15分
調理時間：2時間＋寝かせ時間

材料
- 骨抜き豚ヒレ肉かテンダーロイン…700g
- 海塩と挽きたて黒胡椒…少々
- オリーブオイル…大さじ2
- 無塩バター…50g
- 全乳…675㎖
- にんにく…5片　半分に切る
- セージの葉…大さじ1　細かく刻む
- レモンの皮…1個分　細長く切る
- 生クリーム…200㎖

1 キッチンペーパーで豚の水分を拭き取り、塩胡椒でしっかり下味をつける。大きな厚手の蓋付き鍋にオリーブオイルとバターを熱する。豚肉を入れて全体に焼き色が付くまで調理する。その間に全乳を別の鍋で温めてわきに置く。豚肉を取り出し、鍋に残った脂の半量を捨てる。

2 火を弱めてにんにくとセージを入れる。手早くかき混ぜてにんにくが焦げないようにする。豚を戻し入れて温まった全乳を加える。レモンの皮を入れて沸騰させる。弱火にして斜めに蓋をかぶせ、1時間半〜2時間煮たら火からおろす。

3 豚を皿に移し、5分寝かせる。生クリームを鍋に入れ、ソースにとろみが付くまで5〜10分弱火で加熱する。火からおろして触れられる温度になったら肉を厚めに切って皿に盛る。鍋底にこびりついたものは風味があるので、はがしてソースに混ぜる。スプーンでソースをすくって豚肉にかける。

HERB APPEAL
ハーブについて

セージが手に入りにくい場合は、オレガノやマジョラムで代用する。

MOLE SHREDDED PORK ENCHILADAS

裂いた豚のモレ・エンチラーダ

唐辛子とダークチョコレートの入ったメキシコの伝統的なソースが濃厚で奥深い、風味豊かな一皿。

使用するカット：豚ヒレ肉かテンダーロイン　4人分

準備時間：20分
調理時間：1時間半

材料
- 骨抜き豚ヒレ肉かテンダーロイン…900g
- モントレージャックかチェダーチーズ…225g　すりおろす
- トルティーヤ（大）…4枚

ソースの材料
- オリーブオイル…小さじ1
- 玉ねぎ…1個　みじん切り
- にんにく…3片　つぶす
- プレーンかダークチョコレート…30g　細かく砕く
- カットトマト缶…400g×2缶
- チポトレペースト…小さじ1
- カイエンペッパー…ひとつまみ
- シナモン…ひとつまみ
- 砂糖…ひとつまみ

1 ソースを作る。大きな鍋にオリーブオイルを入れて中火で熱する。玉ねぎを加えて柔らかくなるまで4分炒め、にんにくを加えてさらに1分炒める。チョコレート、トマト、チポトレペースト、カイエンペッパー、シナモン、砂糖を加え、火を弱火にする。

2 フライパンに豚を入れて強火で両面30秒ずつ焼く。豚をソースに入れ、裏返して両面にソースを絡ませ、ときどき混ぜながら1時間ほど煮たら豚を取り出して肉をフォークで裂く。

3 オーブンを180℃に予熱する。肉と半量のチーズを4等分してトルティーヤにのせる。トルティーヤをきつく巻く。スプーンで耐熱性のキャセロール鍋かオーブン用の器に**1**のソースの半量を入れる。巻いたトルティーヤの閉じ目を下にしてソースの上に並べる。残りのソースとチーズを上からかけ、オーブンで25分焼く。

PARMA HAM-WRAPPED PORK TENDERLOIN WITH SAUSAGE AND GORGONZOLA STUFFING

テンダーロインのパルマハム包み ソーセージとゴルゴンゾーラチーズ詰め

祝日の食卓によく登場するこちらは、ヒレもしくはテンダーロイン、パルマハム、スパイスソーセージと、人気の高い豚肉を使います。

使用するカット：豚ヒレ肉かテンダーロイン　4人分
準備時間：30分
調理時間：2時間＋寝かせ時間

材料
バター…大さじ2
にんにく…3片　つぶす
エシャロット…50g　輪切り
乾燥ミックスハーブ…小さじ1
乾燥オレガノ…小さじ1
乾燥ローズマリー…小さじ
チリフレーク…小さじ1/2
塩、挽きたて黒胡椒…少々
ケール…75g　粗みじん切り
ゴルゴンゾーラチーズ…25g　細かく砕く
テンダーロイン…300g　骨抜き豚ヒレ肉
パルマハム…100g
チキンストック…250ml

1 バターをフライパンに入れて中火で溶かす。にんにくとエシャロットを入れて焼き色が付くまで5分炒める。ソーセージ、ハーブとスパイスの半量ずつを混ぜ入れる。塩胡椒で味をととのえてときどき混ぜながら15〜20分加熱する。ケールとゴルゴンゾーラを加えて弱火にし、オーブンを180℃に熱する。
2 テンダーロインをラップ2枚で挟み、厚さ5mmに叩いて伸ばす。タコ糸7本を均等な間隔を空けて平行に並べ、まな板の上にテンダーロインを移し、詰めものを全体に広げて肉を優しく丸めて包む。パルマハムで包み、ひもでしっかり結ぶ。
3 2をロースト用トレイに移してスープストックをかける。残りのハーブとスパイスをふりかけ、焼き色が付くまで30〜45分焼く。厚めにスライスして皿に盛り付け、熱々でいただく。

ROAST PORK WITH SAGE AND ONION STUFFING

ローストポークのセージと玉ねぎ詰め

日曜日の英国のクラシックな昼食メニュー。セージと玉ねぎのマリアージュが豚の甘みにぴったり。

使用するカット：豚ロース　10〜12人分
準備時間：30分
調理時間：2時間半

材料
バター…45g
玉ねぎ（小）…1個　みじん切り
新鮮なパン粉…100g
セージ…小さじ1　刻む
塩、挽きたて黒胡椒…少々
骨抜き豚ロース…2.25kg
海塩…小さじ1
小麦粉…小さじ1
白ワイン…大さじ2
ポークまたはチキンストック…500ml
ベイリーフ…1枚

1 詰めものを作る。フライパンにバターを入れて中火で熱し、玉ねぎを加え、焼き色は付けずに柔らかくなるまで5分ほど炒める。パン粉とセージを加え、軽く塩胡椒をする。火からおろして冷ます。
2 オーブンを190℃に熱する。豚肉をまな板にのせてナイフで皮の上から深さ2cmの切り込みを2.5cmごとに入れていく。海塩をすり込む。肉を裏返して皮を下にし、縦長に深さ2cmほどの切り込みを入れる。塩胡椒をまぶし、セージと玉ねぎの詰めものを切り込みに詰める。きつく巻いてタコ糸で結ぶ。
3 豚を金属の台にのせてロースト用のトレイに入れ、45分ごとに肉から出た脂をハケで塗りながら2時間焼く。別のトレイに豚を移し、脂肪を取り置く。温度を230℃に上げ、豚をオーブンに戻して皮がこんがり焼けるまでさらに10分ほど加熱する。
4 その間にソースを作る。肉からトレイに出た脂を大さじ1だけ残し、残りは捨てる。トレイを弱火にかけ、小麦粉を混ぜ入れて2〜3分加熱する。白ワインとスープストックを加えて混ぜ合わせる。沸騰したらベイリーフを加え、火をさらに弱めてソースを煮つめる。塩胡椒で味をととのえたらソースをこす。豚から皮を外し、肉を厚めにスライスして切り分ける。グレイビーソースは別の器に入れて、料理を食卓に並べる。

PORK CHOPS COOKED IN FOIL
ポークチョップの
ホイル焼き

ポークチョップをアルミホイルに包んでじっくり焼くことで肉の水分を保ちます。

使用するカット：ポークチョップ　4人分
準備時間：15分
調理時間：1時間

材料
オリーブオイル…大さじ4
ポークチョップ…4枚
塩、挽きたて黒胡椒…適量
りんご（大）…1個
はちみつ…大さじ4
マジョラムかオレガノの小枝…4本
辛口りんご酒…100㎖
付け合わせにマッシュポテト、緑の野菜

1 オーブンを180℃に予熱する。アルミホイルを豚を包めるサイズに4枚切る。オリーブオイル小さじ1を中心に落として広げる。ポークチョップをキッチンペーパーで拭いてホイルの真ん中にのせ、塩胡椒をする。
2 りんごを4等分し、芯を取り除いてさらに4等分し、豚肉の上に広げる。はちみつ、マジョラム、りんご酒をかける。
3 アルミホイルをたたんで肉を包む。鉄板に乗せてオーブンで1時間ほど焼く。マッシュポテトと緑の野菜を添え、熱々でいただく。

VARIATION
《豚バラ肉のじっくり焼き》
ポークチョップの代わりに豚バラ肉を使い、上記と同様に準備する。140℃のオーブンで6時間ほどかけてじっくり焼く。

TONKATSU
トンカツ

豚肉にパン粉をまぶして揚げる和食料理。甘辛いソースとキャベツの千切りを添えて。

使用するカット：ポークチョップ　4人分
準備時間：30分
調理時間：15分

材料
骨抜きポークチョップ…4枚
小麦粉…大さじ2
塩、挽きたて黒胡椒…適量
溶き卵…2個
パン粉…50g
揚げ油にひまわり油
白キャベツ（小）…1玉　千切り

ソースの材料
ウスターソース…60㎖
トマトケチャップ…大さじ1
醤油…大さじ1

1 ナイフでポークチョップの脂肪部分まで縦に切れ込みを入れる。小麦粉をボウルに入れて塩胡椒したらポークチョップに小麦粉をまぶし、余分な粉は落とす。溶き卵に浸けて均等にパン粉をまぶす。
2 フライヤーに油を入れて180℃に熱する。きつね色になるまで8分ほど揚げる。肉を取り出し、キッチンペーパーを敷いた皿に上げる。
3 ソースを作る。すべての材料を小さいボウルに入れて混ぜ合わせる。キャベツの上に盛り付け、ソースを添えていただく。

CHOUCROUTE GARNIE
ショークルート・ガルニ

伝統的には蒸したジャガイモといただくフランスのアルザス地域発祥の料理。独特な塩漬けキャベツはドイツから伝わったものです。

使用するカット：ポークチョップ　4人分
準備時間：30分
調理時間：2時間半

材料
ザワークラウト…900g
ラード…25g
ミックスソーセージ…400g　にんにくか塩漬けのもの　一口大に切る
ポークチョップ…4枚
玉ねぎ…1個　薄く切る
青りんご…1個　皮をむいて芯を取り、薄切り
にんにく…2片　つぶす
ベイリーフ…2枚
ジュニパーベリー…10粒
キャラウェイシード…大さじ1
辛口のアルザス白ワイン…500㎖
トッピングにイタリアンパセリ…細かく刻む

1 オーブンを150℃に予熱する。ザワークラウトを水で洗ってよく絞る。ラードを大きいキャセロール鍋に入れて中火で熱する。ソーセージとポークチョップを加え、全体に焼き色が付くまで加熱する。温度が下がらないよう数回に分けて焼く。ソーセージとポークチョップを取り出し、わきに取り置く。
2 火を弱める。玉ねぎとりんごを加え、ときどき混ぜながら柔らかくなるまで加熱する。ザワークラウトを入れてよく混ぜ合わせる。にんにく、ベイリーフ、ジュニパーベリー、キャラウェイシードを加える。ワインと水240㎖を注ぎ、よく混ぜ合わせる。
3 沸騰させる。ポークチョップを入れて火を落とす。10分ほど弱火で煮たら蓋をしてオーブンで1時間焼く。ソーセージを加えてオーブンに戻し、さらに1時間焼く。
4 オーブンから取り出してベイリーフとジュニパーベリーを取り除く。大皿の真ん中にザワークラウトをのせ、そのまわりにポークチョップを盛り付けたらパセリを飾り付ける。

VARIETY MIX
バラエティーミックス

ソーセージはブラートヴルストやフランクフルト、ポーランドのキルバサなど、様々な種類が使えます。燻製ハムを加えて味に変化を与えるのも良いでしょう。

BURMESE GOLDEN PORK
ビルマ風 ゴールデン・ポーク

豚肉がにんにく、生姜、唐辛子の辛味とよく絡んだ、体が喜ぶ一品。

使用するカット：豚ロースか脚肉　4〜6人分
準備時間：30分
調理時間：2時間

材料
玉ねぎ…1個　粗みじん切り
にんにく…1玉
生姜…100g　皮をむく
脂の少ない豚肉…1kg　角切り
塩…小さじ1
白ワインビネガー…大さじ1
チリパウダー…小さじ1
ピーナッツ油…100㎖
ごま油…大さじ2
ターメリック…大さじ1

飾り付けに
コリアンダーの葉…ひとつかみ、
もしくは細切りした赤唐辛子…1本

1　玉ねぎ、にんにく、生姜をフードプロセッサーにかけるか、すり鉢でつぶす。目の細かいこし器かモスリン布に入れて絞り、絞り汁を取り置く。
2　鍋を弱火にかけ、1の絞り汁と豚肉、塩、白ワインビネガー、チリパウダー、ピーナッツ油の半量を入れる。沸騰寸前まで温め、1時間半煮る。
3　小さい鍋を弱火にかけて残りのピーナッツオイルとごま油を入れる。1で絞った玉ねぎ、にんにく、生姜を入れて優しく炒める。ターメリックを加え、弱火で5分加熱する。
4　調理した豚肉の半量をフードプロセッサーに入れ、3の野菜を加えてよく混ぜ合わせる。水分が足りなければ水を少し加える。鍋にあけたら残りの豚肉に混ぜ入れ、黄金がかった茶色に焼けるまで弱火で20分加熱する。コリアンダーの葉か赤唐辛子の細切りで飾り付け、熱々で食卓に出す。

PORK SATAY WITH PEANUT DIPPING SAUCE
豚のサテ ピーナッツソース添え

サテはインドネシアの国民食。お祭りなどで特に人気の一品です。

使用するカット：豚ヒレ肉かテンダーロイン　4人分
準備時間：20分＋マリネ時間
調理時間：30分

材料
玉ねぎ…300g　みじん切り
生姜…2.5cm　皮をむいて刻む
にんにく…3片　細かく刻む
ライム果汁…1個分
醤油…大さじ2
黒砂糖…大さじ2
チリフレーク…小さじ2
豚ヒレ肉かテンダーロイン…700g　ぶつ切り
サラダ油…大さじ1

ソースの材料
ピーナッツバター…大さじ4
醤油…大さじ2
にんにく…4片
粉末ジンジャー…大さじ4

1　玉ねぎ、生姜、にんにく、ライム果汁、醤油、黒砂糖、チリフレークをフードプロセッサーに入れ、なめらかなペースト状になるまで混ぜる。ボウルかポリ袋にペーストと豚肉を入れて混ぜ、冷蔵庫で2時間マリネする。竹串を最低30分水に浸ける。
2　大きいフライパンに油を入れて熱する。冷蔵庫から豚肉を取り出し、串に刺していく。全体に焼き色が付いて中に火が通るまで中火で5〜7分ほど焼く。
3　ソースを作る。ピーナッツバター、醤油、にんにく、粉末ジンジャーをフードプロセッサーに入れてよく混ぜる。高速に設定し、サラダ油を一定の量で少しずつ加える。熱々のサテにソースを添えていただく。

COOL COMFORT
冷やしておいしい

冷蔵庫で1〜2日冷やすとスパイスの風味が引き立ち、味に深みが出ます。

CHINESE-SPICED PORK BELLY

中華風豚バラ肉

豚の安価なカットが豪華な料理に生まれ変わります。皮が絶品。

使用するカット：豚バラ肉　4人分
準備時間：10分＋マリネ時間
調理時間：1時間半

材料
- 皮付き・骨抜き豚バラ肉…750g
- 醤油…大さじ2
- きび砂糖…大さじ1
- 五香粉…大さじ1
- 塩…大さじ2
- ひまわり油…小さじ1

1 肉に貫通してしまわないよう注意しながら、鋭いナイフで豚の皮全体に十字の切り込みを入れていく。キッチンペーパーで水分を拭き取る。
2 醤油、砂糖、五香粉、塩小さじ1を混ぜ合わせ、皮は避けて豚の肉側全体にすり込む。皮面を上にして冷蔵庫で最低8時間、もしくは一晩寝かせる。
3 オーブンを220℃に予熱する。オーブン用トレイにアルミホイルを敷いてラックをのせる。皮面を上にしてラックに肉をのせ、皮にひまわり油と残りの塩をすり込む。お湯を沸かしてトレイの半分まで注ぐ。
4 豚をオーブンの上の段で30分焼き、温度を200℃に下げて皮がこんがり焼けるまでさらに45分～1時間ほど焼く。オーブンから取り出し、スライスして切り分け、食卓に出す。

DIP IT
漬けだれを作ろう

醤油、生姜のすりおろし、スイートチリソース、細かく刻んだわけぎと水少々を混ぜ、スライスした豚バラ肉の漬けだれにする。

CHIPOTLE CINNAMON BACON

チポトレシナモンベーコン

甘く風味豊かなベーコンで朝の食卓に新しい味わいを取り入れます。

使用するカット：豚バラ肉のベーコン　450g分
準備時間：15分＋漬け込みに1週間
調理時間：1時間半＋寝かせ時間

材料
- 黒砂糖…200g
- モラッセス…大さじ1
- 海塩…大さじ2
- プラハパウダー No.2などの漬け込み塩…小さじ2
- シナモン…大さじ1
- チポトレパウダーかスモークパプリカ…大さじ1
- 豚バラ肉…2kg

その他
- ヒッコリーチップ…500g×1袋
- バーベキュー用木炭

1 砂糖、モラッセス、海塩、漬け込み塩、スパイスを混ぜ合わせ、豚バラ肉にまんべんなくすり込む。ポリ袋に入れて冷蔵庫で最低1週間漬け込む。
2 ベーコンを冷たい水でよく洗う。ヒッコリーチップを1時間水に浸け、アルミホイルに包む。
3 グリルのラックを外して端に沿って木炭を並べる。ホイルに包んだヒッコリーチップを真ん中に置く。
4 木炭に火をつけ、ラックを乗せる。脂を上にしてベーコンをのせる。蓋をして肉の内部温度が65℃に達するまで1～1時間半加熱する。なかなか65℃に達しない場合は150℃に予熱したオーブンに移し、目標温度になるまで加熱する。
5 火からおろし、30分寝かせる。すぐに薄く切って焼くか、密閉して冷蔵庫で保存し、1週間以内に食べきる。

PORK BELLY PORCHETTA
豚バラ肉のポルケッタ

新鮮なハーブとフェンネルで風味付けした豚バラ肉を使った、伝統的なイタリア料理のシンプル版です。

使用するカット：豚バラ肉　10〜12人分
準備時間：30分
調理時間：3時間半

材料

皮付き・骨抜きの豚バラ肉…5kg　長方形に切ったもの
挽きたて黒胡椒…適量
粗塩…30g
タイム…2枝　細かく刻む
ローズマリー…大さじ2　粗く刻む
フェンネルシード…大さじ1
にんにく…10片　みじん切り
オリーブオイル…大さじ2と余分に少々
はちみつ…大さじ6
ライム果汁…2個分

1 オーブンを250℃に予熱する。皮を下にして豚バラ肉を清潔な台にのせる。胡椒と塩の半量をふりかけて肉によくすり込み、5分寝かせる。
2 タイム、ローズマリー、フェンネルシードをふりかけ、にんにくをすり込む。肉を優しく巻いて1cmごとにタコ糸で結んでいく。なるべくハーブがこぼれないよう気をつける。
3 ロースト用トレイにオリーブオイルを塗って豚を入れる。皮を下にしてオーブンで15分焼き、裏返してさらに15分焼く。オーブンの温度を150℃に下げて3時間加熱する。
4 豚をオーブンから取り出し、はちみつとライム果汁を塗り、5分ほど浸けたらまな板に移す。トレイに残った汁を温かい陶製のグレイビーボートに移す。肉を厚く切り、汁をかけ、マッシュポテトとグリーンピースを添える。

PETIT SALE AUX LENTILLES
プティ・サレとレンズ豆の煮込み

準備も手軽なフランスの塩漬け豚肉は、伝統的にはレンズ豆と煮込みますが、カスレやスープのベースとしても使えます。

使用するカット：豚バラ肉　8人分
準備時間：45分＋漬け込み時間
調理時間：1時間半〜2時間

材料

胡椒の実…小さじ1/2
ジュニパーベリー…小さじ1/2
タイム…2枝
ベイリーフ…7枚
海の粗塩…500g
プラハパウダー No.2などの漬け込み塩…15g（好みで）
皮・骨付き豚バラ肉…2kg
ピュイ・レンズ豆…350g
人参（小）…10本
小さい玉ねぎ（ペコロス）…24個　粗みじん切り
セロリの茎部…10本　2.5cm幅に切る
バター…50g
塩、挽きたて黒胡椒…少々

飾り付けに

イタリアンパセリ…大さじ2　刻む

1 すり鉢で胡椒の実、ジュニパーベリー、タイム1枝、ベイリーフ5枚を一緒に挽く。粗塩と好みで漬け込み塩を加え、混ぜ合わせる。
2 1の混ぜ塩の1/3量を皮面にすり込み、裏返して反対側にもすり込む。
3 残りの混ぜ塩の半量をプラスチックのトレイに広げ、肉をのせる。残りを肉の上とまわりにふりかける。ラップで包んで清潔なプラスチックのトレイを上に置き、1kgの重しをのせる。数時間おきに裏返しながら冷蔵庫で8時間寝かせる。
4 肉を洗い、大きな寸胴鍋に入れる。肉にかぶるくらいに水を注いで沸騰させる。水を切って豚を鍋に戻す。水を新たに1.7ℓ注ぎ、沸騰させる。火を弱めて沸騰寸前で30分煮る。
5 レンズ豆を冷水で洗い、人参、玉ねぎ、セロリと一緒に豚肉の鍋に入れる。残りのタイムとベイリーフを加え、レンズ豆が柔らかくなるまで1時間弱火で煮る。
6 火からおろして豚を取り出す。ベイリーフを取り除き、バターを混ぜ入れ、塩胡椒で味をととのえる。豚を厚く切って大皿に盛り付ける。パセリを散らし、5の煮汁を加えて食卓に出す。

HASLET
ハズリット

パン粉を使った英国の伝統的なミートローフは、作った翌日に食べるのが最適です。

使用するカット：豚バラ肉と背肉ベーコン　6〜8人分
準備時間：30分
調理時間：2時間＋冷まし時間

材料

溶かしたラード　油を引くため
背肉ベーコン…350g　粗みじん切り
豚バラ肉…350g　粗みじん切り
玉ねぎ…1個　粗みじん切り
新鮮なパン粉…175g
溶き卵…1個
粉末マスタード…小さじ1
セージ…小さじ2　細かく刻む
辛口りんご酒…120mℓ
塩、挽きたて黒胡椒…適量

1 オーブンを180℃に予熱し、900gのローフ型にラードで油を引いて、クッキングペーパーなどを敷く。肉挽き機を細かく切る設定に合わせ、挽いた肉を受ける大きなボウルを置く。2種類の豚肉を玉ねぎと一緒に挽いていく。残りの材料をボウルに加え、よく混ぜ合わせる。
2 1をローフ型に入れ、角に隙間ができないよう大きなスプーンの裏で押し込む。アルミホイルをかぶせて型をクッキングシートにのせ、肉の内部温度が75℃に達するまでオーブンで2時間ほど焼く。
3 オーブンから取り出して冷まし、完全に冷めたら皿に移す。スライスしてこんがり焼いたパンとピカリリなどのピクルスを添えていただく。アルミホイルに包んで冷蔵庫で3日間保存できる。

BACON JAM

ベーコンジャム

この万能ジャムは朝ごはんから サンドイッチ、グリル野菜の付け合わせ まで、様々な場面で使えます。

使用するカット：すじ入りベーコン　ジャム600g
準備時間：10分
調理時間：1時間

材料

- バター…大さじ1
- にんにく…2片　つぶす
- 白玉ねぎ…500g　みじん切り
- すじ入りベーコン…500g　ぶつ切り
- 海塩…適量
- チポトレペースト…大さじ1
- 黒砂糖…80g
- 白ワイン…120mℓ
- りんご酢…大さじ1
- ペクチン…大さじ1

1 バターを厚手のフライパンに入れて中〜弱火で熱する。にんにく、玉ねぎ、ベーコンを加える。海塩を入れてよく混ぜながらベーコンがカラメル化してこんがり焼けるまで20分ほど加熱する。
2 チポトレペースト、黒砂糖、ワイン、りんご酢を混ぜ入れ、弱火で30分煮る。ペクチンを入れてさらに10分ほど煮る。
3 フライパンを火からおろす。ジャムを600mℓの瓶か耐熱容器に移す。冷蔵庫で2週間保存できる。

JAM IT UP
ジャムでアクセント

芽キャベツを半分に切り、温めたジャムをからめる。オーブンでカリカリになるまで45分ほどローストする。

ZWEIBELKUCHEN

ツヴィーベルクーヘン

ドイツ語で「玉ねぎのケーキ」を意味するその名の通り、玉ねぎとサワークリームのタルト。ブドウの収穫時に食べる伝統料理です。

使用するカット：すじ入りベーコン　8人分
準備時間：30分＋発酵時間
調理時間：1時間〜1時間5分

材料

- ドライイースト…小さじ4
- オリーブオイル…大さじ3と余分に少々
- 強力粉…400gと余分に少々
- 塩…小さじ1

具の材料

- 無塩バター…50g
- オリーブオイル…大さじ2
- 玉ねぎ…600g　薄切り
- キャラウェイシード…小さじ1/2
- 海塩、挽きたて黒胡椒…適量
- サワークリーム…150mℓ
- クレームフレーシュ（サワークリームの一種）…150mℓ
- 卵…3個
- 小麦粉…大さじ1
- 燻製すじ入りベーコン…75g　ぶつ切り

1 生地を作る。ドライイーストを225mℓの温かいお湯に溶かす。オリーブオイルを加えてわきに置く。小麦粉と塩を大きなボウルにふるい入れて真ん中にくぼみを作る。かき混ぜながらドライイーストを溶かしたお湯を加える。手で混ぜてひとまとめにし、柔らかい生地を作る。
2 小麦粉をはたいた台に生地をのせて柔らかくなめらかな生地になるまで10分ほどこねる。オリーブオイルを塗ったボウルに移し、ラップをかぶせて温かい所で1〜2時間、2倍の大きさになるまで発酵させる。
3 具を作る。バターとオリーブオイルを厚手の鍋に入れて熱する。玉ねぎ、キャラウェイシード、塩胡椒を加える。玉ねぎに焼き色は付けずに柔らかくなるまで、蓋をして20分加熱する。蓋を取って余分な水分が飛ぶまでさらに5分ほど加熱する。
4 別のボウルにサワークリーム、クレームフレーシュ、卵、小麦粉を入れ、塩胡椒してよく混ぜる。玉ねぎを混ぜてわきに置いて冷ます。生地がふくらんだら小麦粉をはたいた台にのせて平らにする。耐熱容器にオリーブオイルを塗る。
5 生地を容器のサイズに伸ばし、端が縁にかかるように敷く。オリーブオイルを塗ったラップをかけて温かいところに置き、所々ふくらんでくるまで30分二次発酵させる。
6 オーブンを200℃に予熱する。端がふくらみ過ぎていたら少し押さえて戻す。具を入れて広げ、ベーコンを振りかけ、オーブンの上段で金色がかった茶色に焼き色が付くまで30〜45分焼く。オーブンから取り出して、食べる前に5分以上冷ます。熱々で、もしくは冷やしていただく。

PASTA CARBONARA

パスタ・カルボナーラ

イタリアの炭鉱夫のまかないとして生まれた、塩味のきいた濃厚なパスタ。
炭焼き人を意味する「カルボナイオ」が名前の由来です。

使用するカット：すじ入りベーコン　4人分
準備時間：20分
調理時間：45分

材料

オリーブオイル…大さじ2
にんにく…4片　つぶす
玉ねぎ…500g　薄切り
すじ入りベーコン…500g　角切り
グリーンピース…200g
乾燥スパゲティー…450g
卵…2個
パルメザンチーズ…100g　おろしたてのもの
塩、挽きたて黒胡椒…適量

1　フライパンにオリーブオイルを入れて熱する。にんにく、玉ねぎを入れて5〜10分中火で熱する。ベーコンを入れて火を弱める。ベーコンがこんがり焼けたらグリーンピースを加えてさらに5分加熱する。
2　その間にパスタをアルデンテにゆでる。パスタをザルに上げてゆで汁を少し取り置く。
3　ソースを作る。卵とパルメザンチーズを大きなボウルに入れて混ぜ合わせる。混ぜにくかったらパスタのゆで汁を加える。
4　パスタを1のフライパンに入れて5〜10分加熱し、よくなじませる。フライパンを火からおろして卵とチーズのソースをかけ、パスタに絡ませる。塩胡椒で味をととのえ、すぐにいただく。

BRANDY BUZZ
ブランデーで

ベーコンがこんがりしたらブランデーを少々加え、蒸発するまで加熱する。

ポークリブのバーベキュー

食欲をそそるこちらの料理はパーティーでも大人気。
肉をバーベキューでじっくり焼くと風味豊かに仕上がります。

使用するカット：ポークリブ　4人分
準備時間：10分
調理時間：1時間10分＋寝かせ時間

材料
黒砂糖…250g
カイエンペッパー…大さじ3
粉末マスタード…大さじ1と1/2
塩…大さじ3
挽きたて白胡椒…大さじ1と1/2
リブのラック…各750g〜1kgの肉片×2

VARIATION
《ポークリブのオーブンロースト》
バーベキューの代わりにリブをオーブンで焼く。手順1でオーブンを180℃に予熱する。リブをオーブン用のトレイにのせてオーブンで1時間半焼く。オーブンから取り出してアルミホイルをはがし、肉汁をスプーンですくって肉にかける。再びオーブンに入れて10分加熱する。熱々でいただく。

PORK RECIPES

1 バーベキューかチャコールグリルを最高温に設定する。砂糖、スパイス、塩胡椒を小さいボウルに入れて混ぜ合わせる。骨が下にくるようにリブを清潔な台にのせてスパイスの半量をまんべんなくすり込む。

2 リブの肉が下にくるよう裏返して、大きなアルミホイルにのせる。残りのスパイスを反対側にすり込み、上からもアルミホイルをかぶせてグリルで45分〜1時間焼く。

3 リブを火からおろし、アルミホイルを外す。1〜2分寝かせる。アルミホイルに流れ出た肉汁をスプーンですくって肉にかけ、再びグリルにのせる。

4 リブの表面がこんがり焼け、肉の内部温度が65℃に達するまで両面5〜9分ずつ焼く。火からおろして熱々でいただく。

PORK SCHNITZEL WITH CREAMY MUSTARD SAUCE

ポークシュニッツェルの クリーミーマスタード ソースがけ

手早く作れる柔らかい厚切り肉の料理は週半ばにぴったり。軽いソースがよく合います。

使用するカット：豚脚のステーキ　4人分
準備時間：10分＋冷まし時間
調理時間：10分

シュニッツェルの材料
骨抜き豚脚のステーキ…100g×4枚
塩、挽きたて黒胡椒…適量
小麦粉…大さじ1
溶き卵…1個
パン粉…75g　1日おいたもの
オリーブオイル…大さじ1
バター…大さじ1

ソースの材料
オリーブオイル…大さじ1
玉ねぎ…1/2個　みじん切り
にんにく…1片　つぶす
白ワイン…100ml
ダブルクリーム…200ml
ディジョン・マスタード…大さじ1
白砂糖…ひとつまみ

1 豚が少し厚い場合は叩いて厚さ2cmに伸ばす。
2 小麦粉に塩胡椒を混ぜ、皿にのせる。卵とパン粉をそれぞれ浅いボウルに入れる。豚肉に小麦粉をまぶし、余分な粉を落として卵に浸け、最後にパン粉をまぶす。ラップなどをかぶせ、衣が肉にしっかり密着するよう冷蔵庫で最低30分冷やす。
3 オーブンを180℃に予熱する。オリーブオイルとバターを大きなフライパンに入れて中〜強火で熱する。豚を入れてきつね色になるまで両面2〜3分ずつ加熱する。トレイに入れて予熱しておいたオーブンに入れ、余熱で調理する。
4 ソースを作る。フライパンをキッチンペーパーで拭き、オリーブオイルを熱して玉ねぎを弱火で5分炒める。にんにくを加えてさらに1分加熱する。白ワインを加え、ほとんど蒸発するまで加熱する。クリーム、マスタード、砂糖を加え、ソースが濃縮されるまで弱火で煮詰める。塩胡椒で味をととのえ、肉に回しかけて食卓に出す。

MARINATED LEG OF PORK

豚脚肉のマリネ

こちらの豚脚肉の蒸し焼き料理はドイツ発祥。
独特のマリネで、イノシシのような味わい深さが加わります。

使用するカット：豚脚肉　12人分
準備時間：40分＋マリネに3日
調理時間：4時間＋寝かせ時間

材料
皮・骨付き豚脚肉…4kg
オリーブオイル…大さじ4
小麦粉…大さじ3
ポークかチキンストック…500ml

マリネ液の材料
赤ワイン…1.2ℓ
赤ワインビネガー…200ml
人参…4本　輪切り
玉ねぎ…2個　薄切り
にんにく…4片　つぶす
ベイリーフ…6枚
イタリアンパセリ…1束
タイム…1枝
マジョラム…1束
粒胡椒…大さじ1
ジュニパーベリー…14粒　つぶす
粗塩…大さじ2

キャベツの材料
オリーブオイル…大さじ1
にんにく…2片　つぶす
玉ねぎ（小）…1個　角切り
キャベツ…1玉　千切り
りんご酢…500ml
塩…大さじ2
キャラウェイシード…大さじ1

1 マリネ液をつくる。すべての材料を大きな鍋に入れて沸騰させる。5分ほど煮たら火からおろして冷ます。
2 豚の皮に切り込みを入れて大きな寸胴鍋に入れる。マリネ液を肉にかける。布をかぶせ、均等に漬かるようときどき裏返しながら涼しい所で3日間漬け込む。
3 オーブンを160℃に予熱する。豚を取り出し、キッチンペーパーで水分を拭き取る。マリネ液をわきに置く。キャセロール鍋にオリーブオイルを入れて熱し、豚肉を加えて全面に焼き色が付くまで加熱する。
4 その間に別の鍋にマリネ液を野菜ごと入れて熱する。豚を鍋から取り出し、小麦粉とこしたマリネ液を加える。適量のストックを加え、濃厚でなめらかなソースを作る。
5 キャセロール鍋に豚肉を加え、沸騰させる。火からおろして蓋をかぶせ、予熱したオーブンに移す。肉が骨からはがれてくるまで3〜4時間焼く。
6 その間に深いフライパンかダッチオーブンでオリーブオイルを熱する。にんにくを加え、黄金色になるまで中火で焼く。玉ねぎを混ぜ入れ、透き通るまで10分ほど加熱する。
7 キャベツを水120ml、りんご酢、塩、キャラウェイシードと一緒に鍋に入れる。沸騰したら弱火にして蓋をし、1時間半煮る。火からおろす。
8 肉をキャセロール鍋から取り出し、皿にのせて温かく保つ。キャセロール鍋から余分な脂をすくい取り、煮汁を鍋にこし入れる。沸騰したら塩胡椒で味をととのえる。ソースが濃厚すぎる場合はスープストックを加え、薄すぎる場合は1〜2分沸騰させて水分を飛ばす。肉を切り分けてソース、キャベツと共に食卓に並べる。

MUSTARD TWIST
マスタードでひとひねり

付け合わせにドイツ流のマイルドな粒入りマスタードを添えて、豚に甘みと豊かな風味を加えます。

ASTURIAN BEAN STEW

アスツリア風豆煮込み

スペイン流の豆と豚肉煮込みに
スパイスと燻製ベーコンで
深みを加えた一品。

使用するカット：ギャモンか背肉ベーコン　6人分
準備時間：30分＋豆と肉の漬け時間
調理時間：2時間

材料

ギャモンもしくは燻製でないベーコン…500g
ソラマメ…400g
オリーブオイル…大さじ2
燻製すじ入りベーコン…150g　帯状に小さく切る
玉ねぎ…1個　みじん切り
にんにく…1片　つぶす
ベイリーフ…1枚
サフラン…ひとつまみ
スモークパプリカ…小さじ1/2
挽きたて黒胡椒…適量
モルシージャ（ブラッドソーセージ）かブラックプディング…2本
チョリソー…2本

1 ギャモンを大きなボウルに入れて水をひたひたに注ぐ。冷蔵庫に入れて12時間漬ける。途中で一度水を換える。豆も洗って冷水に12時間浸ける。
2 耐熱性のキャセロール鍋にオリーブオイルを入れて熱する。すじ入りベーコンを加え、ときどき混ぜながら2分間炒める。玉ねぎを加え、火を弱めて柔らかくなるまで3分ほど加熱したら、にんにくを混ぜ入れる。
3 ギャモンと豆をザルにあげて水を切り、キャセロール鍋に加えて、肉にかぶるくらいに水を注ぐ。ベイリーフ、サフラン、スモークパプリカ、胡椒を加える。一度沸騰させたら火を弱める。ときどきかき混ぜながら弱火で1時間半煮て、必要に応じて水を加える。モルシージャを加えて均等に混ぜ合わせ、さらに30分ほど加熱する。
4 火からおろしてベイリーフを取り除く。ギャモンとチョリソー、モルシージャをボウルに移して冷ます。冷めたら肉を2.5cm角に切り、キャセロール鍋に戻す。浅いボウルに入れて硬いパンと一緒にいただく。伝統的には木のスプーンで食べる。

PEA, HAM, AND POTATO SOUP

グリーンピースとハム、ジャガイモのスープ

残りもののハムで作るシンプルなスープはほっとする一品。
作った翌日がさらにおいしい。

使用するカット：ハム　4〜6人分
準備時間：15分
調理時間：2時間

材料

ハム…1.1kg　燻製でないもの
ベイリーフ…1枚
オリーブオイル…大さじ1
玉ねぎ…1個　みじん切り
塩、挽きたて黒胡椒…適量
ディジョンマスタード…大さじ1
にんにく…3片　みじん切り
ローズマリー…2枝
タイムの葉…ひとつかみと飾り付けに少々
熱いビーフストック…1.2ℓ
冷凍グリーンピース…450g
ジャガイモ…3個　皮をむいて一口大に切る

1 ハムとベイリーフを大きな鍋に入れて1.2ℓの水を注ぎ沸騰させる。斜めに蓋をかぶせて弱火にし、ハムが柔らかくなるまで1時間煮込む。浮いてくるアクを取り除く。ハムを鍋から取り出し、ゆで汁を捨てる。
2 オリーブオイルを厚手のフライパンに入れて中火で熱する。玉ねぎを入れて柔らかくなるまで3〜4分加熱する。塩胡椒で味付けし、マスタード、にんにく、ハーブ、ビーフストックを少し加える。沸騰したらグリーンピースと残りのビーフストックを加える。再び沸騰したら弱火にして45分煮こみ、必要に応じてお湯を足す。
3 その間に別の鍋に水を入れて沸騰させる。ジャガイモを加え、再び沸騰したら弱火にする。柔らかくなるまで12〜15分ゆでる。水を切ってわきに置く。ローズマリーを取り除き、ハンディタイプのミキサーでグリーンピースをピューレ状にする。
4 ジャガイモを混ぜ入れる。ハムの脂を切り落とし、一口大に切ってスープに入れる。味見をし、必要に応じて塩胡椒をする。タイムの葉で飾り付け、全粒粉のパンを添えて食卓に出す。

FEIJOADA

フェイジョアーダ

ブラジルの労働者の煮込み料理は、新鮮な豚肉と塩漬けにした豚肉の様々な部位を使います。

使用するカット：ハムホックとポークリブ　8人分
準備時間：30分＋豆と肉の浸け時間
調理時間：3時間

材料

燻製ハムモック…450gほど
ポークリブの塩漬け…6枚
乾燥ブラックビーンズ…500g
豚足…1本　半分に割る
にんにく…2片　みじん切り
ベイリーフ…2枚
ガーリックソーセージ…400g　小さく切る
オレンジ（小）…4つ　皮をむいてくし切り

1 ハムホックとポークリブの塩漬けを大きなボウルに入れ、かぶるくらいの水に浸ける。豆を洗って冷水に12時間浸ける。
2 ハムホック、ポークリブ、豆を耐熱性のキャセロール鍋に入れる。豚足、にんにく、ベイリーフを加え、ひたひたに水を入れて沸騰させる。弱火にしてアクを取り除き、蓋をして2時間半煮込む。
3 ブラックビーンズお玉1杯分をボウルにすくってフォークで潰す。豆を鍋に戻してガーリックソーセージを加える。肉が骨から外れてくるまで30分弱火で煮て、火からおろす。
4 肉を骨から外し、骨は捨てる。角切りにして温かい皿にのせる。ベイリーフを取り除いてお玉で豆とソーセージの煮込みを肉にかけて、オレンジをまわりに添える。ロンググレインライスと緑の野菜を添えていただく。

PIGGING OUT
どんな部位でも

豚の耳、尻尾、鼻など、どの部位でも使えます。塩漬けのリブが伝統的ですが、手に入らなければ新鮮なものを選びましょう。

HAM HOCK WITH RED CABBAGE

ハムホックの紫キャベツ添え

スパイス、ドライフルーツと一緒に煮た甘いキャベツはハムに添えると絶品。安価なカットが豪華に生まれ変わるレシピです。

使用するカット：ハムホック　4～6人分
準備時間：20分
調理時間：3時間

材料

ハムホック…2切れ　1切れ1.35kgほどのもの
紫キャベツ（小）…1玉　芯を取り除いて千切り
玉ねぎ…2個　輪切り
にんにく…4片　みじん切り
タイムの枝…数本
レーズン…60g
挽きたてナツメグ…ひとつまみ
粉末シナモン…ひとつまみ
白ワインビネガー…300ml
熱いベジタブルストック…600ml（好みで）
塩、挽きたて黒胡椒…適量

1 オーブンを160℃に予熱する。ハムホックを大きな厚手の鍋に入れ、肉にかぶるくらいまで水を注ぐ。沸騰させ、弱火にする。ななめに蓋をして1時間ほど煮る。ハムを取り出し、ベジタブルストックの代わりに使用する場合はゆで汁を取り置く（ゆで汁は塩辛い場合がある）。
2 ハムが触れられるくらいまで冷めたら、皮を取って捨て、大きな耐熱性のキャセロール鍋に入れる。残りの材料をベジタブルストックもしくは**1**のゆで汁と共に鍋に入れ、ハムをきれいに鍋に収める。塩胡椒で味をととのえ、蓋をしてオーブンで2時間加熱する。
3 ときどきチェックして水分が飛びすぎないよう注意しながら、必要に応じてお湯を足す。ハムを取り出し、肉を割いてキャセロール鍋に加える。ベイクドポテトかローストポテトを添えるとよい。

VARIATION

《ハムホックのキャベツとセロリ添え》
紫キャベツの代わりに小さいキャベツを使う。手順**2**で他の材料と一緒に粗みじんにしたセロリを2本分加える。レーズン、ナツメグ、シナモンを省き、キャラウェイシード大さじ1を加えて上記と同様に調理する。ゆでたジャガイモといただく。

PORK RECIPES

POT ROAST SMOKED HAM

燻製ハムのポットロースト

ハムホックはコストパフォーマンスの良い食材であるうえ、とても美味。
キクイモがナッツのような風味となめらかな食感を与えてくれますが、
手に入りにくい場合はパースニップ（白人参）を使ってもおいしくできます。

使用するカット：ハムホック　4～6人分
準備時間：25分
調理時間：3時間15分

材料
- 燻製ハムホック…2切れ　1切れ1.35kgほどのもの
- ベイリーフ…1枚
- オリーブオイル…大さじ1
- 塩、挽きたて黒胡椒…適量
- 玉ねぎ…1個　みじん切り
- にんにく…3片　みじん切り
- タイム…数枝
- 人参…3本　粗みじん切り
- キクイモ…225g　皮をむいて薄切り
- イエロースプリットピー…125g
- 辛口のりんご酒…100ml
- ベジタブルストック…900ml（好みで）

1 ハムホックとベイリーフを大きな厚手の鍋に入れる。かぶるくらいまで水を注ぎ、アクを取り除きながら2時間ほど煮る。ハムを取り出し、皮をむいて捨て、ベジタブルストックの代わりに使用する場合はゆで汁を取り置く（ゆで汁は塩辛い場合があります）。

2 オーブンを180℃に予熱し、オリーブオイルを大きな耐熱性のキャセロール鍋に入れて中火で熱する。玉ねぎを加えて柔らかくなるまで3～4分加熱したら塩胡椒で味をととのえ、にんにく、タイム、人参、キクイモを入れてさらに1～2分加熱する。スプリットピーを加え、よく混ぜ合わせる。火を強め、りんご酒を入れて1分間沸騰させる。ベジタブルストックもしくは1のゆで汁を注いで沸騰させる。弱火にしてハムを鍋にきれいに収め、火を止める。

3 蓋をしてキャセロール鍋をオーブンに入れ、スプリットピーが柔らかくなるまで1時間ほど加熱する。ときどきチェックして水分が飛びすぎないよう注意しながら、必要に応じてお湯を足す。キャセロール鍋をオーブンから取り出し、フォークを使って肉を骨から外し、キャセロール鍋に混ぜ入れる。味見して塩胡椒で味をととのえる。新鮮な堅いパンと一緒にいただく。

COUNTRY HAM AND EGGS WITH RED EYE GRAVY AND GRITS

カントリーハムと卵のレッドアイ・グレイビーとグリッツ添え

アメリカ南部の伝統的な朝ごはん。
焼いたハムの肉汁とブラックコーヒーを
合わせたグレイビーソースでいただきます。

使用するカット：塩漬けハム　4人分
準備時間：15分
調理時間：30分

材料
- バター…大さじ4
- 塩漬けハムの厚切り…8切れ
- 卵（L）…4個
- ブラックコーヒー…120ml

グリッツの材料
- チキンストック…750ml
- ポレンタ…200g　粗目のもの
- バター…大さじ1
- チリフレーク…小さじ1
- 塩、挽きたて黒胡椒…適量
- ダブルクリーム…250ml

1 グリッツを作る。チキンストックを大きな鍋で熱する。ポレンタ、バター、チリフレークを混ぜ入れ、塩胡椒をする。とろみがつくまで10分ほど煮る。クリームを混ぜ入れ、再びとろみがつくまで5～10分ほど弱火で煮る。

2 フライパンにバター大さじ1を入れて溶かす。必要に応じてバターを足しながら、ハムを両面2～3分ずつ焼く。ハムを取り出し、温かく保つ。

3 別のフライパンにバターを少量入れて熱する。卵を割って黄身に火が通るまで3～6分加熱し、目玉焼きを作る。

4 グレイビーソースを作る。ハムを焼いたフライパンにコーヒーと残りのバターを入れる。火を中火にしてよく混ぜ合わせる。

5 皿にグリッツをたっぷり盛り付け、それぞれハム2切れずつと目玉焼きをのせ、グレイビーソースを回しかけて食卓に出す。

CUBANO

キューバサンドイッチ

ラテン系ハムとチーズのグリルドサンドイッチは
マイアミで最も人気あるストリートフードのひとつ。

使用するカット：調理したハムとローストポーク
4人分
準備時間：15分
調理時間：20分

材料

キューバパンかフランスパン…1本
イエローマスタード…適量
ローストポーク…4切れ
ハム…4枚
スイスチーズ…4枚
ガーキンのピクルス…4本　縦長に薄切り
バター…適量　柔らかくしたもの

1 パンを15〜20cmの長さに切り、横に半分に切る。下の方のパン4枚にそれぞれマスタードを薄く塗り、ローストポーク、ハム、チーズを重ねる。ピクルスを乗せて上のパンをかぶせたら、バターを軽く塗る。
2 サンドイッチをプランチャグリルに挟み、チーズが溶けてパンがこんがり焼けるまで押さえる。グリルからおろし、斜め半分に切って熱々でいただく。

CROQUE MONSIEUR

クロック・ムッシュ

パリのカフェのクラシックなサンドイッチ。
マルセル・プルーストの時代から
みんなの大好物なのもよく分かります。

使用するカット：調理済みのハム　6人分
準備時間：10分
調理時間：25分

材料

フランスパン…12切れ
ディジョン・マスタード…適量
ハム…24枚
バター…大さじ1

ベシャメルソースの材料

バター…大さじ2
小麦粉…大さじ3
全乳…300ml
海塩…小さじ1/2
挽きたて黒胡椒…小さじ1
ナツメグ…小さじ1
グリュイエールチーズ…200g　おろす
パルメザンチーズ…25g　おろしたてのもの

1 オーブンを200℃に予熱する。ベシャメルソースを作る。バターを鍋に入れて泡が立ってくるまで熱する。小麦粉を加えてよく混ぜながら、なめらかになるまで2～3分加熱する。全乳をソース状になるまで少しずつ混ぜ入れる。火からおろして塩胡椒で味をととのえ、ナツメグ、グリュイエールチーズの半量、パルメザンチーズを混ぜる。
2 パンにそれぞれマスタードを薄く塗る。6切れにハムを4枚ずつのせ、残りの6切れではさむ。
3 バターをフライパンに入れて溶かし、サンドイッチを入れて両面2分ずつ焼く。オーブン用の器に移し、ベシャメルソースと残りのグリュイエールチーズをのせる。
4 オーブンで5分焼く。グリルを強火で熱してサンドイッチをのせ、チーズがぐつぐつしてくるまで3分ほど加熱し、熱々でいただく。

VARIATION

《クロック・マダム》
上記と同様にサンドイッチを作る。油大さじ1をフライパンに熱し、卵6つで目玉焼きを1つずつ作る。サンドイッチに目玉焼きを1つずつのせ、ベシャメルソース大さじ1をかけていただく。

TOAD IN THE HOLE WITH ONION GRAVY

トード・イン・ザ・ホール オニオングレイビーがけ

サクサクの生地に包んだソーセージは家庭料理の定番。
グレイビーソースはグリルしたチョップやマッシュポテトにもかけられます。

使用するカット：ポークソーセージ　4人分
準備時間：25分
調理時間：40～45分

トード・イン・ザ・ホールの材料

小麦粉…130g
塩、挽きたて黒胡椒…適量
卵…4個
全乳…300ml
乾燥セージ…小さじ1/2
イングリッシュマスタード…小さじ1/2
ヘット…大さじ2
ハーブ入りポークソーセージ…8本

オニオングレイビーの材料

オリーブオイル…大さじ2
赤玉ねぎ…3個　薄切り
小麦粉…大さじ2
ベジタブルストック…300ml
赤ワイン…少々（好みで）

1 オーブンを200℃に予熱する。小麦粉を大きなボウルに入れて塩胡椒をする。卵を1個ずつ割り入れてフォークで混ぜる。少しずつ全乳を加え、その都度よく混ぜ合わせる。セージとマスタードを混ぜ入れ、生地をわきに置く。
2 グレイビーソースを作る。焦げ付き防止加工のフライパンにオリーブオイルを入れて中火で熱する。玉ねぎを入れて5分炒める。火を弱めて蓋をし、ときどき混ぜながら弱火で30分炒める。
3 その間にヘットを焦げ付き防止加工の厚手のロースト用トレイに入れて5分加熱する。ソーセージを入れてオーブンで15分焼く。均等に間隔を取ってソーセージを並べ、ゆっくり生地を流し入れる。オーブンに戻し、生地がよくふくらんできつね色に焼けるまで25～30分ほど焼く。
4 小麦粉を玉ねぎに加え、混ぜながら中火で2分加熱する。よく混ぜながらベジタブルストックを少しずつ加える。塩胡椒で味をととのえ、好みで赤ワインを少量加える。トード・イン・ザ・ホールをスライスし、グレイビーソースを添えて食卓に出す。

CHORIZO WITH PATATAS BRAVAS
チョリソーと パタタス・ブラバス

ピリッと辛いトマトソースがクリーミーなアイオリソース、カリッと焼けたチョリソー、熱々のポテトに出合う、スペインのタパス料理。

使用するカット：チョリソーソーセージ　4人分
準備時間：15分
調理時間：40分

材料
- オリーブオイル…大さじ6
- 玉ねぎ…500g　みじん切り
- にんにく…4片　つぶす
- スモークパプリカ…小さじ3
- チリフレーク…小さじ1
- カットトマト缶…400g×2缶
- レモン果汁…1個分
- 塩、挽きたて黒胡椒…適量
- チョリソーソーセージ…200g
- 煮くずれしにくいジャガイモ…500g　皮をむかずに角切りにする
- カイエンペッパー…小さじ1

アイオリソースの材料
- にんにく…1片　つぶす
- 卵黄…1個
- オリーブオイル…200㎖
- レモン果汁…大さじ1

1 ソースを作る。オリーブオイル大さじ2を蓋付きの鍋に入れて熱し、玉ねぎとにんにくを加える。柔らかくなるまで中火で加熱する。スモークパプリカ、チリフレーク、トマト、レモン果汁を加えて塩胡椒をする。火を弱めて蓋をし、10分煮る。火からおろして温かく保つ。

2 チョリソーを焦げ付き防止加工のフライパンに入れる。弾力が出て良い焼き色が付くまで7〜10分焼き、取り出してわきに置く。ジャガイモ、カイエンペッパー、残りのオリーブオイルをフライパンに入れる。よく混ぜながら中火で15分加熱する。チョリソーを大きめに切ってフライパンに戻し、さらに5分加熱する。

3 その間にアイオリソースを作る。にんにくと卵黄を塩ひとつまみと共にフードプロセッサーに入れて混ぜ合わせる。クリーミーなソースになるまでオリーブオイルを少しずつ加える。レモン果汁を加えて混ぜる。

4 ジャガイモとチョリソーを取り出し、皿にのせる。ソースをかけて軽く混ぜ合わせてからめる。アイオリソースをかけして熱々でいただく。

CAJUN ANDOUILLE GUMBO
ケイジャン・アンドゥイユ・ガンボー

ケイジャンスタイルの質朴な料理は、多くの場合鍋ひとつで作られます。お腹を満たすこちらのガンボーはまさにその例。

使用するカット：アンドゥイユソーセージ　4人分
準備時間：15分
調理時間：1時間

材料
- オリーブオイル…大さじ2
- 玉ねぎ（大）…1個　みじん切り
- ピーマン…1個　種を取り除いて2cm角に切る
- にんにく…2片　つぶす
- 無塩バター…25g
- 小麦粉…大さじ3
- カットトマト缶…400g×2缶
- 熱いフィッシュストックかチキンストック…500㎖
- 乾燥赤唐辛子…2本　細かく刻む
- スモークパプリカかアンチョリパウダー…小さじ1
- オクラ…200g　ヘタを取って2cm幅に切る
- アメリカン・アンドゥイユ・スモーク・ソーセージ…250g　皮をむいて2cm幅に切る
- 塩、挽きたて黒胡椒…適量
- タイムの葉…小さじ1
- 生の車海老（大きいもの）…500g　殻と背わたを取る
- イタリアンパセリ…大さじ2　細かく刻む

1 オリーブオイルを大きな厚手の鍋に入れて熱する。玉ねぎとピーマンを入れて焼き色は付けずに柔らかくなるまで弱火で炒める。にんにくを加えてさらに2分炒める。

2 バターを加えて溶かす。小麦粉を加えて弱火にする。混ぜながら焼き色が付くまで5分炒める。トマト、スープストック、唐辛子、スモークパプリカ、オクラ、ソーセージを加えて沸騰させる。味見して塩胡椒でととのえる。

3 弱火にしてタイムを加える。蓋を取ってときどきかき混ぜながら、オクラが柔らかくなり、ガンボーが濃縮されるまで30分煮る。

4 火力を上げて車海老を加える。車海老に火が通るまでさらに5分加熱する。パセリを混ぜ入れ、炊きたてのライスと一緒にいただく。

第4章
牛肉と仔牛肉
BEEF AND VEAL

牛肉と仔牛肉

牛のように体の大きい動物は必然的に見る者を魅了します。
何千年にもわたって牛は富と力の象徴として、財産や贈りものに、また立派なご馳走に使われてきました。

牛は放牧家畜であり、豚や家禽類のように集約的に育てることができないので（下記の肥育場はある程度集約的ですが）、その肉は比較的高価です。牧草が豊かな湿地が理想的で、寒冷地帯では特によく肥えますが、今日ではイギリス系移民が北アメリカ、アルゼンチン、オーストラリアなど乾燥した土地で営んできた畜産業が重要な生産元となっています。また、寒冷地帯では熟成によって牛肉の風味を引き出すことが可能で、この伝統技法はヨーロッパ移民とともにアメリカに渡り、今ではアメリカの多くの有名畜産家が何週間も熟成した牛肉を専門的に生産しています。酪農産業ではおびただしい数の余分な雄が生産され、育てられます。しかし、乳牛は乳を作るという目的で選ばれる牛なので、その肉は脂が少なく、食肉用の品種に比べると品質は低くなります。ヴィール用に育てられる仔牛は特に繊細で柔らかい白肉をつくります。どの乳牛も年をとってくるといずれ食用に使われますが、これらはほとんどの場合、加工食品業社に回され、加工品として小売りで市場に出されます。

生産方法

主な商業的生産法は下記の通りです。

● **牧草育ちの牛** 仔牛は、戸外に出る前に屋内で飼われる場合もあれば、屋外で生まれ、荒天を除きそのまま牧草地で一生を過ごす場合もあります。牧草が育つよう肥料を撒いた複数の小牧場をローテーションする形が一般的。牧草育ちのほとんどの牛は屠殺の数週間前から全身の状態を整えるために補足の穀物飼料を与えられます。しかし、「牧草育ち」として売られている牛肉にこの事実は記載されません。飼料には牧草、屠殺前の濃厚飼料が使用されます。

● **集約生産または屋外飼育** 一生の始めのみを牧場で過ごし、残りを屋内で過ごす場合もあります。開け放した、もしくは換気された小屋に藁を敷き、不断給餌で雑穀や干し草、藁などの飼料が与えられ、そして歩き回ったり寝転んだりするのに十分な場所も与えられます。主に雑種の牛で、飼料には濃厚飼料、干し草、藁、根菜が使われます。

● **肥育場における集約生産** アメリカではこの生産法は "concentrated animal feeding operations"（CAFO、「集約された動物供給操作」）と呼ばれますが、これは実に的を射た表現です。最初は牧草で育ちますが、最後の3〜4ヶ月は何千頭もの牛が集約される肥育場に移され、高エネルギー食を与えられます。病気を避け、また成長を促進させるため、抗生物質や成長促進剤が使われます。成長促進剤の使用はアメリカでは許可されていますが、EUでは禁止されています。
飼料：濃厚飼料

● **有機牛肉** 放し飼いから肥育場での集約生産まで、どの生産法においても、飼料は承認された有機飼料でなければなりません。また、薬の使用は通常に比べて少ないと言えます。しかし、有機マークによっては、薬の使用が「必要に応じて」許可されている種類もある

ので、解釈によっては差異も生じますが、いずれにしても休薬期間は守らなければなりません。

牛肉を買う

上質な熟成牛肉は濃いルビーレッドで、脂肪はクリーミーな白。明るい、または薄い赤の肉は熟成していないものです。牧草育ちの牛肉は穀物育ちのものより脂肪が黄みがかっていて、霜降り肉（P.15参照）は風味がよく、乾いてしまうこともありません。脂肪の少ない肉は風味も淡く、完全に火を通すとパサついてしまいます。

牛の品種と分類

牛肉は他のどんな肉よりも品種名で売られることが一般的です。最も有名なのはスコットランドのアンガスですが、この種は今や世界中で生産されています。他にも様々な牛肉のヒーローが存在します。ゲルプフィー、ヘレフォード、リムーザン、シンメンタール、フレックフィーはどれもすばらしい牛肉をつくります。日本の霜降り肉をつくる和牛の種も忘れてはいけません。また、交配に使われる名種もあります。ピードモント、ベルジャンブルー種は脚の筋肉量が倍あって脂肪が少なく、フリージアン、ホルスタイン種は乳牛の主な部分を占める品種です。

ゼブ、またはブラハム種は首に暑さをしのぐためのコブを持っています。元はアジアの種ですが、今ではアフリカや南米で見られ、中でもブラジルではシャロレースとかけあわせてつくられたカンシーン種として数多く見られます。

牛肉

牛肉は主に去勢牛か若雌牛からつくられます。成長を促進させるため、去勢しない場合もありますが、この場合肉の品質は落ちるとされています。酪農産業が生産する牛肉は比較的脂肪が少ないですが、特にそのことで知られてはいません。今では交配牛が主流ですが、品種が明記されているものは大抵上質の肉であることを意味します。

●**神戸ビーフ** 地元の穀物や草のみを食べて育った和牛は日本の高価な特産品で、非常にきれいな霜降り肉がとれます。同じスタイルの牛肉が日本中、そして他国でも生産されていますが、真正のものとは違います。

●**仔牛** 生後1ヶ月、主に数日以内の仔牛からとれた牛肉はボブ、またはボビーと呼ばれます。伝統的なホワイト・ヴィールをつくるには、仔牛は生まれてすぐに母牛から離され、調乳で育ちますが、大体生後20週ほどで屠殺されます。クレート（P.98参照）や牛舎に入れられるものや、大きな囲いに群れで入れられるものがあります。牛のクレートはEUや、アメリカのいくつかの州で禁止されています。

離乳していないものや、雑穀飼料を与えられるもの、草と乳で育てられるものなどがありますが、ローズ・ヴィール、グレイン・ヴィール、放牧ヴィールなど、生産法によって呼び名は様々です。レッド・ヴィールやルビー・ヴィールなどはもう少し成長したもので、肉の色も濃くなります。

バッファローやバイソン

北アメリカの草地ではかつて数多くの在来バイソンが大きな群れで放浪していましたが、19世紀に狩猟によりほとんどが絶滅してしまいました。今では200万頭ほどしか残っていません。初代のアメリカ移民はバイソンを「バッファロー」と呼んでいたのもあって、今でもアメリカやイギリスではどちらの名称も同じように使われています。しかし、その角を見るとよく分かるように、実際のところバイソンとバッファローは全く違う種です。

●**バッファロー（スイギュウ）**
一番多く見られる種がスイギュウですが、こちらはアジア在来の種です。主に乳を取るためや農耕用として使われますが、もちろん食肉としても利用されます。中には食肉専用にバッファローを飼育する農家もあります。イタリアではスイギュウの乳を使ったモッツァレラが作られます。アフリカン・バッファローは遠い親戚ですが、家畜化はされていません。

牛肉のカット

上質の牛肉は乾燥熟成（吊るし）により濃い赤色を帯び、余分な脂肪はすべて切り落とされていますが、きれいに霜が降っているものです。そして品種が特定されているものは、品質が高いことを意味します。色の明るい肉は熟成されていないので、風味も淡くなります。

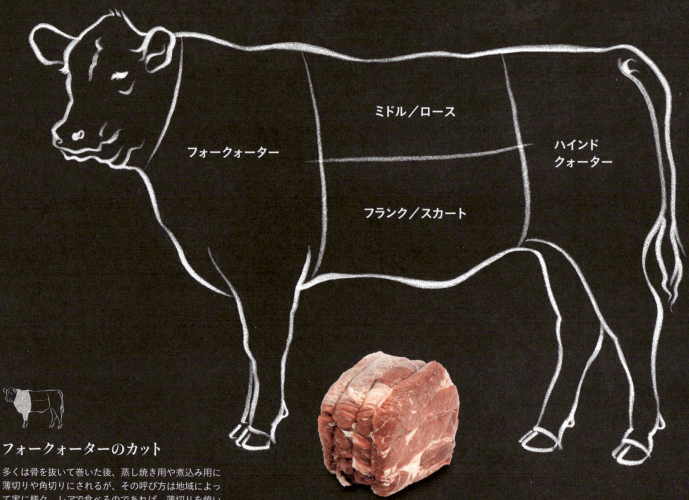

フォークォーターのカット

多くは骨を抜いて巻いた後、蒸し焼き用や煮込み用に薄切りや角切りにされるが、その呼び方は地域によって実に様々。レアで食べるのであれば、薄切りを焼いて食べることも可能。

フェザーブレード（ミスジ）／スペールボーンステーキ
肩甲骨の隣から取った、きれいに霜の降った肩肉ステーキで、中心に軟骨の筋が1本通っている。これを取り除いたものはフラットアイロンと呼ばれ、焼いたり炒めたりする。

チャックとブレードのかたまり肉（肩ロース）
ショルダーとしても知られる、フォークォーターの上部から取れる骨抜きロール肉。蒸し焼き用や煮込み用に、薄切りや角切りにされる。

ブリスケット（肩バラ、ブリスケ）
余分な脂肪を切り取り、巻いて（上記）蒸し焼きにもできるが、主に塩水に浸けてソルト・ビーフになる。巻かないブリスケットはじっくり燻製するのが人気。

その他のフォークォーターのカット

- ボンレスロールバックリブロース：この煮込み用カットは首の後ろから取ったもので、脂肪が多く含まれる。
- 煮込み用角切りステーキ：肩肉は大方どの部分でも、角切りや薄切りにして煮込みに使える。
- 挽き肉：フォークォーターの挽き肉はスネや後脚のものより脂肪が多い。
- レッグオブマトンカット：脚の上部から取られるこのカットは、ブリスケットよりも脂肪が少なく、レアであれば焼いて食べることも可能だが、通常は蒸し焼きにする。
- サーモンカット／グラスゴーヒレ：肩甲骨から取れる魚の形をした筋肉。蒸し焼きに使う。

ミドル／ロースのカット

牛ロースから取れる上質なカットのおいしさを描写するのは容易ではない。骨付き、骨抜き、かたまり肉、ステーキ、いずれも柔らかく風味豊か。

リブアイステーキ
リブの前部から取れる霜降りステーキは人気のカット。上にかぶさるリブキャップ、または「デックル」と呼ばれる薄い筋肉は、炒めもの用に別で売られることもある。

ヒレ／フィレミニョン
ロースより脂肪が少なく、最も柔らかいカット。霜降り肉を好む人もいるが、脂肪をすべて切り取ると豪華なローストになり、スライスしてステーキ肉にすることもある。

スタンディングリブロース（骨付き）
ローストにするとすばらしい骨付きのかたまり肉。サーロインにも似ているが、ヒレはなく、筋肉と外側の脂肪が多い。よく霜の降ったものを選ぼう。

その他のミドルカット

- 骨付きサーロインロースト：スタンディングリブロースに似ているが、ヒレの筋肉を含む。Tボーンステーキはこの部位をスライスしたもの。
- ボンレスリブアイロースト：骨を取り除いたサーロインのかたまり肉を切った霜降りのカット。外側に脂肪の膜がある極上ステーキ肉。
- ロースアイステーキ：中心の筋肉を使った脂肪の少ないステーキ肉。外側の脂肪は切り落としたもの。
- ポーターハウスステーキ：サーロインの尾の方から切り取った、骨付きの厚切りステーキ肉。

フランク／スカートのカット

脂肪が多いため、このカットは主に加工製品に使われる。レアで食べるのであれば、焼いたりグリルしたりできる薄い筋肉もいくつかある。

ショートリブ／ゆで用ビーフ
リブの大きなカットは肉と脂肪の厚い層からなるもの。おいしいスープを作れるが、低温で濃縮したソースと共にじっくり煮込まれることもある。

ハラミ、サガリ／オングレット
横隔膜から取れる色の濃い筋肉だが、あまり使われない筋肉であるため、柔らかいカット。横腹では他にもスカートやフランクといった筋肉があるが、薄くて繊維が多い。いずれもレアで食べられる。

トモサンカク
サーロインの端から取れる小さな三角形の筋肉。ローストやステーキにしたり、角切りにしてグリルすると美味。トモサンカクの一部は厚切りフランクの一部でもある。

挽き肉
フランクを使った脂肪の多い挽き肉はソーセージに使われ、スネや後脚からは脂肪の少ない挽き肉が作られる。

ハインドクォーターのカット

後脚の牛肉はロースやフォークォーターより脂肪が少ない。経済的かつ上質なステーキや、蒸し焼き用のカットが多く取れる。

ボンレスランプ
ランプはサーロインと後脚の間のカットで、霜の降った肉はステーキやローストにすると美味。上にかぶさる薄い筋肉は、ミニッツステーキやピッカーニャとして売られる。

トップサイドステーキ（内モモ、内ヒラ）
柔らかさや霜降り具合ではロースのカットに劣るが、ローストやステーキにすると美味。全体を覆う薄い筋肉はトップサイドキャップやトップキャットとして別売りされることもある。

スネのスライス
脂肪の少ない骨抜きスネ肉は食感もなめらかで、角切りにするとおいしいシチュー用になる。

その他のハインドクォーターのカット

- ポイントステーキ：サーロイン横のランプの尖った端はステーキにすると美味。
- ミニッツステーキ：ランプキャップから取れるカットは、固くなることを避けるために薄切りで手早く調理される。
- トップサイドロールドロースト：脚の最も柔らかい筋肉であるトップサイドは、ステーキ肉やロースト用ロール肉として使える経済的なカット。
- シルバーサイドロールドロースト（外モモ）：シルバーサイドの大きい方のカット。主に蒸し焼きにするが、ローストにも使える。
- サーモンカット／アイラウンド：シルバーサイドの細い筋肉で、長いカット。
- トップランプ／厚切りフランク：トモサンカクなど、いくつかの筋肉を含むカット。主に蒸し焼き用に薄切りにしたものが使われる。

仔牛、バッファロー、バイソンのカット

若い仔牛の肉はとても柔らかく、色もとても淡いです。
バイソンとバッファローの肉は牛肉と比べると色が濃く、フォークォーターの比率が高くなります。
論理的には牛と同じカットがすべて取れますが（P.144〜145参照）、実際に売られているカットの種類は限られています。
これらはどれも脂肪が少ないので、ローストする際、レア以上に火を通す場合はラードが必要となります（P.232参照）。

仔牛

基本的には牛肉のカットを小さくしたものだが、ローストやステーキに使われるカットは牛肉より多い。
仔牛、特にホワイト・ヴィールの筋は柔らかいので、牛肉のものに比べて邪魔にならない。ローズ・ヴィールやルビー・ヴィールは少し成長したものから取るので筋も少し太くなっている。

フォークォーターのカット

仔牛のフォークォーターは主に蒸し焼きや煮込みに使われる。最も有名なのはブランケット・ド・ヴォー（P.182参照）。スネ肉の薄切りはオッソブッコに使われる。

肩肉の角切り
牛肩肉より柔らかいが、じっくり煮込むことでさらにおいしくなるカット。繊細な味付けで引き立つ。

ミドル／ロースのカット

仔牛の中でも最高級のカット。牛肉のものより小さいため、羊肉や豚肉の呼び方が用いられることもある。例えば前の方のリブはラック、骨付きのステーキはチャップと呼ばれることがある。

リブロースト
仔牛のリブは他のどのカットよりも霜降りの量が多い。まろやかな脂肪が風味となめらかさを加え、ローストにしてもチョップとして調理しても、絶品の柔らかさに仕上がる。

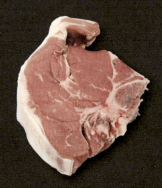

ロースのチョップ
骨付きロースのチョップはTボーンステーキに似ている。骨を取り除いたものは、開いて脂肪の少ないバタフライ・チョップになることもある。ロースはリブより脂肪が少ない。

ハインドクォーターのカット

ハインドクォーターからは大きな筋肉が取れるので、伝統的にエスカロープはここから切り取られる。ハインドクォーターの肉は大抵ロースより脂肪が少ない。

ランプステーキ（ホワイト・ヴィール）
牛乳で育った仔牛は肉の色が淡い。ランプのステーキはとても風味のよいカットで、厚切りにしてもおいしく仕上がる。ローストにしてもよい。

ランプステーキ（ローズ・ヴィール）
ローズ・ヴィールは牧草で育つため、肉の色は比較的濃く、脂肪は黄色味を帯びる。成長していてもスネ肉はまだとても柔らかい。

仔牛のエスカロープ
脂肪を完全に切り取った、とても薄い筋肉のカット。厚い場合は平たく伸ばして、卵とパン粉の衣をつけたり、薄いものと同様に調理することができる。

バッファロー、バイソン

アメリカでは、バイソンでも（すべてではないが）バッファローと呼ばれることがあるので、肉は類似していても、どの種なのか確認する必要がある。バイソンとバッファローの主要な輸出国はアメリカとイタリアで、最高のバッファローは年を取った乳牛ではなく、食肉用に育てられたもの。アジアでは、バッファローは年を取った硬い肉の場合がある。

トップサイド（ロール肉）
「クッション」とも呼ばれるこのフォークォーターのカットは、トップサイドの肉よりも柔らかく脂肪は少ないが、かたまり肉としては上質。ステーキ肉やケバブ、フォンデュ用に切って使うこともできる。

フォークォーターのカット
バッファローとバイソンのフォークォーターは比率的に牛肉よりも多いが、牛肉同様、主に濃厚なシチューや煮込み料理、または挽き肉に使われる。

ハインドクォーターのカット
バイソンとバッファローのハインドクォーターカットは、牛肉のものよりも脂肪が少なく、鹿肉と同様に調理し、ピンク色の状態で食べるのがよい。

シャンク（骨付きで切ったもの）／オッソブッコ
オッソブッコには様々な肉が使われるが、本来は仔牛のシャンクが使われる。じっくり蒸し焼きで調理すれば、骨の髄が溶けて濃厚な一品に仕上がる。

肩肉のロースト
首の後ろから取れるカットが最も上質。柔らかさは一番ではないが、脂肪が多いので、じっくりローストしてもしっとり仕上がる。

ランプステーキ
外側に脂肪の膜があるが、肉自体は脂肪が少ないので、硬くなるのを避けるため鹿肉と同様に調理し、ピンク色の状態で食べるのがよい。

その他の仔牛のカット

- **肩肉のロースト（フォークォーター）**
牛肩肉よりずっと脂肪の少ないこのカットは、蒸し焼きにする前にラーディングする必要がある。
- **挽き肉（フォークォーター）**
牛肉よりも脂肪が少なく、あっさりした仔牛の挽き肉はパスタソースに向く。
- **蒸し焼き用のステーキ（フォークォーターかハインドクォーター）**
脚や肩肉から取れるカット。脚肉のものがより柔らかい。
- **厚切り肉（ミドルかロース）**
脂肪を切り落としたチャップはレストランで人気のカット。あばらの前部か肋骨から切り取った肉。
- **ヒレ（ミドルかロース）**
外側の脂肪を取り除けば柔らかくて脂肪の少ないカット。
- **サーロインロースト（ミドルかロース）**
ヒレや「チャンプ・エンド」とも呼ばれる上質のロースト用骨抜きかたまり肉。
- **フレンチラック（ミドルかロース）**
あばらの前部から取れる贅沢なかたまり肉は、肋骨6本で1.5kgほど。
- **仔牛胸肉（フランク）**
フランクから取れる胸肉は脂肪の層があり、詰めものをするのに向いている。
- **シルバーサイド（ハインドクォーター）**
トップサイドより下の脚肉を使ったかたまり肉は、ローストや蒸し焼きに使われる。

ミドル／ロースのカット
バイソンやバッファローのミドルやロースは、牛肉と同じように柔らかいカットを含むが、外側の脂肪は少ない。

骨抜きのリブアイロースト
ロースの前部から取ったかたまり肉。他のカットより脂肪は多いが、レアの方がおいしい。

その他のバッファローやバイソンのカット

- **角切りの肩肉（フォークォーター）**
肩が大きいので、煮込み用の角切り肉には様々な種類がある。
- **ブリスケット（フォークォーター）**
ブリスケットのかたまり肉には脂肪が付いていて、それを付けた状態で調理すると水分を保てる。
- **ヒレ（ミドルかロース）**
ステーキやロースト用の肉で最も柔らかい。テンダーロインとして売られることが多い。
- **ロースアイ（ミドルかロース）**
「ストリップロイン」とも呼ばれるこのカットは、ロース、もしくはアイ・マッスルの脂肪を完全に切り取ったもの。
- **トップサイド（ハインドクォーター）**
レアで食べるか、ラードを加えてじっくり調理するべき、脂肪の少ない肉。

VEAL, BUFFALO, AND BISON CUTS

牛肉の保存食品

保存製品の多くは牛肉の風味を強調させるため燻煙はされません。豚で作ったものより高価であり、牛のソーセージはジューシーさを保ちながらも安値で提供できるように豚の脂が足されることが多いですが、コーシャーやハラルの消費者でも食べられるよう豚を使わないものもあります。

ソルトビーフ
元は長い航海のために牛肉を保存する方法として考案されたもの。肉はスパイスの入った強い塩水に数週間漬けられます。肉の明るい赤色は塩水に加えた亜硝酸ナトリウムによるものです。

パストラミ
ブリスケットを塩漬けしてスパイスをまぶした後、燻煙して調理します。アメリカのサンドイッチ用肉。熱々でも冷製でも食べられます。

ブレザオラ
イタリアのアルプス発祥のブレザオラは後脚の肉を塩漬けした後、数日ジュニパーベリーで味付けし、乾燥させたものです。

カルネ・デ・ソル
ハバとも呼ばれるブラジル北東独自の肉は塩漬けした後、日干しにしたもの。名は「太陽の肉」という意味です。

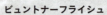

ビュントナーフライシュ
ヴィアント・デ・グリソンとも呼ばれる、スイス発祥の干し肉。骨抜きの牛肉を塩漬け、マリネした後、日干しされます。スペインのセシーナ・デ・レオンは牛脚肉を塩漬け、燻煙、乾燥させたものです。

ジャーキー
南アメリカのチャルキのバリエーション。塩漬けにして風をあて乾燥させた肉です。辛いスパイスミックスでマリネされ、燻煙されることもあります。

セシーナ
スペインとメキシコで作られます。メキシコでは薄く切って塩漬けした牛肉をマリネして日干しします。スペインのセシーナ・デ・レオンは牛脚肉を塩漬け、燻煙、乾燥させたもの。

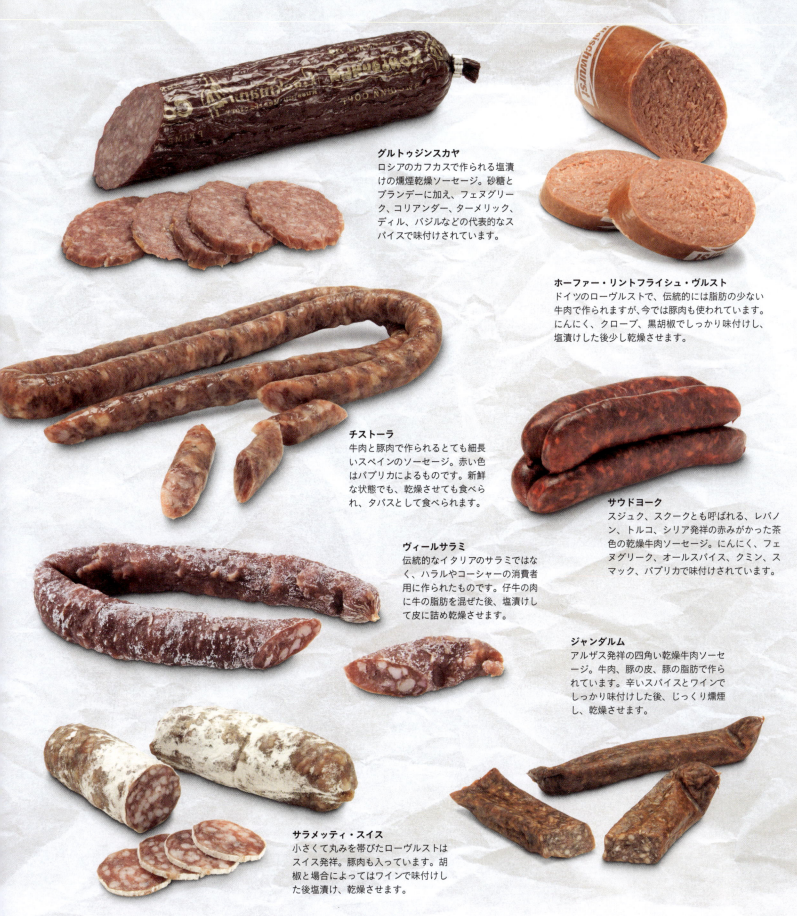

グルトゥジンスカヤ
ロシアのカフカスで作られる塩漬けの燻煙乾燥ソーセージ。砂糖とブランデーに加え、フェヌグリーク、コリアンダー、ターメリック、ディル、バジルなどの代表的なスパイスで味付けされています。

ホーファー・リントフライシュ・ヴルスト
ドイツのローヴルストで、伝統的には脂肪の少ない牛肉で作られますが、今では豚肉も使われています。にんにく、クローブ、黒胡椒でしっかり味付けし、塩漬けした後少し乾燥させます。

チストーラ
牛肉と豚肉で作られるとても細長いスペインのソーセージ。赤い色はパプリカによるものです。新鮮な状態でも、乾燥させても食べられ、タパスとして食べられます。

サウドヨーク
スジュク、スクークとも呼ばれる、レバノン、トルコ、シリア発祥の赤みがかった茶色の乾燥牛肉ソーセージ。にんにく、フェヌグリーク、オールスパイス、クミン、スマック、パプリカで味付けされています。

ヴィールサラミ
伝統的なイタリアのサラミではなく、ハラルやコーシャーの消費者用に作られたものです。仔牛の肉に牛の脂肪を混ぜた後、塩漬けして皮に詰め乾燥させます。

ジャンダルム
アルザス発祥の四角い乾燥牛肉ソーセージ。牛肉、豚の皮、豚の脂肪で作られています。辛いスパイスとワインでしっかり味付けした後、じっくり燻煙し、乾燥させます。

サラメッティ・スイス
小さくて丸みを帯びたローヴルストはスイス発祥。豚肉も入っています。胡椒と場合によってはワインで味付けした後塩漬け、乾燥させます。

ソルトビーフを作る

ソルトビーフを作るのは簡単です。塩漬け、塩水漬けのコツやポイントはP.21をご参照ください。プラハパウダー（キュアリングソルト）はインターネットで購入することができます。不可欠ではありませんが、塩漬け肉の特徴的な赤い色に仕上がります。

1 2.25kgのブリスケットロールに対し、600gの塩と30gのプラハパウダー No.1 を5ℓのお湯に溶かす。挽いた黒胡椒とオールスパイスを大さじ2、粉末ジンジャーを大さじ1、ベイリーフ2枚、タイム1枝を加えて冷ます。

2 肉を冷えた塩水に完全に浸し、重しをのせる。均等に塩に漬かるように1日1回裏返し、冷蔵庫で1週間保存する。塩水を捨て、水洗いする。

3 水と一緒に肉を鍋に入れてゆっくり沸騰させ、大きさに合わせて2〜4時間ゆでる。柔らかくなったら肉を温かい皿に移し、蓋をして温かく保つ。

4 温かいうちに、もしくは冷ましてから薄く切り分けていただく。伝統的には人参やマッシュポテト（温かいうちにいただく場合）、またはガーキンやザワークラウト（冷たくしていただく場合）を添えて食べる。

パストラミを作る

ブリスケットをじっくり、ゆっくり燻煙します。お持ちのスモーカーでゆっくり燻製できない場合は、1〜2時間燻煙した後オーブンに移して仕上げます。

1 巻いたブリスケットを開く。ソルトビーフの手順1と2を行うが、挽いたコリアンダーシード大さじ2と黒砂糖250gを加える。4日で肉を取り出し、水洗いする。

2 挽いた黒胡椒と挽いたコリアンダーシード大さじ1ずつを混ぜ合わせる。肉の表面、特に脂肪の部分にすり込み冷蔵庫で一晩置く。

3 スパイスの付いた肉を1〜2時間、中の温度が70℃に達するまでできるだけゆっくり燻煙する。燻煙についてはP.22〜23参照。写真のオーブントップのタイプに加え、スモーカーには様々な種類がある。

4 肉をラックに移し、オーブン用のトレイにのせる。オーブンの中で蒸気を作るため1cmの深さまで水を注ぐ。

5 オーブンを120℃に予熱する。肉のまわりに空気が十分に入るよう注意して、トレイ全体をアルミで包み、しっかり閉じる。肉をオーブンに入れる。

6 肉の内部温度が70℃に達し、とろけるほど柔らかくなるまで2〜3時間ほどゆっくり蒸す。温かいうちに、または冷やしていただく。

CHILLI CON CARNE

チリコンカルネ

インゲン豆と牛肉を使ったメキシコの定番料理は安定の人気を誇ります。

使用するカット：牛挽き肉　4人分
準備時間：25分
調理時間：1時間45分

材料

オリーブオイル…大さじ2
玉ねぎ…1個　みじん切り
セロリの茎部…1本　みじん切り
ピーマン…1個　みじん切り
にんにく…2片　つぶす
牛挽き肉…500g
乾燥オレガノ…大さじ1
スモークパプリカ…大さじ2
カイエンペッパー…小さじ1/2
挽いたクミン…小さじ1
黒砂糖…小さじ1
塩、挽きたて黒胡椒…適量
カットトマト缶…400g×1缶
ビーフストック…250ml
トマトピューレ…大さじ1
インゲン豆…400g×1缶　汁を切って洗っておく

1 オリーブオイルを大きな耐熱性のキャセロール鍋かダッチオーブンに入れて中火で熱する。玉ねぎ、セロリ、ピーマンを入れて端に焼き色が付いてくるまで10分炒める。にんにくを加えてさらに1分ほど加熱する。

2 強火にして牛肉を入れる。かたまりをスプーンでほぐしながら全体の色が変わるまで5〜8分炒める。オレガノ、スパイス、砂糖、塩胡椒を加え、スパイスが香るまで炒める。

3 トマト、ビーフストック、トマトピューレを加える。沸騰したら弱火にして蓋をし、1時間煮る。インゲン豆を加えたら蓋を取った状態でソースの水分が少し飛ぶまで30分加熱する。火からおろしてライス、サワークリーム、好みでおろしたチェダーチーズと一緒にいただく。

SPICY BEEF AND PEA PATTIES

ビーフとグリーンピースのスパイシーパテ

このパテは温かくても冷たくてもおいしく食べられるのでピクニックのおやつに最適。

使用するカット：牛挽き肉　4人分
準備時間：15分
調理時間：15〜20分

材料

オリーブオイル…大さじ3
生姜のすりおろし…大さじ1
玉ねぎ…1個　粗みじん切り
にんにく…2片　つぶす
粉末クミン…大さじ1
粉末コリアンダー…大さじ2
冷凍グリーンピース…200g　解凍する
牛挽き肉…500g
溶き卵…1個
細かいパン粉…100g
海塩と挽きたて黒胡椒…適量
赤唐辛子…1本　種を除いて細かく刻む
コリアンダーの葉…軽くひとつかみ
ミントの葉…大さじ2　刻む

1 オリーブオイル大さじ1を大きなフライパンに入れて熱する。生姜、玉ねぎ、にんにく、クミン、コリアンダーを加える。よく混ぜながら、焼き色は付けずに玉ねぎが柔らかくなるまで3分ほど加熱する。大きなボウルに移して冷ます。

2 1が冷めたらグリーンピース、牛肉、卵、パン粉をボウルに加える。塩胡椒で味をととのえてよく混ぜる。最後に赤唐辛子、コリアンダー、ミントを加えて混ぜ合わせる。

3 生地で小さなパテを作る。残りのオリーブオイルをフライパンで熱し、焼き色が付いて火が中に通るまで両面3分ずつ加熱する。フライパンの中が過密にならないように数回に分けて調理する。取り出してキッチンペーパーを敷いた皿に移し、油を切る。マスタードかピカリリー（カレー風味のピクルス）を添えて温かいうちにいただく。

CLASSIC BURGERS

クラシックバーガー

脂が少なすぎると乾いたバーガーになってしまいますが、
挽き肉に少し脂肪を混ぜておくと、肉が内側からしっとりジューシーに焼き上がります。

使用するカット：牛挽き肉　4人分
準備時間：20分＋冷まし時間
調理時間：10分

材料

- 牛挽き肉…400g
- 新鮮な白パン粉…50g
- 卵黄…1個
- 赤玉ねぎ…1/2個　みじん切り
- 乾燥粉末マスタード…小さじ1/2
- セロリ塩…小さじ1/2
- ウスターソース…小さじ1
- 海塩と挽きたて黒胡椒…適量
- バーガー用バンズ…4個　半分に切る

付け合わせに

- レタス…1玉　手でちぎる
- トマト…2個　厚めの輪切り
- 赤玉ねぎ（小）…1個　薄い輪切り
- ガーキン（ピクルス）…1個　薄切り
- スパイシーなトマトレリッシュ…大さじ4

1 挽き肉、パン粉、卵黄、粉末マスタード、セロリ塩、ウスターソースを大きなボウルに入れる。塩胡椒をふってよく混ぜる。
2 軽く濡らした手で生地を4等分して丸める。なめらかになるまで両手の間で転がしたら、平たくして厚さ3cmの大きな円盤形にする。
3 端を押さえて形を整え、皿にのせる。ラップをかぶせて冷蔵庫で30分寝かせたら、バーベキューの準備をする。
4 ハンバーグの両面にまんべんなく海塩をふって味付けする。熱したバーベキューでときどき裏返しながら、弾力が出て端の方に焦げ目が付くまで6〜8分焼く。ハンバーグの内部温度は75℃。
5 バンズの内側のみ1〜2分グリルにのせて軽く焼く。ハンバーグとバンズを輪切りにしたトマト、玉ねぎ、ガーキンと、レタス、トマトレリッシュと共に食卓に出す。

FEATHERBLADE STEAK WITH BLACK OLIVE BUTTER

みすじのステーキ 黒オリーブバター添え

あまり知られていない、この小さめのステーキカットは風味が甘く、レアでいただくのが最適です。

使用するカット：牛みすじ　4人分
準備時間：10分＋マリネ時間と冷まし時間
調理時間：10分＋寝かせ時間

材料

- なたね油…大さじ2
- 赤ワイン…大さじ3
- ローズマリー…大さじ2　刻む
- にんにく…1片　つぶす
- フェザーブレードステーキ…60gほどの薄切り×4枚
- 海塩、挽きたて黒胡椒…適量

バターの材料

- 無塩バター…150g　柔らかくしたもの
- イタリアンパセリ…大さじ2　刻む
- 種を取ったブラックオリーブ…50g　汁を切って粗みじん切り
- にんにく…1片　つぶす
- 砕いた粒胡椒…好みで適量

1 なたね油、赤ワイン、ローズマリー、にんにくを浅い器に入れて混ぜ合わせる。ステーキを加えて全面になじむように混ぜる。ラップをかぶせて冷蔵庫で2〜3時間寝かせる。
2 その間にバターをつくる。粒胡椒以外のすべての材料を大きなボウルに入れる。フォークでつぶしてよく混ぜ合わせ、最後に砕いた粒胡椒を少し加えて味をととのえる。
3 混ぜたバターをソーセージの形にしてクッキングシートにのせる。シートを筒状に丸めて両端をねじって閉じる。冷蔵庫で30分冷やす。
4 鉄板を強火で温める。マリネからステーキを取り出し、キッチンペーパーを敷いた皿に並べて室温になるまで置く。塩胡椒をふりかけ、鉄板にのせて両面2〜3分ずつ焼き、レアに仕上げる。
5 火からおろして皿に移し、3〜5分休ませる。バターを冷蔵庫から取り出し、8等分に切ったら2切れずつのせてステーキを食卓に出す。

CARBONADE OF BEEF WITH ALE

エールの牛肉カルボナード

フランドル発祥のこちらの料理は、
味わい深いダークエールで甘酸っぱく仕上げます。

使用するカット：蒸し焼き用牛ステーキ　4～6人分
準備時間：40分
調理時間：2時間50分～3時間25分

材料

- 小麦粉…大さじ3　塩を加える
- 蒸し焼き用牛ステーキ…1kg　脂肪を切り落として4cm角に切ったもの
- オリーブオイル…大さじ2～3
- 玉ねぎ…2個　極薄切り
- 人参…2本　皮をむいて薄切り
- トマトピューレ…大さじ1
- にんにく…2片　つぶす
- ブラウンエール…290㎖
- ビーフストック…350㎖
- 黒砂糖…小さじ2
- 赤ワインビネガー…大さじ1
- ベイリーフ…2枚
- タイム…1枝
- イタリアンパセリ…ひとつかみ　粗く刻む
- 海塩、挽きたて黒胡椒…適量

クルトンの材料

- フランスパン…6切れ
- にんにく…1片　半分に切る
- オリーブオイル…大さじ1
- ディジョンマスタード…小さじ2～3

1 オーブンを180℃に予熱する。クルトンを作る。パンをきれいな台に乗せて両面にまんべんなくにんにくをすり付ける。オリーブオイルをオーブン用の鉄板にたらしてパンをのせる。

2 両面に均等にオイルが付くようパンを裏返す。こんがり焼けるまでオーブンで15～20分焼く。オーブンから取り出してわきに置いたら、オーブンの温度を150℃に下げる。

3 小麦粉を大きな浅い器に入れる。牛肉を入れて全体に粉をまぶし、余分なものは落とす。オリーブオイル大さじ2を大きな耐熱性キャセロール鍋に入れて中火で熱する。

4 牛肉を鍋に入れてよく混ぜながら、全体に焼き色が付くまで8分ほど加熱する。鍋の中が過密にならないよう数回に分けて調理する。必要に応じてオイルを足す。肉を取り出して皿に移し、温かく保つ。

5 火を弱火にして玉ねぎと人参を加え、ときどき混ぜながら軽く焼き色が付くまで6～8分加熱する。トマトピューレとにんにくを加え、よく混ぜながら1分加熱する。

6 牛肉、エール、ビーフストック、黒砂糖、赤ワインビネガー、ベイリーフ、タイム、そしてパセリの半量を加える。塩胡椒で味をととのえ、沸騰させる。蓋をしてオーブンに移す。ときどきかき混ぜながら、火が通って肉が柔らかくなるまで2時間～2時間半調理する。

7 オーブンから取り出す。味見して塩胡椒をでととのえる。ディジョンマスタードをクルトンに1枚ずつ塗って肉の上に並べる。キャセロール鍋を再びオーブンに戻し、クルトンがカリッと焼けるまで皿で10分加熱する。残りのパセリを散らして食卓に出す。

FILIPINO BEEF STEW

フィリピン風ビーフシチュー

絶妙なアジアンフレーバーの組み合わせで
牛肉の風味を引き出す伝統的な料理。

使用するカット：蒸し焼き用牛ステーキ　4人分
準備時間：20分
調理時間：2時間半

材料

- ひまわり油…大さじ4
- アナトーシード…大さじ1
- 蒸し焼き用牛ステーキ…1kg　2.5cm角に切る
- 玉ねぎ（大）…2個　薄切り
- にんにく…6片　つぶす
- 白ワインビネガー…大さじ2
- ビーフストック…600㎖
- ベイリーフ…2枚
- パームシュガー…大さじ1　挽いたもの
- ココナッツミルク…400g×2缶
- 海塩…小さじ2
- 挽きたて黒胡椒…大さじ1/2
- ナンプラー…大さじ2
- 醤油…大さじ2
- 米粉…大さじ2　きつね色になるまでから炒り
- 砕いたローストピーナッツ…大さじ4
- ナス…250g　ぶつ切り
- 根セロリ…250g　皮をむいてぶつ切り
- インゲン…150g　両端を切り落とす

飾り付けに

- わけぎ…6本　根を切り落として小口切り

1 蓋付きの大きな鍋にひまわり油を入れて熱する。アナトーシードを加えて油が赤くなるまで炒める。油をこし器に通してアナトーシードは捨て、油を鍋に戻す。肉を加えて全体に焼き色が付くまで6～8分焼く。鍋が過密にならないよう数回に分けて調理する。肉を取り出し、キッチンペーパーを敷いた皿に移して油を切る。

2 玉ねぎとにんにくを加え、弱火にして玉ねぎに軽く焼き色が付いて柔らかくなるまで5分加熱する。肉を鍋に戻して混ぜる。白ワインビネガー、ビーフストック、ベイリーフ、パームシュガー、ココナッツミルクを加えて塩胡椒をする。沸騰したらナンプラーと醤油を加える。弱火にして蓋をし、肉が柔らかくなるまで1時間45分～2時間調理する。

3 米粉とピーナッツを加えてよく混ぜる。野菜をすべて加え、柔らかくなるまでよく混ぜながら加熱する。ベイリーフを取り除く。味を見て塩胡椒で調節し、飾り付けにわけぎをのせて熱々でいただく。

DAUBE OF BEEF WITH PRUNES

牛肉のドーブ プルーン添え

じっくり煮込んだ甘いソースととろけるビーフが絶品の、フランス料理の定番。

使用するカット：蒸し焼き用牛ステーキ　4人分
準備時間：25分
調理時間：2時間15分〜2時間45分

材料

小麦粉…大さじ2　塩胡椒を少々加える
乾燥ミックスハーブ…小さじ1
蒸し焼き用牛ステーキ…900g　脂肪を切り落として角切りにしたもの
オリーブオイル…大さじ2〜4
玉ねぎ…2個　薄切り
にんにく…2片　つぶす
人参…2本　細切り
ベイリーフ…2枚
オレンジの皮…1個分　細かく刻む
ローズマリー…1枝
種ぬきプルーン…100g
海塩、挽きたて黒胡椒…適量
ビーフストック…600mℓ
赤ワイン…150mℓ
トマトピューレ…大さじ1
白ワインビネガー…小さじ1

飾り付けに

コリアンダーの葉…ひとつかみ　粗みじん切り

1 オーブンを140℃に予熱する。浅い器にハーブと小麦粉を入れる。牛肉を入れて全体に粉をまぶし、余分な粉をはらい落とす。オリーブオイル大さじ2を大きな焦げ付き防止加工のフライパンに入れて熱する。玉ねぎを加え、柔らかくなってきつね色になるまで6〜8分加熱する。取り出して大きな耐熱性のキャセロール鍋かダッチオーブンに移す。
2 牛肉をフライパンに入れてきつね色になるまで5分加熱する。フライパンが過密にならないよう数回に分けて調理し、必要に応じてオイルを足す。取り出してキャセロール鍋に加える。にんにく、人参、ベイリーフ、オレンジの皮、ローズマリー、プルーンを加える。塩胡椒で味をととのえ、よく混ぜる。
3 ビーフストック、ワイン、トマトピューレ、白ワインビネガーを混ぜ入れる。キャセロールを強火で熱し、沸騰させたら蓋をしてオーブンに移す。肉が柔らかくなるまで2時間〜2時間半加熱する。オーブンから取り出して味見をし、塩胡椒でととのえる。コリアンダーを飾り付けてクリーミーなマッシュポテトを添えるとよい。

BEEF RECIPES

POTTED BEEF

ポッテド・ビーフ

この伝統料理では粗挽きパテの食感と、バターのようなリッチな味わいが絶妙。

使用するカット：煮込み用牛ステーキ　パテ600ml分
準備時間：10分
調理時間：5時間

材料

- 煮込み用牛ステーキ…450g　余分な脂肪とすじを取り除いてぶつ切りにしたもの
- 海塩、挽きたて黒胡椒…適量
- 粉末ナツメグ…小さじ1
- ベイリーフ…1枚
- カイエンペッパー…ひとつまみ
- メース（ナツメグでも代用可能）…1枚
- アンチョビエッセンス…大さじ1/2
- バター…120gとトッピングに少々

1 オーブンを130℃に予熱する。肉をオーブン用の器に入れ、黒胡椒、ナツメグ、ベイリーフ、カイエンペッパー、メースをふりかける。アンチョビエッセンスをたらしてバターを上に乗せる。ホイルでしっかり包んで2〜3時間焼く。オーブンから取り出してよく混ぜる。再びオーブンに戻してさらに2時間、肉が柔らかくなって裂けてくるまで加熱する。

2 オーブンから取り出して30分寝かせる。肉をフードプロセッサーに入れてなめらかになるまで回し、塩胡椒で味をととのえる。ベイリーフとメースを取り除いた肉汁を肉に混ぜる。容器数個に分け入れてスプーンの裏で軽く押さえてしっかり詰める。ラップを被せて冷蔵庫で冷やし固める。

3 余分なバターを小さい鍋に入れて弱火で溶かしたら、容器に入れて上部に膜を作り、冷蔵庫で12時間冷やす。パン、漬けたクルミ、チャツネと一緒にいただく。密封して冷蔵庫で5〜7日持つ。

BEEF GOULASH

ビーフ・グーラッシュ

ピーマンとトマトの旨味が最大限に引き立つハンガリーの伝統的なシチュー。

使用するカット：蒸し焼き用牛ステーキ　4人分
準備時間：25〜30分
調理時間：2時間50分

材料

- サラダ油…大さじ1
- スモークベーコン…60g　角切り
- 玉ねぎ…6個　合計750gほど　粗みじん切り
- パプリカ…大さじ2
- 蒸し焼き用ステーキ…750g　角切り
- にんにく…2片　細かく刻む
- キャラウェイシード…小さじ1/2
- トマト…2個　種を取って粗みじん切り
- ピーマン…2個　輪切り
- 塩、挽きたて黒胡椒…適量
- 小麦粉…45g
- 溶き卵…1個
- サワークリーム…120ml（好みで）

1 サラダ油を大きな耐熱性のキャセロール鍋に入れる。ベーコンを加え、焼き色が付いて脂が溶けるまで、混ぜながら3〜5分加熱する。玉ねぎを混ぜ入れ、アルミホイルで覆って蓋をする。ときどき混ぜながら弱火で20〜25分、玉ねぎが透き通って柔らかくなるまで炒める。

2 オーブンを180℃に予熱する。1の鍋にパプリカを加え、焦げないように混ぜながら2分炒める。牛肉、にんにく、キャラウェイシード、水500mlを加えて混ぜ合わせる。混ぜながら沸騰させ、蓋をしてオーブンに入れる。牛肉が大体柔らかくなるまで1時間〜1時間半加熱する。

3 オーブンから取り出し、トマトとピーマンを入れて混ぜ合わせ、塩胡椒をする。蓋をしてオーブンに戻し、肉がとても柔らかくなり、シチューが濃厚になるまで30〜45分加熱する。オーブンから取り出して味見し、塩胡椒でととのえる。

4 小麦粉と塩少々をボウルに入れ、卵を加えて混ぜ合わせる。キャセロールを強火にかけて沸騰させる。混ぜた小麦粉を小さじですくってシチューに落とし入れ、ダンプリングを作る。火を弱めて5〜7分、ダンプリングに火が通るまで加熱する。シチューとダンプリングを温かいスープボウルに盛り、好みでサワークリームをひとすくいのせ、熱々でいただく。

KERALA BEEF

ケーララビーフ

ココナッツ、ターメリック、カレーリーフなど地元の食材を使った
南インド、ケーララ州のすばらしいスパイスが香る辛口カレー。

使用するカット：蒸し焼き用の牛ステーキ　4～6人分
準備時間：20分＋マリネ時間
調理時間：1時間45分～2時間15分

材料
シナモンスティック…1本　5cmのもの
粒胡椒…12粒
クローブ…6つ
フェンネルシード…大さじ1
コリアンダーシード…大さじ1と1/2
カルダモンシード…6粒　さやから取ったもの
ターメリック…小さじ1
きめ細かい塩…小さじ1
蒸し焼き用牛ステーキ…1kg　脂肪を切り落として2.5cm角に切る
生姜…2.5cm　皮をむいてすりおろす
にんにく…4片　薄切り
グリーンチリ…2本　種を取り除いて細かく刻む
玉ねぎ…2個　薄切り
カレーリーフ…20枚、もしくは乾燥したもの16枚
ココナッツの千切り…50g
ひまわり油、なたね油、ココナッツオイルのいずれか…大さじ4
マスタードシード…大さじ1/2

飾り付けに
コリアンダーの葉…ひとつかみ
ドライココナッツの薄切り…ひとつかみ

1 小さなフライパンを中火にかける。シナモン、粒胡椒、クローブ、フェンネル、コリアンダー、カルダモンを入れ、よく混ぜながら軽く焼き色が付いて香りが出るまでから炒りする。火からおろして2～3分冷ます。

2 すり鉢を使ってスパイスを粉末状になるまで挽き、大きなボウルに移す。ターメリックと塩を入れてよく混ぜる。肉と生姜、にんにく、チリ、玉ねぎの半量とカレーリーフを加え、肉にまんべんなくまぶしたら、ラップをかぶせて冷蔵庫で1時間冷やす。オーブンを160℃に予熱する。

3 肉とマリネ液を大きな耐熱性のキャセロール鍋に移す。水375mlを加えて沸騰させたら蓋をしてオーブンに入れる。牛肉が柔らかくなるまで1時間半～2時間加熱する。キャセロール鍋を取り出して蓋を取って強火にかける。沸騰させて底に焦げ付かないよう常に混ぜながら、水分がすべて飛ぶまで煮る。火からおろしてわきに置く。

4 焦げ付き防止加工の大きなフライパンを熱する。ココナッツを加え、焦げないよう常に混ぜながら2～3分加熱する。油、マスタードシード、残りの玉ねぎを加え、玉ねぎが黄金色になるまで3～4分炒める。**3**と残りのカレーリーフを加える。牛肉の水分が飛び、全体に焼き色の付いた照りのある状態になるまで炒める。コリアンダーとドライココナッツを飾り付けて食卓に出す。

BOILED BRISKET OF BEEF WITH HERB DUMPLINGS

牛ブリスケットとハーブのダンプリング添え

このイギリスの伝統料理は安価なカットもおいしくいただけます。野菜とスパイスをたっぷり使ったダンプリングはブリスケットのお供に最適。

使用するカット：牛ブリスケット　4～6人分
準備時間：20分
調理時間：2時間50分

材料
ブリスケットロール…2kg
ビーフストック…1.5～2ℓ
海塩と挽きたて黒胡椒…適量
玉ねぎ（大）…1個　クローブを4つ刺す
人参…3本　皮をむいて4cm角に切る
ブーケガルニ…1束
粒胡椒…10粒
セロリの茎部…1本　4cm幅に切る
シナモンスティック…1/2本
八角…2粒（好みで）
セイヨウネギ…3本　洗って根を切り落とし、4cm幅に切る

ダンプリングの材料
ふくらし粉入りの小麦粉…125g
牛スエット…50g　細かく刻む
ミックスドライハーブ…小さじ1
イタリアンパセリ…ひとつかみ　刻む
ホースラディッシュ…小さじ1
海塩と挽きたて黒胡椒…適量

1 牛肉を蓋付きの大きな鍋に入れる。肉にかぶるまで水を注いで塩小さじ1を入れる。中火にかけてゆっくり沸騰させ、表面のアクをすべて取り除く。
2 弱火にして玉ねぎ、人参、ブーケガルニ、粒胡椒、セロリ、シナモン、好みで八角を加える。蓋をしてときどき表面のアクを取り除きながら1時間45分煮る。セイヨウネギを加えて軽く混ぜ、蓋をしてさらに45分加熱する。
3 その間にダンプリングを作る。大きなボウルに材料をすべて入れる。塩胡椒と大さじ5～6杯の水を加えて伸縮性のある生地になるまでよく混ぜる。8等分して手のひらで丸める。
4 肉を取り出して温かい所に取り置く。ブーケガルニ、粒胡椒、シナモンスティック、八角を取り除く。味見して塩胡椒でととのえる。
5 ダンプリングを入れ、蓋をして15～20分調理する。

SPICED SKIRT OF BEEF WITH BEETROOT, CRÈME FRAÎCHE, AND HORSERADISH

牛バラ肉のスパイス焼き　ビーツ、クレームフレーシュ、ホースラディッシュ添え

ビーツに加えホースラディッシュが、土の香りと食欲をそそる酸味を生みます。

使用するカット：牛バラ肉　4～6人分
準備時間：20分
調理時間：3時間＋寝かせ時間

小麦粉…大さじ2　塩胡椒で下味を付ける
牛スカート…1kg　4cm角に切る
なたね油…大さじ2
バター…ひとかけ
玉ねぎ（大）…1個　角切り
にんにく…2片　つぶす
赤唐辛子…1/2本　種を取って細かく切る（好みで）
赤ワインビネガー…大さじ3
赤ワイン…200㎖
ビーフストック…500㎖
バルサミコ酢…大さじ1
ジュニパーベリー…8粒　砕く
オールスパイスの実…6粒　砕く
ベイリーフ…1枚
タイムリーフ…小さじ1　刻む
黒砂糖…小さじ3
ビーツ（小）…8つ　皮をむいて半分に切る
海塩、挽きたて黒胡椒…適量
コーンフラワー…大さじ1　少量のお湯と混ぜる（好みで）
クレームフレーシュ（サワークリームの一種）…大さじ2
乾燥マスタード…大さじ2
クリーム・ド・ホースラディッシュ…大さじ3

1 オーブンを150℃に予熱する。小麦粉を浅い器に入れる。牛肉を加えて全体にまぶし、余分な粉を落とす。
2 なたね油とバターを大きなキャセロール鍋に入れて強火で熱する。牛肉を入れて焼き色が付くまで5～8分加熱する。鍋が過密にならないよう数回に分けて料理する。取り出して皿にのせ、わきに取り置く。
3 火を中火にして玉ねぎ、にんにく、赤唐辛子（好みで）をキャセロール鍋に加える。ときどき混ぜながら玉ねぎが柔らかくなるまで5～10分加熱する。火を強めて赤ワインビネガー、赤ワイン、ビーフストック、バルサミコ酢を加え、混ぜ合わせて沸騰させる。
4 ジュニパーベリー、オールスパイスの実、ベイリーフ、タイム、黒砂糖を加える。ビーツと一緒に肉をキャセロール鍋に戻して塩胡椒で味付けし、軽く混ぜ合わせる。蓋をしてオーブンに戻し、2時間～2時間半加熱する。
5 オーブンから取り出して10分寝かせる。ベイリーフを取り出して表面の脂肪を取り除く。ソースが薄いようであればコーンフラワーでとろみを付ける。クレームフレーシュ、マスタード、ホースラディッシュを混ぜ入れる。マッシュポテトと根セロリを添えるとよい。

DRY-RUBBED STEAK WITH CHIMICHURRI SAUCE

スパイス風味のステーキ チミチュリソース添え

外はこんがり、中はジューシーなこの甘辛いステーキはアルゼンチン生まれ。酸味のきいた、新鮮なグリーンソースがよく合う一品です。

使用するカット：牛スカートかフェザーブレード
4人分
準備時間：15分
調理時間：8〜20分＋寝かせ時間

材料
きび砂糖…大さじ1
タイムの葉…大さじ1　刻む
粉末マスタード…小さじ1/2
ガーリックソルト…小さじ1/4
スモークパプリカかアンチョビパウダー…小さじ1/4
塩、挽きたて黒胡椒…適量
牛スカートかフェザーブレード…675g

チミチュリソースの材料
オリーブオイル…大さじ6と少々
赤ワインビネガー…大さじ1と1/2
レモン果汁…大さじ1
イタリアンパセリ…15g　粗く刻む
コリアンダーの葉…大さじ2　粗く刻む
オレガノの葉…大さじ1　粗く切る
にんにく…2片　細かく刻む
チリフレーク…大さじ1

1 砂糖、タイム、マスタード、ガーリックソルト、スモークパプリカをフードプロセッサーに入れる。胡椒を加えて粉末状にする。ステーキ肉を大きなラップにのせて粉を全体にすり込む。しっかり包んで最低1時間冷やす。

2 ソースを作る。すべての材料を大きなボウルに入れてよく混ぜる。ラップをかけて最低1時間冷やし、風味を熟成させる。

3 肉とソースを冷蔵庫から取り出し、室温に戻す。バーベキューを最も強い設定にする。少量の油をハケで塗って好みの焼き加減になるまで、例えば両面6〜8分ずつ焼いてミディアムに、8〜10分ずつ焼いてウェルダンに仕上げる。

4 肉を火からおろし、軽くホイルをかぶせて最低10分寝かせる。厚く切ってチミチュリソースを添え、食卓に出す。

MAPLE AND MUSTARD CRUSTED RIB OF BEEF

メイプルとマスタードクラストの牛リブ

この豪華な一品は、骨付きで肉を調理することで奥深い風味が生まれ、全体が柔らかく仕上がります。マスタードのクラストがよく合います。

使用するカット：フォアリブ　4〜6人分
準備時間：30分
調理時間：2時間＋寝かせ時間

材料

フォアリブ…2切れ　2kgほど
なたね油…大さじ3と少々
海塩、挽きたて黒胡椒…適量
細かいパン粉…75g
ローズマリー…大さじ1　細かく刻む
イタリアンパセリ…大さじ2　細かく刻む
タイムの葉…1束　細かく刻む
人参（大）…3本　薄い輪切り
エシャロット…500g
セロリの茎部…2本　粗みじん切り
にんにく…4片
赤ワイン…400㎖
メイプルシロップ…大さじ2
ディジョンマスタード…大さじ3と小さじ1
ポートワイン…100㎖
ビーフストック…500㎖
コーンフラワー…小さじ4　少量のぬるま湯で溶かす
レッドカラントジャム…小さじ2

1 オーブンを200℃に予熱する。なたね油大さじ2を肉にすり込み、塩胡椒で下味を付ける。大きなフライパンで全体に焼き色が付くまで加熱して火からおろす。パン粉、ローズマリー、パセリ、タイムの半量を大きなボウルに入れ、塩胡椒を加えてよく混ぜ、肉の脂肪の上から押さえつけて均等に表面を覆う。

2 人参、エシャロット、セロリ、にんにく、タイムの残りと油をオーブン用のトレイに入れてよく混ぜる。野菜の上に肉をのせて油を塗ったアルミホイルをかぶせ、オーブンで30分ほど焼く。トレイをオーブンから取り出し、赤ワインの半量と水少々を加える。オーブンを180℃に下げ、必要に応じて水を加えながらさらに40分ほど焼く。

3 その間にメイプルシロップとマスタードを小さいボウルに入れて混ぜる。オーブンからトレイを取り出し、アルミホイルをはがす。混ぜたメイプルシロップとマスタードをクラストに塗り、軽く押さえる。再びトレイをオーブンに戻して、肉の内部温度が60℃に達するまでさらに30分ほど加熱する。オーブンから取り出し、肉を皿にのせて最低30分寝かせる。

4 トレイに残った余分な脂肪を取り除いて捨てる。ポートワイン、ビーフストック、残りの赤ワインを加える。トレイを強火にかけ沸騰させる。こし器に通して野菜を捨てる。火を弱めてぬるま湯で溶いたコーンフラワーを加え、とろみが出るまで加熱する。ジャムと残りのマスタードを加え、塩胡椒で味をととのえて、肉と一緒に食卓に出す。

ROTISSERIE OF RIB-EYE BEEF

リブアイのロティスリー

ロティスリーを持っていなくても、オーブンかバーベキューを使って作ることができます。

使用するカット：牛リブアイ　8人分
準備時間：20分＋マリネ時間
調理時間：45分〜1時間＋寝かせ時間

材料
牛リブアイ…1.5kg

マリネ液の材料
挽きたての粗挽き黒胡椒…大さじ1
ローズマリー…大さじ1　刻む
にんにく…3片　すりおろしてペースト状にする
セロリシード…大さじ2
なたね油…大さじ3
黒砂糖…小さじ2
レモン果汁…1個分
海塩…適量

ソースの材料
クレームフレーシュ（サワークリームの一種）…大さじ3
ホースラディッシュソース…大さじ5
ダブルクリーム…大さじ1
キャスター糖…小さじ1
レモン果汁…少々
海塩、挽きたて黒胡椒…適量

1 肉を巻いてタコ糸を数ヶ所で結ぶ。マリネ液をつくる。すべての材料をボウルに入れて混ぜ、肉にすり込み、ラップで全体を包んで1〜2時間マリネする。ロティスリーを中に設定して予熱する。

2 ロティスリーの串に牛肉を刺して設置する。塩胡椒をふって1時間ほど調理し、レアに仕上げる。焼けるのが早すぎるようであれば温度を下げる。温かい所で20分寝かせる。

3 ソースをつくる。すべての材料をボウルに入れてよく混ぜ、塩胡椒をふる。牛肉を薄く切ってソースと一緒に食卓に出す。

VARIATION
《リブアイのロースト》
オーブンを190℃に予熱する。オーブンで焼いて好みの焼き加減に仕上げる。レアなら1時間、ミディアムなら1時間40分、ウェルダンなら2時間。オーブンから取り出し、アルミホイルをかぶせて20分寝かせる。上記と同様にして食卓に出す。

CORNISH PASTIES
コーニッシュ・ペイスティー

もとは畑や農場での携帯食として
生まれた、おいしい肉とポテトのパイ。

使用するカット：牛バラ肉　4人分
準備時間：20分＋冷まし時間
調理時間：40〜45分

ペストリー生地の材料

ラード…100g　冷やして角切り
無塩バター…50g　冷やして角切り
小麦粉…300gと少々
塩…小さじ1/2
溶き卵…1個　グレーズ用に

具の材料

牛バラ肉のステーキ…250g　脂肪を切り落として1cm角に切る
スウェード（根菜）…80g　皮をむいて5mm角に切る
煮くずれしにくいジャガイモ…100g　皮をむいて5mm角に切る
玉ねぎ（大）…1個　細かいみじん切り
ウスターソース…少々
小麦粉…小さじ1
海塩、挽きたて黒胡椒…適量

1 ペストリーをつくる。細かいパン粉のような状態になるまでラードとバターを小麦粉と混ぜる。塩と必要な量だけ水を加えて柔らかい生地を作る。小麦粉をはたいた台に生地をのせて軽くこね、ラップに包んで冷蔵庫で30分寝かせる。

2 オーブンを190℃に予熱する。具の材料を混ぜ合わせて塩胡椒をふる。小麦粉をたっぷりはたいた台に生地をのせて厚さ5mmに伸ばす。半分にたたんでもう一度厚さ5mmに伸ばす。小さい皿かソーサーを使って円形に4つ形どる。縁を2cm残しながら生地に具の1/4量ずつをのせる。

3 縁に溶き卵を少し塗って両端を引っ張り上げ、真ん中で合わせる。指で閉じた縁に飾り付けのひだを作る。包んだパテの全体に溶き卵を薄く塗る。

4 オーブンの真ん中の段できつね色になるまで40〜45分焼く。最低15分は冷まし、温かいうちに、もしくは冷ましてからいただく。

CARIBBEAN JERK BEEF
カリビアン・ジャーク・ビーフ

ジャマイカの郷土料理で、ジャークはスパイスで味付けした肉を
ピメントの木を使ってゆっくり調理する方法のこと。

使用するカット：リブアイかサーロイン　4人分
準備時間：20分＋マリネ時間、寝かせ時間
調理時間：10〜15分＋寝かせ時間

材料

リブアイステーキかサーロインステーキ…225g×4切れ
海塩…適量

マリネ液の材料

なたね油…大さじ4
白ワインビネガー…大さじ1
にんにく…3片　粗みじん切り
スコッチ・ボネット・チリ…1〜2本　種を取り除いて粗く刻む
粉末オールスパイス…大さじ2
スモークパプリカ…大さじ1
粉末パプリカ…大さじ1
生姜…大さじ1　刻む
粉末シナモン…小さじ1
黒砂糖…小さじ2
乾燥タイム…小さじ1

レリッシュの材料

パイナップル…250g　皮をむいて細かく刻む
赤唐辛子…1本　種を取り除いて細かく刻む
コリアンダーの葉…ひとつかみ　刻む
ライム果汁…1個分
赤玉ねぎ（小）…1個　みじん切り

1 マリネ液をつくる。すべての材料をフードプロセッサーに入れてペースト状になるまで回し、水分が足りないようであれば油を足す。ステーキの両面にマリネ液をすり込み、冷蔵庫で2時間、もしくは一晩寝かせる。

2 チャコールバーベキューかガスバーベキューを最も高温に設定する。ステーキを冷蔵庫から取り出して、最低25分室温で寝かせる。両面に塩をふり、3分ずつ焼き、外側に膜をつくる。バーベキューの温度が低い所に移してさらに2分焼く。

3 火からおろして5分ほど寝かせる。レリッシュを作る。すべての材料を大きなボウルに入れて混ぜ合わせ、20分〜3時間寝かせる。熱々のステーキに添えていただく。

BEEF CARPACCIO
牛カルパッチョ

このレシピでは、脂肪の少ない牛ヒレ肉を半冷凍するので、
まるで紙のように、薄く切るのも簡単です。

使用するカット：牛ヒレ肉　4人分
準備時間：20〜25分＋冷凍時間

材料

牛ヒレ肉…500g
缶詰のアンチョビ…8切れ
ケッパー…45g　汁を切る
ルッコラ…125g
パルメザンチーズ…125g
玉ねぎ（小）…1個　細かい角切り
レモン果汁…2個分
エキストラバージンオリーブオイル…120ml、もしくは好みの量
挽きたて黒胡椒…適量

1 ヒレ肉をアルミホイルでしっかり包み、両端をねじる。2時間半〜3時間ほど冷凍庫に入れ、完全には固まっていない状態で取り出す。

2 その間にアンチョビの油を切ってキッチンペーパーの上に並べる。ケッパーが大きい場合は粗く刻む。ルッコラを洗って水分を拭き取り、硬い葉は取り除く。これらをわきに取り置く。

3 肉を冷凍庫から取り出し、アルミホイルをはがす。固すぎて切れない場合は室温でゆっくり解凍する。よく切れるナイフを使って、牛肉を紙のように薄く切っていく。最後に端が少し残る。

4 薄く切った牛肉を4枚の皿に重ねて並べる。皮むき器を使ってパルメザンチーズをおろし、牛肉の上にかける。アンチョビ、玉ねぎ、ケッパーをそれぞれの皿に盛り付ける。レモン果汁を回しかけ、オリーブオイルをたらし、ルッコラをのせる。胡椒をふって室温でいただく。

FILLET STEAK WITH BLUE CHEESE SAUCE

ヒレステーキのブルーチーズソースがけ

ロックフォールチーズを使ってフランス料理の定番ソースを作る伝統的なレシピ。どのブルーチーズでも代用できます。

使用するカット：牛ヒレ肉　4人分
準備時間：10分＋寝かせ時間
調理時間：15分

材料
牛ヒレステーキ…200g × 4枚
なたね油…大さじ1
塩、挽きたて黒胡椒…適量

ソースの材料
無塩バター…50g
エシャロット…2個　細かいみじん切り
辛口白ワイン…大さじ4
ブランデー…大さじ1
濃厚なビーフストック…大さじ2
ダブルクリーム…200ml
ロックフォールチーズ…100g　砕いたもの

1 ステーキになたね油をすり込み、しっかり塩胡椒をする。フライパンを熱し、両面2〜3分ずつでレア、4〜5分ずつでミディアム、5〜6分ずつでウェルダンに焼き、火からおろして3〜5分休ませる。

2 ソースを作る。バターの半量を小さなフライパンに入れて弱火で熱する。エシャロットを加え、柔らかくなるまで5分ほど炒める。ワインとブランデーを加え、沸騰させる。

3 ビーフストックを鍋に加え、水分が飛んで半量になるまで加熱する。クリームを加えてよく混ぜ、弱火にする。5分ほど加熱したら残りのバターとチーズを入れ、火からおろしてこし器に通す。塩胡椒で味をととのえ、ヒレステーキに添えていただく。

GRIDDLED BALSAMIC STEAK WITH BEETROOT

ステーキのバルサミコ焼き ビーツ添え

このレシピではバルサミコ酢を使って牛肉の風味を引き出します。
ビーツ、ミニトマト、わけぎを使った爽やかなサラダが色と食感を豊かにします。

使用するカット：牛ヒレ肉　4人分
準備時間：20分＋マリネ時間
調理時間：5〜10分＋寝かせ時間

材料
- オリーブオイル…大さじ2
- 赤ワイン…大さじ1
- にんにく…2片　細切り
- バルサミコ酢…大さじ2
- 赤玉ねぎ…2個　輪切り
- タイム…1枝
- 砕いた粒胡椒…小さじ1
- 牛ヒレステーキ肉…225g×4切れ
- なたね油…少々
- 海塩…適量

クレームフレーシュの材料
- クレームフレーシュ（サワークリームの一種）…大さじ2
- ホースラディッシュ…大さじ2
- 調理済みのビーツ（小）…1個　細かい角切り
- 海塩、挽きたて黒胡椒…適量

サラダの材料
- 調理済みのビーツ…4個　細切り
- コリアンダーの葉…ひとつかみ　刻む
- ミニトマト…12個　半分に切る
- わけぎ…1束　根を切り落として斜めに切る
- 赤唐辛子…小さじ1（好みで）　細切り
- ベビースイスチャード…多めの2つかみ
- オリーブオイル…大さじ3
- レモン果汁…1個分
- はちみつ…小さじ2

1 オリーブオイル、ワイン、にんにく、バルサミコ酢、赤玉ねぎ、タイム、粒胡椒を大きなボウルに入れてよく混ぜ合わせる。肉を入れ、マリネ液でよくあえて2時間マリネする。

2 肉をマリネ液から取り出し、キッチンペーパーで水分をふき取る。鉄板を最も高温に設定して予熱する。なたね油をハケで肉に塗り、塩をふる。両面2分半ずつ焼いてレアに仕上げる。焼けるのが早すぎるようであれば火を弱める。ミディアムかウェルダンに仕上げる場合は長めに焼く。火からおろして5分寝かせる。

3 マリネ液を鉄板に注ぎ、玉ねぎが柔らかくなるまで弱火で1〜2分加熱する。火からおろしてわきに置く。

4 クレームフレーシュを作る。すべての材料をボウルに入れてよく混ぜ合わせ、塩と胡椒で味をととのえる。

5 サラダを作る。ビーツ、コリアンダー、ミニトマト、わけぎ、赤唐辛子（好みで）、ベビースイスチャードの葉をボウルに入れて混ぜる。オリーブオイル、レモン果汁、はちみつ、塩胡椒を別のボウルに入れて混ぜ、ドレッシングを作る。

6 サラダにドレッシングをかけてあえる。皿4枚にサラダを盛り付け、ステーキと赤玉ねぎをのせて、汁が残っていればステーキにまわしかける。クレームフレーシュを添えて食卓に出す。

PAN-FRIED FILLET OF BEEF

牛ヒレ肉のフライパン焼き

脂も少なく軽い牛ヒレ肉を使ったこちらの料理では、柔らかいステーキとカラメル化した甘いにんにく、こんがり焼けたジャガイモ、パースニップのリュシティがよく合います。

使用するカット：牛ヒレ肉　4人分
準備時間：30分
調理時間：20〜30分＋寝かせ時間

材料
- 無塩バター…25g
- きび砂糖…50g
- タイム…2枝
- 白ワイン…大さじ1
- 白ワインビネガー…大さじ1
- にんにく…2玉　湯がいて乾かしたもの
- 牛ヒレステーキ肉…225g×4切れ
- オリーブオイル…大さじ1
- 海塩、挽きたて黒胡椒…適量

リュシティの材料
- ジャガイモ（大）…2個　皮をむいてすりおろす
- パースニップ（白人参）（大）…2本　皮をむいて芯を取り除き、すりおろす
- 溶かし無塩バター…75gと余分に30g（炒め用）
- カイエンペッパー…ひとつまみ
- オリーブオイル…大さじ1〜2

1 バターを小さな厚手の鍋に入れて中火で熱する。砂糖、タイム、白ワイン、白ワインビネガーを加える。均等に色が付くよう混ぜながら、とろみが付いてカラメル化してくるまで加熱する。

2 水大さじ1を鍋に加える。にんにくを入れ、形は維持しつつ柔らかくなるまで混ぜながら3〜5分加熱する。火からおろし、粘りが強すぎるようであれば水を少し足して冷ましておく。

3 リュシティを作る。ポテトとパースニップの余分な水分を絞り、清潔なボウルに入れる。バターとカイエンペッパーを加え、たっぷり塩胡椒をふって混ぜる。残りのバターを焦げ付き防止加工のフライパンで熱する。混ぜたポテトとパースニップを4等分し、1つ分をフライパンに入れて平たくし、きつね色になるまで両面2〜3分焼く。取り出して温かく保つ。残り3つも同じように焼く。

4 肉にオリーブオイルを塗って塩胡椒をする。厚手のフライパンを強火で熱し、ステーキをレアなら両面2〜3分、ミディアムなら3〜4分、ウェルダンなら5〜6分ずつ焼いて好みの焼き加減に仕上げる。フライパンから取り出して温かい所で3〜5分寝かせる。

5 リュシティを1枚ずつ皿にのせ、その上にステーキとカラメル化させたにんにくをのせる。ステーキとにんにくの汁をまわしかけ、ホースラディッシュかマスタードを添えて温かいうちにいただく。

FIERY BEEF FILLET WITH ROASTED VEGETABLES

ピリッとスパイシーな牛ヒレ 焼き野菜添え

季節の野菜と柔らかい牛ヒレ肉を組み合わせた
カラフルな一皿。

使用するカット：牛ヒレ肉　4〜6人分
準備時間：20分
調理時間：40分＋寝かせ時間

材料
牛ヒレ肉…1kg　脂肪を切り落としたもの
なたね油…大さじ3
海塩、挽きたて黒胡椒…適量
マドラスカレーペースト…大さじ2
ギリシャヨーグルト…大さじ2
コリアンダーの葉…ひとつかみ　刻む
粒胡椒…大さじ1
クミンシード…大さじ2
コリアンダーシード…大さじ1

焼き野菜の材料
ナス…1本　縦長に切る
ズッキーニ…2本　薄切り
赤ピーマン…2個　種を取り除いて粗みじん切り
西洋かぼちゃ（小）…1個　種を取り除いて縦長に切る
マドラスカレーペースト…大さじ2
なたね油…大さじ4

ヨーグルトの材料
ギリシャヨーグルト…350g
きゅうり…1/2本　皮をむいてみじん切り
にんにく…1片　つぶす
刻んだミントの葉…大さじ2

1 オーブンを200℃に予熱する。大きなフライパンを強火で熱し、ハケでなたね油大さじ1を肉に塗る。肉をフライパンに入れて全面に焼き色を付ける。塩胡椒で味付けし、火からおろして冷ます。
2 カレーペースト、ヨーグルト、コリアンダーをボウルに入れて混ぜ合わせ、肉にすり込む。すり鉢を使って粒胡椒、クミン、コリアンダーシードを軽くすりつぶす。スパイスを均等に肉にふりかけ、オーブン用トレイに入れて残りの油を回しかける。オーブンで20〜25分焼く。
3 その間にすべての野菜を別のオーブン用トレイに入れる。カレーペーストと油を混ぜる。スパイスを野菜に加えてよくあえたらトレイをオーブンの肉の下の段に入れる。20〜25分焼く。
4 肉と焼き野菜をオーブンから取り出す。肉を温かいところで15分寝かせて野菜を温かく保つ。ヨーグルトの材料をすべてボウルに入れてよく混ぜる。肉を厚めに切り分けて肉汁をかけ、焼き野菜にのせてヨーグルトと一緒にいただく。

ブフ・アン・クルート

ビーフ・ウェリントンとしても知られる、豪華で濃厚なこの料理は、簡単に作れておもてなしにも最適。
手順の1〜4は前日に行えます。

使用するカット：牛ヒレ肉　6人分
準備時間：45分
調理時間：45〜60分＋寝かせ時間

材料

牛ヒレ肉…1kg　脂肪を切り落としたもの
塩、挽きたて黒胡椒…適量
ひまわり油…大さじ2
小麦粉…少々
ペストリー生地…500g
バター…45g
エシャロット…2個　細かく刻む
にんにく…1片　つぶす
天然のマッシュルーム数種類…250g　細かく刻む
ブランデーかマデイラ…大さじ1
溶き卵…1個分　グレーズ用

1 オーブンを220℃に予熱する。塩胡椒で肉に下味を付ける。大きいフライパンにひまわり油を入れて熱する。肉を入れて全体に焼き色が付くまで加熱する。

2 肉をオーブン用のトレイに移してオーブンで10分焼く。オーブンから取り出し、わきに置いて冷ます。この時重しをのせると形を整えることができる。オーブンは火をつけておく。

3 軽く小麦粉をはたいた台にペストリー生地の1/3量をのせて、牛肉の底面より縦横5cmほど大きい長方形に伸ばす。大きなベーキングシートにのせ、フォークで刺して穴を開けていく。オーブンに入れてこんがり焼けるまで12〜15分加熱したら、取り出して冷ます。

4 バターを鍋に入れて溶かす。エシャロットとにんにくを加え、柔らかくなるまで混ぜながら2〜3分加熱する。マッシュルームを加え、水分が飛ぶまで4〜5分混ぜ続ける。ブランデーを加え、沸騰させて30秒そのまま煮る。火からおろし、わきに置いて冷ます。

5 4のマッシュルームの1/3量を、焼いたペストリーにのせて広げる。肉をのせて、残りのマッシュルームをその上に広げる。ペストリーの縁に溶き卵をハケで薄く塗る。残りのペストリーを伸ばして肉を覆い、焼いたペストリーの下に織り込んで、指で押さえて閉じる。

6 生のペストリーに残りの溶き卵を塗り、蒸気が逃げられるよう上に切り込みを入れる。オーブンに入れて好みの焼き加減に仕上げる。レアなら30分、ウェルダンなら45分。ペストリーが早く焼けすぎるようであればアルミホイルをかぶせる。オーブンから取り出して10分寝かせ、ナイフを使って切り分ける。

SPICED CHILLI BEEF FILLET WITH
RED WINE AND MUSHROOM SAUCE

牛ヒレ肉のスパイスチリ 赤ワインとマッシュルームの ソースがけ

バターで炒めたほうれん草、サワークリーム、トマトサルサを添えると特に絶品です。

使用するカット：牛ヒレ肉　4人分
準備時間：5分＋マリネ時間
調理時間：1時間

材料

- メキシカンチリパウダーかホットチリパウダー…大さじ1
- クミンシード…大さじ1　から炒りする
- エキストラバージンオリーブオイル…大さじ2
- コリアンダーの葉…ひとつかみ　刻む
- 海塩、挽きたて黒胡椒…適量
- 牛ヒレ肉…1kg
- オリーブオイル…大さじ3
- 赤唐辛子（大）…1本　種を取り除いて刻む
- 玉ねぎ…1個　細かく刻む
- にんにく…2片　つぶす
- 赤ワイン…500ml
- フラットマッシュルーム…500g　スライスする
- トマトピューレ…大さじ1
- はちみつ…大さじ1
- ビーフかチキンストック…250ml
- コリアンダーの葉…大さじ1　刻む
- サラダ油…適量

飾り付けに

- イタリアンパセリ…ひとつかみ

1 チリパウダー、クミン、オリーブオイル、コリアンダー、黒胡椒少々をボウルに入れて混ぜ、牛ヒレ肉にすり込み、2時間〜一晩マリネする。
2 オーブンを200℃に予熱する。オリーブオイル大さじ2を鍋に入れて弱火で熱する。唐辛子、玉ねぎ、にんにくを加えて柔らかくなるまで5分炒める。ワインを加えて火を強め、半量になるまで煮る。
3 残りのオイルを別の鍋で熱し、マッシュルームを入れて柔らかくなるまで炒める。トマトピューレとはちみつを加えて1分加熱し、スープストックを入れてコリアンダーの葉を混ぜ入れる。2で混ぜたワインを加え、10〜15分弱火で煮る。
4 フライパンを熱する。ヒレ肉の全面にハケでサラダ油を塗り、塩胡椒をふる。火からおろしてオーブン用のトレイに入れる。オーブンに入れて30〜40分焼き、取り出して寝かせる。パセリを散らし、ソースとマッシュポテトを添えていただく。

VIETNAMESE BEEF SOUP

ベトナム風牛スープ

スパイスで味付けし、じっくり煮出した牛骨のスープで特別な一品に仕上がります。
お好みでわけぎ、唐辛子を増やしたり、人参の千切り、もやしを加えてもよいでしょう。

使用するカット：牛骨・牛ヒレステーキ　4〜6人分
準備時間：15分
調理時間：1時間25分

材料

- 牛骨…675g　肉の付いたもの
- 濃口醤油…大さじ1
- オリーブオイル…大さじ1〜2
- 八角…1粒
- 粒胡椒…小さじ1
- シナモンスティック…1本
- ナンプラー…大さじ1/2
- 玉ねぎ…1個　みじん切り
- にんにく…3片　細かく刻む
- 唐辛子…1本　種を取り除いて細かく刻む
- レモングラス…1茎　根と外側の硬い葉を切り落として細かく刻む
- 生姜…2.5cm　皮をむいて薄切り
- 塩、挽きたて黒胡椒…適量
- ヒレステーキ肉…250g　繊維を断って薄切り
- ライスヌードル…60g　熱湯に5分浸して水を切る
- わけぎ…少々　根を切り落として細かく刻む

1 牛骨を大きなボウルに入れて醤油をかけ、全面が浸かるように何度か裏返す。オリーブオイルの半量を大きな厚手の鍋に入れて中火で熱し、牛骨を入れてときどき混ぜながら肉の色が変わるまで15分ほど加熱する。
2 牛骨を大きな蓋付きの寸胴鍋に入れ、1.4ℓの水を注ぐ。八角、粒胡椒、シナモン、ナンプラーを加えて加熱し、沸騰したら弱火にする。斜めに蓋をして1時間煮る。スープストックを鍋にこし入れ、900mlになるよう必要に応じて水を足す。
3 残りのオリーブオイルを大きな厚手の鍋で熱する。玉ねぎを加えて焼き色は付けずに柔らかくなるまで3〜4分炒める。にんにく、唐辛子、レモングラスを加えてさらに1分加熱する。
4 牛骨のスープストックと生姜を加え、必要に応じて塩胡椒をする。2〜3分弱火で煮たら薄切り肉を入れてさらに2〜3分加熱する。ライスヌードルとわけぎを加え、よく混ぜて火からおろす。お玉ですくってボウルに盛り、熱々を食卓に出す。

BEEF STROGANOFF

ビーフ・ストロガノフ

19世紀のロシアまで遡る、牛肉にサワークリームを添えた人気料理。

使用するカット：牛ヒレ肉　4～6人分
準備時間：10分
調理時間：15～20分

材料

バター…60g
オリーブオイル…大さじ2
玉ねぎ（大）…1個　細かいみじん切り
海塩、挽きたて黒胡椒…適量
チェスナッツマッシュルーム…225g　薄切り
粉末・挽きたてナツメグ…ひとつまみ
牛ヒレ肉…750g　細切り
ブランデー…大さじ1
ディジョンマスタード…大さじ2
ホットパプリカ…ひとつまみ
サワークリーム…200㎖
ダブルクリーム…100㎖
ビーフストック…少々

1 バター半量とオリーブオイル大さじ1を大きなフライパンに入れて中火で熱する。玉ねぎを加えて塩胡椒をふる。玉ねぎを焼き色は付けずに柔らかくなるまで5分炒める。

2 残りのオリーブオイルをフライパンに入れる。マッシュルームとナツメグを加え、塩胡椒をふって5分ほど加熱する。玉ねぎとマッシュルームを取り出し、キッチンペーパーを敷いた皿にのせてわきに置く。

3 残りのバターをフライパンに入れて強火にする。バターが泡立ってきたら牛肉の細切りを加え、中はピンク色で外側が茶色くなるまで2～3分炒める。ブランデーを加え、火をつけてアルコールを飛ばす。

4 玉ねぎとマッシュルームをフライパンに戻し、2～3分加熱する。マスタード、パプリカ、サワークリーム、ダブルクリーム、ビーフストックを加える。混ぜ合わせて少し沸騰してくるまで加熱する。味見して塩胡椒でととのえ、バターライスを添えてすぐにいただく。

BEEF TARTARE

ビーフ・タルタル

牛肉を刻んで生卵を乗せたこの一品は、20世紀初期のフランスで人気だった料理。牛サーロインや鹿ロースを使ってもおいしくできます。

使用するカット：牛ヒレ肉　2人分
準備時間：15分

材料

熟成牛ヒレ肉…400g　冷蔵したもの
コルニッション（ピクルス）…6本　みじん切り
ケッパー…大さじ1　洗って細かく刻む
イタリアンパセリ…大さじ1　細かく刻む
エシャロット…2個　みじん切り
ディジョンマスタード…小さじ1
アンチョビ…2切れ　洗って細かく刻む（好みで）
タバスコ…適量（好みで）
海塩、挽きたて黒胡椒…適量
卵…2個

1 牛ヒレ肉の外側を薄く切り外し、よく切れるナイフで繊維を断って薄切りにする。細かい角切りにし、大きなボウルに入れる。

2 コルニッション、ケッパー、パセリ、エシャロット、マスタード、アンチョビ（好みで）、タバスコを加える。塩胡椒をふってフォークで優しく混ぜる。味見して塩胡椒でととのえる。

3 混ぜた牛肉を2等分してクッキングシートか皿に盛り付ける。卵を割って卵黄と卵白を分ける。盛り付けた牛肉に卵黄を1個ずつ乗せ、サワードウトーストか鴨の脂で揚げたチップスとレタスのサラダを添えていただく。

WASABI BEEF AND PAK CHOI

わさびビーフと青梗菜

わさびは風味が強いので少し使うだけで牛肉がおいしくなります。

使用するカット：サーロインステーキ　4人分
準備時間：10分
調理時間：10分＋寝かせ時間

材料
オリーブオイル…大さじ3
わさび…小さじ1
サーロインステーキ…200g× 4枚
青梗菜…200g　縦長に8等分する
にんにく…5片　すりおろすか細かく刻む
濃口醤油…大さじ1
塩、挽きたて黒胡椒…適量

1　オリーブオイル大さじ1とわさびを浅いボウルに入れて混ぜ合わせ、肉を入れて全面を浸す。オリーブオイル大さじ1をフライパンに入れて中火で熱し、好みで両面2〜3分ずつ焼いてミディアムレアに、5分ずつ焼いてウェルダンに焼き上げる。火からおろして温かいところで5分寝かせる。

2　残りのオリーブオイルをフライパンに入れて弱火にし、青梗菜を入れる。1〜2回返しながら1〜2分炒めたらにんにくと醤油を加える。1〜2回返しながら青梗菜がしんなりするまでさらに1分炒める。ステーキを1cm幅に切って塩胡椒をふり、皿にのせる。青梗菜を添えて熱いうちにいただく。

COUNTRY FRIED STEAK WITH PEPPER GRAVY

田舎風ステーキの黒胡椒グレイビーがけ

フライドチキンに似ていることから「チキン・フライド・ステーキ」としても知られるこの一品こそ、アメリカ家庭料理の頂点です。

使用するカット：サーロインステーキかランプ　4人分
準備時間：15分＋マリネに一晩
調理時間：35分

材料
全乳…250㎖
塩、挽きたて黒胡椒…適量
カイエンペッパー…小さじ1
サーロインステーキかランプ…150g×4切れ
卵…1個
小麦粉…200g　塩胡椒をふったもの
ピーナッツ油かひまわり油…150㎖　揚げ油用

グレイビーソースの材料
小麦粉…30g
全乳…500㎖
胡椒…適量

フライドポテトの材料
ジャガイモ…1kg　煮崩れしにくいもの　縦に切る
燻製すじ入りベーコン…4切れ　薄切り
玉ねぎ…1個　粗みじん切り
にんにく…2片　つぶす
チリフレーク…ひとつまみ

1　全乳を大きなボウルに入れる。塩胡椒少々とカイエンペッパーひとつまみを加えてよく混ぜる。肉を加えて軽く混ぜ、冷蔵庫に入れて一晩マリネする。

2　肉をマリネ液から取り出す。卵とマリネ液の牛乳少々を溶き合わせる。小麦粉と残りのカイエンペッパーをボウルに入れて混ぜる。油をフライパンに入れて強火で熱する。肉に小麦粉をまぶし、先ほど溶いた卵に浸したら再度小麦粉をまぶす。中に火が通り、黄金色に焼けるまで両面3〜5分ずつ加熱し、火からおろしてわきに置く。フライパンの油の2/3を捨てる。小麦粉を入れてペースト状になるまで混ぜる。常に混ぜながら全乳を250㎖ずつゆっくり加える。火からおろして胡椒を多めにふる。

3　フライドポテトを作る。鍋でジャガイモを20分ゆで、水気を切って冷ます。触れられるくらいに冷めたら、皮は付けたまま2cm幅で縦長に切る。ベーコンを大きな焦げ付き防止加工のフライパンにでこんがり焼く。フライパンから取り出してベーコンを砕く。ジャガイモ、玉ねぎ、にんにく、チリフレーク、ベーコンをフライパンに入れる。塩胡椒をふってジャガイモがこんがり焼けるまで中火で熱する。ステーキにグレイビーソースをたっぷりかけ、ポテトを添えていただく。

THAI BEEF SALAD

ヤムヌア

簡単で健康的なタイのサラダ。
カラフルな彩りとキリッと爽やかな
酸味が美味です。

使用するカット：牛サーロインステーキ　4人分
準備時間：15分
調理時間：10分＋寝かせ時間

材料
牛サーロインステーキ肉…225g×2切れ　厚切り
サラダ油…少々
海塩、挽きたて黒胡椒…適量
ライムのくし切り…適量　付け合わせに

ドレッシングの材料
ナンプラー…大さじ2
ライム果汁…大さじ3
にんにく…1片（大きいものを選ぶ）薄切り
醤油…大さじ1
黒砂糖かパームシュガー…大さじ2
ピーナッツ…大さじ2　から炒りして刻む
ピーナッツ油…大さじ1
タイチリー…2本　種を取り除いて細かく刻む

サラダの材料
ロメインレタス…1玉　洗って乾かし、薄切り
ミニトマト…10個　半分に切る
エシャロット…3個　薄切り
わけぎ…4本　根を切り落として斜めに薄く切る
刻んだコリアンダーの葉…ひとつかみ
タイバジルかミントの葉…少なめのひとつかみ
きゅうり…1/2本　半分に切って種を取り除き、斜めに切る

1 ドレッシングを作る。ナンプラー、ライム果汁、にんにく、醤油、砂糖、ピーナッツ、ピーナッツ油、タイチリーをボウルに入れて砂糖が溶けるまでよく混ぜる。サラダの材料をボウルに入れて混ぜ合わせ、いったんわきに置く。
2 グリル機器を強火で熱する。ハケで肉にサラダ油を塗って塩胡椒をふり、好みに応じて両面3〜4分ずつほど焼く。
3 火からおろして5分ほど寝かせる。ステーキを薄く切ってサラダに加える。ドレッシングをかけてサラダをあえ、大きな皿に移す。ライムを添えて食卓に出す。

GINGER, HONEY, AND
SOY-GLAZED SIRLOIN OF BEEF

牛サーロインの生姜、はちみつ、醤油グレーズ焼き

新鮮なマンゴーと唐辛子のサルサはスパイスでマリネしたなめらかなステーキにぴったりです。

使用するカット：牛サーロイン　4人分
準備時間：30分＋マリネ時間
調理時間：10〜15分＋寝かせ時間

材料

- 醤油…大さじ3
- はちみつ…大さじ5
- 五香粉…大さじ1/2
- 生姜…2cm　皮をむいてすりおろす
- にんにく…1片　半分に切る
- 海塩、挽きたて黒胡椒…適量
- サーロインステーキ…225g×4枚
- なたね油…大さじ2

サルサの材料

- 熟したマンゴー（大）…1個　皮をむいて角切り
- 赤唐辛子…1本　種を取り除いて薄切り
- 赤玉ねぎ…1個　細かい角切り
- ライム果汁…1個分
- コリアンダーの葉…小さめの1束　粗く刻む

1 醤油、はちみつ、五香粉、生姜、にんにくをボウルに入れてよく混ぜる。胡椒をふって肉を入れ、両面にマリネ液をすり込んで冷蔵庫で20〜30分寝かせる。オーブンを200℃に予熱する。

2 なたね油をグリル機器に入れて中火で熱する。肉に塩をふって両面1分ずつ焼く。オーブンに移して好みの焼き加減に仕上げる。レアなら1分、ミディアムなら3〜4分、ウェルダンなら5分焼く。

3 フライパンを火からおろし、温かいところで3〜5分休ませる。サルサを作る。すべての材料をボウルに入れて混ぜ、1〜2分置く。温かいステーキにサルサを添えていただく。サルサは3時間前から作り置きしてもよい。

STEAK AND WILD MUSHROOM PIE

ステーキと天然キノコのパイ

お腹を満たすステーキのパイは家庭的でありつつ豪華な一品。
牛肉をキノコと一緒にゆっくり調理するので、大地の香りが感じられます。

使用するカット：蒸し焼き用ステーキ　4〜6人分
準備時間：50〜55分＋冷まし時間
調理時間：2時間半〜3時間

材料

- 新鮮な天然のキノコ数種類…500g、もしくは乾燥キノコ…75g　30分水で戻して水を切る
- 小麦粉…30g　塩胡椒を少々混ぜる
- 蒸し焼き用ステーキ…1kg　2.5cm角に切る
- エシャロット…4個　細かく刻む
- ビーフストックか水…900㎖
- パセリ…6枝　細かく刻む
- 塩、挽きたて黒胡椒…適量

ペストリーの材料

- 小麦粉…250gと少々
- きめ細かい塩…小さじ1/2
- 無塩バター…175g　角切り
- 溶き卵…1個　グレーズ用

1 オーブンを180℃に予熱する。キノコを薄切りにする。小麦粉を浅い皿に入れ、肉を加えて裏返し、全面にまぶす。肉、キノコ、エシャロットを大きな耐熱性のキャセロール鍋に入れる。ストックを加え、常に混ぜながら沸騰させる。蓋をして肉が柔らかくなるまでオーブンで2時間〜2時間15分調理する。

2 その間にペストリーを作る。小麦粉と塩をボウルにふるう。バターの1/3量を入れて、パン粉のような状態になるまで混ぜる。水100㎖を加えてひとまとめにし、冷蔵庫で15分冷やす。

3 軽く小麦粉をはたいた台で生地を伸ばし、15×38cmの長方形を作る。残りのバターを生地の2/3に点々とのせる。バターがのっていない方を持ち上げて、のっている方にかぶせるようにたたむ。反対側もバターが生地に挟まるよう端を持ち上げて折る。生地を裏返して麺棒を使って端を閉じる。15×46cmの大きさに伸ばして、再び上記同様に折りたたむ。ラップに包んで冷蔵庫で15分冷やす。この工程をさらに3回繰り返す。

4 パセリを肉に加え、塩胡椒をふって2ℓのパイ皿に入れる。オーブンを220℃に上げる。小麦粉をはたいた台にペストリーをのせてパイ皿より大きく伸ばす。端から一すじ切り取って皿の縁を濡らし、切り取ったペストリーを押さえつける。伸ばした生地をパイにかぶせ、縁を閉じてハケで溶き卵を塗る。蒸気が逃げられるようパイの真ん中に穴を作る。15分冷やし、きつね色になるまで25〜35分焼く。焼け方が早すぎる場合はパイにアルミホイルをかぶせる。オーブンから取り出し、熱々でいただく。

BEEF FAJITAS WITH GUACAMOLE AND TOMATO SALSA

牛ファヒータ ワカモレとトマトサルサ添え

テックスメックスの人気料理。風味豊かなランプステーキにケイジャンスパイスとパンチのきいたフレッシュなソースがよく合います。

使用するカット：ランプ　4人分
準備時間：25分
調理時間：10〜15分＋寝かせ時間

材料

- オリーブオイル…大さじ1
- ケイジャンスパイス…大さじ4
- 牛ランプのステーキ肉…厚さ2cm、175g×4切れ
- 小麦粉のトルティーヤ…8枚
- サワークリーム…大さじ4　付け合わせに

サルサの材料

- トマト…450g　湯むきする
- 刻んだコリアンダーの葉…ひとつかみ
- 赤玉ねぎ…1/2個　みじん切り
- 青唐辛子…1本　種を取り除いて細かく刻む
- ライム果汁…大さじ3
- 海塩、挽きたて黒胡椒…適量

ワカモレの材料

- 熟したアボカド…2個　半分に切って種を取る
- ライム果汁…大さじ2
- オリーブオイル…大さじ1
- 赤玉ねぎ…1個　みじん切り
- にんにく…1片　塩をふってつぶす
- 青唐辛子（小）…1本　種を取り除いて細かく刻む

1 サルサを作る。トマトのヘタまわりの芯を取り除き、種は取り出さずに大きめの角切りにする。ボウルに入れてコリアンダー、玉ねぎ、唐辛子、ライム果汁を加え、塩胡椒をふってよく混ぜる。

2 ワカモレを作る。アボカドの果肉をボウルにすくい入れてフォークで優しくつぶす。ライム果汁、オリーブオイル、玉ねぎ、にんにく、唐辛子を加えてよく混ぜる。味を見て必要に応じて塩胡椒を足す。変色しないようにラップをかぶせて冷蔵庫に入れる。

3 グリル機器を強火で熱する。オリーブオイルとケイジャンスパイスを小さなボウルに入れてよく混ぜ、ステーキに均等にすり込む。好みの焼き加減に焼き上げる。レアなら両面2〜2分半、ミディアムレアなら3〜3分半、ミディアムなら4分、ウェルダンなら5分ずつ焼く。火からおろして温かいところで3〜5分寝かせる。

4 トルティーヤをフライパンで熱する。ステーキを1cm幅に切り、トルティーヤに均等に肉をのせ、ワカモレとサルサをトッピングしてトルティーヤを巻く。サワークリームを添えて温かいうちにいただく。

STEAK AU POIVRE

ステーク・オ・ポワヴル

このペッパーステーキは19世紀から伝わるフレンチビストロの定番料理。

使用するカット：牛ヒレ肉かサーロイン　4人分
準備時間：10分
調理時間：15分＋寝かせ時間

材料

- 粒胡椒…大さじ3
- 牛ヒレ肉かサーロインステーキ…200g×4切れ　厚さ4〜5cmのもの
- 海塩…少々
- オリーブオイル…大さじ1
- 無塩バター…75gと1かけ　冷やして角切り
- エシャロット…3個　みじん切り
- ブランデーかコニャック…100㎖
- 濃厚なビーフストック…150㎖
- ダブルクリーム…150㎖

1 粒胡椒をすり鉢ですって浅い器に入れる。肉を入れ、数回裏返して全体にまぶし、塩をふる。オリーブオイルを大きな厚手のフライパンに入れて中火で熱する。

2 肉を入れて好みの焼き加減になるまで加熱する。レアなら両面2分半〜3分、ミディアムレアなら3〜4分、ミディアムからウェルダンなら5〜6分ずつ焼く。4分以上焼く場合は胡椒が焦げないよう注意する。火からおろして温かいところで5分ほど寝かせる。

3 弱火にしてフライパンにバターを1かけ入れる。エシャロットを入れて5分ほど加熱する。ブランデーを加え、火をつけて強火でアルコールを飛ばす。

4 ビーフストックとクリームを加える。手早く沸騰させ、液体が半量になって軽くとろみが付くまで煮詰める。バターを加えて塩胡椒で味をととのえる。ソースをステーキにかけて鴨脂で揚げたフライドポテトと緑のサラダを添えていただく。

究極のステーキ

上質の肉であれば、手を加えるのは最小限で済み、焼くというシンプルな調理法がすばらしい結果を生みます。肉の厚さによって調理時間を変えましょう。

使用するカット：リブアイステーキ

材料
厚さ3cmのリブアイステーキ肉…2切れ
バター…大さじ1〜2　柔らかくする
塩、挽きたて黒胡椒…適量

【ステーキを完璧に焼く】

ブルー
焼き色が付くまで合計で2〜3分調理する。押すと肉はまだ柔らかい。中は赤紫色で温度も低いが、血は流れ出ない。

レア
肉に弾力がつき、血が表面に出てくるまで合計6〜8分調理する。中は赤く温かい。寝かせることで血が均等に広がる。

ミディアム
均等なピンク色にする寝かせ時間も合わせて、合計10〜12分調理する。肉汁が表面に見えてきたら火からおろす。肉には弾力があり、中はピンク色。

ウェルダン
合計12〜14分焼く。14分に寝かせ時間も含めると水分が保てる。完成したものは焼き色が付いて肉は固く、表面に肉汁がはっきり見える。

1 厚手のフライパンを強火で熱する。バター大さじ1〜2を入れて泡立ってくるまで加熱する。油が飛んでやけどしないよう気をつけながらトングを使って丁寧に肉を入れる。フライ返しで押さえてステーキがフライパンに密着していることを確かめる。脂が焦げないように火を少し弱め、触れずに1〜2分焼く。

2 トングを使ってステーキを持ち上げ、下側をチェックする。焼き色が付いていたら裏返して反対を焼き、焼き色の付いた方に塩胡椒をふる。まだ焼き色が付いていなければ火を少し強め、裏返す前に焼き色を付ける。ブルーに焼く場合はそれ以上加熱しなくてよい。

3 1〜2分ごとに裏返しながら好みの焼き加減になるまでステーキを焼き続ける（調理時間は左ページ参照）。バターが焦げ始めたら火を弱める。薄いほど早く焼けるので気をつけること。指で軽く押さえて焼き加減を確認し（左ページ参照）、フライパンから取り出す。温めた皿にのせ、食卓に出す前に3〜5分寝かせる。

焼き加減を確認する

経験を積めば、フォークでつついただけで焼き加減がわかるようになってきます。下記は感触をつかむためのコツです。分からない場合は肉を切って中の様子を確認しましょう。

レア
指を軽く伸ばして手を差し出す。親指と人差し指の間の筋肉を押して柔らかさを確認する。これがレアステーキの感触。指の力を抜くと、ブルーステーキの柔らかさになる。

ミディアム
指を思い切り伸ばす。写真のように親指と人差し指の間を抑える。これがミディアムステーキの感触。寝かせるとさらに硬くなるので、これより柔らかい時に取り出しても良い。

ウェルダン
拳をきつく握って親指と人差し指の間を押す。筋肉が硬くなっている。これがウェルダンステーキの硬さ。ウェルダンに焼く時は、肉に完全に火を通しつつ、しっとり仕上げるために、寝かせることが大切。

ROAST BEEF

ローストビーフ

ローストビーフ、ヨークシャープディング、グレイビーは典型的なイギリスの日曜日のランチです。

使用するカット：ランプ　4〜6人分
準備時間：10分
調理時間：1時間45分＋寝かせ時間

材料

ランプ肉…1.5kg	
塩、挽きたて黒胡椒…適量	
オリーブオイル…大さじ1	
牛脂…大さじ2（必要に応じて）	
小麦粉…大さじ2	
ビーフかベジタブルストック…300ml	

1 オーブンを200℃に予熱する。塩胡椒で牛肉に下味を付ける。中くらいの厚手の鍋でオリーブオイルを熱し、肉を入れて全体に焼き色を付ける。
2 牛肉をオーブン用のトレイに移し、オーブンに入れて20分焼く。オーブンを160℃に下げ、1時間10分でレアに、1時間25分でミディアムレアに仕上げる。
3 肉をトレイから取り出し、温かい皿に移してアルミホイルをかぶせる。最低20分寝かせることで、ジューシーで切り分けやすいステーキに仕上がる。
4 その間にトレイをコンロに移し、肉汁を温める（肉汁がなければ牛脂を加える）。小麦粉を混ぜ入れて2〜3分加熱し、なめらかなペースト状にする。混ぜながらスープストックを少しずつ加え、濃厚なグレイビーソースを作る。寝かせた肉から肉汁が出ていればそれも加えてよく混ぜる。肉を切り分け、ヨークシャープディングとグレイビーソースを添えていただく。

CLEVER LEFTOVERS
残りものの上手な使い方

ローストビーフやポテトの残りものはおいしいハッシュの材料になります。ビーツ、オレンジ、クレソンのサラダにホースラディッシュのクレームフレーシュを添えて。

CHINESE SPICED BEEF AND NOODLE SOUP

中華風牛肉と麺のスープ

薬味をふんだんに使った香り高いスープは、体を中からきれいにしてくれます。軽食か、軽めの主菜に最適です。

使用するカット：牛スネ肉　4人分
準備時間：30分
調理時間：2時間50分〜3時間50分

材料

乾燥中華麺…100g
黒砂糖…大さじ3
薄口醤油…大さじ2
濃口醤油…大さじ1/2
紹興酒…大さじ2
豆板醤…小さじ3
もやし…ひとつかみ　軽くゆでる
白菜…4枚　千切り
わけぎ…2本　薄く切る
コリアンダーの葉…ひとつかみ

ビーフストックの材料

牛スネの骨…2本　長さ20cmくらいのもの
バナナエシャロット…2個　縦半分に切る
人参…3本　半分に切る
粒胡椒…8粒

スープの材料

ピーナッツ油…大さじ2
玉ねぎ…1個　粗みじん切り
生姜…2cm　すりおろす
にんにく…2片　つぶす
タイチリー…1〜2本
牛スネ肉…500g　3cm角に切る
八角…1粒
五香粉…小さじ1
シナモンスティック…1/2本
海塩、挽きたて黒胡椒…適量

1 オーブンを200℃に熱する。ビーフストックを作る。牛スネの骨をオーブン用のトレイに入れる。エシャロットと人参を加え、オーブンに入れて骨が焦げずに焼き色が付くまで35〜40分加熱する。
2 オーブンから取り出して骨と野菜を大きな鍋に移す。水2.5ℓを加え、粒胡椒を入れて沸騰させ、弱火にして1時間ことこと煮る。表面にできた泡はすべて取り除く。スープストックをこして骨は捨て、人参とスープストックを取り置く。
3 スープを作る。大きい鍋にピーナッツ油を入れて中火で熱する。玉ねぎを加えて柔らかくなるまで加熱し、生姜、にんにく、タイチリーを加えてさらに1分調理する。
4 牛肉を加えて焼き色が付くまで炒める。鍋の中が過密にならないよう数回に分けて調理する。スープの残りの材料をすべて入れ、塩胡椒をふる。弱火にして、必要に応じてストックを足しながら、肉が柔らかくなるまで1〜2時間ことこと煮る。新しい鍋にスープをこし入れる。肉を皿に移してわきに置く。八角とシナモンスティックは捨てる。
5 大きな鍋に水を入れて沸騰させ、麺を表示時間通りにゆでる。ざるに上げて冷水で洗い、いったんわきに置く。
6 2で取り置いた人参をスープストックに加え、5分ほど加熱する。黒砂糖、醤油、紹興酒、豆板醤を小さなボウルに入れてスープに混ぜ入れる。
7 肉を鍋に戻して1時間弱火で煮たら火からおろす。食べる直前で麺ともやしを深めのボウル4つに分ける。白菜をスープに混ぜ入れ、熱いスープをそれぞれのボウルに注ぐ。刻んだわけぎとコリアンダーを散らし、熱々でいただく。

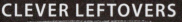

BRAISED SHIN OF BEEF IN RED WINE

牛スネ肉の赤ワイン煮

柔らかく味わい深い牛スネ肉が口の中でとろける、豪華で濃厚な煮込み料理。シンプルでもおいしい、ほっとする家庭料理です。

使用するカット：牛スネ肉　6〜8人分
準備時間：45分
調理時間：2時間半

材料

- なたね油…大さじ4＋必要あれば余分に少々
- すじ入りベーコンのラードン…200g
- 小さいエシャロット…18個
- チェスナッツマッシュルーム…200g　4等分する
- 玉ねぎ…1個　みじん切り
- にんにく…3片　みじん切り
- フラットマッシュルーム…200g　粗く刻む
- 牛スネ肉…1.5kg　脂肪を取って5cm角に切る
- 小麦粉…大さじ3　塩胡椒を少々混ぜる
- 赤ワイン…750㎖
- カットトマト缶…400g × 1缶
- タイム…1枝
- 大きめのベイリーフ…1枚
- イタリアンパセリ…大さじ2　刻む
- ビーフストック…400㎖
- 海塩、挽きたて黒胡椒…適量

1 オーブンを150℃に予熱する。厚手のフライパンでなたね油大さじ2を熱する。ベーコンを入れてゆっくり焼き色を付け、大きなキャセロール鍋かダッチオーブンに移す。フライパンにエシャロットを入れ、飴色になるまで炒めたらキャセロール鍋に移す。チェスナッツマッシュルームを黄金色になるまで炒め、キャセロール鍋に加える。玉ねぎとにんにくを飴色になるまで炒め、フラットマッシュルームを加えて柔らかくなるまで炒める。必要であれば油を足す。上記をキャセロール鍋に移す。
2 残りの油を鍋で熱する。牛肉に小麦粉をまぶし、焼き色が付くまで焼いてキャセロール鍋に移す。フライパンの脂を捨て、ワインの1/4量を入れて沸騰させ、フライパンに残った肉の旨味と混ぜる。トマトを加えて沸騰させ、タイム、ベイリーフ、パセリ大さじ1、残りのワイン、ビーフストックと一緒にキャセロール鍋に入れ、よく混ぜて塩胡椒をふる。
3 蓋をしてときどき混ぜながらオーブンで2時間〜2時間半加熱し、必要に応じてビーフストックを足す。オーブンから取り出し、味を見て塩胡椒でととのえ、タイムとベイリーフを取り除く。好みでソースにとろみを付けたら、残りのパセリで飾り付けて食卓に出す。

BOEUF BOURGUIGNON

ブフ・ブルギニョン

フランス料理の定番をシンプルにしたこのレシピは、牛肉がとろけるほどに柔らかくて濃厚です。

使用するカット：牛スネ肉　4〜6人分
準備時間：30分
調理時間：2時間45分

材料

- オリーブオイル…大さじ4
- ベーコンのラードン…100g
- 玉ねぎ…2個　みじん切り
- 人参…4本　細いもの　2cm幅の輪切り
- セロリの茎部…1本　細かく刻む
- ボタンマッシュルーム…150g　半分に切る
- 牛スネ肉など煮込み用の牛肉…1kg　3cm角に切る
- 小麦粉…大さじ2　塩胡椒を少々混ぜる
- 赤ワイン…350㎖
- ビーフストック…250㎖
- 塩、挽きたて黒胡椒…適量
- ブーケガルニ…1束

1 オーブンを150℃に予熱する。オリーブオイル大さじ2を大きなキャセロール鍋で熱し、ベーコンを1〜2分加熱して焼き色を付ける。玉ねぎ、人参、セロリ、マッシュルームを加えて5分炒める。いったんわきに置く。
2 キッチンペーパーで肉の余分な血を拭き取る。小麦粉をまぶして全面を覆い、余分な粉は落とす。残りのオリーブオイルをキャセロール鍋に入れて熱し、全体に焼き色が付くまで肉を炒める。鍋が過密にならないよう数回に分けて調理し、わきに置く。
3 ワインとビーフストックをキャセロール鍋に入れ、肉を焼いて底に残った旨味をはがしながら混ぜる。塩胡椒で味付けし、ブーケガルニを入れて肉と野菜を戻し入れる。蓋をしてオーブンで2時間半、肉が柔らかくなるまで加熱する。ブーケガルニを取り出し、パスタのバターあえと一緒にいただく。

WINE ICE CUBES
ワインの氷

残りもののワインは料理用に製氷器で凍らせましょう。凍ったらフリーザーバッグに移します。キャセロール料理や煮込みに1〜2個入れて風味を加えます。

BRAISED BRISKET OF BUFFALO

バッファローブリスケットの蒸し焼き

じっくり仕上げるこちらの料理では、玉ねぎとビールがソースに豊かな食感と風味を加えます。

使用するカット：バッファローブリスケット　6～8人分
準備時間：15分
調理時間：3～4時間＋寝かせ時間

材料

バッファローブリスケット…1.5kg
塩…小さじ1
挽きたて黒胡椒…小さじ1/2
オリーブオイル…大さじ2
玉ねぎ…4個　輪切り
ベイリーフ…1枚
ライトビール…350ml
バルサミコ酢…大さじ1

1 オーブンを160℃に熱する。キッチンペーパーで肉から余分な血を拭き取り、塩胡椒で下味を付ける。オリーブオイルを大きくて深いキャセロール鍋で熱し、肉を入れて全体に焼き色が付くまで10分ほど加熱する。取り出してキッチンペーパーを敷いた皿にのせ、わきに置く。
2 キャセロール鍋に玉ねぎを加え、焼き色が付くまで炒める。肉を戻し入れ、ベイリーフ、ビール、バルサミコ酢を加える。肉にかぶるくらいまで水を注ぎ、沸騰させる。蓋をしてオーブンで3時間半加熱する。
3 オーブンから取り出し、蓋を取って15分寝かせる。肉をまな板に移して厚めに切り、大きな皿に盛り付け、ベイリーフを取り除いて汁を回しかける。焼き野菜とマッシュポテトを添えていただく。

MOIST MEAT
しっとりしたお肉に
バッファローの肉は牛肉より脂肪が少ないので、かたまり肉の状態で液体に漬けて料理する。こうすると水分が保たれる。

ROAST RACK OF VEAL WITH PESTO

仔牛ラックのロースト ペスト添え

オーブンで焼く前に、リブを交互に置いて盛り付けると見栄えも豪華に仕上がります。炒めたポテトを添えると絶品。

使用するカット：仔牛のリブ　4人分
準備時間：10分
調理時間：1時間15分＋寝かせ時間

材料

バター…50gと1かけ
オリーブオイル…大さじ3
ロースト用仔牛のリブ…6本　1.5kgほどで脂肪を切り落としたもの
海塩、挽きたて黒胡椒…適量
玉ねぎ…2個　半分に切る
にんにく…4片　つぶす
ローズマリーの枝…数本
ベイリーフ…1枚
白ワイン…250ml

1 オーブンを180℃に熱する。バターとオリーブオイルをオーブン用のトレイに入れて強火で熱する。仔牛肉を加えて全体に焼き色をつけ、塩胡椒をふる。
2 玉ねぎ、にんにく、ローズマリー、ベイリーフを加えてワインを注ぎ、定期的に肉汁をハケで塗りながらオーブンで45分～1時間加熱する。取り出してリブを皿に盛り付け、10分寝かせる。
3 その間にトレイを弱火にかけて肉汁を煮詰め、バター1かけを加えてよく混ぜる。味見して塩胡椒でととのえる。肉を切り分けて、煮詰めた肉汁と一緒に食卓に出す。

RED BISON CURRY

バイソンのレッドカレー

こちらの爽やかなタイカレーは極上肉を使います。手早く料理することで肉に豊かな風味と食感が残ります。

使用するカット：バイソンサーロイン　4人分
準備時間：20分
調理時間：25分

材料

サラダ油…大さじ1
バイソンサーロインステーキ肉…450g　細切り
ココナッツミルク…400ml
ビーフストック…100ml
ナンプラーなどの魚醤…大さじ1
黒砂糖…大さじ1
レッドカレーペースト…大さじ3
ピーマン…1個　種を取り除いて薄切り
人参…1本　薄切り
チェスナッツマッシュルーム…115g　薄切り
タイバジル…大さじ1　刻む

1 大きなフライパンにサラダ油を入れて中火で熱する。肉を入れて全体に焼き色が付くまで5分ほど炒めたら取り出し、皿にのせてわきに置く。
2 ココナッツミルク、ビーフストック、ナンプラー、砂糖、カレーペーストをフライパンに加える。よく混ぜて火を弱め、5分ほど加熱する。
3 残りの野菜をすべて加え、ときどきかき混ぜながら野菜が柔らかくなってソースに少しとろみが付くまで10分加熱する。肉をフライパンに戻し入れてバジルを加える。ジャスミンライスと一緒に熱々でいただく。

VARIATION
《ビーフレッドカレー》
バイソンの代わりに牛サーロインステーキを、人参の代わりに薄く切ったサヤエンドウかオクラ100gを使う。上記と同様に調理して熱々でいただく。

VEAL SCALOPPINE WITH
SALSA VERDE

仔牛のスカロピーネと サルサ・ヴェルデ

伝統的にはサルサ・ヴェルデ、もしくはトマトかワインのソースでいただくイタリアの定番料理。

使用するカット：仔牛サーロイン　4人分
準備時間：15〜20分
調理時間：5分＋寝かせ時間

材料
仔牛サーロインのメダリオン…180g×4切れ
パルマハム…8枚
セージの葉…12枚
挽きたて黒胡椒…少々
無塩バター…大さじ2
オリーブオイル…少々

サルサの材料
イタリアンパセリ…大さじ3　細かく刻む
レモンの皮のすりおろしと果汁（小）…1個分
ケッパー…大さじ2　塩漬けなら水気を切って洗い、細かく刻む
にんにく…2片　つぶす
オリーブオイル…150ml
ディジョンマスタード…小さじ1/2
海塩…適量

1 仔牛肉をラップ2枚で挟み、麺棒かマレットで少し伸ばしたらラップを取ってわきに置く。ハム2枚を皿に広げてセージの葉を3枚のせる。その上から仔牛肉をのせて胡椒をふる。仔牛肉をハムで包み、残りの仔牛肉も同じようにする。
2 その間にサルサを作る。パセリ、レモンの皮、ケッパー、にんにくをボウルに入れる。レモン果汁、オリーブオイル、マスタードを加える。よく混ぜてなじませ、必要に応じて塩胡椒で味をととのえる。
3 バターを大きなフライパンに入れて熱する。バターが泡立ってきたら仔牛肉を加え、両面が黄金色になるまで加熱し、必要に応じてオリーブオイルを足す。仔牛肉を2分間休ませ、サルサ・ヴェルデを添えていただく。

VEAL ESCALOPES WITH PEPPERS

仔牛のエスカロープ ピーマン添え

北イタリアの伝統料理。エスカロープは十分に間隔を取って調理しないと、こんがり焼けずにフライパンの中で蒸し焼きになってしまいます。

使用するカット：仔牛のエスカロープ　6人分
準備時間：20～25分＋寝かせ時間
調理時間：9～12分

材料
仔牛のエスカロープ…6枚　合計375gほど
小麦粉…30g　塩胡椒を少々混ぜる
卵…2個　軽く溶く
乾燥パン粉…60g
パルメザンチーズ…60g　おろしたてのもの
オリーブオイル…大さじ4と余分に少々
にんにく…1片　みじん切り
ピーマン（小）…2個　縦長に細切り
赤ピーマン（小）…2個　縦長に細切り
塩、挽きたて黒胡椒…適量
オレガノ…7～10枝と飾り付けに少し　葉を取って細かく刻む
バター…30g
レモン…1個　輪切り（付け合わせに）

1 仔牛肉をラップ2枚で挟み、麺棒かミートマレットで厚さ3mmに伸ばす。ラップを取ってわきに置く。
2 小麦粉を大きな皿にふるう。溶き卵を浅い器に入れる。パン粉とパルメザンチーズを小さなボウルに入れて混ぜ、クッキングシートに広げる。仔牛肉に小麦粉をまぶし、余分な粉を落とす。卵に浸して最後にパン粉とチーズを付ける。冷蔵庫で30分寝かせる。
3 オリーブオイル大さじ2をフライパンで熱する。にんにくとピーマンを入れて塩胡椒をふり、ときどき混ぜながら柔らかくなるまで炒める。火からおろしてオレガノを加え、温かく保つ。
4 バターと残りのオリーブオイルを大きなフライパンに入れて中火で熱する。仔牛肉を入れて中に火が通り、外もきつね色になるまで両面1～2分ずつ加熱する。パン粉が焦げ始めたら火を弱める。必要に応じてオリーブオイルを足しながら、鍋が過密にならないよう数回に分けて調理する。キッチンペーパーを敷いた皿に移して温かく保つ。ピーマン、レモンの輪切り、オレガノ1枝を添えて食卓に出す。

VEAL SCHNITZEL WITH FRIED EGG, CAPERS, AND PARSLEY

仔牛のシュニッツェル 目玉焼き、ケッパー、パセリ添え

オーストリアを代表するこちらの料理には、緑のサラダにレモンとパセリを添えます。

使用するカット：仔牛のサーロイン　4人分
準備時間：20分＋寝かせ時間
調理時間：15分

材料
仔牛サーロインステーキ…200g×4切れ
小麦粉…大さじ2　塩胡椒を少々混ぜる
卵（大）…2個　軽く溶く
パン粉…150g
バター…50g
澄ましバター…大さじ2
オリーブオイル…大さじ2
卵…4個　付け合わせに
ケッパー…大さじ1　洗う
イタリアンパセリ…大さじ1　刻む

1 仔牛肉をラップ2枚で挟み、麺棒かマレットで厚さ3mmに伸ばす。ラップを取ってわきに置く。
2 小麦粉を大きなボウルに入れる。溶き卵を別のボウルに入れてパン粉を皿に入れる。仔牛肉に1枚ずつ小麦粉をまぶし、余分な粉を落とす。卵に浸して最後にパン粉を付け、冷蔵庫で30分寝かせる。
3 仔牛肉を冷蔵庫から取り出す。バターとオリーブオイルの半量を深めのフライパンで熱する。仔牛肉を入れ、きつね色にこんがり焼けるまで両面2～3分ずつ加熱し、取り出して皿にのせる。わきに置いて温かく保つ。
4 残りのオリーブオイルを別のフライパンに入れて熱し、目玉焼きを作る。仔牛を温かい皿に移し、目玉焼き、ケッパー、パセリをのせる。グリーンサラダと温めた澄ましバター少量を添えるとよい。

ROAST VEAL WITH LEMON, OLIVES,
AND HERRY TOMATOES

仔牛のロースト レモン、オリーブ、ミニトマト添え

夏にぴったりのこちらのローストは、甘味と塩気とのさわやかなバランスが特徴的。

使用するカット：仔牛ヒレ肉　6人分
準備時間：20分
調理時間：1時間半＋寝かせ時間

材料

- レモンの皮…1個分　すりおろす
- 仔牛のヒレ肉…1kg
- オリーブオイル…大さじ2
- 海塩、挽きたて黒胡椒…適量
- 玉ねぎ…2個　粗みじん切り
- 白ワイン…200㎖
- にんにく…4片　薄切り
- レモンの塩漬け…洗って輪切りで4等分する
- ミニトマト…250g　枝付きのもの
- 黒オリーブ…50g
- グリーンオリーブ…50g
- レモンタイム…2枝
- ローズマリー…2枝
- バター…1かけ

飾り付けに

- イタリアンパセリ…ひとつかみ　粗く刻む

1 オーブンを150℃に予熱する。レモンの皮のすりおろしを肉全体にすり込む。オリーブオイルをロースト用のトレイに入れて強火で熱する。肉を入れて両面を焼き、焼き色を付け、塩胡椒をふる。
2 玉ねぎとワイン大さじ2〜3をトレイに加える。肉汁をハケで肉に塗る。残りのワインを加えてトレイをオーブンに入れる。15〜20分ごとにハケで肉汁を塗りながら50〜60分焼く。
3 オーブンから取り出して肉を皿にのせ、わきに置いて寝かせ、温かく保つ。にんにく、レモン、トマト、オリーブ、タイム、ローズマリーをトレイに加える。オーブンに入れて15分加熱する。
4 トレイを取り出し、バターを加えて優しく混ぜる。味を見て塩胡椒でととのえる。肉を薄く切り分け、オリーブ、レモン、トマトと一緒に皿に盛り付ける。バターを混ぜた肉汁を上からかけて、パセリで飾り付け、温かいうちにいただく。

BLANQUETTE DE VEAU

仔牛のクリーム煮（ブランケット・ド・ヴォー）

このフランスの定番料理は卵黄を丁寧に加えた濃厚でクリーミーなソースでいただきます。

使用するカット：仔牛肩肉　4人分
準備時間：15分
調理時間：1時間40分

材料

- 仔牛肩肉…600g　4cm角に切る
- ブーケガルニ…1束
- セロリの茎部…1本　ぶつ切り
- 人参…1本　ぶつ切り
- 塩、挽きたて黒胡椒…適量
- 白ワイン…100㎖
- ボタンオニオン…12個
- ボタンマッシュルーム…300g
- 卵黄…2個
- ダブルクリーム…大さじ4

飾り付けに

- イタリアンパセリ…ひとつかみ　刻む

1 肉、ブーケガルニ、セロリ、人参を2ℓの厚手のキャセロール鍋に入れる。塩胡椒をよくふってワインを加える。水500㎖を注いで沸騰させ、表面のアクを取り除く。
2 弱火にして蓋をし、ときどきかき混ぜながら1時間ことこと煮る。玉ねぎとマッシュルームを加え、沸騰させる。蓋をして30分弱火で煮る。ブーケガルニを取り除く。
3 卵黄とクリームを溶き合わせ、煮汁を少し加えて混ぜる。常にかき混ぜながら、キャセロール鍋にゆっくりと注いでいく。ソースにとろみが付くまで優しく煮る。火からおろし、パセリを散らして蒸した緑の野菜、バスマティーライスと一緒にいただく。

GOAN VEAL KEBABS
ゴア風仔牛のケバブ

ポルトガル料理から影響を受けている
ゴア料理は、大体がココナッツ、ライス、
強いスパイス、そして唐辛子を使います。

使用するカット：仔牛のトップサイド　4～6人分
準備時間：15分とマリネ時間、浸し時間
調理時間：15分と寝かせ時間

材料
- シナモンスティック…5本
- クローブ…10粒
- 乾燥赤唐辛子（大）…2本　細かくちぎる
- 生姜…5cm　粗めにおろす
- 玉ねぎ（大）…1個　粗みじん切り
- ターメリックパウダー…小さじ1
- タマリンドペースト…大さじ2
- 黒砂糖…小さじ2
- りんご酢…100㎖
- なたね油…大さじ2
- にんにく…4片　つぶす
- 塩…小さじ1
- 挽きたて黒胡椒…小さじ1/2

1 マリネ液を作る。シナモンとクローブをすり鉢でする。フライパンに入れて香りが出るまで弱火でから炒りする。赤唐辛子を加え、火からおろして冷ます。残りの材料をスパイスと共にフードプロセッサーに入れ、なめらかなペーストになるまで混ぜる。
2 大きなボウルに移し、肉を加えてよく混ぜる。その間に串6本を冷水に30分浸す。グリルもしくは鉄板を強火で熱する。
3 肉を冷蔵庫から取り出して串に通す。ケバブをグリルもしくは鉄板にのせてときどき返しながら火が通るまで6～8分加熱する。ときどき肉に塩胡椒をふる。
4 火からおろして2～3分寝かせる。焼いたココナッツナンとミントヨーグルトを添えて温かいうちにいただく。

SPINACH-STUFFED VEAL
仔牛のほうれん草詰め

この料理はラップをかけて冷蔵庫で保存すれば、2日前から作り置きができます。
時間を置くと味がまろやかになります。

使用するカット：仔牛のエスカロープ　4人分
準備時間：45～50分
調理時間：30～40分

材料
- ほうれん草…500g　根を切り落とす
- オリーブオイル…大さじ4と余分に少々
- クルミ…45g　刻む
- パルメザンチーズ…30g　おろしたてのもの
- 粉末ナツメグ…少々
- にんにく…8片　みじん切り
- 塩、挽きたて黒胡椒…適量
- 仔牛のエスカロープ…8切れ　合計825gほど
- 玉ねぎ…1個　薄切り
- 人参…1本　薄切り
- セロリの茎部…2本　薄切り
- 辛口白ワイン…250㎖
- チキンストック…250㎖

1 鍋に水を入れて沸騰させ、ほうれん草を入れて1～2分ゆで、取り出して水を切る。余分な水気を絞ったら刻む。オリーブオイル大さじ2をフライパンで熱し、ほうれん草を入れ、水分が蒸発するまで炒める。火からおろしてクルミ、パルメザンチーズ、ナツメグ、にんにくの半量を加えてよく混ぜる。味見して塩胡椒でととのえる。
2 仔牛肉をラップ2枚で挟み、麺棒かミートマレットで厚さ3mmに伸ばす。ラップを取ってきれいな台にのせ、塩胡椒をふる。混ぜたほうれん草を8等分して仔牛肉にのせる。肉を巻いて端を織り込み、タコ糸で結ぶ。
3 残りのオリーブオイルをフライパンに入れて強火で熱する。巻いた仔牛肉をときどき裏返しながら全体に焼き色が付くまで2～3分焼く。取り出して皿にのせてわきに置く。
4 玉ねぎと残りのにんにくを混ぜ入れ、柔らかくなるまで加熱する。人参とセロリを加え、火を弱めて柔らかくなるまで8～10分加熱する。ワインを加え、半量になるまで沸騰させる。
5 肉をフライパンに戻してチキンストックを加える。蓋をして柔らかくなるまで弱火で30～40分煮る。野菜は取り置いて汁を鍋にこし入れ、180㎖になるまで沸騰させる。仔牛のロール肉をスライスし、ソースを添えて食卓に出す。

第5章
仔羊肉と山羊肉
LAMB AND GOAT

仔羊肉と山羊肉

湿地で草を食み、北方の岩石の多い海岸に生息する羊や、
乾燥した灌木地帯でわずかな葉を食べようと、木に登る山羊を思い浮かべてみてください。

羊、山羊は共に世界中のどんなに不毛な土地にも驚くほど適応して生息しています。体が小さいため飼いやすく、その毛や乳、肉を利用するために牛や豚よりも昔から家畜化されてきました。

近代まで羊は主に羊乳と羊毛のために飼われていました。食肉はあくまでも副産物だったので、当時食べられていたのは現代一般的に食べられているものより年をとった羊でした。また、今日に至るまで仔羊は贅沢品として、イスラム教徒では結婚や誕生、宗教上の祝日に、ユダヤ教では過越、キリスト教では復活祭のお祝いなどに使われてきました。しかし、羊肉を食べることが一般的ではない国も多く存在します。

山羊はアフリカ、そして特にアジアの乾燥地帯で、山羊乳と主要な肉の供給源とされてきました。これらの地域に生息する山羊が世界の60％を占めます。その他の地域に生息する山羊は、食肉用のものもありますが、主に搾乳のために飼育され、余った雄が食肉用に売られます。このため乳業が盛んな土地では大人の山羊の肉が手に入りやすくなります。

草の葉を食べる羊と
木の葉を食べる山羊

羊と山羊は共に消化する前に食べ物を4つの胃に蓄えることのできる反芻動物です。山羊はどちらかというと葉っぱや低木を好みますが、羊は草など背の低い植物を好みます。乳用に飼育される場合、いずれも干し草、アルファルファ、濃厚飼料などの高カロリーな飼料が与えられ、主に屋内で飼育されます。温暖な地域では現代でも草の生えた土地に放牧して育てます。

生産と飼料

食肉用の羊、山羊は主に戸外で育てられます。羊の中には丘陵地や塩水の湿地、または海岸沿いで育つものもありますが、これらの環境で育つ植物が特有の風味となり、上質な肉をつくります。南アメリカやオーストラリア、そして生息密度が世界で最も高いニュージーランドの牧場では、羊が大きな群れで飼育されています。羊や食肉用の山羊は肥料をまいた、囲われた草地で耕作の一部としても集約的に飼育されています。冬期はルタバガ、またはかぶ、ビーツなど飼育用の根菜を餌にし、出産や屠殺の前には十分に太らせるために濃厚飼料も使われます。しかし、あくまでも羊や若い山羊が集約的に飼育される割合は他の家畜と比べてかなり低いです。

薬や治療

羊や山羊が放し飼いで育つ場合、健康上大

近代まで、羊は主に羊乳と羊毛のために飼われていました。
食肉はあくまでも副産物だったため、食用に供されたのは、
現代で一般的に食べられているものより年をとった羊でした。

きな問題はありませんが、集約的に施設で育つ期間においては、寄生虫、ハエ、足の腐敗予防や治療のために薬を服用させます。有機リン化合物が使用されている薬など問題が指摘されている治療薬は、環境だけでなく農家の人々にとっても有害であると広く考えられています。使用する際は十分な注意が必要で、禁止を待ち望む人も数多くいます。

有機羊

他の家畜同様、有機飼育で羊を育てるには飼料も有機のものでなければなりませんが、飼育自体にはいくつか方法があります。広い敷地で育てられた羊の中には、厳密には有機マークには至らなくても「有機」に値するものもあります。逆に、世界の有機農場の中には、他に適切な方法がなければ、有機リン化合物の使用が認められる農場もあります。

羊と山羊の品種

● 羊　数百品種存在する羊ですが、有名なスペインのメリノ種のように、その多くが羊毛種。乳を生産するための交配種もあります。ほとんどの羊生産国において、肉用品種は丈夫な品種と生産効率の高い品種との交配種です。

英国は最も羊の品種が多い国で、ロムニー、サフォーク、シェビットをはじめ、多くの品種は世界中でも見られます。ブラックヘッドペルシャとドーセットホーンを交配したドーパー種は人気の品種。

同様にオランダで生まれた体の大きいテキセル種は、育ちの早い食肉用羊として多くの国で飼育されています。また、ウェールズの山岳地帯のハードウィックや、スコティッシュブラックフェイスのように、国によってそれぞれ固有の伝統品種があります。

● 脂尾羊　アジア、中東、そしてアフリカ生まれの乾燥地帯に適した品種です。肉のために飼われる品種ですが、一番の特徴はその絶品の脂のために選び抜かれた長い尾にあります。

● 山羊肉の品種　アジア、アフリカ以外の土地において、特化された肉の生産は比較的新しい営みで、これらの土地で山羊は主に乳用に飼われています。最も一般的な肉用山羊（在来種と輸入された種の交配種）は南アフリカのボアで、後にはスパニッシュヌビアンとアングロヌビアンというインドと中東の山羊の多目的交配種が続きます。

羊と山羊の種類

● 乳育羊　生後4〜10週で、非常に繊細な風味を持つ。

● スプリングラム　生後3〜6ヶ月の仔羊ですが、一般的に仔羊は非常に小さいときに売られるのでこの名称はあまり使われません。

● ラム　ラム肉というのは生後1年までで、まろやかですが独特の風味があります。

● ホゲット　生後1〜2年のホゲットの肉はまだ柔らかいですが、ラムよりも際立った風味を持ち、また脂肪も少し多くなります。

● マトン　2歳以上の羊の肉なので様々な差があります。脂肪も肉も「羊」の風味が強くなり、年をとった羊の肉は硬いことがあります。

● キッド（仔山羊）　生後14ヶ月までの山羊の肉。仔羊にも似た繊細な風味を持ちます。乳で育った山羊、または赤ちゃん山羊は、主に生後3ヶ月未満で、草を食べ始める前に食べられます。カプレット／カブリタは生後2〜12ヶ月の、シェボンは6〜14ヶ月の若い山羊の肉を指します。

● 山羊　大人の山羊とは14ヶ月以上のものです。3歳以上の山羊、ことに雄山羊の肉には強烈な風味を持つものもあります。年をとった山羊の肉がマトンと呼ばれることもあります。

仔羊、山羊肉を買う

若い羊の脂肪は少量ですが、成熟した羊肉、特にフォークォーターの肉は脂肪が多くなります。後脚は常に脂肪が一番少ない部位。ホゲットは大方羊よりも肥えています。マトンの脂肪は羊の脂肪より硬く、風味も強くなります。山羊肉は主に脂肪の少ない赤身肉です。

羊肉と山羊肉のカット

集約的に飼育された羊と山羊の肉には甘みがあり、使い勝手もよいのですが、牛や豚、鶏などに比べると、それほど普及しているとはいえません。山羊肉も羊肉と同様の切り分けが可能ではありますが、一般的にはよりシンプルに切り分けられます。

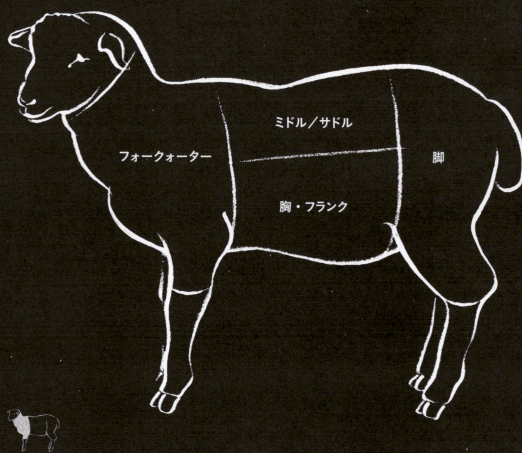

フォークォーター　　ミドル／サドル　　脚

胸・フランク

山羊と仔山羊

山羊は羊より脂肪がずっと少ない。年齢が高く風味も強い大人の山羊肉と区別するために、若い山羊肉はシェボンやカブリタと呼ばれることもある。仔山羊は生後14ヶ月まで。

- **脚丸ごと**
極上のかたまり肉。丸のままローストや蒸し焼きにしたり、骨を抜いてロール肉にしても美味。脚丸ごとのかたまり肉の重量はおよそ2kg。

- **あばらなしの骨抜きサドル**
最も柔らかいカットのサドルは、そのままローストしても、グリルやバーベキュー用に切ってラックやチョップにしたり、骨を抜いてきれいに成形し、極上のローストに仕上げてもよい。

- **ホール肩肉**
肩肉はアルミホイルに包んで、肉が骨から落ちるまでじっくり調理するのが最も美味。スネは取り除いてもよいが、こちらも柔らかくなるようゆっくり調理すること。

- **角切り肉**
カレーやシチューに最適の角切り肉。普通骨は含まれないが、中には骨付き角切り肉を使うレシピもあり、この場合事前に注文しなければ手に入らないこともある。

- **仔山羊**
母乳育ちの仔山羊の肉は色も淡く繊細で、特別に柔らかいが、少し成長した仔山羊でも肉は柔らかく風味もまろやか。丸ごと、または主要カット（脚、肩、サドル）で販売される。

フォークォーターのカット

最もおいしいカットなので、フォークォーターのカットをじっくり煮た伝統料理は多い。スライスした首、肩、スネ肉はすべて異なる食感を持ち、多くのカットはグリルしたり焼いたりすることも可能。

フォークォーターの角切り

ケバブから煮込みまで、角切り肉には様々な用途がある。脂肪を適度に含むので調理時間にかかわらず肉はしっとり仕上がる。脚肉の角切りは脂肪が少ない。

ショルダーチョップ

骨抜きでも売られている。バーベキューにもよいが、じっくり煮込んでしっとり仕上げても美味。のこぎりで切られたチョップは骨片を含む場合がある。

スネ付きの骨付き肩肉

このカットはきわめて薄いためすぐ火が通るが、脂肪が多いのでウェルダンまで調理したほうがよい。肉に切り込みを入れ、香辛料をすり込むとよい。

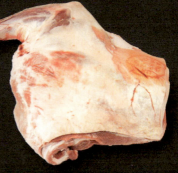

その他のフォークォーターのカット

- **骨抜きショルダーのロール肉**
脚肉より脂肪は多いが、ローストでも蒸し焼きでもおいしく仕上がる。

- **ネックヒレ**
手早くローストできる小さくてきれいなカット。2人分に丁度よい。

- **首肉の薄切り／スクラッグ**
アイルランド風煮込みに最適のカット。骨が肉に甘みを与える。

ミドル／サドルのカット

これらの柔らかいカットは羊肉の中で最高のカット。骨付きのロースステーキはノワゼットやメダリオン、小さな丸太形のロース肉のローストは、「バヴェ」とも呼ばれる。

ベストエンド／ラック
このカットは背骨を取り除けば丸ごと調理して、食卓でチョップに切り分けることもできる。端をフレンチトリミング（P.193参照）するとより豪華に。

ダブルロースチョップ
ロースのランプ側から取る、背骨抜きのカット。ロース、ヒレの両方が含まれるので、チョップの中では最も肉汁の多いカット。

ラムロース（脂肪をトリミングしたもの）
「キャノン」とも呼ばれるこの柔らかいカットは最も上品な仔羊のカット。淡いピンク色に調理するのが最適だが、ハーブクラストを付けて調理すると特別おいしく仕上がる。

その他のミドル／サドルのカット

- サドル
  背肉（脚の付け根から肋骨の手前まで）の最も上質な部分を使った極上のかたまり肉。鹿肉と同様にカットする。
- バーンズリーチョップ
  大きなサドルのカット。ロースとヒレの両方が含まれている。
- バタフライステーキ
  このステーキは脂肪を完全に取り除かないと調理の際、肉が反り返ってしまう。

胸肉とフランクのカット

胸とわき腹の脂肪は豚の脂肪より硬いので、味付けや調理法を考慮する必要がある。

挽き肉
仔羊の挽き肉は安価で手に入り、シェパーズパイ、ミートボール、キョフテなどに使われる。フランク挽き肉は脂肪がとても多く、これに比べて肩挽き肉は少ないが、最も脂肪が少ないのは脚挽き肉。

胸肉とフランク
脂肪が多いこのカットは太い筋が通っているので、じっくり調理する必要がある。バーベキューで焼くのもよい。胸肉は詰めものをしてロール肉にすればコストパフォーマンスのよい一品に。

脚のカット

脚の肉はロースや肩肉より脂肪が少ないが、レアでもウェルダンでも、しっとり仕上げるには十分な脂肪がある。脚肉の角切りで極上のケバブやタジンが作れる。

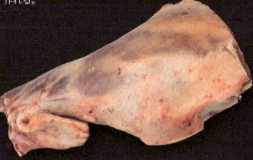

脚の骨付きホール
脚のホールは家族で食べるのに丁度よいサイズ。チャンプ側の半分は骨盤がないので切りやすい。もう半分のスネは切り離しても良い。

チャンプチョップ
脚の上部から取れるカットで、通常は骨抜き。柔らかくて風味もよく、焼いたりグリルしたり、蒸し焼きにする。

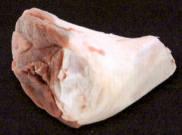

骨付きスネ肉（シャンク）
パブなどで人気のカット。カットとしては小さめだが時間をかけてゆっくり調理しなければならない。カラメル化した根菜と赤ワインを添えると極上の一品に。

その他の脚のカット

- ラムの脚肉ロール
  脚肉のホールロール肉はシャンクを含むが、小さいロール肉は常に骨抜き。
- 脚肉のバタフライ
  深い切り込みを入れて肉を開き、香辛料をすり込んだもの（P.192参照）。
- 骨抜き脚肉ステーキ
  仔羊の中では脂肪の少ないこのカットはグリルなどに最適。

仔羊肉と山羊肉の保存食品

仔羊の保存食品は北欧諸国や地中海周辺地域など、仔羊が一般的な地域で見られます。
山羊の保存食品は南ヨーロッパ、アジア、アフリカなど、大きな群れで飼われている地域で作られます。
これらの多くは色が濃く、強い風味を持ちます。

リースティットマトン
シェトランド諸島で作られるリースティットマトンは、塩水に漬けた後垂木に吊るして乾燥させます。泥炭の燻煙が独特の風味を生みます。フェナローと呼ばれるノルウェー版は、羊の脚を丸ごと使ったもの。

パストゥルマ
中東、バルカン、トルコで作られるパストゥルマは、塩漬けした仔羊や山羊を洗った後、乾燥・圧搾し、辛い香辛料のペーストで覆ってさらに乾燥させたものです。

メルゲーズ
北アフリカ全域で見られる香辛料の入った塩漬けもしくは乾燥ソーセージ。仔羊や山羊をレモン、ハリッサ、真っ赤な唐辛子で味付けします。

フォーレプス
マトンと豚肉、時に血を合わせて作られるノルウェーの乾燥ソーセージ。味付けは生姜、ジュニパー、そして一般的にはシロップを含みます。

PRESERVED LAMB AND GOAT

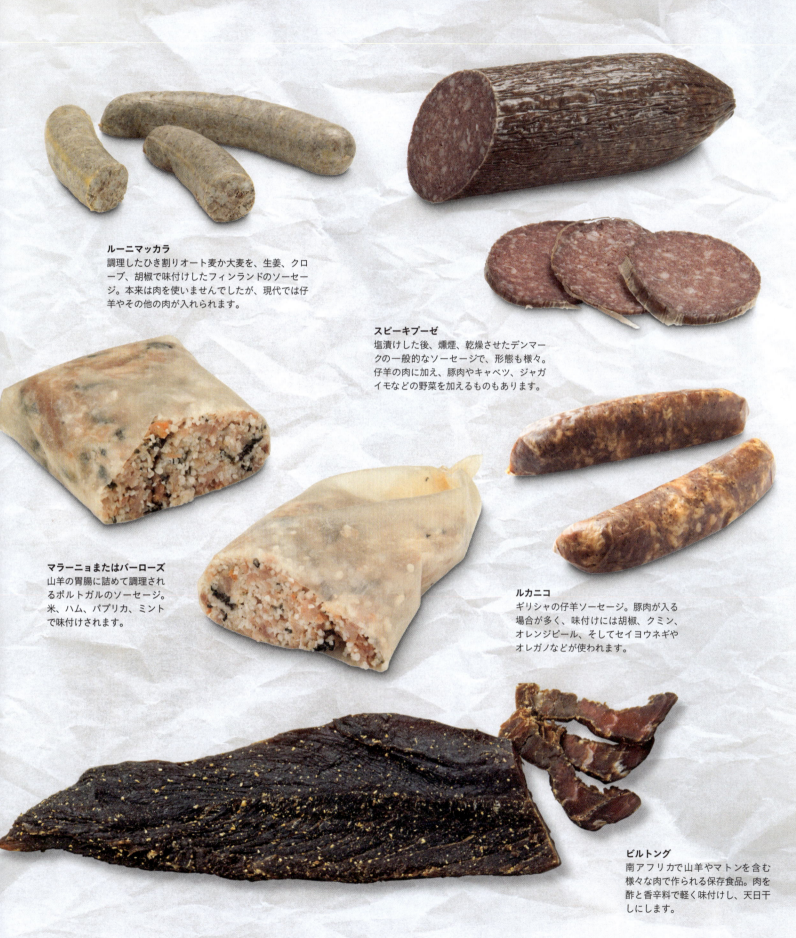

ルーニマッカラ
調理したひき割りオート麦か大麦を、生姜、クローブ、胡椒で味付けしたフィンランドのソーセージ。本来は肉を使いませんでしたが、現代では仔羊やその他の肉が入れられます。

スピーキプーゼ
塩漬けした後、燻煙、乾燥させたデンマークの一般的なソーセージで、形態も様々。仔羊の肉に加え、豚肉やキャベツ、ジャガイモなどの野菜を加えるものもあります。

マラーニョまたはバーローズ
山羊の胃腸に詰めて調理されるポルトガルのソーセージ。米、ハム、パプリカ、ミントで味付けされます。

ルカニコ
ギリシャの仔羊ソーセージ。豚肉が入る場合が多く、味付けには胡椒、クミン、オレンジピール、そしてセイヨウネギやオレガノなどが使われます。

ビルトング
南アフリカで山羊やマトンを含む様々な肉で作られる保存食品。肉を酢と香辛料で軽く味付けし、天日干しにします。

PRESERVED LAMB AND GOAT

脚を「バタフライ」にする

グリルやバーベキューに使いやすいよう脚の骨を取り除き、厚さが均等になるように肉を開きます。骨盤部の幅が最も広く、スネは最も細くなっています。

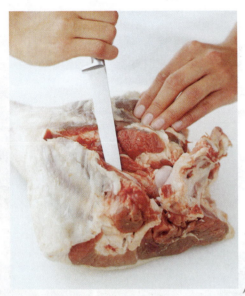

1 肉厚の面を下にして台に置く。骨盤の端を片手で押さえて固定し、ボーニングナイフの先でまわりを切って骨をあらわにする。骨盤の手前に切り目を入れ、大腿骨にそって皮と肉を切る。

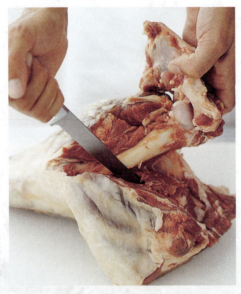

2 ナイフを斜めに骨に向けながら繰り返し短く切り込んで肉を大腿骨からはがす。肉を傷つけないよう刃先を使う。肉がはがれて来たら骨を上に引っ張る。

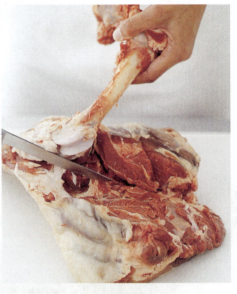

3 大腿骨の全長があらわになったら上にひっぱってスネから離し、関節部の骨や軟骨から肉を削り取る。軟骨が肉に付いてきたら取り除く。

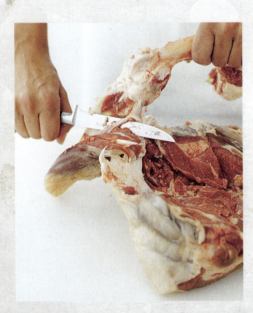

4 スネの骨から肉を引きはがし（骨の端は見つけやすい）、骨に付着している肉や腱を切る。

5 肉を開き、平らに寝かせる。なでるような動きで最も肉厚な部分に切り込みを入れ、できるだけ厚さを均等にする。

6 切り込んだ「翼」を開き、四角形に近い形にする。ロール肉にする場合は肉の厚い所を切り取って薄い部分に織り込み、形をととのえる。

LAMB AND GOAT BUTTERFLYING A LEG

ラックのフレンチトリミング

ラックは脂の少ないリブロースを最大限に生かす上品なかたまり肉で、切り分けも簡単。
そのままで調理しても、クラストで覆ってもよいです。

1 かたまり肉の片面の皮の下に、軟骨質の柔らかい肩甲骨が付いている場合がある。この場合、肩甲骨を持ち上げ、肉を傷つけないよう注意しながらしなやかなボーニングナイフを水平に持って取り除く。

2 ボーニングナイフを外側の脂肪膜と皮の薄膜の下に滑り込ませ、もう一方の手ではぎ取る。余分な脂肪だけ落とすか、肉だけが残るように脂肪と腱をすべて取り除く。

3 小さな鋭いナイフで骨の間を切り、ナイフの刃を骨にぴったり添わせて、骨をつなぎ合わせている肉、脂肪、薄い腱を切り取る。

4 ナイフの刃をリブアイから4cmほど離した所で持ち、脂肪の多い部分を切り取る。脂肪の少ない肉が好みの場合は、肉により近いところで切る。切り取ったものはスープストック用に取り置く。

5 あばら骨をまな板の上に置く。肉切り包丁を使って骨の先が揃うよう1振りで切り落とす。よりきれいに見えるよう、万能ナイフか包丁で骨まわりの薄い皮をはぎ取る。

6 かたまり肉を縦にして、のこぎりか肉切り包丁で背骨を切り取る。なるべく正確に1振りか2振りできれいに切る。かたまり肉に少しでも背骨が残っていると調理後切り分けられなくなる。

LAMB AND GOAT FRENCH TRIMMING A RACK

GRILLED LAMB KOFTAS

ラムコフタのグリル

作り方も簡単なギリシャの伝統料理。
さわやかつスパイシーで風味豊か。

使用するカット：ラム挽き肉　8人分
準備時間：30分＋寝かせ時間
調理時間：8〜12分

材料

- 玉ねぎ（大）…1個　すりおろす
- 粗塩…大さじ1
- ラム挽き肉…900g
- 溶き卵…2個
- コリアンダーの葉…大さじ2　細かく刻む
- 粉末クミン…小さじ2
- 乾燥タイム…小さじ1
- 粉末オールスパイス…小さじ1/2
- 挽きたて黒胡椒…適量
- オリーブオイル…少々

1. ボウルに玉ねぎと塩を入れてよく混ぜ、15分置く。目の細かいざるで玉ねぎと汁を分け、それぞれ別のボウルに入れる。
2. ラム挽き肉、卵、コリアンダー、クミン、タイム、オールスパイス、胡椒を加える。材料を2〜3分軽く混ぜ合わせる。ボウルに蓋をかぶせ、室温で30分寝かせる。
3. グリドルを中火にかける。金串8本にオリーブオイルを塗る。肉を8等分し、ソーセージ形にととのえる。肉を串に刺したら、調理中に串から抜けてしまわないように両端を曲げる。肉の表面に薄くオリーブオイルを塗る。
4. 肉をときどき裏返しながら表面は均一なきつね色、中は少しピンク色になるまで8分ほど調理してミディアムレアに仕上げる。ウェルダンが好みの場合はもう2〜3分料理する。肉を串から外し、2〜3分置いて少し冷ます。温かいうちにピタパンとトマトと一緒に食卓に出す。

VARIATION

《山羊コフタのバーベキュー》
ラムの代わりに山羊の挽き肉を使い、上記と同様に調理する。グリドルでは焼かずにバーベキューにして、スパイス入りのフラットブレッドとギリシャヨーグルトを添える。

MOUSSAKA

ムサカ

連なるソース、焼き野菜、挽き肉の層が絶品。
手間をかける価値のある一品です。

使用するカット：ラム挽き肉　5人分
準備時間：1時間
調理時間：2時間25分＋寝かせ時間

材料

- ジャガイモ…350g　皮をむく　煮崩れしにくいもの
- なす（大）…1個　厚さ1cmに縦に切る

ソースの材料

- オリーブオイル…大さじ2と余分に少々
- 玉ねぎ…1個　みじん切り
- にんにく…2片　みじん切り
- ラム挽き肉…450g
- カットトマト缶…400g×1缶
- ビーフ、ラム、チキンいずれかのスープストック…200ml
- 赤ワイン…小さいグラスに1杯（好みで）
- イタリアンパセリ…大さじ2　細かく刻む
- 乾燥タイム…小さじ1/2
- 乾燥オレガノ…小さじ1/2
- 粉末シナモン…小さじ1/2
- 塩、挽きたて黒胡椒…適量

ベシャメルソースの材料

- バター…50g
- 小麦粉…50g
- 全乳…400ml
- ナツメグ…ひとつまみ
- パルメザンチーズ…25g　おろしたてのもの
- 溶き卵…1個分

1. ソースを作る。大きな厚手の鍋を中火にかけ、玉ねぎを入れてしんなりするまで5分ほど炒める。にんにくを加え、さらに1分炒める。火を強めてラム肉を加え、しっかり焼き色が付くまで炒める。トマト、スープストック、ワイン（好みで）、ハーブ、シナモンを加える。塩胡椒をふり、沸騰したら弱火にして水分が飛ぶまで1時間〜1時間15分ほど煮詰める。
2. その間に塩水を張った大きな鍋でジャガイモを芯に火が通るまでゆでる。ゆで上がったら水気を切って縦に薄切りし、いったんわきに置く。グリルを最も高温に設定し、クッキングペーパーにカットしたなすを並べ、オリーブオイルをハケで塗って焼き色が付くまで加熱し、反対側も同様に焼いてわきに置く。
3. オーブンを180℃に予熱する。ベシャメルソースを作る。小さなフライパンにバターを入れて中火で溶かす。小麦粉を加え、2分かき混ぜる。火からおろして全乳をゆっくり徐々に混ぜ入れる。再び火にかけ、とろみが出るまで混ぜながら調理する。ナツメグとパルメザンチーズを加え、塩胡椒をふって弱火で10分加熱する。火からおろして溶き卵を混ぜ入れる。
4. 正方形の耐熱皿に肉の半量を広げ、その上になす、ベシャメルソースの順でそれぞれ半量ずつのぜる。その上にジャガイモを広げたら残りの肉、なす、ベシャメルソースをのせる。オーブンに入れてきつね色になるまで1時間ほど焼く。少し休ませ、熱々でいただく。

FORFAR BRIDIES
フォーファーブライディー

山登りやサッカー観戦、ピクニックなど、アウトドアに理想的なスコットランド伝統のパイ。

使用するカット：ラム挽き肉　4人分
準備時間：20分＋冷まし時間、寝かせ時間
調理時間：40分

ペストリーの材料

強力粉…250g
薄力粉…75gと少々
塩…小さじ1/2
バター…175g　冷やして角切り

フィリングの材料

ラム挽き肉…500g
牛スエット…75g　すりおろす
玉ねぎ…1個　みじん切り
イタリアンパセリ…大さじ1　刻む
塩、挽きたて黒胡椒…適量

1 ペストリー生地を作る。フードプロセッサーに材料をすべて入れ、細かいパン粉状になるまで回す。大きなボウルに移し、大さじ3〜4の氷水を加えて生地をつくる。ひとつに丸めてラップで包み、冷蔵庫で2時間冷やす。
2 オーブンを200℃に予熱する。フィリングを作る。大きなボウルに材料を入れてよく混ぜ合わせる。冷蔵庫からペストリー生地を取り出し、4等分する。軽く小麦粉をはたいた台にペストリー生地をのせ、楕円形に伸ばす。フィリングも4つに分けて楕円形のペストリー生地の片側に置く。
3 ペストリー生地の端に水を塗り、半分に折ってフィリングを覆う。フォークで押して端を留め、模様をつける。蒸気を逃がすためにそれぞれのパイ皮のてっぺんに小さく切り込みを入れ、1時間寝かせる。焼き皿に入れて45分焼く。熱々で食べても、冷めてから食べてもおいしい。

VARIATION
《ビーフブライディー》

ラムの代わりに牛挽き肉、パセリの代わりにマジョラムを使う。詰めものにマスタード小さじ1を加え、あとは同様に調理する。

LAMB BURGERS WITH ROASTED TOMATO RELISH
ラムバーガー 焼きトマトのレリッシュ添え

クリームとフレッシュハーブを加えることで新鮮で風味豊かなバーガーになります。

使用するカット：ラム挽き肉　4人分
準備時間：20分＋冷まし時間
調理時間：8〜10分＋寝かせ時間

材料

ラム挽き肉…500g　脂身の少ないもの
コリアンダーの葉…ひとつかみ　みじん切り
エシャロット…2個　みじん切り
粉末クミン…小さじ1
赤唐辛子…1本　種を取ってみじん切り
にんにく…2片　つぶしてみじん切り
粉末シナモン…小さじ2
イタリアンパセリ…大さじ1　刻む
ミント…大さじ1　刻む
粉末オールスパイス…ひとつまみ
ダブルクリーム…大さじ1
パン粉…大さじ2　細かいもの
レモンの皮…1個分　すりおろす
海塩と挽きたて黒胡椒…適量
なたね油…ハケで塗る用に少々

レリッシュの材料

ミニトマト…450g
赤玉ねぎ…1個　みじん切り
にんにく…1かけ　みじん切り
オリーブオイル…大さじ3
砂糖…小さじ1
コリアンダーの葉…ひとつかみ　粗みじん切り

1 バーガーの材料を大きなボウルに入れ、ざっくり混ぜ合わせる。肉を強く押さえすぎないように気をつけながら厚さ3cmほどの丸いパテを4つ作る。冷蔵庫で30分冷やす。
2 厚手の焦げ付き防止加工のフライパンを中火にかける。パテに薄くオリーブオイルを塗り、ミディアムなら両面4分ずつ、ウェルダンなら5分ずつ、好みの焼き加減に焼く。2分ほど寝かせる。
3 レリッシュを作る。コリアンダー以外のすべての材料をフライパンに入れ、柔らかくなるまで8〜10分炒める。少し冷めたらトマトの実を皮から絞り出してボウルに入れる。玉ねぎとにんにくを加え、コリアンダーを混ぜる。ハンバーガーバンズにパテをはさみ、レリッシュを添えていただく。

GREEK LAMB STEW

ギリシャ風ラムシチュー

濃厚で満足感のあるこのシチューは一皿で立派な食事になります。
スープに浸して食べられる硬いパンがあれば完璧。

使用するカット：ラム肩肉　4人分
準備時間：30分
調理時間：2時間10分

材料

- オリーブオイル…大さじ2
- ラムの骨抜き肩肉か首のヒレ肉…700g　一口大に切る
- 赤玉ねぎ…1個　みじん切り
- にんにく…2片　みじん切り
- 辛口の白ワイン…200ml
- カットトマト缶…400g×2缶
- カラマタオリーブ…100g　種なしのもの
- タイム…3枝
- クリタラキかオルゾーパスタ…100g
- 塩、挽きたて黒胡椒…適量
- フェタチーズ…100g　くずす
- ミントの葉…小1束　みじん切り

1　オーブンを150℃に予熱する。大きな厚手のキャセロール鍋かダッチオーブンにオリーブオイル大さじ1を入れ、中火にかける。肉を入れ、全体に焼き色が付くまで加熱する。鍋の中が過密にならないよう肉を数回に分けて調理する。取り出してキッチンペーパーを敷いた皿に取り出す。

2　残りのオリーブオイルを加える。玉ねぎを入れてときどきかき混ぜながらしんなりするまで5分ほど炒める。にんにくを加え、さらに2分炒める。

3　キャセロール鍋にワインとトマトを混ぜ入れる。肉を鍋に戻し、オリーブとタイムを加えて沸騰させる。塩胡椒をふり、蓋をしてオーブンで1時間半加熱する。

4　オーブンから取り出し、タイムを取り除いたらパスタを加えて混ぜる。塩胡椒をふり、蓋をしてさらに15分オーブンに入れる。小さい器にフェタチーズとミントを混ぜ合わせ、シチューの上に散らし、熱々でいただく。

LAMB KEBABS WITH YOGURT AND POMEGRANATE

ラムケバブ
ヨーグルトとザクロ添え

ギリシャ料理を元にしたこのケバブは作り方も簡単。さわやかなヨーグルトドレッシングが伝統的。

使用するカット：ラム肩肉　4人分
準備時間：30分＋漬け込み時間
調理時間：10分

材料

- ラム肩肉…350g　角切り　脂肪の少ないもの
- 粉末クミン…小さじ1/2
- 粉末コリアンダー…小さじ1/2
- ガラムマサラ…小さじ1/2
- 粉末シナモン…小さじ1/4
- オリーブオイル…少々
- ざくろ…1個

ドレッシングの材料

- エシャロット…1個　みじん切り
- にんにく…1片　みじん切り
- ミント…大さじ1　細かく刻む
- きゅうり…1/2本　皮をむき、種を取って細かくきざむ
- ギリシャヨーグルト…300g
- 塩…ひとつまみ

1　ラム肉を大きなボウルに入れる。クミン、コリアンダー、ガラムマサラ、シナモン加え、よく混ぜて肉になじませる。30分置いてマリネする。

2　ドレッシングをつくる。エシャロット、にんにく、ミント、きゅうり、ヨーグルトを大ぶりの器に入れる。塩を加えてよく混ぜ合わせ、わきに置く。

3　大きな厚手のフライパンかグリドルを火にかける。ラム肉を4等分し、4本の串に刺す。フライパンにオリーブオイルを少し塗って、肉を裏返しながらしっかり焼き色が付くまで8分間焼く。

4　火からおろす。ざくろの実を散らし、串から肉を外して盛り皿に移す。ヨーグルトドレッシングひと山と、クスクス、ピタパンでいただく。

LAMB AND BARLEY STEW

ラムと大麦のシチュー

お腹を満たす濃厚な一皿。
1〜2日たつと風味がぐんと増します。

使用するカット：ラム脚　4人分
準備時間：30分
調理時間：2時間

材料

- 油または仔羊の脂…大さじ3
- 塩、挽きたて黒胡椒…適量
- ラム脚…450g　さいころ形に切る
- 玉ねぎ…1個　薄切り
- 人参…2本　薄切り
- セロリ…2本　薄切り
- にんにく…2片　つぶす
- 薄力粉…大さじ1
- 白ワイン…300ml
- トマトピューレ…大さじ1
- レモンの皮…帯状のもの2本
- ローリエ…1枚
- タイム…1枝
- 大麦…30g
- イタリアンパセリ…大さじ1　細かく刻む

1　オーブンを160℃に予熱する。大きな耐熱性のキャセロール鍋に油大さじ2を熱する。ラム肉に塩胡椒で下味を付け、全体に焼き色が付くまで4〜5分焼く。鍋が過密にならないよう数回に分けて調理する。肉を取り出し、キッチンペーパーを敷いた皿にのせてわきに置く。
2　火を弱めて残りの油を入れる。玉ねぎ、人参、セロリを入れ、よく混ぜながらしんなりするまで炒める。にんにくを混ぜ入れ、さらに1分炒める。
3　キャセロール鍋に肉を戻し、小麦粉を加えてよく混ぜ合わせる。ワイン、トマトピューレ、レモンの皮、ローリエ、タイムを入れてひたひたになるくらいの水を加えて沸騰させる。大麦を加えて混ぜ合わせ、蓋をしてラムが柔らかくなるまでオーブンで1時間半ほど加熱する。
4　オーブンから取り出し、ローリエ、タイム、レモンの皮を取り除く。味見して必要に応じて塩胡椒を加える。パセリを混ぜ入れ、マッシュポテトと緑の野菜を添えていただく。

VARIATION

《山羊と大麦のシチュー》
ラムの代わりに山羊肉を、小麦粉の代わりに中挽きオートミールを、ワインの代わりにりんご酒を使って上記と同様に調理し、熱々でいただく。

LAMB FILLET BASTED WITH ANCHOVY PASTE

仔羊ヒレ肉のアンチョビペースト焼き

アンチョビが肉にパンチをきかせる一品。
アンチョビペーストは市販のものを使っても、このレシピのように手作りしてもよい。

使用するカット：ラムの首肉　4人分
準備時間：15分＋マリネ時間
調理時間：20分＋寝かせ時間

材料

- ラムの首ヒレ肉…約675g　丸ごと
- わけぎ…2本　粗切り
- アンチョビ油漬け…150g×1瓶　漬け汁を切る
- 酢漬けケッパー…大さじ2　漬け汁を切る
- オリーブオイル…大さじ3

1　グリルを中火に設定する。肉に深さ1cmの十字の切り込みを入れる。玉ねぎ、アンチョビ、ケッパー、オリーブオイルをフードプロセッサーに入れてペースト状にする。
2　肉を大きな浅い皿に入れ、全体をアンチョビペーストで覆う。切り込みにもしっかり入るように。冷蔵庫で30分ほど寝かせる。
3　グリルの下段でときどき裏返しながら焼き色が付いて好みの加減に焼けるまで15〜20分焼く。
4　火からおろし、皿に移して温かいところで少なくとも10分寝かせる。肉を厚さ1cmに切って、温かいピタパン、ハマス、旬野菜のサラダを添える。

LANCASHIRE HOTPOT
ランカシャー・ホットポット

英国北西部の伝統的な料理。
味わい深いラム首肉と腎臓を使います。

使用するカット：ラム首肉と腎臓　4人分
準備時間：15分
調理時間：2時間40分

材料
- ラムの腎臓…4つ　合計およそ200g
- ラム首肉…1kg
- 塩、挽きたて黒胡椒…適量
- サラダ油…大さじ1
- バター…大さじ3と余分に少々
- 男爵芋などのジャガイモ…1kg　薄切り
- 玉ねぎ…3個　薄切り
- タイム…2枝
- ローリエ…2枚
- グラニュー糖…小さじ1
- ラムストック…450㎖

1 オーブンを160℃に予熱する。腎臓を水平に2等分する。皮を取り芯を取り出す。ラム肉と腎臓に塩胡椒をふる。
2 フライパンに油を入れて強火で熱し、肉と腎臓を入れ、焼色が付くまで10分ほど炒める。取り出してキッチンペーパーを敷いた皿にのせて取り置く。
3 大きなキャセロール鍋の底に油を引く。ジャガイモの半量を重なり合う形で鍋底に敷き詰め、軽く塩胡椒をする。肉と腎臓、玉ねぎ、タイム、ローリエを重ねる。グラニュー糖をふりかける。
4 残りのジャガイモをのせて肉の層を覆う。肉の層がかぶる所までラムストックを注ぐ。ジャガイモは浸からないように。軽く塩胡椒をする。
5 鍋でバターを溶かし、ジャガイモの上面に塗る。蓋をしてオーブンで2時間調理する。蓋を取って200℃に温度を上げてさらに30分、ジャガイモの端に焦げ目が付くまで焼く。オーブンから取り出してタイム、ローリエの葉を取り除く。キャベツか緑の野菜を添えて熱々でいただく。

IRISH STEW
アイリッシュシチュー

コストパフォーマンスのよい一皿。
じっくり調理するので濃厚で深みのあるシチューに仕上がります。

使用するカット：ラム首肉か肩肉　4人分
準備時間：25分
調理時間：3時間

材料
- 首か肩のシチュー用ラム肉…900g　3cm角に切る
- 精白玉麦…130g
- 玉ねぎ（大）…1個　ざく切り
- 人参…3本　ざく切り
- スウェーデンカブ…200g　ざく切り
- ジャガイモ…4個　ざく切り
- タイム…4枝
- 塩、挽きたて黒胡椒…適量
- 温かいラムストック…1ℓ

1 大きい厚手のキャセロール鍋に肉の半量を入れる。玉麦、野菜、タイムの順にそれぞれ半量を重ねて塩胡椒をふる。残りの材料を同様に重ね、再び塩胡椒をふる。
2 ラムストックを注ぎ、強火にかけて沸騰させる。表面のアクをすくい取る。
3 火を弱火にし、蓋をしてときどきかき混ぜながら3時間煮る。味見して塩胡椒でととのえたら火からおろし、硬いパンと一緒に熱々でいただく。

タジン・ビル・ミシュミシュ

この「アプリコット入り」タジンは伝統的なモロッコ料理から生まれたものです。
乾燥アプリコットとオレンジジュースが独特の風味を作ります。

使用するカット：ラム肩肉　4人分
準備時間：10分＋マリネ時間
調理時間：1時間半

材料

- 玉ねぎ…1個　薄切り
- 粉末コリアンダー…小さじ1
- 粉末クミン…小さじ1
- 粉末ジンジャー…小さじ1
- 乾燥タイム…小さじ1
- ひまわり油かピーナッツ油…大さじ2
- ラム肩肉…900g　2.5cm角に切る　骨抜きのもの
- 薄力粉…大さじ2
- オレンジジュース…300ml
- 温かいチキンストック…600ml
- 乾燥アプリコット…115g
- 塩、挽きたて黒胡椒…適量
- ミントの葉…ひとつかみ　粗みじん切り（好みで）

LAMB RECIPES

1 玉ねぎ、コリアンダー、クミン、ジンジャー、タイム、油大さじ1を大きな非金属製のボウルに入れて混ぜ合わせる。ラム肉を入れてよく混ぜ、表面になじませる。蓋をして冷蔵庫で最低3時間、もしくは一晩漬け込む。

2 オーブンを160℃に予熱する。小さいボウルに小麦粉を入れ、オレンジジュースを混ぜてなめらかになるまでよく混ぜる。大きなフライパンに残りの油を入れて強火にかける。1のラム肉を加え、よく混ぜながら全体に焼き色が付くまで5分ほど炒める。

3 ラム肉を大きな耐熱性のタジン鍋に移す。2で混ぜた小麦粉とオレンジジュースを混ぜ入れる。チキンストックを加えて火にかけ、かき混ぜながら沸騰させる。火からおろし、蓋をしてオーブンで1時間加熱する。

4 オーブンから出してチキンストックとアプリコットを混ぜ入れる。蓋をして、肉が柔らかくなるまでオーブンで20分加熱する。オーブンから取り出し、塩胡椒で味をととのえ、ミントの葉を散らして熱々でいただく。

ROAST LAMB LOIN WITH GOAT'S CHEESE

ラムロースと山羊チーズのロースト

ラベンダーのさわやかな香味とラム肉の力強い風味がバランスよく引き立つ一皿です。

使用するカット：ラムロース　4〜6人分
準備時間：25分＋マリネ時間
調理時間：25分＋寝かせ時間

材料

- 骨抜きラムロース肉…4切れ　1切れ当たり約150gのもの　脂肪を切り取る
- 粒マスタード…小さじ3
- ラベンダーの葉…2枝　粗みじん切り
- ニラ…大さじ2　刻む
- 山羊チーズ…100g　柔らかい外皮なしのもの
- ダブルクリーム…大さじ1と少々
- 粒胡椒…小さじ1　砕く
- なたね油…大さじ2
- ルッコラ…20g
- アスパラガス…12本　根元を取り除いて湯がき、半分に切る
- イタリアンパセリ…大さじ1　刻む
- オレガノ…大さじ1　刻む

クルトンの材料

- 全粒粉パン…1cm厚さ×2枚　耳は切り落とす
- バター…大さじ1　柔らかくする
- にんにく…1/2片　つぶす

ビネグレットの材料

- 粒マスタード…50ml
- なたね油…50ml
- りんご酢…50ml
- レモン果汁…1個分
- はちみつ…小さじ2
- 海塩と挽き立て黒胡椒…適量

1　油を引かずにフライパンを温め、ラム肉を入れてきれいに焼き色が付くまで加熱する。火からおろし、冷まし置く。触れられる温度になったらラム肉にマスタードを塗って、ラベンダーとニラ大さじ1をまぶしたらラップでしっかり包んで冷蔵庫で30分冷やす。オーブンを190℃に予熱する。

2　クルトンを作る。パンを1cm角に切る。小さいフライパンににんにくを入れ、バターを溶かしてパンを加え、よく絡むまで炒める。小さいクッキングシートに移してオーブンで8分ほど焼く。

3　ビネグレットを作る。小さいボウルに材料をすべて入れ、よく混ぜ合わせてわきに置く。山羊チーズとダブルクリームを別のボウルに入れ、柔らかく泡立つまでフォークで混ぜる。必要に応じてクリームを足してゆるくする。砕いた粒胡椒と残りのニラを加え、よく混ぜてわきに置く。

4　フライパンになたね油を熱し、表面に均一にクラストができるまでラム肉を両面1〜2分ずつ焼く。クッキングシートに乗せてオーブンで8〜10分焼く。取り出して10〜15分寝かせる。

5　ルッコラ、アスパラガス、パセリ、オレガノ、クルトンをボウルで混ぜ合わせる。サラダを皿の中心に置き、クリーム状に混ぜた山羊チーズスプーン3杯分をまわりにおく。ラムロースを斜め半分に切り、サラダにのせる。ビネグレットをかけ、熱いうちにいただく。

LAMB FILLET WITH TOMATO AND BASIL SALAD

ラムヒレ肉 トマトとバジルのサラダ添え

にんにく、チリフレーク、ローズマリー、そしてパセリを使ったマリネ液がラム肉のグリルに刺激を加えます。サラダの彩りもさわやかなパンチをきかせます。

使用するカット：ラムヒレ肉　4人分
準備時間：15分＋マリネ時間
調理時間：20分＋寝かせ時間

材料

- オリーブオイル…大さじ3
- にんにく…大きめ1片　つぶす
- イタリアンパセリ…大さじ1と1/2と飾りつけに少々　細かく刻む
- ローズマリー…1枝分の葉
- チリフレーク…ひとつまみ
- 塩、挽きたて黒胡椒…適量
- ラムヒレ肉…165g
- オリーブオイル…仕上げ用に少々

サラダの材料

- プラムトマト…2個　縦4つに切る　よく熟れたもの
- ミニトマト…250g　枝付きのもの　ヘタは残す
- 黄色いミニトマト…125g　半分に切る
- バジルの葉…軽くひとつかみ
- にんにく…小さめの1片　つぶす
- 赤玉ねぎ…小さめ1/2個　横に輪切り
- エクストラバージンオリーブオイル…大さじ1と1/2

1　オリーブオイル、にんにく、パセリ、ローズマリー、チリフレークを大きなボウルに入れる。塩胡椒をふってよく混ぜ合わせる。ラム肉を加えて少なくとも1時間冷蔵庫で漬け込む。

2　バーベキューかグリルを熱する。ラム肉をのせ、ミディアムレアなら中火で両面8〜10分ずつ、好みの焼き加減になるまで加熱する。皿に移してアルミホイルをかぶせ、温かい所で20分寝かせる。

3　サラダを作る。材料をすべてボウルに入れ、塩胡椒してあえる。ラム肉を斜めに薄く切って皿に並べ、パセリとエクストラバージンオリーブオイルをかける。サラダを添えて熱いうちにいただく。

LAMB LOIN WITH RED PEPPERS

ラムロースの赤ピーマン添え

色鮮やかなこちらの一品では、上質な肉の甘みとピーマンがお互いを引き立てます。

使用するカット：ラムロース　4〜6人分
準備時間：30分
調理時間：15分

材料

- 赤ピーマン…4個
- ラムロース…4切れ　1切れ当たり200gほどのもの　脂、腱を切り取る
- 塩、挽きたて黒胡椒…適量
- オリーブオイル…大さじ3
- 白ワイン…120㎖
- ラムまたはチキンストック…250㎖
- バター…115g　冷やして角切り

飾り付けに

- バジル…ひとつかみ

1 グリドルを中火にかける。ピーマンを洗ってキッチンペーパーで水気をふき取る。ときどき裏返しながら、ピーマンの皮が所々焦げて実から浮いてくるまで15分ほど加熱する。熱を冷まし、皮をむいたら4等分に切って種を取り除き、2.5cm角に切ってわきに置く。

2 キッチンペーパーでラム肉の余分な血をふき取り、塩胡椒を軽くふる。厚手のフライパンにオリーブオイルを入れて強火にかける。しっかり焼き色が付くまで5分ほど焼く。取り出してキッチンペーパーを敷いた皿に並べる。蓋をして温かい所に置く。

3 火を強め、フライパンにワインを入れる。沸騰させて半量になるまで煮詰める。スープストックを加え、再び半量になるまで煮詰める。ピーマンを入れ、火が通ったら火からおろしてバターを加え、薄いソースを作る。味見して塩胡椒でととのえる。

4 ラム肉を斜めに切って3〜4つに分ける。温めた皿に並べ、ピーマンとソースをかける。バジルの葉を散らし、熱々でいただく。

LAMB CHOPS IN PAPER WITH FENNEL

ラムチョップとフェンネルの包み焼き

ラムチョップの包み焼き料理です。
ラム肉そのものの肉汁で蒸すことで、少量の脂で最大限の風味を引き出します。

使用するカット：ラムロースのチョップ　4人分
準備時間：25〜30分
調理時間：35〜40分

材料

- フェンネルの球根と茎…1kg　外側の硬い皮を取り除いたもの
- オリーブオイル…大さじ4
- にんにく…2片　みじん切り
- カットトマト缶…400g×1缶
- パスティス…大さじ3
- 塩、挽きたて黒胡椒…適量
- ラムロースのチョップ…厚さ2.5cmのもの4切れテイル（長く伸びた骨の端）は切り離して取り置く　合計およそ650g
- 溶かしバター…少々
- 溶き卵…1個分

1 フェンネルの球根上部の緑の茎を一部彩り用に取り置き、球根をスライスする。フライパンにオリーブオイル大さじ2を入れて中火にかけ、フェンネルとにんにくを加え、柔らかくなるまで6〜8分炒める。

2 トマトの3/4とパスティスを入れて塩胡椒し、ときどきかき混ぜながら水分が飛んでとろみが付いてくるまで20〜25分加熱する。

3 その間にラムチョップとテイルに塩胡椒をふる。別のフライパンに残りのオリーブオイルを入れ、強火にかける。全体に焼き色が付くまで両面1〜2分ずつ焼く。取り出してキッチンペーパーを敷いた皿にのせる。

4 30×37.5cmのクッキングペーパーを半分に折り、はさみを使って、開いた時大きなハート形ができるようカーブを描いて切る。ラムチョップをのせた時、まわりに7.5cmほどの余白が取れる大きさになるように。同様に繰り返して合計4枚作る。

5 オーブンを190℃に予熱する。ハートの紙型を開き、端の方を2.5cm残して溶かしたバターを塗る。塗り残した端2.5cmに溶き卵を塗る。

6 2のフェンネルを4等分し、クッキングシートの半分におく。ラムチョップとテイルをのせ、その上に残りのトマトとフェンネルの緑の部分を散らす。クッキングシートのもう半分を折り重ね、折り込みを作って閉じ、端をねじって留める。

7 包みを鉄板にのせ、ふくらんで茶色くなるまで10〜14分オーブンで加熱し、蒸したアスパラガスを添えて食卓に出す。各自で包みを開けていただく。

RACK OF LAMB WITH PARSLEY CRUMB

ラムラックの香草パン粉焼き

ラックはしっとり焼けるミディアムが最適とされています。
パセリを混ぜたパン粉が肉をこんがり仕上げます。

使用するカット：ラムラック　6人分
準備時間：35〜40分
調理時間：25〜30分＋寝かせ時間

材料

ラムラック（背骨を取り除いたもの）…2つ　それぞれ750g〜1kgのもの
にんにく…2片　薄切り
オリーブオイル…大さじ2
塩、挽きたて黒胡椒…適量
食パン…4枚　耳を切り落とす
バター…45g
イタリアンパセリ…小さめの1束　葉のみを使用
みじん切り

グレイビーの材料

白ワイン…125㎖
ラムかビーフかチキンストック…250㎖
片栗粉（好みで）…大さじ1〜2　少量のお湯でとく

1 オーブンを230℃に予熱する。ラックをフレンチトリミングする（P.193参照）。鋭いナイフで肉に切り込みを入れ、薄切りにしたにんにくを挟む。あばら骨を下にしてラックを大きなロースト用のトレイに入れる。骨が焦げないようアルミホイルで包む。肉にスプーンでオリーブオイルをかけ、塩、胡椒をふる。

2 オーブンに入れ、肉が縮んで骨から離れ、肉の内部温度が60℃に達するまで25〜30分加熱する。その間少なくとも2回肉汁をラックに塗る。

3 香草パン粉を作る。食パンをフードプロセッサーにかけてパン粉を作ったら、フライパンにバターを溶かし、パン粉を入れて少し色づくまで2〜3分炒める。パセリを加え、塩胡椒で味をととのえる。

4 ラックをまな板に移し、骨を包んだアルミホイルを取り外す。全体にアルミホイルをかぶせて肉を寝かせ、グリルを最高温に設定する。

5 グレイビーソースを作る。ロースト用トレイに残った脂を取り除いて処分する。ワインを入れてトレイの底に残っている肉汁と混ぜながら半量になるまで煮詰める。スープストックを加え、グレイビー風味が増すまで5〜7分沸騰させる。とろみを付ける場合は片栗粉を加えてよく混ぜる。

6 ラックの上面にパン粉を付け、肉汁をかける。パン粉の面を上にして焦げないように注意しながらきつね色になるまで1〜2分焼く。切り分けて温めた皿にのせ、グレイビーソースを添えて食卓に並べる。

RACK OF LAMB WITH CELERIAC GALETTES

ラムと根セロリのガレット

肉を切り分けなくてもよいので、おもてなしにも手軽な一品。根セロリがラム肉によく合います。

使用するカット：ラムラック　4人分
準備時間：30分
調理時間：45〜55分

材料

バター…60gと少々
玉ねぎ（小）…1個　粗みじん切り
人参…1本　みじん切り
筋入り薄切りベーコン…2枚　粗みじん切り
にんにく…1片　つぶす
赤ワイン…300ml
トマトピューレ…大さじ1
イタリアンパセリ…大さじ1　刻む
ラムストック…300ml
レッドカラントジャムまたはカリンジャム…大さじ1
海塩、挽きたて黒胡椒…適量
なたね油…大さじ1
ラムのミニラック…4つ　脂を切り落とす

ガレットの材料

煮崩れしにくいジャガイモ…300g　薄切り
根セロリ…1個　皮をむいて薄切り
溶かしバター…50g
セロリ塩…小さじ1/2
挽きたて白胡椒…少々
ローズマリー…大さじ1　刻む

1 オーブンを180℃に予熱する。オーブン用の鉄板にクッキングペーパーを敷く。ガレット用に大きなボウルにジャガイモと根セロリを入れ、溶かしバターをかけてセロリ塩と白胡椒をふり、ローズマリーを散らす。

2 オーブン用のトレイに、輪切りにした根セロリを重ねて直径およそ12cmの円形にならべ、土台を4つ作る。それぞれの土台の上に輪切りにしたジャガイモを重ねて円形に並べていく。調理中にそれぞれがくっつかないよう、4つのガレットの間に十分に間隔を取る。柔らかくなるまで40〜45分加熱する。

3 厚手の鍋にバターの半量を入れて火にかける。玉ねぎ、人参、ベーコン、にんにくを加え、しんなりするまで2分ほど炒める。ワイン、トマトピューレ、パセリを入れ、半量になるまで5〜10分加熱する。ラムストックとジャムを加えて水分が2/3量になるまで5分ほど煮詰める。液体をこして鍋に戻し、残りのバターを混ぜ入れ、塩胡椒で味をととのえる。

4 オーブンの温度を200℃まで上げる。フライパンになたね油と余分のバターを火にかける。フライパンにラックを入れてよい焼き色が付くまで5分ほど加熱する。塩胡椒をふってオーブンで10〜15分焼く。ラムをガレットの上に置き、肉汁を回しかけて食卓に出す。

CHARGRILLED LAMB CUTLETS AND AUBERGINE WITH RED CABBAGE SLAW

ラムチョップとなすの炭火焼き 紫キャベツのコールスロー添え

グリルしたラム肉となすに添える紫キャベツのコールスローが新鮮な組み合わせ。

使用するカット：ラムチョップ　4人分
準備時間：25分
調理時間：12〜16分＋寝かせ時間

材料

- ラムチョップ…12切れ　1切れ100gほどのもの　脂肪をトリミングする
- オリーブオイル…大さじ2
- 塩、挽きたて黒胡椒…適量
- なす…300gほどのもの1個　縦に薄切り
- 紫キャベツ（小）…1/2玉
- サンド豆…100g　筋を取り湯がいて斜めに薄切り
- きゅうり（小）…1本　薄切り
- 赤玉ねぎ（小）…1個　薄い輪切り
- セロリ…2本　皮をむいて斜めに薄切り
- ヘーゼルナッツ…60g　刻む
- ニラ…ひとつかみ
- エクストラバージンオリーブオイル…大さじ2
- バルサミコ酢…小さじ1

1　グリルを中に設定する。ラムチョップにオリーブオイルを塗り、塩胡椒をする。両面3〜5分ずつ、好みの焼き加減でグリルする。火からおろして皿にのせ、温かく保つ。
2　グリルを強に設定する。なすにオリーブオイルを軽く塗り、胡椒をふる。きつね色になるまで両面3分ずつ焼いたら火からおろしてラムの皿に盛り付ける。
3　大きなボウルに紫キャベツの千切りを入れる。他の材料をすべて入れて塩胡椒をふり、優しくあえる。ラムチョップとなすにキャベツを添えて食卓に並べる。

SLOW-COOKED LAMB RIBS WITH FATTOUSH SALAD

ラムのじっくり煮 ファトゥーシュサラダ添え

マリネ液のスパイスが濃厚なラム胸肉にぴったり。

使用するカット：ラムの胸肉　4〜6人分
準備時間：30分＋マリネ時間
調理時間：3時間半〜4時間

材料

- ラム胸肉…2kg
- 白ワイン…250ml
- にんにく…2片　つぶす
- シナモンスティック…3本
- 塩…小さじ1
- 八角…2粒
- 粒胡椒…6粒

マリネ液の材料

- クミンシード…小さじ1
- コリアンダーシード…小さじ2
- カルダモン…3粒
- 粉末シナモン…小さじ1
- 粉末オールスパイス…小さじ1/2
- 赤唐辛子…1本　種を取り除いて切る
- にんにく…2片　つぶす
- レモンの皮のすりおろしと果汁…1個分
- オリーブオイル…100ml
- はちみつ…大さじ2
- コリアンダーの葉…ひとつかみ　粗みじん切り

サラダの材料

- きゅうり…1本　皮をむいて縦半分に切り、種を取り除いて角切り
- ラディッシュ…1束　薄切り
- 赤玉ねぎ…みじん切り
- ミニトマト…200g　4つ切り
- ざくろ（小）…小1個
- イタリアンパセリ…ひとつかみ　葉のみ　ざく切り
- レモン果汁…1個分と必要に応じて余分に少々
- スーマックパウダー…大さじ1と必要に応じて余分に少々
- 海塩、挽きたて黒胡椒…適量
- ピタブレッド…2枚
- オリーブオイル…大さじ1

1　オーブンを200℃に予熱する。大きなフライパンにラム肉の材料をすべて入れ、ひたひたにかぶるくらいの水を加える。沸騰したらしっかり蓋をしてオーブンで2時間、もしくは柔らかくなるまで加熱する。調理液は処分し、ラム肉を冷ます。
2　フライパンを中火で熱する。クミン、コリアンダー、カルダモンを入れ、香りが出るまで混ぜながら炒る。火からおろしてすり鉢でする。
3　非金属製のボウルに移し、残りのマリネ液の材料をすべて入れてよく混ぜる。ラム肉を1本ずつに切り分け、ボウルに入れる。マリネ液によくなじませ、冷蔵庫で2時間、または一晩寝かせる。
4　オーブンを140℃に予熱する。大きなロースト用のトレイにラム肉を並べ、アルミホイルをかぶせてオーブンで1時間焼く。オーブンから出し、アルミホイルを取ってラム肉を裏返す。再びアルミホイルをかぶせ、オーブンでさらに30分焼いてから取り出す。
5　サラダを作る。ピタブレッドとオリーブオイル以外の材料を大きなボウルに入れる。フライパンを中火にかけてピタパンを両面温める。フライパンから取り出し、小さく切ってサラダに入れたらオリーブオイルをまわしかけて軽く混ぜる。味見して好みでレモン果汁、スーマックパウダーを足す。リブを皿に盛り、サラダと一緒に出す。

THAI-SPICED LAMB SALAD WITH LIME DRESSING

スパイシーな タイ風ラムサラダ ライムドレッシング

彩り鮮やかでスパイシーなラムサラダは夏の昼食ぴったり。

使用するカット：ラムチャンプチョップまたは脚肉
4人分
準備時間：10分
調理時間：7〜10分＋寝かせ時間

材料

ライムの皮のすりおろしと果汁…5個分
ヤシ糖またはデメララ糖…小さじ3
赤唐辛子…1本　種を取り除きみじん切り
ナンプラー…小さじ1/2
タマリンド…小さじ1
ピーナッツ油…大さじ3
ラムチャンプチョップか脚肉…500g　骨抜きのもの
タイ春雨…100g　調理済みのもの
エシャロット…3個　みじん切り
コリアンダーの葉…ひとつかみ
タイバジル…12枚
ミントの葉…軽くひとつかみ
炒りピーナッツ…50g　粗く刻む

1 ドレッシングを作る。ライムの皮、果汁、砂糖、唐辛子、ナンプラー、タマリンド、ピーナッツ油大さじ1を小さいボウルに入れる。砂糖が溶けるまでよく混ぜ合わせ、わきに取り置く。

2 ラム肉を6等分する。グリドルを火にかけ、残りのピーナッツ油を入れる。両面およそ2分ずつ焼く。レアに仕上げるので火を通しすぎないように。3分寝かせる。

3 ラム肉を薄く切り、大きいボウルに入れる。春雨、ドレッシング、エシャロット、ハーブ、ピーナッツを入れて混ぜ合わせる。皿4枚に盛り付けたらすぐにいただく。

HAY-ROASTED LEG OF LAMB WITH ANCHOVIES AND CAPER SAUCE

ラムの干し草焼き アンチョビとケッパーのソース

干し草と料理することで草のすばらしい風味とスモーキーな香りが肉に加わります。また、干し草が肉汁を閉じ込めるのでしっとり仕上がります。

使用するカット：ラムの脚肉　8〜10人分
準備時間：30分＋冷まし時間と寝かせ時間
調理時間：2時間15分＋寝かせ時間

材料

- 溶かしバター…25gと鉄板用に少々
- 清潔な干し草…2つかみ
- 強力粉…2kg
- ラム脚肉…3kg　骨付きのもの
- 上質な塩漬けアンチョビ…10匹　軽くすすぐ
- にんにく…8片　薄切り
- レモンの皮…1個分　すりおろす
- レモン果汁…1/2個分
- 海塩、挽きたて黒胡椒…適量
- タイム…1束
- ローズマリー…1束
- 溶き卵…1個分

ソースの材料

- チキンストック…500㎖
- 酢漬けケッパー…大さじ2〜3　汁を切って粗みじん切り
- レッドワインかシェリービネガー…ひとふり分
- ミントの葉…多めの2つかみ　細かく刻む
- バター…大きめの一かけ　サイコロ切り　冷やす
- レッドカラントジャム…小さじ2
- 片栗粉…小さじ1〜2　少量の水と混ぜる

1 オーブンを180℃に予熱し、大きいオーブン用の鉄板にバターを引く。干し草を冷水に15分浸す。小麦粉をミキサーに入れ、水1ℓを足し、5分ほど回して生地をつくる。冷蔵庫で30分寝かせる。

2 ラム脚肉に切り込みを入れる。アンチョビを半分に切ってにんにくのスライスを包み、切り込みに入れる。

3 生地を2等分し、それぞれ厚さ1cmでラム肉を包める大きさに伸ばす。鉄板に1枚をのせ、干し草の水分を絞って周囲5cmを残して生地に干し草を広げる。

4 その上にラム肉を置き、溶かしバターを塗る。レモンの皮のすりおろしと果汁を塗る。塩胡椒をふり、ハーブをのせる。干し草を持ち上げてラム肉を均等に包む。生地の縁に冷水を塗り、もう1枚の生地を上からかぶせる。肉の中心まで熱が届くよう骨が生地から突き出す形で包む。生地の端をつまんで巻きひだを付ける。ハケで溶き卵を塗り、20分寝かせる。

5 オーブンに入れて2時間ほど焼く。オーブンから取り出して焼け具合を見て、内部温度をチェックする。ミディアムなら60℃、ウェルダンなら65℃であることを確認する。必要に応じてさらに15分ほど焼き、オーブンから取り出す。30分休ませ、生地を割って干し草を取り出す。調理で出た肉汁と脂を小さめの鍋に入れる。

6 ソースを作る。肉汁と脂を入れた鍋を中火にかける。チキンストックを加えて煮溶かし、半量になるまで煮詰める。火からおろしてボウルにこし入れる。ソースを鍋に戻し、中火で3〜4分煮る。

7 ケッパー、ビネガー、ミント、バター、レッドカラントジャムを加えてよく混ぜ、塩胡椒をふる。味見してソースが少し苦いようであればジャムを少し足す。とろみが足りない場合は少量の水溶き片栗粉を加える。大皿に盛り、ケッパーソースをかけて熱々でいただく。

ON THE SIDE
付け合わせに

カネリーニ・ビーンズとローズマリーのマッシュや、ブーランジェリーポテト、ドフィノワーズグラタンなどを添えるとよい。ケールやほうれん草のバター炒めも合う。

LAMB CUTLETS WITH BUTTERNUT SQUASH, BEANS, AND MINT

ラムの厚切り肉 西洋かぼちゃ、豆、ミントを添えて

ぎゅっと詰まった西洋かぼちゃの甘いオレンジ色と、柔らかいラム肉がよく合う秋の一皿。

使用するカット：ラム厚切り肉　4人分
準備時間：15分
調理時間：30分

材料

- オリーブオイル…大さじ2
- 五香粉…ひとつまみ
- カイエンペッパー…ひとつまみ
- 塩、挽きたて黒胡椒…適量
- ラム厚切り肉…8切れ　1切れ100gほどのもの
- 西洋かぼちゃ…1個　半分に切って種を取り除き、皮をむいてぶつ切り
- プチトマト…10個
- サンド豆…125g　筋を取り除く
- ミント…ひとつかみ　粗みじん切り

1 オーブンを200℃に予熱する。小さいボウルにオリーブオイルの半量を入れ、五香粉、カイエンペッパーを入れる。塩胡椒で味をととのえてよく混ぜ合わせる。

2 混ぜたスパイスの半量をラム肉に塗り、ロースト用トレイにのせる。西洋かぼちゃを残ったスパイスに加えて混ぜ合わせる。オーブンで20〜30分、ラム肉が好みの焼き加減に仕上がり、西洋かぼちゃがきつね色になるまで加熱する。

3 その間にトマトとサンド豆をボウルに入れ、残りのオリーブオイルと混ぜる。少し焦げ目が付くように、料理が完成する10分前にトレイに加える。取り出してミントを散らし、熱々でいただく。

VARIATION

《ポークチョップのさつまいも、豆、タイム添え》

ラム厚切り肉の代わりに脂の少ないポークチョップ4枚、五香味とカイエンペッパーの代わりにケイジャンスパイス小さじ1を使う。西洋かぼちゃの代わりにサツマイモ大1個の皮をむいて大きめに切る。柔らかくなるまで30〜40分焼き、最後の10分で上記の手順3同様にプチトマトとサンド豆を加える。ミントの代わりにタイムの葉を散らし、熱々でいただく。

BARBECUED LAMB WITH MINT OLLANDAISE

ラムのバーベキュー ミントのオランデーズソースがけ

ハーブを利かせたオランデーズソースの濃厚な口当たりと、こんがり焼けた肉の対照性が絶妙に引き立つ一品。

使用するカット：ラム脚肉のステーキ　4人分
準備時間：30分
調理時間：45分＋寝かせ時間

材料

- アスパラガス…250g
- ズッキーニ…200g　斜めに切る
- 赤ピーマン（大）…1個　種を取って縦に8等分する
- 赤玉ねぎ…1個　くし切りで8等分する
- オリーブオイル…大さじ4
- 塩、挽きたて黒胡椒…適量
- ラム脚肉のステーキ…200gほどのもの×4切れ
- にんにく…大きめ2片　半分に切る

オランデーズソースの材料

- 粒胡椒…6粒　粗めに砕く
- エシャロット…1個　みじん切り
- 白ワイン…150mℓ
- 白ワインビネガー…100mℓ
- 卵黄…4個分
- 無塩バター…250g　冷やして角切り
- 刻んだミントの葉…大さじ2

1 バーベキューの火を最も高温に設定する。野菜をボウルに入れ、オリーブオイル大さじ3を加えてよくあえる。塩胡椒をふり、焦げ目が付いて柔らかくなるまでグリルする。必要に応じて塩胡椒を足し、温かく保つ。

2 にんにくと残りのオリーブオイルをステーキ肉にすり込む。バーベキューにステーキ肉をのせ、ピンク色になるまで両面4〜5分ほどずつ焼く。温かいところで4〜5分休ませる。

3 オランデーズソースを作る。大きなフライパンに粒胡椒、エシャロット、ワイン、ビネガーを入れて中火にかける。沸騰させて大さじ1杯分になるまで煮詰める。

4 その間ステンレススチールかガラス製のボウルをお湯を沸騰させた鍋の上に置く。3で煮詰めた液体をボウルにこし入れ、胡椒とエシャロットは取り除く。卵黄を混ぜ入れ、とろみがついて少し温かくなるまで混ぜる。温めすぎると卵黄が固まってしまうので注意する。

5 バターをゆっくりと加え、濃厚でなめらかなソースに仕上げる。塩胡椒をふり、ミントを加えて器によそう。ステーキを薄切りし、野菜とオランデーズソースを添えて食卓に出す。

LAMB WITH LEMON AND OLIVES

ラム肉のレモンとオリーブ添え

丸ごと使ったレモンが味を引きしめ、オリーブが地中海の香りを添えます。

使用するカット：ラム脚肉　4人分
準備時間：10分
調理時間：35分＋寝かせ時間

材料

- オリーブオイル…大さじ3
- わけぎ…1束　みじん切り
- ラム脚肉…500g　一口大に切る　脂身の少ない骨抜きのもの
- にんにく…6片　薄切り
- レモン…1個　8等分に切る
- ローズマリー…小さじ1　刻む
- イタリアンパセリ…ひとつかみ　刻む
- パプリカ…小さじ1
- 種抜きグリーンオリーブ…大さじ3
- 塩、挽きたて黒胡椒…適量

1 オーブンを200℃に予熱する。フライパンにオリーブオイルを引いて中火にかける。わけぎを入れて柔らかくなるまで5分炒める。ラム肉を入れてときどき混ぜながらピンク色でなくなるまで5分ほど炒める。
2 にんにくとレモンを入れて1分加熱する。残りの材料を入れてよく混ぜながら2分ほど炒める。耐熱皿に入れてしっかり詰める。水大さじ2を加え、よく混ぜてオーブンで20分焼く。
3 オーブンから取り出して10分ほど寝かせる。新鮮な硬焼きのパンと水々しい緑のサラダを添えて食卓に出す。

BARBECUED MOROCCAN LEG OF LAMB

モロッコ風ラム脚肉のバーベキュー

バーベキューで人気のラム脚肉はロースト料理に最適のかたまり肉。バタフライにすると風味が増します（P.192 参照）。

使用するカット：ラム脚肉　4人分
準備時間：20分＋マリネ時間と冷まし時間
調理時間：40分＋シーリング時間

材料

- 粉末シナモン…小さじ2
- 粉末コリアンダー…小さじ3
- 粉末クミン…小さじ3
- ハリッサペースト…大さじ4
- 粉末ターメリック…大さじ1
- にんにく…4片　つぶす
- オリーブオイル…100mlと大さじ2
- イタリアンパセリ…大さじ4　みじん切り
- コリアンダーの葉…多めの2つかみ　みじん切り
- レモン果汁…大さじ4
- レモンの皮…1個分　すりおろす
- 骨抜きラム脚肉…1.5～2kg
- 全脂ヨーグルト…500ml

クスクスの材料

- オレンジジュース…大さじ4
- レモンジュース…大さじ4
- 粉末シナモン…小さじ2
- インスタントクスクス…500g
- バター…75g
- オリーブオイル…大さじ3
- 冷凍グリーンピース…200g　2分ゆでる
- ヒヨコマメ…400g缶　洗って水気を切る
- ピスタチオ…100g　刻む
- カラント…50g
- わけぎ…6本　極薄切り
- イタリアンパセリ…大さじ3　刻む
- コリアンダー…大さじ3　刻む
- ミントの葉…大さじ3　刻む
- 海塩、挽きたて黒胡椒…適量

1 小さなボウルにスパイス全量と、ターメリックとにんにくの半量を入れて混ぜ合わせる。オリーブオイルと混ぜ合わせたスパイスの半量を大きなボウルに入れる。パセリ、コリアンダー、レモン果汁とすりおろしたレモンの皮を入れてよく混ぜ、ラム肉を加えてよくなじませたら冷蔵庫で1時間冷やす。
2 オーブンを190℃に予熱する。ヨーグルトを大きなボウルに入れ、1で混ぜたスパイスの残りを入れてよく混ぜ合わせ、蓋をして冷蔵庫で1時間ほど冷やす。ラム肉をマリネ液から取り出す。フライパンにオリーブオイルを熱してラム肉を入れ、しっかり焼き色が付くまで両面3～4分ずつ焼く。
3 ラム肉を大きな耐熱皿に移してオーブンで40分ほど焼く。バーベキューを190℃に設定する。ラム肉をオーブンから取り出し、焼き加減の好みに応じてバーベキューで15～20分加熱したらアルミホイルでカバーし、15分休ませる。
4 クスクスを作る。オレンジジュースとレモン果汁を軽量カップに入れ、600mlになるように水を加える。フライパンに入れてシナモンを加え、沸騰させる。火からおろしクスクスを入れて混ぜる。蓋をして5分置く。バターとオリーブオイルを加え、フォークを使って混ぜ、クスクスをふわっとさせる。
5 グリーンピース、ヒヨコマメ、ピスタチオ、カラント、わけぎ、パセリ、コリアンダー、ミントをクスクスに加え、よく混ぜて塩胡椒する。肉の繊維に対して垂直に肉を切り、器に盛り付け、クスクス、スパイシーヨーグルト、ルッコラと一緒に熱々を食卓に出す。

VARIATION

《モロッコ風山羊のバーベキュー》
ラムの代わりに山羊の脚肉、ピスタチオの代わりに松の実を使う。上記と同様に調理し、スパイシーヨーグルトとクスクスを添えて温かいうちにいただく。

LEG OF LAMB COOKED IN RED WINE

ラム脚肉の赤ワイン煮

マッシュルームとトマトのソースが
おいしい絶品家庭料理。

使用するカット：ラム脚肉　6～8人分
準備時間：20分
調理時間：2時間＋寝かせ時間

材料

ラム脚肉…2.25kg　骨抜きのもの
にんにく…2片　薄切り
塩、挽きたて黒胡椒…適量
玉ねぎ（大）…1個　薄切り
オリーブオイル…大さじ2
カットトマト缶…400g×1缶
乾燥オレガノ…小さじ1/2
乾燥タイム…小さじ1/2
ローリエ…2枚
ブルゴーニュ産の赤ワイン…1本
バター…小さじ2
ボタンマッシュルーム…225g　薄切り

1 オーブンを230℃に予熱する。ラム肉に切り目を入れて薄切りにしたにんにくをはさみ、塩胡椒をする。ロースト用のトレイに玉ねぎの薄切りを散らし、その上にラム肉をのせてオリーブオイルをかける。オーブンで20分加熱する。
2 トレイをオーブンから取り出し、温度を180℃に下げる。トマトをラム肉のまわりに並べ、ハーブを加えて赤ワインの半量を入れる。オーブンに戻して1時間加熱する。
3 フライパンにバターを入れて熱する。マッシュルームを加え、軽く焼き色が付くまで2～3分炒める。オーブンのトレイに残りのワインと一緒に加え、再びオーブンに入れて30分加熱する。
4 トレイからラム肉を取り出し、アルミホイルをかぶせて15分寝かせる。トレイを中火にかけてよく混ぜながら10分ほど煮詰める。火からおろし、野菜をお玉の底でつぶしながら鍋にこし入れる。
5 こせない野菜は捨て、再び鍋を火にかける。火を弱めてときどき混ぜながらソースにとろみが付くまで弱火で煮詰める。塩胡椒で味をととのえて火からおろす。ラム肉を切り分け、取り皿に並べて熱いうちにソース、ローストキャロット、ボイルドポテトと共に食卓に並べる。

BUTTERFLIED LEG OF LAMB

ラム脚肉のバタフライ

果実とハーブのマリネ液、骨抜きの肉で手早く作れる一皿。

使用するカット：ラム脚肉　6～8人分
準備時間：30分＋マリネ時間
調理時間：40分＋寝かせ時間

材料

赤ワイン…200mℓ
マーマレード…大さじ3
赤ワインビネガー…大さじ2
玉ねぎ（小）…1個　みじん切り
乾燥マジョラム…小さじ2
乾燥ローズマリー…小さじ2
ローリエ…1枚
海塩…小さじ1
粉末ジンジャー…小さじ1/4
にんにく…2片　つぶす
骨抜きラム脚肉…3kg　バタフライに（P.192参照）

1 マリネ液を作る。肉以外のすべての材料を鍋に入れ、弱火で15分煮る。火からおろして少し冷ます。皮を下にしてラム肉を大きな蓋付きのプラスチック容器に入れ、マリネ液をまわしかける。蓋をして涼しいところでときどき裏返しながら8時間漬け置く。
2 大きなグリドルかバーベキューを中火にかける。キッチンペーパーで肉を拭いて脂肪を下にし、鍋に入れる。10分加熱し、裏返してマリネ液を少し塗る。さらに10分加熱し、もう一度裏返してマリネ液を塗る。ときどき裏返してマリネ液を塗りながらもう20分加熱する。
3 火からおろして少なくとも15分休ませる。肉をスライスして切り分け、ホットペッパーゼリーと新鮮な野菜サラダを添えて食卓に出す。

VARIATION

《ノロジカ脚肉のバタフライ》

ラム肉をノロジカの脚肉のバタフライ、マーマレードをレッドカラントジャム、マジョラムを砕いたジュニパーベリー4粒で代用する。上記と同様に調理し、熱々でいただく。

ラム脚のロースト

この薫り高いローストでは、ラム肉の肉汁がシンプルながらも風味豊かなグレービーソースのベースとなります。脚肉の骨抜きはP.192参照。

使用するカット：ラム脚肉　6〜8人分
準備時間：40分
調理時間：1時間半＋寝かせ時間

材料

- ラム脚肉…2.25kg　骨は取り除いて取り置く
- 玉ねぎ…1個　粗みじん切り
- 人参（大）…1本　粗みじん切り
- にんにく…2片　皮をむかずにつぶす
- タイム…3枝
- オリーブオイル…大さじ3
- 塩、挽きたて黒胡椒…適量
- ローズマリー…小さじ1　粗みじん切り
- マジョラム…小さじ1　粗みじん切り
- トマトピューレ…小さじ1

1 オーブンを200℃に予熱する。骨、玉ねぎ、人参、にんにく、タイムを大きなロースト用トレイに入れる。オリーブオイル大さじ2を骨と野菜にかける。トレイをオーブンに入れ、きつね色になるまで10分加熱する。

2 その間にラム肉に塩胡椒をふって残りのオリーブオイルをすり込む。トレイをオーブンから取り出し、ラム肉をローストした骨と野菜の上に置く。トレイをオーブンに戻し、ときどき調理汁をかけながら40分加熱する。

3 オーブンからトレイを取り出し、脂の1/3を取り除く。水500mlを足し、ハーブをふりかける。180℃に下げてトレイをオーブンに戻し、ときどき調理汁をかけながら40分加熱する。ラム肉を取り出して皿に移す。アルミホイルでカバーして温かい所で寝かせる。

4 トレイを中火にかけてトマトピューレを加え、トレイに残った調理汁をはがしながらかき混ぜる。火を弱火にして5分煮て、グレイビーソースを作る。口当たりをなめらかにするため野菜をつぶしながらこし器に通し、骨は捨てる。味見して塩胡椒でととのえる。肉を切り分け、グレイビーソースと一緒に食卓に出す。

LAMB RECIPES

TURKISH LAMB AND POMEGRANATE PILAF

ラムとザクロのトルコ風ピラフ

香りと彩りが豊かなこのピラフは風味が層になって奥深さを生みます。
果物やナッツを色々と加えてバリエーションを広げましょう。
トルコ料理ではナツメヤシやアーモンドがよく使われます。

使用するカット：ラム脚肉　4～6人分
準備時間：15分
調理時間：1時間

材料

- オリーブオイル…大さじ2と仕上げに少々
- ラム脚肉…675g　一口大に切る
- 玉ねぎ…1個　みじん切り
- 塩、挽きたて黒胡椒…適量
- にんにく…3片　みじん切り
- 青唐辛子…1本　種を取り除いてみじん切り
- ドライミント…小さじ1
- 粉末シナモン…小さじ1
- サルタナレーズン…60g
- バスマティーライス…350g
- ラムストック…900㎖　温めたもの
- ヘーゼルナッツ…60g　から炒りして（もしくはトースターで軽く焼いて）粗く刻む
- ディル…少なめのひとつかみ　みじん切り
- ざくろ…1個
- フェタチーズ…75g　くずしたもの（好みで）

1 大きな耐熱性のキャセロール鍋を中～強火にかけてオリーブオイルを熱し、ラム肉を入れて全体に焼き色が付くまで6～8分焼く。鍋が過密にならないよう数回に分けて調理する。ラム肉取り出してわきに取り置く。

2 玉ねぎを加え、しんなりするまで中火で3～4分炒める。塩胡椒をふって、にんにく、青唐辛子、ミント、シナモンを加えてさらに2分炒める。サルタナレーズンを入れる。

3 キャセロール鍋にバスマティーライスを混ぜ入れ、液体によくなじませる。ラム肉をキャセロール鍋に戻し入れたらラムストックを注ぎ、弱火にする。蓋を少しずらしてさらに30～40分加熱する。味見して塩胡椒で味をととのえ、ヘーゼルナッツとディルを混ぜ入れ、ざくろを散らす。崩したフェタチーズをふりかけて熱いうちにいただく。

LAMB SHANKS WITH BUTTER BEANS AND CELERY

ラムスネ肉のライマメとセロリ添え

鍋で蒸し焼きした肉汁たっぷりの肉と、クリーミーな豆の対照的な味わいがおいしい一皿。

使用するカット：ラムスネ肉　4人分
準備時間：20分＋浸け置き一晩
調理時間：1時間半

材料

- オリーブオイル…大さじ2
- 塩、挽きたて黒胡椒…適量
- 骨付きラムスネ肉…4つ　各約200g
- 玉ねぎ…1個　4つに輪切り
- ラムまたはチキンストック…240㎖
- ライマメ…225g　一晩水に浸け置く
- にんにく…1片
- 全乳…600㎖
- 挽きたてナツメグ…少々
- ダブルクリーム…大さじ2
- セロリの茎部…9本　角切り
- イタリアンパセリ…大さじ1　刻む

1 大きな耐熱性キャセロール鍋にオリーブオイル大さじ1を熱する。ラム肉に塩胡椒をふり、キャセロール鍋に入れてしっかり焼き色が付くまで6～8分加熱したら肉を取り出す。キャセロール鍋の脂を取り出し、大さじ1を取り置いて残りを捨てる。

2 オーブンを180℃に予熱する。キャセロール鍋に玉ねぎの輪切り4つを広げ、その上に肉をのせる。スープストックを注いで沸騰させ、蓋をしてときどき肉を裏返しながら、柔らかくなるまでオーブンで1時間半調理する。

3 その間にライマメをさやから取り出す。皮を捨て、洗って水気を切り、大きな蓋付き鍋に入れる。にんにくと全乳を入れ沸騰させないように煮る。ナツメグと香辛料を加える。蓋をずらしてときどき混ぜながらライマメが柔らかくなり、全乳が凝縮されるまで1時間ほど加熱する。ダブルクリームを加える。

4 大きなフライパンに残りのオリーブオイルと1で取り置いた脂を入れて熱する。セロリを加え、軽く焼き色が付くまで4～5分炒め、パセリと共にライマメに加える。温めたボウル4つに盛り、上にスネ肉をのせてキャセロール鍋に残った汁をまわしかける。熱々でいただく。

MOROCCAN MUTTON WITH PRUNES AND APRICOTS

アプリコットとプルーンのモロッコ風マトン煮込み

肉に合わせたはちみつとドライフルーツ、そして香り高いアルガンオイルの珍しい組み合わせが伝統的なベルベル料理をエギゾチックに仕上げます。

使用するカット：マトンの肩肉　4人分
準備時間：15分＋浸け置き時間
調理時間：3時間半

材料
種抜きドライプルーン…85g
種抜きドライアプリコット…85g　半分に切る
紅茶…150㎖
アルガンオイルまたはサラダ油…大さじ2
骨抜きマトン肩肉…1kg　サイコロ状に切る
玉ねぎ…1個　みじん切り
ターメリック…小さじ1/2
粉末ジンジャー…小さじ1/2
粉末シナモン…小さじ1/2
粉末クミン…小さじ1/2
ラス・エル・ハヌートゥ・パウダー（モロッコ風ミックススパイス）…小さじ1/2
はちみつ…大さじ2
ラムまたはチキンストック…200㎖
ギリシャヨーグルト…大さじ4
ミント…大さじ1　刻む
スライスアーモンド…60g　から炒りする（もしくはトースターで軽く焼く）

1 オーブンを160℃に予熱する。プルーンとアプリコットを小さいボウルに入れ、紅茶を注ぐ。蓋をして30分浸け置く。

2 大きな耐熱性キャセロール鍋にアルガンオイル大さじ1を入れて中火にかける。肉を入れて全体に焼き色が付くまで7～8分調理する。肉を取り出してわきに置く。

3 残りのアルガンオイルを入れる。玉ねぎを入れ、ときどき混ぜながらしんなりして軽く焼き色が付くまで4～5分炒める。スパイスを加えてさらに2分炒める。

4 肉をキャセロール鍋に戻し入れる。はちみつ、スープストック、ドライフルーツと浸し汁を加える。よく混ぜて沸騰させないように弱火でことこと煮る。蓋をして肉が柔らかくなるまでオーブンで3時間加熱する。

5 オーブンからキャセロール鍋を取り出す。ヨーグルトとミントを小さいボウルに入れ、混ぜ合わせてよくなじませる。肉にアーモンドを散らし、ヨーグルトとクスクスを添えて食卓に並べる。

MUTTON HAM

マトンハム

豚のハムとは一味違う、珍しい一品。
脂が少なく柔らかいマトンハムは
冬にぴったり。

使用するカット：マトン脚肉
準備時間：30分＋塩漬け7日間
調理時間：3〜4時間＋寝かせ時間、冷まし時間に一晩

材料

- 海塩…225g
- 黒砂糖…115g
- プラハパウダー No.2（漬け込み塩）…大さじ2
- コリアンダーシード…大さじ1
- オールスパイスの実…大さじ1
- ジュニパーベリー…5粒
- 粒胡椒…12〜13粒
- マトン脚肉…1かたまり　約2.5Kg　骨付きのもの
- セイヨウネギ…1本　ブツ切り
- 玉ねぎ（大）…1個　皮をむかずに横に2等分
- 人参…4本　乱切り
- クローブの実…6粒　玉ねぎに刺す
- セロリ（茎部）…2本　乱切り
- パセリ…1束
- タイム…1枝
- 糖みつ…200g

1 ボウルに塩、砂糖、プラハパウダー No.2を入れて混ぜる。すり鉢でコリアンダー、オールスパイス、ジュニパーベリー、粒胡椒を挽いて目の粗いペーストにし、塩と砂糖に混ぜ加える。
2 マトン脚肉を大きなセラミック製の器に入れ、1で混ぜたスパイスを全体にまんべんなくすりこむ。キッチンペーパーをかぶせて涼しい場所で寝かせる。7日間塩漬けする。1日1回肉を返し、汁が出たらすり込む。肉が腐らないようにビニール手袋を装着して扱うこと。
3 マトンを冷水で洗い、余分な塩を落とす。野菜、ハーブ、残りの粒胡椒を大きな寸胴鍋に入れる。マトンと糖みつを加え、肉にかぶるぐらいの水を加える。沸騰したら火を弱め、3〜4時間ことこと煮る。
4 火からおろし、そのまま完全に冷めるまで1時間ほど置く。マトンを鍋から取り出し、他は捨てる。布巾でマトンをしっかり包み、プラスチック製のトレイにのせる。プラスチック製のトレイもう1枚を上からかぶせ、1kgの重しをのせて一晩置く。薄く切ってサラダとピクルス、ベイクドポテトと一緒にいただく。

MUTTON CURRY WITH COCONUT AND GINGER

ココナッツと生姜のマトンカレー

パンチのきいた味付けに、ココナッツとカシューナッツが楽しい食感を加えます。

使用するカット：マトン肩肉　6人分
準備時間：15〜20分
調理時間：1時間半〜2時間

材料

- 乾燥ココナッツ…115g
- 生姜…小さじ2　刻む
- 玉ねぎ…1個　みじん切り
- にんにく…1片
- 赤唐辛子…4本　種を取り除いて粗く刻む
- コリアンダー…大さじ1　刻む
- 粉末ターメリック…小さじ1
- プレーンヨーグルト…大さじ2
- コリアンダーシード…大さじ1
- ごま…大さじ1
- サラダ油…大さじ2
- マトン肩肉…900g　サイコロ状に切る
- 生姜…小さじ1/4　すりおろす
- カシューナッツ…115g　細かく刻む

1 すり鉢でココナッツ、刻んだ生姜、玉ねぎ、にんにく、コリアンダー、ターメリックを挽いてペースト状にする。ボウルに入れ、ヨーグルトを加えてよく混ぜ、わきに置く。
2 中〜弱火で厚手の蓋付き鍋を熱する。コリアンダーとごまをまな板にのせ、スプーンの背を使ってつぶす。鍋に入れて軽く混ぜながら焼き色が付くまで3〜4分加熱する。火からおろして取り置く。
3 キッチンペーパーで鍋をできれいに拭く。油を入れて中火にかける。肉を入れて生姜のすりおろしを散らす。しっかり焼き色が付くまで3〜4分加熱する。1で作ったペーストを入れ、混ぜ合わせて肉にあえ、2〜3分調理する。
4 2で炒めたコリアンダーとごまを入れ、肉がかぶるくらいの水を加える。火を弱め、蓋をしてマトンが柔らかくなるまで1時間半ほど調理する。カシューナッツを散らし、ライスにかけていただく。

KASHMIRI MUTTON WITH TURNIPS

マトンとかぶのカシミール風煮込み

じっくり料理した肉は、しっとりして奥深い味わいに。
肉とかぶの大きさを揃えるときれいに見えます。

使用するカット：マトン脚肉　6人分
準備時間：15分
調理時間：2時間

材料

- マトン脚肉…900g　脂の少ないもの　サイコロ状に切る
- サラダ油…大さじ2
- 生姜…小さじ1　すりおろす
- 全脂ヨーグルト…200㎖
- 小さいかぶ…4等分する
- 塩…小さじ1/4
- ガラムマサラ…小さじ1
- ターメリック…小さじ1
- チリパウダー…小さじ1/2
- 粉末コリアンダー…小さじ2
- 砂糖…小さじ1
- コリアンダーの葉…大さじ2　刻む

1 キッチンペーパーで肉の血を拭き取る。キャセロール鍋に油を入れ、強火にかける。マトンを入れ、生姜を散らして焼き色が付くまで5分ほど加熱する。鍋が過密にならないよう数回に分けて焼く。
2 ヨーグルトを入れて肉をあえる。風味が増すよう少し焦がす。少量の水を加え、かぶ、塩、スパイスを混ぜ入れる。材料にかぶるぐらいに水を注ぎ、沸騰させる。
3 火を弱めて蓋をし、肉が柔らかくなるまで1時間半ほど煮る。砂糖、コリアンダーの葉の半量を混ぜ入れる。皿に盛り付け、残りのコリアンダーの葉を散らし、チャパティパンと共に食卓に並べる。

GIGOT OF MUTTON COOKED IN MILK WITH CAPERS

ミルクで煮込んだマトンのモモ肉 ケッパー乗せ

調理汁のうまみとハーブを活かしたソースが絶品の冬のあったか料理。
マッシュポテトや豆との相性が抜群。

使用するカット：マトンモモ肉　8人分
準備時間：30分
調理時間：2～3時間＋寝かせ時間

材料

- マトンモモ肉…2.5kg　骨抜きのもの
- 全乳…1ℓ
- 玉ねぎ（大）…2個　クローブを2粒ずつ刺す
- 人参…2本　乱切り
- ローズマリー…1枝
- ローリエ…1枚
- タイム…1枝
- 粒胡椒…6粒

ソースの材料

- バター…大さじ2
- 小麦粉…大さじ2
- 酢漬けケッパー…大さじ3と漬け汁少々
- イタリアンパセリ…大さじ2　刻む
- 塩、挽きたて黒胡椒…適量

1 マトンを大きな鍋に入れ、全乳を注ぐ。野菜、ハーブ、粒胡椒を入れ、蓋をして沸騰させる。弱火にして肉に火が通り一番厚いところを刺した時に透明の肉汁が出るまで2～3時間ほど煮る。肉を取り出し、温かいところで寝かせる。
2 ソースを作る。1の煮汁をこす。煮汁の半量を鍋に戻し、弱火で10分煮る。バターを別のフライパンに溶かして小麦粉を入れ、1～2分炒める。温まった煮汁を少しずつ加え、なめらかなソースを作る。ケッパーとパセリを加え、塩胡椒で味をととのえる。肉を厚めに切って皿に並べ、ソースをかけて食卓に出す。

NO WASTE!
無駄にしないで！

余った半量の煮汁は冷凍する。3/4量と125㎖の水を使って上記と同様にケッパーソースを作る。ラムのローストなどにこのソースをかけて、熱々でいただく。

SCANDINAVIAN LEG OF MUTTON WITH HONEY MUSTARD AND ROOTS

北欧流マトンのハニーマスタード焼き根菜添え

野菜をすべて肉と一緒に料理するので簡単で豪華な一皿。

使用するカット：マトン脚肉　5～6人分
準備時間：30分
調理時間：1時間半＋寝かせ時間

材料

- マトン脚肉…2.7kg
- パースニップ（白人参）…450g　大きさをそろえて大きめに切る
- コールラビ（キャベツやカブに似た野菜）…450g　大きさをそろえて大きめに切る
- 皮の赤いジャガイモ…500g　4等分に切る
- 人参…450g　大きさをそろえて大きめに切る
- 玉ねぎ…4個　4等分に切る
- にんにく…1玉　皮をむかずにつぶす
- 黒ビール…240㎖
- ラムまたはビーフストック…250㎖
- オリーブオイル…大さじ1
- 海塩…適量
- ローズマリー…小さじ2　刻む
- ハニーマスタード（可能ならスウェーデン産のもの）…大さじ3

1 オーブンを200℃に予熱する。少なくとも2時間前に肉を冷蔵庫から出して室温に戻す。
2 大きな深めのロースト用トレイににんにくと野菜を全部入れる。ビール、スープストック、オリーブオイルを入れ、塩とローズマリーを入れる。
3 キッチンペーパーで肉を拭いて、塩とハニーマスタードをすり込む。脂や肉汁が野菜のトレイに落ちるよう肉を上段にのせる。
4 トレイをオーブンに入れ、20分焼いたら温度を180℃に下げ、肉の内部温度が60℃に達するまでさらに1時間半調理する。
5 オーブンから出して肉を温かい所で少なくとも20分休ませる。大きな皿に野菜を並べ、その上にスライスした肉を盛り付ける。にんにくを皮から搾り出して肉の上に広げる。

GOAT STEW WITH CABBAGE
山羊とキャベツのシチュー

山羊とキャベツはキャラウェイで味付けし、別々に調理したものを食べる直前で合わせます。

使用するカット：山羊の脚肉　4人分
準備時間：30分
調理時間：2時間

材料

- サラダ油…大さじ3
- バター…大さじ3
- 山羊の脚肉…1kg　サイコロ状に切る
- 玉ねぎ…大1　粗みじん切り
- にんにく…2片　粗みじん切り
- トマトピューレ…小さじ2
- 粉末クローブ…小さじ1/4
- 粉末ジンジャー…小さじ1/4
- カイエンペッパー…ひとつまみ
- 人参…4本　薄切り
- レモン果汁…1個分
- ラムまたはビーフストック…450㎖
- タイム…2枝
- ローリエ…1枚
- キャベツ…1玉
- 塩…少々
- キャラウェイシード…小さじ2

1 大きな耐熱性キャセロール鍋にサラダ油、バター大さじ1を熱する。肉を入れてしっかり焼き色が付くまで炒める。玉ねぎとにんにくを入れ、玉ねぎがしんなりするまで炒める。
2 トマトピューレ、クローブ、ジンジャー、カイエンペッパーを入れ、さらに1分炒める。人参、レモン果汁、スープストック、タイム、ローリエを加えて沸騰させる。火を弱めて蓋をし、弱火で1時間半〜2時間煮る。
3 その間にキャベツを4等分し、芯を取ってみじん切りにする。大きなボウルに塩水を入れ、30分浸け置く。大さじ2〜3杯を残して塩水を捨てる。
4 大きなフライパンを中火にかけ、バター小さじ2を溶かす。キャベツを入れてバターとなじませる。蓋をして4分蒸す。キャラウェイシードを入れて蓋をせずに汁気が飛ぶまで加熱する。
5 2を火からおろし、タイムとローリエを取り出す。4と混ぜて器に盛り付け、熱々でいただく。

HONEYED GOAT SHOULDER WITH FLAGEOLET BEANS
山羊肩肉のはちみつ漬け フラジョレット豆添え

豆のまろやかな食感が、淡いハーブ風味の甘い肉にぴったりです。

使用するカット：山羊の肩肉　4人分
準備時間：5分
調理時間：2時間＋寝かせ時間

材料

- レモンの皮のすりおろしと果汁…1個分
- はちみつ…大さじ2
- オリーブオイル…小さじ1
- にんにく…半玉
- 山羊肩肉…1kg
- 塩、挽きたて黒胡椒…適量
- チキンまたはベジタブルストック…150㎖と少々
- タイム、ローズマリー、オレガノ…各4枝

フラジョレット豆の材料

- バター…30g
- 玉ねぎ…1個　みじん切り
- にんにく…1片　みじん切り
- フラジョレット豆…410g×2缶　汁気を切る
- チキンまたはベジタブルストック…100㎖
- ダブルクリーム…大さじ3
- ローズマリー…小さじ1　みじん切り

1 オーブンを180℃に予熱する。ロースト用トレイにクッキングシートを敷く。レモン果汁とすりおろした皮、はちみつ、オリーブオイルをボウルに入れて混ぜておく。トレイの真ん中ににんにくをおき、その上に山羊肩肉を置いて先ほど混ぜたレモンとはちみつをすり込む。塩胡椒してスープストックを入れ、肉にハーブをのせる。
2 オーブンで1時間半加熱する。1時間たったら一度肉をチェックして、表面が焼けすぎていたら温度を下げる。スープストックが蒸発してしまったら少し足す。オーブンから取り出し、20分休ませる。
3 フラジョレット豆を作る。バターをフライパンに溶かして玉ねぎとにんにくを入れ、焼き色を付けないよう気をつけながら、しんなりするまで弱火で5〜10分炒める。フラジョレット豆とローズマリーを加え、よく混ぜて玉ねぎとなじませる。
4 スープストックを入れて沸騰させ、弱火にしてとろみがつくよう3分ほど加熱する。ダブルクリームを加えて1分沸騰させ、塩胡椒で味をととのえる。肉を切り分けて盛り皿に並べる。フラジョレット豆と肉のソースと一緒にいただく。

WEST INDIAN CURRIED GOAT

西インドの山羊カレー

ライム果汁が調理前の肉を柔らかくし、
ジャマイカのラム酒とバターが
スパイシーなソースを濃厚に仕上げます。

使用するカット：山羊の脚肉　4人分
準備時間：10分＋マリネ時間
調理時間：1時間

材料

- 山羊の脚肉…1kg　サイコロ状に切る
- ライム果汁…2個分
- 玉ねぎ（大）…3個　みじん切り
- ニラ…小さじ2　刻む
- イタリアンパセリ…小さじ2　刻む
- 赤唐辛子…1本（丸ごと）
- 粉末ジンジャー…小さじ1/2
- 粉末オールスパイス…小さじ1
- サラダ油…大さじ2
- クミンシード…小さじ1
- にんにく…5片　刻む
- カレー粉…大さじ2
- トマトペースト…大さじ2
- ココナッツミルク…400㎖×2缶
- タイム…2枝
- ローリエ…1枚
- ダークラム…大さじ1
- バター…小さじ2　冷やして角切り

1 大きなボウルに肉を入れ、ライム果汁をかけて15分マリネする。その間に玉ねぎ、ニラ、パセリ、唐辛子、粉末のスパイスをボウルに入れて混ぜ合わせる。
2 大きな厚手の鍋に油を入れて熱し、クミンシードを入れて風味が増すように炒める。火を弱めてにんにくとカレー粉を混ぜ入れ、1～2分炒める。トマトペーストとココナッツミルクを加えて沸騰させる。
3 鍋に1の肉とライム果汁を入れ、玉ねぎと混ぜたハーブなどを加える。タイムとローリエを入れ、よく混ぜて沸騰させる。
4 火を弱めて、蓋をせずに弱火で肉に火が通るまで40分煮る。汁が蒸発してしまったら水を足す。火からおろしてローリエ、タイムを取り出し、ダークラムとバターを混ぜ加える。レッドビーンズとライスを添えて食卓に出す。

GOAT, ALE, AND MUSHROOM POT PIE

山羊とエール、マッシュルームのポットパイ

エール、ローズマリー、ローリエと一緒に山羊肉をじっくり料理することで
風味が深まるおいしいパイ料理。

使用するカット：山羊肩肉　5～6人分
準備時間：30分
調理時間：1時間半

材料

- 塩、胡椒を少量混ぜた小麦粉…大さじ2
- 山羊肩肉…1kg　一口大に切る
- なたね油…大さじ2と少々
- ベビーオニオン…12個
- 人参…2本　皮をむいてサイコロ状に切る
- チェスナッツマッシュルーム…250g　4等分に切る
- にんにく…2片　みじん切り
- トマトピューレ…大さじ2
- 粉末オールスパイス…小さじ1/4
- エール…150㎖
- チキンまたはビーフストック…500㎖
- ローズマリー…1枝
- 海塩、挽きたて黒胡椒…適量
- 三温糖…小さじ2
- パフペストリー生地（大）…1枚
- 溶き卵…1個分

1 オーブンを150℃に予熱する。大きなボウルに小麦粉を入れ、肉を加えて小麦粉を軽くまぶす。大きな鍋になたね油を熱し、全体に焼き色が付くまで肉を炒め、大きな耐熱性のキャセロール鍋に入れる。
2 必要に応じて肉を炒めた鍋に油を足し、玉ねぎ、人参、マッシュルームを入れ、ときどきかき混ぜながら軽く焼き色が付くまで炒める。にんにく、トマトピューレ、オールスパイスを加えてよく混ぜ、キャセロール鍋に入れる。エール、スープストック、ローズマリーを加え、沸騰したら砂糖を入れる。もう5～10分加熱して水分を飛ばし、オーブンに移す。
3 オーブンで肉に火が通るまで1時間20分ほど加熱し、塩胡椒で味をととのえる。オーブンの温度を220℃に上げる。容量2.2ℓのパイ皿の中心にパイ用漏斗を使って肉と野菜を入れ、しばらく置いて熱を冷ます。
4 2.5cm幅の帯状にペストリーを切る。パイ皿の縁に溶き卵を塗り、ペストリーをその上に押さえ付けて再度溶き卵を塗る。パイ用漏斗のために穴を残しつつペストリーで全体を覆う。縁を押さえてくっつけ、はみ出た余分の生地を切り取り、縁を波型にととのえる。溶き卵を塗り、オーブンの真ん中できつね色にこんがり焼けるまで20～25分焼く。

第6章
狩猟肉
GAME

狩猟肉

本書では「狩猟肉」は食用に仕留めた動物と鳥類を指します。ただ、現代では野生種が家庭や集約施設で飼育されることもあります。また、野生種ではありませんが脂が少なく、狩猟肉と同様に調理できる種もここで紹介します。

狩猟肉は毛皮を持つ狩猟肉（動物）と羽毛を持つ狩猟肉（鳥）の2つに大きく分けられ、後者はさらに陸鳥と水鳥に分けられます。狩猟肉の年齢と状態には大きな差が見られ、若くて柔らかい肉や年を重ねた硬い肉、痩せすぎている肉や肥えすぎている肉、その中間の肉など、じつに様々です。そのため、準備の前に分析することがとても重要です。家畜としてつくられた肉には一貫性があり、年齢は若いものになります。大方風味は控えめですが、熟成させることでこれを引き出すことが可能です。

健康な肉

狩猟肉は人類が進化の過程でずっと食べてきたもので、健康にとっては一番よい肉です。選抜育種ではなく、野生のものを食べるので肉の品質は抜群です。少量の脂も飽和脂肪と不飽和脂肪の比率がよく、また、肉の外側に付きがちなので切り落とす作業も簡単です。色の濃い狩猟肉はどの家畜の肉よりも鉄分が多く、ビタミンB_6やB_{12}、カリウム、リン、リボフラビン、ナイアシン、亜鉛など大切なビタミンやミネラルが含まれます。しかし、自然界のものを食べる野生動物とは言っても、農地近くに住んでいる場合は農薬の付着

した作物を食べてきた可能性もあることを念頭においておきましょう。

毛皮を持つ狩猟肉

● 鹿　鹿には40種以上が存在します。羊より体の小さいものもあれば、牛より大きい種もあります。丁寧に屠殺・解体し、上手に調理さえすれば年をとったものでもごちそうになります。

● イノシシ　多くの国で見られるイノシシは食肉用に飼われたり、飼育豚と掛け合わせられたりします。また、野生豚の肉がイノシシ肉として売られることもあります。

● カンガルー　オーストラリアでは害獣として多くのカンガルーが駆除されてきましたが、最近では資格取得者の手により丁寧に飼育された肉が世界中に輸出されています。

● ウサギ　野生のウサギは世界各地に生息していますが、食肉として商業的にも家庭でも広く飼育されています。家庭で飼われるウサギは野生のものよりずっと大きいものです。「禁猟期」はありません（猟期については右ページ参照）。

● 野ウサギ　野ウサギは大きな草原や山に生息しますが、家畜化されている国もあります。若いうちに商品として売られることはまれです。

● モルモット　主にペルーで珍味として飼育されています。アジアにもモルモットを食べる地域がいくつかあり、主にエスニック料理店で提供されます。

● 馬　年をとった元乗用馬や使役動物が主ですが、野生馬肉の場合は若い動物の場合もあります。

● リス　リスは温帯林地に生息します。北リスはほとんどの国で保護されていますが、トウブハイイロリスは体も大きく食肉として一般的です。

羽毛を持つ狩猟肉

● キジ　猟鳥の中では人気の野生キジはほとんどの大陸に生息しており、主に種や虫を食べて育ちます。キジはスポーツハンティングのために捕獲・飼育されることもありますが、その間は業務用の飼料を与えられます。

● ライチョウ　カラフトライチョウ、エゾライチョウ、体の大きいクロライチョウや大ライチョウなどの種を含みます。北半球の森や山に生息します。

● ヤマウズラ、イワシャコ、アカアシイワシャコ　北半球のほとんどの地域に生息し、農地で種や虫を食べます。また、多くの地域でスポーツハンティングのために飼育されています。

● ハト　世界中で見られるハトには300以上の種があります。種や植物、フルーツを食、商業的にも飼育されています。ひなバトは「スクワップ」と呼ばれます。

● ホロホロチョウ　元々アフリカ生まれのホ

ロホロチョウは何世紀にもわたって主にヨーロッパで飼われていましたが、現代では世界中で売られています。野生種とされていますが、実際は多くが集約的に大量生産されたものです。

- **ウズラ** ヨーロッパウズラはもともと中東や地中海の在来種ですが、ほとんどの国に大群で移住する在来種が見られます。また、集約的に大量生産もされています。
- **ダチョウ** アフリカ在来のダチョウは、主に菜食中心ですが、虫も少し食べます。現代では数多くの国で飼育され、草の他に業務用の飼料を与えられて育ちます。
- **野生のガン／ガチョウ** 野生のガンはおそらく他のどの渡り鳥よりも長い距離を飛ぶので、その年に生まれたものでない限り肉が硬くなっていることがあります。また、様々な種があります。
- **マガモ（大きな野生のカモ）** 世界中の大陸に移住するマガモは、水鳥の中では最も食肉として一般的に普及している鳥。主に草木、種、穀物に加え、甲殻類を食べます。
- **タシギ** 猟鳥の中では最も小さい種類のひとつであるタシギは高台の湿地や野原に生息し、仕留めるのはとても難しいです。大抵はらわたを入れたままで食べられます。
- **コガモ** カモの中では最も小さい種のひとつであるコガモはその豊かな風味で知られています。海辺で仕留めたものは魚の味がする場合があり、内陸で仕留めたものが最もよい風味を持ちます。

狩猟の季節

ほとんどの国で、猟獣、猟鳥を狩ることや市場で売ることが禁止される「禁猟期」が動物の種ごとに設けられています。中には売り買いが一切禁じられている種もあります。アメリカなどいくつかの国では在来種の狩猟肉を売ることは禁じられていますが、その反面これらが大量に食べられています。

禁猟期は繁殖や子育ての時期に動物を保護するために設けられたものです。しかし、過度の繁殖により害獣となってしまった種に関しては禁猟期がありません。また、家畜として飼育されている狩猟肉は大方例外となります。確信が持てない場合はネットで調べるか地方自治体に問い合わせましょう。各国でそれぞれ法律は異なりますが、一般的には春と夏が禁猟期に当てはまります。

狩猟肉は主に冬に楽しむものとされており、伝統的なレシピにはこの事実が反映されています。しかし、禁猟期のない種や、例外の種に関しては一年を通して購入や料理に使用することが可能です。狩猟肉は脂肪が少ないので、たとえば脂っこいものを避けたい夏にもさっぱりいただけます。近代の新しいレシピは新しい角度で狩猟肉に取り組んでいます。

狩猟肉を買う

保護されている狩猟肉は、季節が当てはまらなければ買うことはできません。多くの場合、狩猟肉は猟師、狩猟肉の農家、肉屋などの資格を持った商人から買わなければなりません。スーパーマーケットやファーマーズマーケットによっては一部の特選品を取り扱っている場合もありますが、これらは大抵インターネットで購入することができます。禁猟期のない野生の狩猟肉は夏から秋にかけて一番おいしくなります。

野ウサギやウサギなどの小さい猟獣は通常皮をはいで丸ごと売られますが、小さく部位分けして売られることもあります。鹿やイノシシなどの大きな猟獣は家畜と同様にさばか

れますが、部位数は少なくなります。

猟鳥は伝統的には羽付きで内臓も取らずに売られるものでしたが、現代では主にオーブンで調理できるよう下処理された状態で売られています。雄は雌より体が大きいので、性別にかかわらず均等に焼けるよう年齢とサイズが同じものを2羽以上調理するのがよいでしょう。大きい猟鳥においては、骨抜き胸肉が売られることが増えてきました。ときどき、皮を取った胸肉ロースト用に売られていることがありますが、これらはベーコンなどの豚の脂身で巻いて調理する必要があります。小さい猟鳥はバーベキューやオーブンで焼いた時に均等に火が通るよう、真ん中で割って広げ、スパッチコック（P.61参照）で売られることもあります。残念ながら狩猟肉の扱いがよくない商人もいるので、傷の目立つものや皮が大きく破れているもの、足が折れているものは避けましょう。

弾痕のチェック

飼育管理されていた野生動物ではまれですが、猟銃で仕留められた狩猟肉には、ペレットや弾丸の破片が入っていたり、骨のかけらが刺さっていることがあります。これらは間違えて噛んでしまうと歯を痛めてしまうので肉は入念に確認しましょう。弾痕は皮膚に打撲の傷跡や穴を残すのでこれらを手がかりにします。羽が弾丸で肉に埋まっている場合は、弾丸と一緒に取り除きます。胸肉を外すと弾丸や破片が探しやすくなります。

毛皮を持つ狩猟肉のカット

狩猟肉は脂肪が少ないので調理を誤ると硬くなってしまう場合があります。
狩猟肉のオーブン料理やステーキはピンク色かレアに、煮物は低温で優しく加熱します。
狩猟肉をうレシピでは、同じ色をした肉であれば大方代用できます。

ミドル／サドルのカット

鹿のサドル（背中全体）は食感が優れており、骨付き／骨抜きかたまり肉としても、骨と筋を取り除いたロースやヒレとしても、一番柔らかいカット。

鹿肉

野生の鹿は年齢も大きさもばらばらであるため、その肉は大きいものから小さいもの、柔らかいものから硬いものまでじつに様々。飼育された鹿の肉はおおかた柔らかい。

フォークォーター　ミドル／サドル　ハインドクォーター

ホールサドル
ローストに最適のカット。年齢が高いものは調理前に皮と筋を取り除くことが多い。

トリミングされたロース芯
調理しやすく柔らかいが、調理のしすぎは避けること。メダリオンステーキはこの部位から切りとられる。

フォークォーターのカット

フォークォーターは主に煮込みや挽き肉に使われるが、若い鹿の肩肉はおいしいローストやステーキにも使われる。鹿の肩肉はとても脂肪が少ない。

ヒレかテンダーロイン
ロースよりもさらに柔らかいこのカットは大きい鹿からのみ取れる。カブリなどは取り除く。

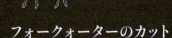

挽き肉
脂肪が少ないので、なめらかに仕上げるためには脂や野菜を加える。ミートボールやハンバーグなど、色々な料理に使える。

肩肉の角切り
肩肉の角切りは煮込みやパイに使われる。

226　FURRED GAME CUTS

ハインドクォーターのカット

後脚は脂肪がとても少ない。若い鹿は骨付きでローストできるが、年齢の高いものは筋が太いので、筋を取って筋肉ごとで分けた方が扱いやすい。

その他の鹿のカット

- 肩ロースト、骨抜きロール
  じっくり蒸し焼きして濃厚に仕上げる。脂が少ないのでラードやバターを加えながら料理することが必要。
- フレンチラック
  リブロース芯がこのカットの柔らかさを保証する。手早く調理してピンク色に仕上げる。
- 厚切り肉
  若い肉は焼くかグリルし、年齢の高いものは蒸し焼きにする。
- ロース芯ステーキ
  サドルから切り取り、脂肪を切り落とした肉。最も柔らかいステーキ肉。
- 後脚のチョップとステーキ
  小さい後脚は骨の有無にかかわらずスライスすることができる。
- ホールサーモンカット
  外モモから取れる便利な小さいカット。ローストするか、薄く切ってメダリオンにする。
- 肉厚フランクのかたまり肉とステーキ
  外側のキャップ（カブリ）を取り除いてローストするか、ステーキ状に切って焼くか煮る。
- シャンク（骨付きで脂肪を切り落としたもの）
  鹿のシャンクは仔羊のものより調理に時間がかかるが、なめらかでおいしい。
- オッソブッコ
  仔牛より調理に時間がかかるが、仕上がりはとても濃厚。

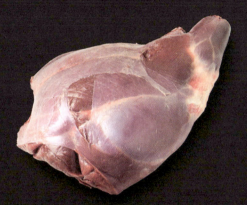

骨付き後脚（ホール）
小さい鹿などは後脚をホールでローストするとよい。

ウサギ

野生のウサギは若いものでないと肉が硬いが、飼育されたウサギは体もずっと大きく、肉も柔らかい。後脚とサドルに最も肉が付いている。

野生のウサギのフォークォーターは、肉がとても少ない。飼育されたウサギの肩は肉も多く柔らかい。

野ウサギ

後脚とサドルは最も肉がついている。シヴェにする場合は購入の際に血も一緒にもらう。低地の野ウサギの風味が一番よい。

後脚（ロール肉）
大きな鹿の後脚は骨を取り除いて脂肪・皮を切り落とし、脂の少ない風味豊かなロースト用かたまり肉として使うことが多い。ミディアムかレアが最適。

薄い皮、特にサドルのものは取り除いた方がよい。

野生のイノシシ

野生のイノシシや豚の肉は色が濃く、脂が少ない。マルカッサン（ウリボウ）と呼ばれる若い野生のイノシシが最もおいしい。

カンガルー

カンガルーは味や食感が鹿肉によく似ており、鹿同様にその年齢も様々。ステーキやシチュー肉が最も一般的なカット。

ウマ

濃厚なウマの肉は鉄分が豊富。ステーキや煮込み用、そして風味豊かな挽き肉が主なカット。

リス

最も一般的に食べられているのはトウブハイイロリス。皮をはぐのが難しい。ナッツやベリーを食べて肥えたものが最も美味。

モルモット

ペルーやアジアのいくつかの国で食べられる。味はウサギや鶏のダークミートに似ているが、より脂肪が多い。

トップサイドステーキ
若い鹿から取れる柔らかいステーキ肉。ピンク色に焼くか、炒めもの・蒸し焼きにするとよい。

羽毛を持つ狩猟肉のカット

長距離を移動する渡り鳥の肉は、その年に生まれたものでないと硬い場合があります。ピンク色に焼くか、じっくり蒸し焼きしたり、煮込んだりするのがよいでしょう。また、挽き肉にするととてもおいしく調理できます。若い鳥の肉は幅広い使い方ができ、スパッチコックにすればローストやグリルも可能（P.61参照）です。

ヤマウズラ／イワシャコ
アカアシイワシャコが最も一般的だが、ヨーロッパヤマウズラやイワシャコの方が風味はよい。若い鳥は肉の色が明るく、より柔らかい。

キジ
キジ肉は他の猟鳥肉より色が明るい。吊るさなければ放し飼いの鶏と似た味になる。脂肪が黄色いものはトウモロコシの実で育ったもの。

ウズラ
市場に出ているウズラのほとんどは集約的に飼育されたものなので若くて肉も柔らかい。スパッチコックにするか、詰めものを入れてオーブンで調理するのが最適。

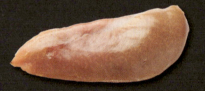

キジ胸肉
肉が鍋の中で反り返らないよう、銀色の筋を取り除く。

ライチョウ
ライチョウが家畜として飼われることはない。その食生活に由来するダークミートの独特な風味で知られる。主に脚付きの状態で食卓に出される。

ハト

野生のハトは脂肪が少なく、その赤身肉は丁寧な調理を要する。飼育されたヒナバトは市場に出ているものよりずっと若く、肉も肥えて柔らかい。

コガモ

豊かな風味を持つことで知られる小さな鳥。野生のカモ同様、脂肪が少なく、パサつかせないためには慎重な調理が必要。

ハトの胸肉
ピンク色に仕上げて薄切りにすると大変おいしい。

ヤマシギ

ヤマシギは鳥の狩猟肉の中で最も美味とされている。特に内臓と頭を付けたまま調理するとおいしく仕上がる。

マガモ

マガモ（大きな野生のカモ）は肉の色も濃く、飼育されているものに比べて体が小さく脂肪も少ないので、パサつかせないためには慎重に調理する必要がある

ホロホロチョウ

ホロホロチョウは、鶏とキジの間の風味を持ち合わせている。柔らかいが、肉は脂肪が少ないため注意深く調理しないと乾いてしまう。

ダチョウ

ダチョウの肉は色が濃く、脂肪も少ない。飼育された若いダチョウの肉は柔らかく、鹿肉と似た味がする。しかし、ダチョウは長生きなので、野生のものは肉が硬いこともある。

マガモ（ホール）
一度羽を抜き取ると猟鳥の年齢は分かりにくくなるので、焼くべきか煮るべきか判断しづらくなる。皮が簡単に破れるものは若いもの、そうでなければ年を重ねたもの。

シギ

内臓を入れたまま調理した方がおいしいので、購入の際は一言添えるように。そうでなければ内臓は処理される。場合によっては事前に注文する必要がある。

野生のガン

野生のガンの肉はとても硬い場合がある。しかし、肉の色は濃く、風味が豊かで鉄分も多く含まれるので、挽き肉や煮込みに最適。

マガモ胸肉
野生のカモ胸肉は薄く、特に脂肪の付いていないものは火の通りがとても早い。

狩猟肉の保存食品

狩猟肉の保存食品は家畜が飼われる以前から存在していたので、肉製品としては世界最古。現代では、野生の動物が多い国で最も多くの種類が見られますが、鹿肉とイノシシ肉を使ったものが最も一般的です。

アリェイラ・デ・カカ
ポルトガル発祥の淡い色の燻製ソーセージ。狩猟肉をパン粉でつなぎ、パプリカやにんにくで味付けしたものです。

燻製鹿肉
塩漬けして燻煙した鹿肉は、北欧、オーストリア、スイス、スコットランドで食べられます。

スリンゼーガ
イタリアのアルプス、ヴァルテッリーナー地方発祥のスリンゼーガはブレザオラ（P.148参照）に似ていますが、より小さい肉を使います。伝統的には馬肉で作られていましたが、今では鹿肉や豚肉も使われています。

ペミカン
アメリカ先住民の伝統的な加工肉であるペミカンは、乾燥させた狩猟肉を溶かした脂や木の実と合わせて叩いて作ったもの。初期の探検家の間で広く食べられ、現代でも市場に出回っています。

チャルキ
塩漬けした後、風で乾燥熟成させた南米発祥の薄切り肉ジャーキー。主にラマ、馬、そして牛で作られます。北アメリカのジャーキーは主にスパイシーなマリネ液に漬けた肉を乾燥させたもので、燻製の場合もあります。

クイヴァリハ
主にフィンランドで春にトナカイの肉を数週間乾燥させて作られます。

モッレポルセ
この乾燥ソーセージには様々なレシピがありますが、人気の具材は鹿肉や鹿のハツ。ときどき豚肉や血が混ぜられることもあります。一般的には生姜やジュニパーなどの調味料に加え、シロップで味付けされています。

チンギャーレサラミ
サラミはどの狩猟肉からも作ることができます。脂の少ないダークミートが豊かな風味を生みます。野生のイノシシは畑やワイン農場を荒らしますが、冬は猟師に追われ、サラミとして保存されます。

ビッヅスンサラミ
スウェーデンで狩猟肉としては1、2位を争う鹿肉とイノシシ肉で作られたサラミ。どちらも肉の色は濃く、脂は少ないですが風味の強い肉で、主にジュニパーやにんにくで味付けします。

ドロワーズ
手早く乾燥させた、脂の少ない細長いソーセージ。ダチョウやガゼルなどの狩猟肉が人気。塩漬けはしませんが、家庭で作る場合は保存のために酢を加えることがあり、これによって風味が増します。スパイスの効いた物が多いですが、辛くはありません。

ソシソン・セック・ド・シュヴァル（馬の乾燥ソーセージ）
このソーセージの色は濃く、脂は少なく、牛肉に似た強い風味を持ちます。フランスはヨーロッパにおいて馬肉がマルシェや繁華街で売られている有数の国のひとつ。ソシソン・セック・ド・リエーヴル（野ウサギの乾燥ソーセージ）も作られています。

アリコールとリーンズディーポルセ
ノルウェーやスウェーデンでは一般的な鹿肉のソーセージ。ノルウェーではリーンズディーポルセと呼ばれるヘラジカやトナカイで作られます。味付けには新鮮な、または乾燥させたジュニパーやクローブ、シナモンや生姜が使われます。

狩猟肉をしっとり仕上げる

狩猟肉は脂が少ないので、失敗を避けるためには注意深く調理する必要があります。
以下は肉汁を保ち、しっとり仕上げるための方法です。

ピンク色に仕上げる

脂の少ない肉を焼いたり、炒めたり、ローストする際に肉をしっとり保つ最も簡単な方法は、ピンク色の肉汁を残して仕上げることです。脂の少ない肉は霜降りがないのですぐに乾いてしまいますが、ピンク色の肉が乾いているということはあり得ません。一番よい方法は肉を途中まで焼いて、その後はレアかミディアムレアになるまで寝かせることです。まずは高温でローストするか、焼くか、炒めて焼き色を付けます。次に肉汁が均等に行きわたるよう低温で肉を寝かせて調理を完了させます。肉用温度計を使って火の通り具合を確認しましょう（P.29参照）。

スパチコックにする

家禽類や猟鳥はスパチコック（半分に割って平たく広げた状態）にすることで、部分的に厚さの異なる肉でも手早く均等に火を通すことができます（P.61参照）。

液体に入れて調理する

脂の少ない肉を液体に入れて調理すれば、確実に肉の水分を保てます。小さく切って煮込むと肉はしっとり仕上がるうえ、風味も増します。鳥丸1羽、またはかたまり肉を軽くゆで、液体に浸けたまま肉を冷ますことで水分を吸収させます。取り出して水気を切り、肉を切り分けるか骨から外し、再び液体に戻すかソースに入れて温めてからいただきます。

なめらかな食感を加える

玉ねぎ、マッシュルーム、ピーマン、プルーン、なす、アプリコットなど、とろっとした食感の野菜を添えるか、一緒に調理します。これらは料理に風味を加えるだけでなく狩猟肉をさらに豪華に見せます。

濃厚なソースを使う

濃厚なソースは肉になめらかな食感を与えてくれるので、乾きやすい肉には理想的です。P.30～31を参考に試してみましょう。肉を小さく切ればソースに触れる面積が増えるので、大きく切ったものよりしっとり仕上がります。

ラードを使う（ラーディング）

ピンク色に仕上げる場合は必要ありませんが、調理前にラードを肉に挟んだり差し込んだりするとなめらかに仕上がります。蒸し焼きやポットローストで肉をウェルダンに仕上げる際に最も効果を発揮します。

ラーディング用のニードルを使って細長い豚の背脂を「縫い付け」る。全体に溶けた脂が行きわたるよう真ん中に押し込む。また、別の方法として、小さいナイフで肉に深い穴を開けて、凍った脂肪の細切りを差し込むのもよい。

脂で肉を包む

脂で肉を包むことで、ローストの際に肉の表面が乾いてしまうことを防ぎます。ピンク色かレアに仕上げる場合はほとんど必要ありませんが、串焼きやとても大きなかたまり肉の場合は保護が必要になります。

調理する前にタコ糸を使って薄く切った豚の脂、ベーコン、野菜の葉を肉にくくりつける。完成する手前で取り外して肉の表面に焼き色を付ける。

ウサギをカットする

ウサギは仕留めた直後に皮をはぐのが最適です（P.306〜307参照）。皮付きを買った場合は、皮をはいで肉を洗います。
野生の若いウサギと家畜として育ったウサギは肉が柔らかく、ローストにも使えます。年齢の高いものは煮込み料理にしましょう。

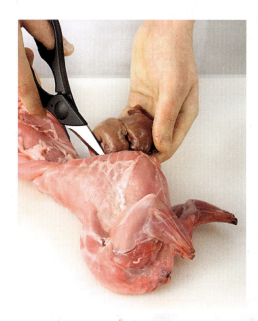

1 背中を下にしてウサギを作業台に置く。キッチンバサミを使ってレバーを切り取り、わきに置く。

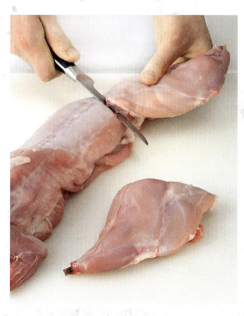

2 よく切れるボーニングナイフを使い、背骨に向かって臼状関節を切り、脚を外す。

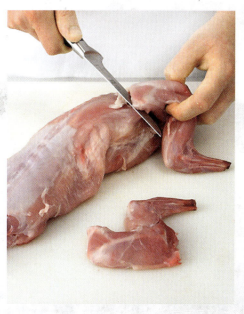

3 もう片方の脚も同様にし、わきに置く。肉を裏返して前脚をできるだけ肋骨に近い所で切り外す。

4 脚をすべて切り離したら、よく切れる包丁で露出している背骨を切り落とす。包丁を強く押さえてきれいに切断する。

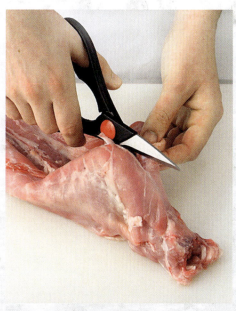

5 肉を再び背中を下にして置き、よく切れるキッチンバサミで胸骨を切る。胸肉は2つに均等に分かれる。

6 再度肉を裏返して胸部を下側に折り込む。肋骨4本がロース部に含まれるよう包丁で切る。

CIVET OF VENISON

鹿のシヴェ

ソースに入ったベーコンの風味と鹿肉が絶妙なバランス。
付け合わせの準備が一手間ですが、苦労の甲斐ある一品です。

使用するカット：鹿肩肉　8人分
準備時間：1時間＋マリネに一晩
調理時間：2時間

材料

赤ワイン…350㎖
玉ねぎ…1個　薄切り
ブランデー…大さじ3
オリーブオイル…大さじ3
塩、挽きたて黒胡椒…適量
煮込み用鹿肉…1kg　角切り

ソースの材料

バター…60g
ベーコンのラードン…225g
玉ねぎ（大）…2個　粗みじん切り
人参（大）…1本　皮をむいて角切り
にんにく…2片　つぶす
小麦粉…大さじ2
ベイリーフ…1枚
タイム…1枝
ボタンマッシュルーム…200g　薄切り
狩猟肉かチキンのスープストック…500㎖

付け合わせの材料

バター…225g
キャスター糖…小さじ2
小さい玉ねぎかエシャロット…24個
狩猟肉かチキンのスープストック…150㎖
小さいボタンマッシュルーム…24個
白いパン…8切れ　耳をとって三角に切る
イタリアンパセリ…少々　粗みじん切り

1 赤ワイン、玉ねぎ、ブランデー、オリーブオイルを大きなボウルに入れる。塩胡椒をふってよく混ぜ合わせる。鹿肉を入れてよく混ぜ、冷蔵庫で一晩寝かす。
2 オーブンを180℃に予熱する。ソースを作る。バターを耐熱性のキャセロール鍋に入れて中火で熱する。ベーコンを入れてきれいに焼き色が付くまで5分加熱する。玉ねぎと人参を加えて少し焼き色が付くまで5分ほど炒める。肉をボウルから取り出し、マリネ液は取り置く。キッチンペーパーで肉の水分を拭き取り、キャセロール鍋に入れる。火を強めてかき混ぜる。
3 にんにくと小麦粉を加え、全体になじむよう1〜2分よく混ぜる。マリネ液をこしてハーブとマッシュルームと共にキャセロール鍋に加える。材料がかぶるくらいにスープストックを加えて沸騰させる。オーブンで1時間半加熱する。
4 その間に付け合わせを作る。バター60gとキャスター糖を厚手の鍋で熱し、溶けたら玉ねぎを加える。バターと砂糖が玉ねぎにからむよう鍋を軽く揺らし、かぶるくらいにスープストックを入れ、水分が飛んでカラメル化した玉ねぎが残るまで手早く沸騰させる。火からおろしてわきに置く。
5 バター60gを別の鍋で熱する。マッシュルームを加えて軽く焼き色が付くまで炒める。塩胡椒で味をととのえる。
6 残りのバターを使ってパンをこんがり焼く。肉を大きな浅い器に盛り付け、マッシュルームとカラメル化した玉ねぎをのせ、焼いた三角のパンを端に並べる。パセリを散らし、マッシュポテトと緑の野菜を添えていただく。

VENISON, SHALLOT, AND CHESTNUT HOTPOT

鹿肉、エシャロット、栗の鍋煮込み

脂の少ない鹿肉、甘い栗、乾燥きのこ、
そしてエシャロットの組み合わせが濃厚で力強く、豊かな風味を作り出す一品。

使用するカット：鹿肩肉か後脚　4人分
準備時間：30分
調理時間：2時間15分

材料

小麦粉…大さじ2
タイムの葉…大さじ2
塩、挽きたて黒胡椒…適量
骨抜き鹿肩肉か後脚…550g　一口大に切る
バター…1かけ
オリーブオイル…大さじ2
薄切りベーコンのラードンか角切りにしたパンチェッタのラードン…125g
エシャロット…125g
赤ワイン…グラス1杯分
しいたけ、オイスター、ポルチーニなどの乾燥きのこ…50g　300㎖のぬるま湯に浸す
下ゆでし、皮をむいた栗…125g
温かいベジタブルストック…500㎖
ローズマリー…3枝

1 オーブンを150℃に予熱する。小麦粉、タイム、塩胡椒をボウルに入れて鹿肉を加え、よく混ぜる。バターとオリーブオイル大さじ1を鋳鉄の鍋に入れて熱する。鹿肉を加え、軽く焼き色が付くまで中火で6〜8分加熱する。鍋が過密にならないよう数回に分けて調理し、取り出してわきに置く。
2 ベーコンを鍋に入れ、こんがり焼けるまで5分炒めたら、取り出してわきに置く。残りのオリーブオイルを鍋に入れる。エシャロットを加え、柔らかくなって飴色に変わり始めるまで中〜弱火で8分ほど加熱する。肉を鍋に戻し、胡椒をふってワインを注ぎ、2分沸騰させる。鍋底に残っている旨味成分もはがしながらよく混ぜる。
3 きのこの水気を切って鍋に加える。戻し汁をこして鍋に加え、栗、スープストック、ローズマリーを加える。蓋をして必要に応じて少しお湯を加えながら、肉が柔らかくなるまでオーブンで2時間加熱する。熱々でいただく。

VENISON AND RED WINE STEW

鹿肉の赤ワイン煮込み

鹿肉は脂の少ない良質なタンパク質源。
このレシピは肉を濃厚で満足度の高い味わいに仕上げます。

使用するカット：鹿肩肉か煮込み用鹿肉　4人分
準備時間：15分
調理時間：2時間30分〜2時間45分

材料

オリーブオイル…大さじ3
エシャロット…4個　半分に切る
セロリの茎部…2本　みじん切り
人参…1本　みじん切り
にんにく…2片　みじん切り
小麦粉…大さじ2
粉末ナツメグ…小さじ1/2
粉末オールスパイス…小さじ1/2
塩、挽きたて黒胡椒…適量
骨抜き鹿肩肉かその他の煮込み用鹿肉…675g
一口大に切る
レッドカラントジャム…大さじ4
オレンジの皮のすりおろしと果汁…1個分
赤ワイン…300ml
ビーフストック…150ml
ベイリーフ…1枚

1　オーブンを150℃に予熱する。オリーブオイル大さじ1をキャセロール鍋に入れてエシャロット、セロリ、人参を3分炒める。にんにくを加えてさらに2〜3分加熱し、野菜を取り出してわきに置く。

2　小麦粉、ナツメグ、オールスパイスを大きなポリ袋に入れて塩胡椒を多めにふり、肉を加える。袋を軽くふって肉全体にまぶす。ふるいにあけて余分な小麦粉を落とす。

3　残りのオリーブオイルの大さじ2をキャセロール鍋に入れる。肉を加えて全体に焼き色が付くまで中火で8〜10分炒める。過密にならないよう数回に分けて調理したら肉を取り出してわきに置く。レッドカラントジャム、オレンジの皮と果汁、ワイン、スープストック、ベイリーフを鍋に加える。塩胡椒をふってジャムが溶けるまで混ぜる。

4　野菜と肉を鍋に戻し、よく混ぜて弱火にする。蓋をして肉が柔らかくなるまでオーブンで2〜2時間半ほど加熱する。ベイリーフを取り出し、ジャガイモと根セロリのマッシュを添えていただく。

BRAISED SHOULDER OF VENISON

鹿肩肉の蒸し焼き

タイムは鹿肩肉にぴったり。
とろけた玉ねぎがなめらかなソースを作ります。

使用するカット：鹿肩肉　4〜6人分
準備時間：15分
調理時間：2時間50分

材料

骨付き鹿肩肉…1.35kg
塩、挽きたて黒胡椒…適量
サラダ油…大さじ2
バター…30g
玉ねぎ…300g　繊維を断って薄切り
キャスター糖…小さじ1
タイム…4枝
ベイリーフ…1枚

1　オーブンを180℃に加熱する。肉に塩胡椒で下味を付ける。サラダ油を大きな蓋付きの耐熱鍋で熱し、肉を入れて全体に焼き色が付くまで10分ほど加熱する。肉を取り出してわきに置く。

2　バターを鍋に入れて溶かし、玉ねぎ、キャスター糖、塩胡椒少々を加える。よく混ぜて色が変わるまで8分ほど加熱する。焦げないように注意する。

3　肉を玉ねぎの鍋に戻して500mlほど水を加える。ハーブを入れて塩胡椒をふる。沸騰したらオーブンに移して2時間半加熱する。オーブンから取り出して温かく保つ。

4　お玉の裏で玉ねぎを押しながらソースをこす。ベイリーフを取り出し、味見して塩胡椒でととのえる。肉を薄く切り、ソースをかけて熱々でいただく。

VARIATION

《ラム肩肉の蒸し焼き》
鹿肩肉の変わりに骨付きのラム肩肉を、タイムの代わりにローズマリーを使う。手順3の水と一緒にレッドカラントジャム小さじ2を加え、上記と同様に調理する。

BARBECUED HAUNCH OF VENISON

鹿後脚のバーベキュー

爽やかなマリネ液が濃厚な肉をさっぱり仕上げる、夏の夕方にぴったりの一品。

使用するカット：鹿後脚 10〜12人分
準備時間：15分＋マリネに1時間
調理時間：30分＋寝かせ時間

材料

- にんにく…4片
- 唐辛子…2本　種を取り除く
- ローズマリー…3枝　細かく刻む
- 柔らかいハチミツ…大さじ2
- 菜種油…大さじ2
- 生姜…1かけ　つぶす
- ライム果汁…2個分
- 鹿の後脚のかたまり肉…4〜5kgのもの　バタフライにする（P.192参照）
- 海塩、挽きたて黒胡椒

1 すり鉢を使ってにんにく、唐辛子、ローズマリーを粗めに挽く。小さいボウルに移してハチミツ、油、生姜を加える。マリネ液を後脚が入るくらいの大きな袋に入れる。ライム果汁を加え、後脚を入れて袋を閉じる。袋の上からマリネを皮に揉み込む。室温で1時間置く。

2 バーベキューの火力を中火にする。後脚を袋から取り出して塩胡椒をふる。しっかり焼き色が付くまで両面15分ずつ焼く。火からおろして皿にのせ、最低10分休ませる。薄く切って熱々でいただく。

CINGHIALE IN DOLCE FORTE

猪のドルチェフォルテ

オレンジとチリパウダーでスパイシーに仕上げる、猪を使ったイタリア料理の定番。

使用するカット：野生猪の後脚　6人分
準備時間：45分＋マリネに2日
調理時間：2時間半〜3時間

材料

- 野生猪の後脚…1.5kgほど　3cm角に切る
- オリーブオイル…大さじ3
- 玉ねぎ…1個　みじん切り
- チリパウダー…小さじ2
- 種を取ったプルーン…75g
- レーズン…大さじ1
- チキンストック…100㎖
- オレンジの皮…1個分
- 黒砂糖…大さじ1
- ダークチョコレート…50g
- 塩、挽きたて黒胡椒…適量

マリネ液の材料

- 赤ワイン…500㎖
- 赤ワインビネガー…100㎖
- ベイリーフ…1枚
- タイム…1枝
- 人参…1本　粗みじん切り
- 玉ねぎ…1個　粗みじん切り
- セロリの茎部…1本　粗みじん切り
- 粉末シナモン…小さじ2
- 粉末ナツメグ…小さじ2
- 粉末オールスパイス…小さじ2

1 マリネ液を作る。スパイス以外のすべての材料を厚手の鍋に入れる。スパイスの半量を入れて沸騰させ、火を消して冷ます。肉をプラスチックの容器に入れ、マリネ液をかけて密封し、冷蔵庫で2日間冷やす。

2 マリネ液をこして肉を取り出し、キッチンペーパーで水分をふき取る。マリネ液の液体のみ取り置きし、野菜は捨てる。オリーブオイルを蓋付きの厚手の鍋に入れて中火で熱する。肉を加えて焼き色が付くまで4〜5分焼く。鍋が過密にならないよう数回に分けて調理する。

3 玉ねぎを加えて柔らかくなるまで3〜4分炒める。残りのスパイス、チリパウダー、プルーン、レーズン、取り置いたマリネ液、チキンストックを加えて混ぜ、沸騰したら弱火にする。表面の脂を取り除き、肉に火が通るまで2時間煮る。

4 オレンジの皮、砂糖、チョコレートを加えて混ぜる。味見して塩胡椒でととのえる。ポレンタを添えて熱々でいただく。

VENISON CUTLETS WITH CHANTERELLES

鹿の厚切り肉アンズタケ添え

濃厚で大地の香りがするこの料理はエシャロットとクリームが深みを生みます。

使用するカット：鹿の厚切り肉かステーキ肉　4人分
準備時間：30分
調理時間：25分

材料

- 鹿の厚切り肉かステーキ肉…170gほど×8枚
- 塩、挽きたて黒胡椒…適量
- ひまわり油…大さじ1
- バター…115g
- エシャロット…1個　みじん切り
- 石づきを切り落としたアンズタケ…450g　薄切り
- 狩猟肉のスープストック…100㎖
- ダブルクリーム…100㎖

1 キッチンペーパーで肉の血をふき取る。塩胡椒をしっかりふり、下味を付ける。ひまわり油とバターの半量を厚手の大きな鍋で熱する。バターが泡立ってきたら肉を入れて両面にしっかり焼き色が付くまで5〜10分ずつ焼く。鍋が過密にならないよう数回に分けて調理する。

2 火を弱めてさらに5分加熱したら肉を取り出し、器にのせて温かく保つ。残りのバターを鍋に入れ、エシャロットとアンズタケを加えてときどき混ぜながら5分加熱する。

3 スープストックを加えて水分が半量になるまで煮詰める。クリームを入れて塩胡椒をふる。ソースにとろみが付いてきたら火からおろす。寝かせている間に肉から肉汁が出ていたらそれも加える。一皿につき肉を2枚ずつのせ、ソースを回しかけて食卓に出す。

VENISON STEAK WITH BLACKBERRIES

鹿のステーキ ブラックベリー添え

脂の少ない肉を手早く調理できるレシピ。ブラックベリーがアクセントになります。

使用するカット：鹿後脚のステーキ肉　4人分
準備時間：5分
調理時間：15分

材料

- 鹿後脚のステーキ肉…200gほど×4切れ
- ひまわり油…大さじ1
- バター…50g　冷やして角切り
- 塩、挽きたて黒胡椒…適量
- ブラックベリーワインか赤ワイン…大さじ4
- レッドカラントジャム…大さじ2
- ブラックベリー…150g

1　キッチンペーパーでステーキ肉の血をふき取り、塩胡椒でしっかり下味を付ける。ひまわり油とバター大さじ1を厚手のフライパンに入れて中火で熱する。肉を入れて両面4〜5分ずつ焼く。
2　火を弱めてさらに5分、一度裏返しながらよく焼き色が付くまで加熱する。フライパンから取り出してアルミホイルをかぶせ、わきに置く。ワイン、レッドカラントジャム、ブラックベリーをフライパンに入れる。かき混ぜてジャムを溶かしながら沸騰させる。
3　ソースにとろみがついたら火からおろし、残りのバターを混ぜ入れる。バターが分離してしまうので今回は沸騰させないように。肉にソースをかけて食卓に出す。

VENISON SAUSAGES, CELERIAC GRATIN, AND BRAISED RED CABBAGE

鹿肉ソーセージ 根セロリのグラタンと紫キャベツの蒸し焼き添え

色々な味や食感が楽しめる家庭的な一皿でお腹も大満足。

使用するカット：鹿肉ソーセージ　4人分
準備時間：25分
調理時間：2時間

材料

- 無塩バター…50g
- キャスター糖…25g
- 塩…小さじ1
- 米酢、白ワインビネガー、りんご酢のいずれか…大さじ6
- 紫キャベツ…1kgほどのもの1玉　千切り
- りんご…2個　皮をむき芯を取り除いてすりおろす
- レッドカラントジャム…大さじ山盛り2

グラタンの材料

- 無塩バター…30g　柔らかくする
- 根セロリ…650g　根元などを切り落とし、皮をむいて薄切り
- にんにく…2片　つぶす
- 塩、挽きたて黒胡椒…適量
- シングルクリーム…400㎖
- 鹿肉ソーセージ…8〜12本

1　オーブンを160℃に予熱する。バター、キャスター糖、塩、酢、水大さじ6を大きな耐熱性のキャセロール鍋に入れる。沸騰したら弱火にして1分煮る。
2　キャベツを加えて再び沸騰させる。アルミホイルを二重にしてしっかり密封し、蓋をのせてオーブンの一番下の段で1時間半加熱する。りんごとジャムを混ぜ入れる。乾いているようであれば水を少し足す。再びホイルと蓋をかぶせてさらに30分加熱する。
3　その間にグラタンを作る。大きなグラタン皿にバターを塗って根セロリの半量を平らに広げる。にんにくを散らし、塩胡椒をふって残りの根セロリを広げる。クリームを注いで残りのバターを入れる。
4　グラタンをオーブンの上段で焼き、ナイフを刺した時に柔らかいことが確認できるまで1時間15分ほど加熱する。フライパンを熱しソーセージを裏返しながら、全体に焼き色が付くまで中火で5〜10分焼く。グラタン、キャベツと共に食卓に出す。

WILD BOAR CURRY

猪のドライカレー

スパイシーなこのドライカレーはスリランカのごちそう。フェンネルシードと生姜を加えることで素敵な香りが生まれます。

使用するカット：野生猪の後脚　6人分
準備時間：20分
調理時間：2～3時間

材料

野生猪の後脚…1.35kg　サイコロ状に切る
塩、挽きたて黒胡椒…適量
ひまわり油…大さじ2
玉ねぎ（小）…6個　薄切り
赤唐辛子…2本　種を取り除いて細かく刻む
フェンネルシード…小さじ1
にんにく…6片　薄切り
生姜…2.5cm　皮をむいて細かく刻む
ターメリックパウダー…小さじ1/2
ワインビネガー…大さじ1
塩…小さじ1
ライム果汁…1個分

1 ライム果汁以外のすべての材料を大きな厚手の鍋に入れる。肉がかぶるように水300mlを入れて沸騰させる。

2 火を弱めて弱火にし、ときどきかき混ぜながら肉が柔らかくなるまで2～3時間ゆっくり煮る。肉に火が通る前に水分が飛んでしまわないよう気をつける。

3 火からおろしてライム果汁を混ぜ入れる。ライスと一緒にいただく。

KANGAROO TAIL AND CHICKPEA SOUP
カンガルーテールとひよこ豆のスープ

オーストラリア、アウトバックの定番メニューは、
シンプルですが風味と食感が豊かな一皿。冬の寒い夜にぴったりです。

使用するカット：カンガルーテール　4人分
準備時間：20分
調理時間：2時間

材料

オリーブオイル…大さじ1
カンガルーテール…1本　1kgほど
玉ねぎ…1個　角切り
にんにく…5片　つぶす
カットトマト缶…400g×1缶
トマトピューレ…大さじ1
八角…2粒
ひよこ豆…400g×1缶　水気を切る
人参…1本　角切り
ビーフかチキンストック…500㎖
ベイリーフ…3枚
塩、挽きたて黒胡椒…適量
粗刻みのミント…大さじ1

1 オリーブオイルを耐熱性のキャセロール鍋で熱する。テールを入れ、ときどきかき混ぜながらしっかり焼き色が付くまで中火で4〜5分加熱する。鍋から取り出していったん取り置く。

2 火を弱めて玉ねぎを加え、かき混ぜながら色が少し変わって柔らかくなるまで3〜4分加熱する。にんにくを加えて1分混ぜる。トマト、トマトピューレ、八角、ひよこ豆、人参を加える。

3 肉をキャセロール鍋に戻し、肉がかぶるくらいにスープストックを注ぐ。ベイリーフを入れて混ぜる。弱火にして蓋をし、肉が柔らかくなるまで1時間半煮込む。塩胡椒で味をととのえる。ボウルに盛ってミントの葉をふりかけ、食卓に出す。

VARIATION
《オックステールスープ》
カンガルーの代わりにオックステールを、ひよこ豆の代わりに白インゲンを使い、上記と同様に調理する。

RABBIT PIE WITH LEMON AND SAGE
レモンとセージのウサギパイ

イギリスの南西に古くから伝わるこちらの素敵なレシピは、
レモンとセージで風味付けしたパン粉の生地を使います。

使用するカット：ウサギ丸ごと　6人分
準備時間：15分
調理時間：2時間

材料

ウサギ…2羽　合計3kgほどで6つにカットしたもの（P.233参照）
塩胡椒で味付けした小麦粉…少々
新鮮なパン粉…450g
玉ねぎ（大）…6個　みじん切り
レモンの皮…1個分　すりおろす
セージ…大さじ2　細かく刻む
塩、挽きたて黒胡椒…適量
溶き卵…2個分
牛乳…大さじ2
外皮なしの薄切りすじ入りベーコン…5枚

1 オーブンを200℃に予熱する。カットされたウサギ肉にそれぞれ小麦粉をまぶし、キャセロール鍋に入れる。

2 パン粉、玉ねぎ、レモンの皮、セージを大きなボウルに入れる。塩胡椒をふって溶き卵と牛乳を加え、よく混ぜ合わせて生地を作る。

3 肉にベーコンをのせ、その上に生地を広げる。オーブンで2時間加熱する。焼き色が早く付きすぎるようであればアルミホイルをかぶせる。インゲンを添えて熱々でいただく。

VARIATION
《レモンとタラゴンのチキンパイ》
ウサギの代わりに鶏の手羽元を、セージの代わりにタラゴンを使う。手順2で牛乳にイングリッシュマスタード小さじ1を混ぜて他の具材と一緒に混ぜる。上記と同様にパイを作るが、オーブンで加熱する時間は2時間ではなく1時間にする。

RABBIT WITH MUSTARD
ウサギのマスタード添え

農場のウサギ、野生のウサギ、どちらともよく合う、メリハリのある味付けがおいしいフランスの伝統料理。

使用するカット：ウサギ丸ごと　3〜4人分
準備時間：15分
調理時間：1時間〜1時間半

材料

オリーブオイル…大さじ1
ディジョンマスタード…大さじ2
塩、挽きたて黒胡椒…適量
ウサギ…1羽　1.5kgほどで6つにカットしたもの（P.233参照）
辛口白ワイン…大さじ4
ダブルクリーム…大さじ4

1 オーブンを230℃に予熱する。大きなボウルにオリーブオイル、マスタード、塩小さじ1/2、胡椒一ふりを入れて混ぜる。ウサギ肉を入れて全体にからむようよく混ぜる。グラタン皿に肉を入れてオーブンで5分焼く。

2 オーブンから取り出す。水10㎖を加え、アルミホイルをかぶせてオーブンに戻し、温度を160℃に下げる。肉が柔らかくなるまで1時間加熱する。肉を取り出してアルミホイルをかぶせ、わきに置く。

3 ワインをグラタン皿に入れ、底に付いている肉片をはがすように混ぜながら強火で3〜5分加熱する。ワインの1/3が蒸発したらクリームを混ぜ入れ、火を弱めて塩胡椒で味をととのえる。ソースにとろみが付くまで3〜5分加熱し、ソースをこす。ウサギ肉を皿に盛り付け、ソースを回しかけて熱々で食卓に出す。

VARIATION
《鶏脚肉のマスタード添え》
ウサギ肉の代わりに鶏脚肉1.5kgを使う。上記と同様に下味を付け、全面に焼き色が付くまで大きな厚手の鍋で7〜8分加熱する。ソースを上記と同様に作る。鶏脚肉を皿に盛り付けてソースを回しかけ、ゆでた小さいジャガイモと季節の野菜を添えていただく。

RABBIT SALAD

ウサギのサラダ

歯応えある色鮮やかな旬野菜のサラダが、旨味たっぷりのウサギ肉で引き立ちます。

使用するカット：ウサギのサドル肉　4人分
準備時間：30分
調理時間：25分

材料

骨付きのウサギのサドル肉…225gほど×2切れ
塩、挽きたて黒胡椒…適量
ピーナッツ油…大さじ1
人参…2本　5cm幅に切る
セロリの茎部…1本　皮をむく
白かぶ…2個
ソレルの葉…ひとつかみ
バター…小さじ1
ひまわりの種…小さじ2

ドレッシングの材料

エキストラバージンオリーブオイル…大さじ2
レモン果汁…1/2個分
ディジョンマスタード…小さじ1/2

1 鋭いナイフを使ってサドル肉を覆う薄い膜を取り除く。キッチンペーパーで肉の血を拭き取る。塩胡椒をふる。
2 ピーナッツ油を蓋付きの鍋で熱する。皮面を下にしてサドルを入れ、焼き色が付くまで4分加熱する。裏返して火を弱め、蓋をして15〜20分加熱する。鍋から取り出し、アルミホイルをかぶせてわきに置く。
3 カットした人参をさらに縦に3〜4つに切り、それを細切りにする。セロリとかぶも同様に切る。
4 ドレッシングを作る。すべての材料を大きなボウルに入れて混ぜる。野菜とソレルを入れてドレッシングを全体にからめる。骨に対して水平にナイフを入れてウサギのロースを切り取り、さらに骨の下にあるヒレ肉も切り取る。肉を一口大に切る。
5 バターを鍋に入れて溶かし、ひまわりの種を加えてバターが泡立ってくるまで混ぜる。サラダを皿に盛り付けてウサギ肉を上にのせる。ひまわりの種スプーン1杯分をのせ、バターをたらす。

HARE STEW WITH MUSHROOMS

野ウサギとマッシュルームのシチュー

若い野ウサギをオリーブオイルとにんにくでマリネして風味豊かなマッシュルームと一緒にシンプルに料理します。

使用するカット：野ウサギ丸ごと　4人分
準備時間：30分＋マリネ時間
調理時間：1時間5分

材料

若い野ウサギ…1羽　1.3kgほどで8つにカットしたもの（P.233参照）
バター…30g
すじ入りベーコンのラードン…100g
ブランデー…大さじ1
狩猟肉のスープストック…200㎖
トマト…4個　皮を湯むきして種を取り除き角切り
チェスナッツマッシュルーム…115g　石づきを落として薄切り

マリネ液の材料

オリーブオイル…100㎖
塩、挽きたて黒胡椒…適量
にんにく…3片　皮はむかずにつぶす
レモン果汁…1個分

1 マリネ液の材料をすべて大きなボウルに入れて混ぜ合わせる。ウサギ肉を入れて全体にマリネ液をからめ、室温で4時間漬け置く。
2 バターを大きな蓋付きの鍋に入れて弱火で溶かす。ベーコンを加えて5〜10分、軽く焼き色が付くまで加熱する。
3 肉を取り出し、マリネ液を取り置く。火を中火にして肉を混ぜ入れる。ときどき裏返しながら焼き色がしっかり付くまで15分加熱する。
4 ブランデーを入れる。マリネ液からにんにくを取り出して捨てる。マリネ液を鍋に加え、スープストック、トマト、マッシュルームを入れる。塩胡椒をふり、火を弱火にする。蓋をして肉が柔らかくなるまで40分加熱する。火からおろしてシュペッツレやペッペルデッレなどのパスタと一緒に熱々でいただく。

SADDLE OF HARE WITH BEETROOT

野ウサギのサドルとビーツ

ビーツのなめらかなソースと
濃厚な野ウサギの風味がよく合う
シンプルでカラフルな一皿。

使用するカット：野ウサギのサドル肉　4人分
準備時間：45分+マリネに一晩
調理時間：30分+寝かせ時間

材料
野ウサギのサドル肉…700gほど×2切れ
オリーブオイル…大さじ2
調理済みのビーツ…350g　薄切り
エシャロット…大さじ2　みじん切り
赤ワインビネガー…大さじ2
ダブルクリーム…200ml
ディジョンマスタード…小さじ1

飾り付けに
刻んだニラ…少々

マリネ液の材料
赤ワイン…500ml
人参…1本　角切り
玉ねぎ（大）…1個　みじん切り
ローズマリー…1枝
ベイリーフ…1枚
塩…小さじ1/2
粒胡椒…8粒
ジュニパーベリー…8粒
クローブ…2つ

1 ナイフを使ってサドル肉を覆う薄い膜を取り除く。マリネ液の材料をすべて大きなボウルに入れて混ぜ合わせ、肉を加えてよくなじませる。ラップなどで覆って一晩～1日漬け込む。

2 オーブンを250℃に予熱する。肉をマリネ液から取り出し、キッチンペーパーで水気を拭き取る。マリネ液をこして液体以外は捨てる。

3 大きな厚手の鍋にオリーブオイルを入れて強火で熱する。肉を入れて焼き色が付くまで3～4分加熱する。鍋から取り出して大きなオーブン用のトレイに移す。

4 トレイをオーブンに入れて10～15分加熱する。出した時に肉はまだピンク色の状態であるように。アルミホイルをかぶせて温かい所に寝かせる。トレイに残った油の3/4を捨てる。

5 トレイを中火にかける。ビーツを加えて1～2分加熱し、エシャロットを入れてときどきかき混ぜながら、柔らかくなるまで2分加熱する。ビネガーとマリネ液大さじ4を加えて1分ほど加熱する。

6 クリームとマスタードをソースに加え、よく混ぜて塩胡椒をふる。少しとろみが付くまでソースを加熱する。長時間加熱しないように。

7 ソースを火からおろして温かく保つ。サドルの上側からロースを外し、下側からヒレを外す。肉を縦長に切り分けてビーツのソースと一緒に食卓に出す。

HARE IN CHOCOLATE SAUCE

野ウサギの
チョコレートソースがけ

チョコレートを少し使って
野ウサギの風味を引き出す、
イタリアの定番料理。

使用するカット：野ウサギ丸ごと　6人分
準備時間：45分
調理時間：2時間半＋寝かせ時間

材料

- 野ウサギ…1羽　2kgほどで12切れにカットしたもの（P.233参照）
- 塩胡椒で味付けした小麦粉…大さじ4
- なたね油…大さじ1
- バター…85g
- ベーコンのラードン…115g
- 玉ねぎ（大）…1個　薄切り
- 塩、挽きたて黒胡椒…適量
- マジョラム…1枝
- チキンストック…1.2ℓ
- キャスター糖…115g
- 白ワインビネガー…120mℓ
- カカオ75%以上のチョコレート…60g
- 松の実…30g
- レーズン…60g

1 オーブンを160℃に予熱する。キッチンペーパーで肉を拭いて血を取り除く。小麦粉を浅いボウルに入れる。肉を入れて全体に小麦粉をまぶし、余分な粉は落とす。

2 なたね油とバターの半量を大きな耐熱性のキャセロール鍋に入れて熱する。バターが泡立ってきたら肉を加えて、全体によく焼き色が付くまで10分ほど焼く。肉を取り出してわきに置く。

3 火を弱めて残りのバターをキャセロール鍋に入れる。ベーコンと玉ねぎを加えて柔らかくなるまで混ぜながら加熱する。塩胡椒をふったらマジョラムとチキンストックを加えて沸騰させる。

4 蓋をしてオーブンで1時間半加熱する。オーブンから取り出し、キャスター糖とビネガーを小さいボウルで混ぜ合わせてキャセロール鍋に混ぜ入れる。再びオーブンに入れて30分加熱する。

5 オーブンから取り出し、細かく刻んだチョコレートを加える。松の実とレーズンを入れて混ぜ合わせ、15分寝かせる。ポレンタと緑のサラダを添えて温かいうちにいただく。

BREAST OF PHEASANT WITH SMOKED PAPRIKA

キジ胸肉とスモークパプリカ

こちらのシンプルなスペイン料理では、ソースのパプリカが
キジ肉にスモーキーな風味を与え、食欲をそそります。

使用するカット：キジ胸肉　4人分
準備時間：10分
調理時間：30分

材料

- 皮なしのキジ胸肉…100gほど×4切れ
- バター…30g
- エシャロット…2個　みじん切り
- にんにく…2片　みじん切り
- スモークパプリカ…小さじ1
- 辛口のベルモット…120mℓ
- ダブルクリーム…150mℓ
- 塩…ひとつまみ
- レモン果汁…1/2個分

1 キッチンペーパーでキジ胸肉を拭いて血を取り除く。バターを蓋付きの厚手の鍋に入れて中火で熱する。バターが泡立ってきたらキジ肉の皮面を下にして鍋に入れる。軽く焼き色が付くまで10分ほど加熱する。弱火にして裏返す。蓋をしてさらに5分加熱する。鍋から取り出して温かく保つ。

2 エシャロットとにんにくを鍋に入れる。柔らかくなるまで5分加熱し、パプリカを加える。鍋底の汁もよく混ざるよう注意する。ベルモットを加えて沸騰させる。

3 ダブルクリームを加えて火を弱火にし、とろみが付くまで煮る。味見をして塩胡椒でととのえ、レモン果汁を加える。火からおろしてソースをこす。胸肉を皿に盛り付け、ソースをかけてピラフライスと一緒にいただく。

FAISAN NORMANDE

キジのノルマンディー風

この北フランスの伝統的なレシピでは、歯ごたえのある
りんごとクリーミーなブランデーのソースが鳥の野生の味をバランスよく仕上げます。

使用するカット：キジ丸ごと　2人分
準備時間：20分
調理時間：1時間

材料

塩、挽きたて黒胡椒…適量
若いキジ…500gほど×1羽
バター…50g　柔らかくする
ひまわり油…大さじ1
カルバドス…大さじ5
ダブルクリーム…240㎖
りんご…2個　皮をむいて芯を取り除きくし切り

1 オーブンを180℃に予熱する。塩胡椒で肉に下味を付けてバターの20gを脚と胸に塗る。ひまわり油を楕円形のキャセロール鍋に入れて弱火で熱する。胸を下にしてキジを入れ、全体に焼き色が付くまで5分ずつ焼く。裏返して蓋をし、オーブンで40〜45分加熱する。

2 オーブンから取り出し、皿にのせて温かく保つ。大の脂を取り除いて捨てる。カルバトスを注いで沸騰させ、アルコールが蒸発するまで2分ほど加熱する。クリームを加えてそのまま煮続けながら水分を飛ばし、とろみが付くまで煮詰めたら味見をして塩胡椒でととのえる。

3 残りのバターをフライパンに入れて熱する。りんごを加えて軽く焼き色が付くまで加熱する。形が崩れるところまではいかないように。肉を皿にのせ、りんごをまわりに盛り付けてソースと一緒に食卓に出す。

POT ROAST PHEASANT WITH BACON

キジとベーコンの
ポットロースト

ベーコンで風味を加えながら
ポットローストにすることで、
脂の少ないキジもしっとり仕上がります。

使用するカット：キジ丸ごと　2人分
準備時間：20分
調理時間：1時間20分＋寝かせ時間

材料

すじ入りベーコン…2切れ
若いキジ…500gほど×1羽
ひまわり油…大さじ2
バター…60g
タイム…1枝
ベイリーフ…1枚
白ワイン…300㎖
塩、挽きたて黒胡椒…適量

1 ベーコンでキジの胸肉を覆い、タコ糸で結んで固定する。オーブンを180℃に予熱する。

2 ひまわり油とバターを厚手の耐熱性キャセロール鍋かダッチオーブンに入れて中火で熱する。胸を下にしてキジを入れ、焼き色が付くまで5分ほどずつ焼く。

3 キジを裏返す。タイム、ベイリーフ、ワインを加え、キジを少し持ち上げて下にも行き届かせる。塩胡椒をふる。蓋を斜めにかぶせてキャセロール鍋をオーブンに移し、45分加熱する。

4 オーブンから取り出して蓋をしたままで15分休ませる。キジを取り出してわきに置く。キャセロール鍋を強火にかけてソースにとろみが付くまで5分ほど沸騰させる。よく混ぜてソースをこし、温めたグレイビーボートに移し入れる。

5 キジを結んだタコ糸を切って脚を外し、2枚の皿に盛り付ける。胸肉を厚めにスライスしてそれぞれの脚の上にのせる。ベーコンをのせてソースを回しかけ、紫キャベツの蒸し焼きと一緒にいただく。

パテ・デ・ジビエ・アン・クルート

ホットウォータークラストで作る狩猟肉のパイは、どんなパーティーやお祝いごとでもとびきり映える豪華な一品。
ゼリー寄せ用のスープは前日に作ってゆっくり温めることも可能です。

使用するカット：狩猟肉数種類　8〜10人分
準備時間：2時間半＋マリネ、寝かせ時間、冷まし時間に一晩

材料

キジ、ウサギ、野ウサギなどの狩猟肉、もしくはラムのレバー…450g

ベルモット…大さじ3

鹿、キジ、ウサギなどで骨抜きの脂の少ない狩猟肉…225g

豚の脂…115g

鹿の心臓…1個　不要な部分を切り落としたもの

外皮を切り落とした薄切りすじ入りベーコン…3枚

エシャロット…1個　みじん切り

にんにく…1片　つぶす

溶き卵…1個

粉末クローブ…小さじ1/4

粉末オールスパイス…小さじ1/4

塩、挽きたて黒胡椒…適量

ペストリーの材料

小麦粉…450g

塩…小さじ1/4

ラード…175g　角切り

牛乳…150ml

溶き卵…1個分

卵黄…1個分　グレーズ用に溶く

ゼリー寄せ用スープの材料

玉ねぎ（大）…2個

豚足…2個

豚骨…900g

人参（大）…1本

セロリの茎部…1本

ベイリーフ…2枚

辛口シェリー…大さじ2

1 具を作る。レバーの色の悪い所を切り外す。粗く刻んでボウルに入れ、ベルモットを注ぎ、蓋をして一晩寝かせる。狩猟肉と豚の脂、鹿の心臓、ベーコンをフードプロセッサーに入れてみじん切りになるまで回す。

2 ボウルに移してエシャロットとにんにくを加えたら溶き卵とスパイスも加える。塩胡椒をふってよく混ぜる。蓋をして冷蔵庫で一晩寝かす。

3 ペストリーを作る。小麦粉と塩をボウルにふるって混ぜ合わせ、中心に窪みを作る。ラードと牛乳を鍋で沸騰させ、熱い状態で窪みに流し入れる。木べらを使って混ぜ、なめらかな生地を作る。冷めてきたら溶き卵を入れてよく混ぜる。触れられるくらいになったら厚さ1cmに伸ばす。3つに畳んで再び伸ばす。ラップをかぶせ、冷蔵庫で30分寝かせる。

4 ゼリー寄せ用のスープストックを作る。すべての材料を鍋に入れて水をひたひたに注ぎ、沸騰させる。火を弱めて弱火で2時間煮たら、こして塩小さじ1と胡椒をたっぷり挽いて、750mlくらいになるまで水分を飛ばす。火からおろして脂をすくい取り、しばらく置いて冷ます。オーブンを180℃に予熱する。その間にパイ皿かローフトレイにペストリーの2/3量を敷く。

5 レバーと狩猟肉を混ぜてトレイに詰める。残りのペストリーを伸ばして上からかぶせる。縁に水を少し塗って押さえ合わせて閉じる。表面にハケで軽く溶き卵を塗り、ペストリーの切れ端を使って飾り付け、残りの溶き卵を塗る。真ん中にじょうごを差せるくらいの小さな穴を空け、オーブンで1時間半焼く。

6 パイをオーブンから取り出し、トレイのまま寝かせて冷ます。パテとスープの両方がある程度冷めたら、じょうごを穴に立ててスープをゆっくりパテに流し入れ、しばらく置いてスープを落ち着かせる。冷蔵庫で最低12時間冷やす。トレイから取り出す際はトレイを温かいお湯で濡らした布巾で包み、縁にナイフをひとまわり通してから逆さにする。冷蔵庫で数日持つ。

GEORGIAN PHEASANT

グルジア風キジ

コーカサス地域に伝わるレシピ。
オレンジとワインを使ったソースが香る、少し変わった一品。

使用するカット：キジ丸ごと　2〜3人分
準備時間：30分
調理時間：1時間15分

材料

マスカット…900g
オレンジ果汁…4個分
グルジアのワインかハンガリーのトカイワイン…120㎖
緑茶のティーバッグ…1袋
クルミ…200g　殻をむいたもの
キジ…800gほど×1羽
バター…85g
塩、挽きたて黒胡椒…適量
小麦粉…30g

飾り付けに

刻んだイタリアンパセリ…少々

---

1 オーブンを190℃に熱する。マスカットをフードプロセッサーに入れてピューレ状になるまで回す。こし器に通して大きなボウルに入れ、オレンジ果汁とワインを加えて混ぜ合わせる。
2 ティーバッグを小さなボウルに入れて120㎖の熱湯を注ぐ。5分たったらティーバッグを取り出して捨てる。大きなキャセロール鍋の底にクルミを敷き、キジをのせて1で混ぜたマスカットを入れる。
3 キャセロール鍋を中火にかけてバターの半量を加え、緑茶を注ぐ。必要であれば水を足してキジにかぶるようにする。塩胡椒をふって沸騰させる。蓋をしてオーブンで1時間加熱する。
4 オーブンから取り出してキジを皿にのせ、わきに置く。キャセロール鍋の液体を鍋にこし入れて強火で沸騰させる。半量になるまで水分を飛ばす。
5 その間に小麦粉と残りのバターを小さなボウルに入れて混ぜ、ペースト状にする。常に混ぜながら鍋に少しずつ小麦粉のペーストを足してとろみを付け、ソースを作る。キジの胸肉を薄く切り、脚は2つに分ける。ソースを肉にかけて飾り付けにパセリを散らす。

ROAST GROUSE

ライチョウのオーブン焼き

猟鳥の王様として知られるライチョウの濃厚な粗挽き肉をヘザーで味付けし、レバーのパテとトーストを添えていただきます。

使用するカット：ライチョウ丸ごと　4人分
準備時間：30分
調理時間：30分

材料

ブルーベリー…小さじ4
バター…115g
ヘザー（ハーブ）…4枝（好みで）
若いライチョウ…300gほど×4羽　内臓を取り除き、レバーのみ取り置く
塩、挽きたて黒胡椒…適量
小麦粉…少々
薄切りすじ入りベーコン…2枚
小さいトースト…4枚
狩猟肉かチキンのスープストック…150㎖

---

1 オーブンを220℃に予熱する。ブルーベリー、バターの半量、ヘザー（好みで）を1羽ずつ腹の空洞に入れる。塩胡椒を均等にふって小麦粉をまぶし、余分な粉は落とす。
2 残りのバターとベーコンをオーブン用トレイに入れ、脂が溶けるまでオーブンで加熱する。ライチョウをトレイに入れて溶けた脂をハケで塗る。オーブンで10分加熱し、取り出して再び脂を塗る。オーブンを180℃に下げてさらに10分加熱する。
3 オーブンから取り出す。ライチョウとベーコンを皿にのせ、温かく保つ。トレイを中火にかけ、ライチョウのレバーを加えて5分炒めたらトレイから取り出し、フォークの裏でつぶしてペースト状にする。レバーのパテをトーストに塗る。
4 トレイに残った脂を捨て、スープストックを加えて半量になるまで弱火で煮て水分を飛ばす。味見をして塩胡椒でととのえる。必要であれば一度こしてから温めたグレイビーボートに入れる。トースト1枚とベーコン1/2枚、ライチョウ1羽ずつを器にのせる。グレイビーソースと一緒に熱々でいただく。

VARIATION

《ひなバトのオーブン焼き》
ライチョウの代わりに若くてふっくらしたひなバトを使い、上記と同様に調理する。

CHARTREUSE OF PARTRIDGE

イワシャコのシャルトルーズ

鳥肉、ベーコン、キャベツの組み合わせが魅力的な、古くからフランスに伝わるレシピ。

使用するカット：イワシャコ丸ごと　6人分
準備時間：1時間
調理時間：2時間＋寝かせ時間

材料

アカアシイワシャコ…250gほど×6羽
塩、挽きたて黒胡椒…適量
サラダ油…大さじ1
バター…115g
サボイキャベツ…2玉
外皮を切り落としたベーコン…450g
ベイリーフ…1枚
タイム…1枝
人参（大）…4本
狩猟肉かチキンスープストック…350㎖
辛口の白ワイン…90㎖

1 オーブンを230℃に予熱する。イワシャコに塩胡椒をふって下味を付ける。脂とバター30gをロースト用のトレイに入れて中火にかける。イワシャコを加え、全体に焼き色が付くまで焼く。胸を上にしてオーブンに移し、15〜20分加熱する。取り出して皿に移し、15分寝かせる。触れられる温度になったら脚と胸肉を切りわけ、残りは処分する。

2 大きな鍋に水を張って沸騰させ、塩小さじ1を加える。キャベツの外側の葉と色の悪いものは捨て、中心の葉を残す。葉を洗って沸騰した湯に入れ、3分ほどゆでたらざるにあげて冷水を流し、水を切ってキッチンペーパーで乾かす。

3 バター30gをトレイに入れて中火で熱する。ベーコンを加え、焼き色が付くまで加熱する。取り置いていたキャベツの中心部を芯ごと4等分する。ベーコンをトレイの端に寄せてキャベツの中心部を加え、少し色が変わるまで加熱する。

4 ベイリーフ、タイム、人参を加え、野菜がひたひたになるくらいに水を注いで沸騰させる。アルミホイルをかぶせてオーブンに入れる。オーブンを200℃に下げて1時間加熱する。オーブンから取り出し、野菜とベーコンを取り出してわきに置く。触れられるくらいの温度になったらベーコンと人参を薄く切り、キャベツの芯を取り除く。

5 オーブンを220℃に上げる。25×12cmの耐熱皿に残りのバターを塗る。ゆでたキャベツの葉の芯を取り除く。一番大きな葉を耐熱皿の底に敷いて、上にのせる用に1枚取り置く。後で上から折り込めるよう上からはみ出るようにしてキャベツの葉を重ねて敷き詰める。隙間ができないよう気をつける。

6 キャベツの半量を敷き詰めたら塩胡椒を軽くふる。胸肉を均等に広げ、残りのキャベツの半量をかぶせて胡椒を軽くふり、ベーコンをのせる。3層目のキャベツをのせ、人参と脚肉を広げる。塩胡椒をふって最後に取っておいたキャベツの葉をかぶせ、少し押さえて固定する。上からはみ出ている葉を織り込んで閉じ、オーブンで30分焼く。

7 ソースを作る。スープストックとワインを鍋に入れて沸騰させ、半量になるまで水分を飛ばす。塩胡椒をふって温めたグレイビーボートに入れる。シャトルーズを大きな皿に入れ、ソースとゆでたジャガイモを添えていただく。

ROAST PARTRIDGE, WITH LEGS BRAISED IN PUY LENTILS

ヤマウズラとレンズ豆の蒸し焼き

現代的な調理法で脚肉をじっくり調理し、胸部はピンクに焼き上げます。
ほっこりしたレンズ豆でお腹も大満足。

使用するカット：ヤマウズラ丸ごと　4人分
準備時間：30分
調理時間：1時間半＋寝かせ時間

材料

- サラダ油…大さじ1
- ヤマウズラ…250gほど×4羽　脚と胸部を切り離す
- バター…小さじ1
- セロリの茎部…1本　粗みじん切り
- 人参（大）…1本　粗みじん切り
- 玉ねぎ…1個　粗みじん切り
- ピュイ・レンティル（レンズ豆の一種）…300g
- 赤ワイン…大さじ2
- ベイリーフ…1枚
- タイム…1枝
- 薄切り筋入りベーコン…4枚

1 サラダ油を小さめの耐熱性キャセロール鍋かダッチオーブンで熱し、ヤマウズラの脚肉を入れる。全体に焼き色が付くまで5〜10分強火で加熱し、鍋から取り出してわきに置く。火を弱めてバターを熱し、セロリ、人参、玉ねぎを入れて混ぜる。軽く焼き色が付くまで5分ほど混ぜながら炒める。オーブンを200℃に予熱する。

2 ピュイ・レンティルを加えて混ぜながらさらに5分炒める。赤ワインとハーブを加えて沸騰させ、脚肉を再び鍋に戻す。肉がかぶるくらいに水を加えて沸騰させたら弱火にして蓋をし、肉が骨から落ちてくるまで1時間ほど煮る。

3 その間に胸部をそれぞれ薄切りベーコンで覆い、塩胡椒をふってオーブンで15〜20分加熱する。取り出して温かい所で30分寝かせる。

4 キャセロール鍋から脚肉を取り出し、鍋の中身を沸騰させてレンズ豆がかぶるくらいのソースが残るまで水分を飛ばす。味見をして塩胡椒でととのえ、火からおろす。脚肉をフォークで割って鍋に戻し、よく混ぜ合わせる。4枚の皿にレンズ豆と肉をたっぷり盛り付け、その上に薄く切って骨を取った胸肉をのせる。

PIGEON PASTILLA

鳩のバスティラ

マラケシュの商店街や屋台で大人気の、
甘味と酸味、そしてエキゾチックな風味が合わさった伝統料理。

使用するカット：鳩丸ごと　4人分
準備時間：30分
調理時間：2時間

材料

- バター…140g　柔らかくする
- 鳩…285gほど×3羽
- 赤玉ねぎ…3個　薄切り
- コリアンダー…小さめの束
- イタリアンパセリ…小さめの束
- サフラン…ひとつまみ
- はちみつ…大さじ1と好みで余分に少々
- シナモンスティック…1本
- 塩、挽きたて黒胡椒…適量
- アーモンド…150g　から炒りして粗く刻む
- 溶き卵…6個分
- オレンジフラワーウォーター…小さじ1
- 市販のフィロペストリー…12枚
- 粉砂糖…大さじ2
- 粉末シナモン…大さじ1

1 バター85gを幅の広い蓋付きの鍋に入れ、ハーブをまとめてタコ糸で結ぶ。鳩、玉ねぎ、ハーブ、サフラン、はちみつ、シナモンスティックを加える。塩胡椒をふって水750mlを注ぎ、沸騰させる。弱火にして蓋をし、1時間煮る。

2 鳩を取り出す。蓋を取って火を強め、水分を飛ばす。その間にフォークを使って肉を骨から外しながら裂いていく。骨を捨て、肉を鍋に戻してハーブを取り除く。鍋底に少し残るくらいになるまで水分を飛ばす。

3 アーモンドと溶き卵4個分を鍋に入れて混ぜる。混ぜながら卵が固まってくるまで優しく加熱する。塩胡椒をふって甘みが足りないようであればはちみつを加える。オレンジフラワーウォーターを加え、火からおろして冷ます。オーブンを150℃に予熱する。

4 バターを小さい鍋に入れて溶かす。フィロペストリー4枚を清潔な台にのせる。それぞれにハケで溶かしバターを軽く塗り、上からもう1枚ずつ生地を重ね、再びバターを塗る。繰り返してペストリーをすべて使う。

5 肉の1/4量を重ねたペストリーそれぞれにのせる。角をたたんで肉を包み、5角形の包みを作る。残りのバターをそれぞれに塗る。溶き卵を塗ってオーブンシートに並べ、オーブンに入れて45分加熱する。取り出したら粉砂糖と粉末シナモンをふくふりかけ、熱々でいただく。

THAI SWEET AND SOUR PIGEON

鳩のタイ風
スイート&サワー煮

シンプルなタイ料理に甘酸っぱい野菜のソースが色と風味を加えます。野菜を同じ大きさに切ることで見栄えもきれいに仕上がります。

使用するカット：鳩胸肉　4人分
準備時間：30分
調理時間：40分

材料
- 白ワインビネガー…大さじ2
- 醤油…大さじ1
- 小麦粉…大さじ1/2
- サラダ油…大さじ1
- 鳩胸肉…50gほど×8切れ
- にんにく…4片　つぶす
- 塩…小さじ1/2
- 玉ねぎ…1個　薄切り
- ピーマン…2個　種を取り除いて角切り
- カットトマト缶…400g×1缶
- 小さいキュウリ…1本　皮をむいて種を取り除き角切り
- 刻んだコリアンダーの葉…大さじ2

1 白ワインビネガー、醤油、小麦粉をボウルに入れて混ぜ合わせる。ダマのあるゆるいペースト状になったらいったんわきに置く。サラダ油を蓋付きの厚手の鍋に入れて中火で熱し、鳩胸肉を入れて両面1〜2分ずつ加熱する。

2 にんにくと塩を加え、1分混ぜる。玉ねぎとピーマンを加え、液体が全体にいきわたるようよく混ぜながら5分加熱する。

3 トマトとキュウリを混ぜ入れる。1のペーストを入れてよく混ぜ、沸騰させる。火を弱めて蓋をし、ときどき混ぜながらソースに照りが出てくるまで弱火で30分ほど煮る。火からおろしてコリアンダーを散らし、ライスと一緒に熱々でいただく。

SALAD OF PIGEON BREAST

鳩胸肉のサラダ

ハーブと色鮮やかな葉野菜の
さわやかなファーストコース。

使用するカット：鳩胸肉　4人分
準備時間：15分
調理時間：10分＋寝かせ時間

材料

鳩胸肉…50gほど×4枚

塩、挽きたて黒胡椒…適量

なたね油…小さじ1

バター…小さじ1

水菜、ルッコラ、ベビーチャード、ソレル、サニーレタスなどのサラダ菜数種類…125g　洗って乾かし、茎などを取り除く

チャービル、タラゴン、イタリアンパセリなどのハーブ数種類…125g　洗って乾かし、茎などを取り除く

ドレッシングの材料

オリーブオイル…120ml

白ワインビネガー…30ml

粒マスタード…小さじ1

1 鳩の胸肉をキッチンペーパーで拭いて血を取り除き、塩胡椒で下味を付ける。
2 なたね油とバターを厚手の鍋で熱する。バターが泡立ってきたら鳩胸肉の皮を下にして鍋に入れ、焼き色が付くまで2分ほど加熱する。
3 火を弱めて鳩胸肉を裏返す。蓋を斜めにかぶせてさらに2分ほど加熱し、火からおろして5分休ませる。
4 ドレッシングを作る。すべての材料を大きなボウルに入れて混ぜ合わせる。サラダ菜とハーブを一口大に切り、ボウルに入れてあえる。皿4枚に均等に盛り付け、鳩胸肉を薄く切って上にのせる。

VARIATION

《鶏胸肉のサラダ》
鳩胸肉の代わりに皮付きの鶏胸肉を2枚使う。フライパンで10〜15分焼き、取り出して5分寝かせる。薄く切って上記と同様に盛り付けた野菜にのせていただく。

GAME CASSEROLE

狩猟肉のキャセロール

マッシュルーム、セロリ、人参の風味豊かなこちらの煮込みは、
クリーミーなマッシュポテトを添えていただくと美味。

使用するカット：狩猟肉数種類　4人分
準備時間：30分
調理時間：1時間15分

材料

キジ、鹿、鴨などの狩猟肉数種類…675g　一口大に切る

小麦粉…少々

塩、挽きたて黒胡椒…適量

オリーブオイル…大さじ1

ブランデー…大さじ1

玉ねぎ…1個　みじん切り

にんにく…2片　すりおろすかみじん切り

セロリの茎部…2本　みじん切り

人参…2本　みじん切り

ブーケガルニ…1束

チェスナッツマッシュルーム…275g　4つに切る

辛口白ワイン…グラス1杯

レッドカラントジャム…小さじ2

熱いチキンストック…750ml

1 オーブンを180℃に予熱する。小麦粉を少し肉にまぶし、塩胡椒をたっぷりふる。オリーブオイルの半量を鋳鉄の鍋で熱し、肉を入れてときどき混ぜながら全体に焼き色が付くまで中火で6〜8分焼く。肉を取り出してキャセロール鍋に入れる。
2 ブランデーを最初の鍋に入れて鍋に付着している脂などを溶き混ぜる。残りのオリーブオイルを必要に応じて加え、玉ねぎを入れる。柔らかくなるまで弱火で6分加熱したらにんにく、セロリ、人参、ブーケガルニを入れてときどき混ぜながら、柔らかくなるまで弱火で8分ほど加熱する。
3 マッシュルームを混ぜ入れ、火を強めて白ワインを加え、2分間沸騰させてアルコール分を飛ばす。キャセロール鍋に入れてレッドカラントジャムを混ぜ入れ、チキンストックを入れて蓋をする。必要に応じて熱湯を足しながら肉が柔らかくなるまでオーブンで1時間ほど焼く。

BRAISED QUAIL LUCULLUS

蒸し焼きウズラのルクルス

ローマのグルメ料理から名前を取ったこの料理は、葡萄とワインのソースがウズラの繊細な風味を引き出します。

使用するカット：ウズラ丸ごと　4人分
準備時間：30分
調理時間：1時間

材料

ウズラ…150gほど×8羽
薄切り筋入りベーコンかパンチェッタのラードン…16枚
サラダ油…大さじ2
バター…大さじ2
玉ねぎ…1個　粗みじん切り
白ワイン…200㎖
チキンストック…300㎖
ブランデー…大さじ2
種なしの緑のブドウ…20粒　皮をむく
レモン果汁…1個分
イタリアンパセリ…大さじ1

1 ウズラそれぞれにベーコン2枚を巻いてタコ糸で結び固定する。サラダ油とバター大さじ1を大きな厚手の蓋付き鍋に入れて熱する。ウズラを入れて焼き色が付くまで8～10分加熱する。鍋が過密にならないよう数回に分けて調理し、取り出してわきに置く。

2 玉ねぎを鍋に入れて混ぜながら5分ほど、柔らかくなって均等に焼き色が付くまで加熱する。火を弱め、白ワインを加えてウズラを鍋に戻す。ときどきハケでワインをウズラに塗りながら10分ほど加熱し、ワインを煮詰める。スープストックを加えて火が通るくらいまで20分ほど弱火で煮る。

3 ウズラを取り出して、わきに置く。ブランデーとブドウを加えて5～10分ほど弱火で煮て、ソースが半量になるまで水分を飛ばす。味見をして塩胡椒で調節し、火からおろす。レモン果汁と残りのバターを加えて軽めのソースに仕上げる。

4 ベーコンはそのままにしてウズラのタコ糸を切り、ウズラとブドウを4枚の皿にのせる。ソースをかけ、飾り付けにパセリを散らし、ゆでたジャガイモと緑の野菜を添えて熱々でいただく。

GUINEA FOWL WITH SMOKED BACON

ホロホロチョウとスモークベーコン

この豪華な一皿では、味わい深い具材が猟鳥の旨味を引き出してくれます。

使用するカット：ホロホロチョウ丸ごと　4人分
準備時間：1時間＋マリネに一晩
調理時間：40分

材料

ホロホロチョウ…1.1kgほど×1羽　10切れにカットする
挽きたて黒胡椒…適量
薄切りの筋入りスモークベーコン…10枚
ピーナッツ油…大さじ3
バター…30g
小麦粉…大さじ1
チキンストック…1ℓ
ベビーオニオン…160g
ダブルクリーム…大さじ5
クレーム・ド・カシス…大さじ2

マリネ液の材料

リオハ、ボルドー、メルローなどフルボディーの赤ワイン…1ℓ
ローズマリー…1枝
ベイリーフ…1枚
タイム…1枝
にんにく…1片　皮をむかずにつぶす

1 胡椒で肉に下味を付ける。ホロホロチョウの肉をそれぞれベーコンで包み、爪楊枝を刺して固定する。マリネ液の材料をすべて大きなボウルに入れて混ぜ、肉を加えてあえる。冷蔵庫で一晩冷やす。

2 肉を取り出し、キッチンペーパーで水気を拭き取る。マリネ液をこしてにんにくとハーブを取り出し、液体と別々に取り置く。ピーナッツ油をフライパンに入れて熱し、肉を加えて両面4分ずつ焼いて焼き色を付ける。ベーコンが外れないように気をつけながらフライパンから取り出す。

3 バターをキャセロール鍋に入れて熱し、肉を入れる。マリネ液のにんにくとハーブを加え、フライパンを軽くゆすって混ぜる。小麦粉をふりかけて均等に混ざるよう1～2分混ぜたらマリネ液とチキンストックを加え、玉ねぎを入れる。沸騰させて、弱火で20分ほど煮る。

4 肉と玉ねぎを取り出し、ベーコンはそのままにして爪楊枝を取る。ソースを10分煮て水分を少し飛ばす。クリームとクレーム・ド・カシスを加えて沸騰させ、10分ほど煮て半量になるまで水分を飛ばしたら目の細かいこし器でこす。肉と玉ねぎを皿に並べ、刻んだハーブをふりかけたマッシュポテトと一緒に食卓に出す。

OSTRICH STEAKS
ダチョウのステーキ

手軽に作れるマリネ液が、
脂の少ない胸肉の風味を引き出します。

使用するカット：ダチョウの胸肉　4人分
準備時間：15分＋マリネ時間
調理時間：10分＋寝かせ時間

材料
ダチョウの胸ステーキ肉…140gほど×4切れ
なたね油…大さじ1と余分に少々
ウスターソース…大さじ2
にんにく…1片　つぶす
ローズマリー…1枝
塩、挽きたて黒胡椒…適量
スーマック…小さじ1/4

1 ステーキ肉以外のすべての材料を大きなボウルに入れてよく混ぜ合わせる。マリネ液を大きなポリ袋に入れ、肉を加えて袋を閉じる。袋を優しくふってマリネ液を肉になじませましたら、室温で30分マリネする。
2 グリドルかグリルを高温で熱する。肉を取り出し、キッチンペーパーで水気を拭き取り、ハケでなたね油を軽く塗る。
3 軽く焼き色が付くまで肉を両面およそ4分ずつ加熱する。弱火にしてさらに両面およそ4分ずつ加熱し、ウェルダンに仕上げる。ステーキの皮面を上にしてフライパンで5分寝かせる。取り出してさらに5分休ませ、焼いたマッシュルームとジャガイモを添えていただく。

MATCH UP
組み合わせてみよう

マスタード風味のソースや、グリルしたマッシュルーム、軽めのドレッシングをかけたグリーンサラダなど、ダチョウの味を引き立てるものを添えよう。

BREAST OF WILD GOOSE
野生ガチョウの胸肉包み焼き

脂の少ない肉をアルミホイルで包み、ベルモットで調理することで肉の水分を保ちます。肉汁がすばらしいソースになります。

使用するカット：野生ガチョウの胸肉　2人分
準備時間：15分
調理時間：2時間

材料
なたね油…小さじ2
玉ねぎ…1個　薄切り
ローズマリー…2枝
皮なし野生ガチョウの胸肉…175gほど×2切れ
塩、挽きたて黒胡椒…適量
辛口ベルモット…大さじ4
ダブルクリーム…大さじ4
レモン果汁…小さじ1（好みで）

1 オーブンを160℃に予熱する。アルミホイルで一辺が30cmの正方形を2枚作り、真ん中に油を塗ったら、玉ねぎの半量、ローズマリー、肉の順にのせる。塩胡椒をふって、ベルモットをまわしかける。アルミホイルの角を折りたたんで中身を包み、トレイにのせてオーブンで2時間加熱する。
2 包みの片端を少しだけ開け、中の汁を小さな鍋に注ぎ、半量になるまで煮詰める。弱火にしてクリームを加え、とろみが付くまで濃縮させる。味見して塩胡椒でととのえ、レモン果汁を少々加える。肉を薄く切り、ソースをかけて食卓に出す。

VARIATION
《鴨胸肉の包み焼き》

ガチョウの代わりに皮なしの鴨胸肉2枚を使い、ローズマリーの代わりにタイムを使う。上記と同様に調理する。

SLOW ROASTED WILD GOOSE

野生ガチョウの
じっくり焼き

柔らかいフルーツとバターが野生のガチョウ肉をおいしく調理するのに必要な水分となるうえ、対照的な風味を加えます。

使用するカット：野生ガチョウ丸ごと　4人分
準備時間：30分
調理時間：2時間＋寝かせ時間

材料

- バター…115g　柔らかくする
- ブラックベリー…115g
- レーズン…115g
- オレンジ…1個　半分に切って皮をすりおろす
- にんにく…1片　つぶす
- 塩、挽きたて黒胡椒…適量
- 皮なしの野生ガチョウ…2.5kgほど×1羽
- 玉ねぎ（大）…1個輪切り
- ベイリーフ…1枚
- 薄切り筋入りベーコン…6枚

1 オーブンを180℃に予熱する。バター、フルーツ、オレンジの皮、にんにくを大きなボウルに入れる。塩胡椒をふって混ぜ合わせ、ひとつにまとめて丸め、ガチョウの腹の空洞に詰める。半分に切ったオレンジを、空洞に蓋をする形でしっかり詰める。

2 アルミホイル2枚をきれいな台にのせる。真ん中に玉ねぎを置き、その上にベイリーフをのせる。胸を上にしてガチョウをのせ、筋入りベーコン4枚を胸の上に、2枚を脚に敷く。

3 ガチョウをアルミホイルに包んでしっかり固定する。空気と熱が逃げられるよう少しだけ余裕を持たせて包み、オーブン用のトレイにのせて1時間加熱する。アルミホイルを取り、ガチョウを裏返して再び包む。オーブンに戻してさらに1時間加熱する。

4 オーブンから取り出し、包みを少し開けて中の汁300㎖ほどを小さい鍋に注ぐ。ガチョウを裏返して胸を上にし、15分休ませる。鍋に入れた汁を沸騰させ、味を見て塩胡椒でととのえ、必要に応じて残った半分のオレンジの果汁を絞り入れる。ガチョウの肉を薄く切り分け、グレイビーソースと一緒に食卓に出す。

BREASTS OF WILD DUCK WITH SAUCE BIGARADE

野生鴨の胸肉とソース・ビガラート

ビガラートはプロバンス語でビターオレンジのことで、こちらの猟鳥との相性は抜群です。

使用するカット：野生鴨の胸肉　4人分
準備時間：15分
調理時間：30〜35分

材料

- なたね油…大さじ1
- 野生鴨の胸肉…225gほど×4切れ
- 塩、挽きたて黒胡椒…適量
- 小麦粉…小さじ2
- 狩猟肉のスープストック…240㎖
- セビリアオレンジの皮のすりおろしと果汁…2個分
- グランマルニエ…大さじ1
- シェリービネガー…大さじ1
- キャスター糖…小さじ1

1 油を厚手の鍋に入れて強火で熱する。キッチンペーパーで鴨胸肉を拭いて血を取り除く。全体に塩胡椒をふり、皮面を下にして鍋に入れ、2〜3分焼く。裏返して火を弱め、蓋をして5分ほど加熱する。肉を取り出し、アルミホイルをかぶせて温かい所で寝かせる。

2 小麦粉を鍋に混ぜ入れ、少し色が付くまで1〜2分加熱する。スープストック、オレンジ果汁、グランマルニエ、シェリービネガーを加える。弱火にしてとろみが付くまでソースを煮る。味見をして塩胡椒でととのえ、キャスター糖を加えて別の鍋にこし入れる。オレンジの皮のすりおろしを加え、1〜2分弱火で煮たら火からおろす。肉を薄切りで切り分け、ソースとライスを添えていただく。

GAME TERRINE

狩猟肉のテリーヌ

ベーコンで包み、脂の少ない狩猟肉のヒレを中に敷いたこちらのテリーヌは見栄えもよいすてきな一品。風味がなじむので作った翌日にいただくのがベスト。

使用するカット：狩猟肉数種類　8〜10人分
準備時間：35〜40分＋マリネ時間
調理時間：1時間

材料

- 骨抜きのキジ胸肉…100gほど×2切れ
- ベネディクティンかドランブイ…大さじ3
- 鹿やキジなど脂の少ない狩猟肉の挽き肉…450g
- 豚バラの挽き肉…1kg
- 塩…小さじ2
- 挽きたて黒胡椒…小さじ1/2
- にんにく…4片　つぶす
- ウスターソース…小さじ2
- ピスタチオ…30粒　殻をむく
- 薄切り筋入りベーコン…15〜20枚
- ベイリーフ…2枚

1. キジ胸肉を帯状に縦長に切る。ベネディクティンを揉み込み、冷たいところで1時間寝かせる。オーブンを190℃に予熱する。
2. 狩猟肉と豚の挽き肉を大きなボウルに入れてよく混ぜる。塩胡椒、にんにく、ウスターソースを加え、マリネ液のベネディクティンを注ぎ入れ、ピスタチオを加えてよく混ぜ合わせる。陶器のテリーヌ容器にベーコンを敷いていく。肉を詰めた時に上に折りたたんで包めるよう横に十分にはみ出させる。
3. 挽き肉の1/3量を入れ、空気が入らないよう角をしっかり押さえる。帯状のキジ肉半量をのせ、再び挽き肉の1/3量を入れて上から押さえる。帯状のキジ肉のもう半分をのせ、挽き肉の残りを詰める。ベーコンを上からたたんで中の肉を完全に覆う。隙間ができてしまったらベーコンを余分に切って使う。ベイリーフを上にのせてアルミホイルで包む。
4. テリーヌをオーブン用のトレイにのせて1時間、もしくは串で刺した際に透明の肉汁が出てくるまで加熱する。

SALMIS OF TEAL

仔鴨のサルミ

猟鳥を食べるための伝統的なレシピ。レバーを使って濃厚なソースを作ります。

使用するカット：仔鴨丸ごと　4人分
準備時間：45分
調理時間：1時間＋冷まし時間

材料

- 筋入りベーコンの薄切り…4枚
- 仔鴨…175gほど×2羽　脚を取り外し、レバーを取り置く
- 玉ねぎ（大）…1個
- ジュニパーベリー…6粒
- セロリの茎部…1本　粗みじん切り
- ベイリーフ…1枚
- 塩、挽きたて黒胡椒…適量
- 赤ワイン…350ml
- バター…小さじ1
- 食パン…2枚　スープストックに浸し、水気を切る

1. オーブンを220℃に予熱する。ベーコン2枚をまな板に並べて仔鴨をのせ、ベーコンを巻いてタコ糸で固定する。もう一羽の仔鴨も同様にする。ロースト用のトレイに移し、オーブンで15分間ローストしたら取り出して15分寝かせる。
2. 包丁で胸肉を切り取る。胸の片方から切り込み、骨に沿って手羽先の付け根まで切り込む。胸肉を皿にのせ、アルミホイルをかぶせて保温し、いったんわきに置く。残った肉を粗く刻み、わきに置く。
3. トレイに残った脂と肉汁を大きな厚手の鍋に移し、刻んだ肉、玉ねぎ、ジュニパーベリー、セロリ、ベイリーフを加える。塩胡椒をふり、ワインを注ぐ。沸騰したら火を弱め、半量になるまで煮詰めたら火からおろし、わきに置く。
4. バターをフライパンに入れて溶かす。レバーを入れてしっかり焼き色が付くまで4〜5分加熱する。スープストックに浸したパンとともにレバーをこし器に移し、スプーンの裏でボウルにこし入れる。3のソースをフライパンにこし入れ、アクを取り除く。こしたレバーとパンを混ぜ入れる。ソースを、沸騰しないようていねいに5〜6分、もしくはとろみが付くまで加熱する。仔鴨の胸肉を薄く切って皿に並べ、ソースをかけて食卓に出す。

OSTRICH BURGERS

ダチョウのハンバーガー

脂の少ないダチョウ肉が牛肉の代わりになり、塩味を引き出す材料が濃厚な肉によく合います。

使用するカット：ダチョウの挽き肉　4人分
準備時間：15分＋冷まし時間
調理時間：10分

材料
ダチョウの挽き肉…800g
玉ねぎ…1個　みじん切り
イタリアンパセリ…大さじ2
ケッパー…大さじ1　水気を切って粗く刻む
アンチョビ…4枚　細かく刻む
塩、挽きたて黒胡椒…適量

1 すべての材料を大きなボウルに入れ、塩胡椒をしっかりふって混ぜ合わせる。肉を4等分して丸め、平たくしてパテを作る。パテを冷蔵庫に入れて最低1時間冷やし固める。
2 パテを熱したバーベキューかグリドルで両面2分ずつ加熱してミディアムレアに焼く。好みで火を弱めてさらに両面5分ずつ焼くとウェルダンに仕上がる。肉がすぐに乾いてしまうので強火で長時間加熱しないよう気をつける。ハンバーガーのバンズ、マスタードと一緒に食卓に出す。

VARIATION
《キジのハンバーガー》
ダチョウの代わりにキジの挽き肉を使う。手順1で乾燥クランベリーのみじん切り小さじ1と粉末コリアンダー小さじ1/4を肉に加えてパテの乾燥を防ぐ。上記と同様に調理する。

FASINJAN

フェセンジャン

イランの定番料理。ザクロのモラッセが異国風の甘味を加えます。

使用するカット：野生の鴨丸ごと　4人分
準備時間：15分
調理時間：1時間半〜2時間

材料
サラダ油…大さじ3
野生の鴨…500gほど×2羽　それぞれ6つに切り分ける
玉ねぎ…1個　粗みじん切り
クルミ…250g　粗みじん切り
ザクロのモラッセ…大さじ3と飾り付けに少々
レモン果汁…1個分
キャスター糖…大さじ1
塩、挽きたて黒胡椒…適量

飾り付けに
刻んだイタリアンパセリ…少々
ザクロの実…少々

1 サラダ油を蓋付きの大きな厚手の鍋に入れて熱する。鴨肉を入れて全体に焼き色が付くまで5〜7分ほど加熱し、肉を取り出してわきに置く。
2 玉ねぎを同じ鍋に入れてときどきかき混ぜながら茶色くなるまで3〜4分炒める。クルミを入れてときどき混ぜながら弱火で2〜3分加熱する。モラッセ、水450㎖、レモン果汁、キャスター糖を加えて沸騰させる。
3 鴨肉を鍋に入れて塩胡椒をふり、弱火にする。蓋をして肉が柔らかくなるまで1時間半ほど煮る。お玉ですくってライスの上に肉を盛り付け、パセリとザクロの実を散らして飾り付ける。熱々で食卓に出す。

第7章
臓物・その他の副産物
OFFAL

臓物・その他の副産物

上質な肉や調理しやすい便利なカットの需要は高まっていますが、食感を楽しむことは忘れられがちです。
しかし風味はもちろん、食感こそが臓物やその他の副産物の特徴です。
歯応えのあるものからなめらかなもの、風味の繊細なものから力強いものまで、その特徴はじつに様々です。
この特徴こそが臓物やその他の副産物と、普通の肉との違いを際立たせます。

臓物やその他の副産物は時に「ホルモン」や「バラエティミート」とも呼ばれますが、これらの滋味はバラエティに富んだ風味や食感を体感させてくれます。臓物やその他の副産物の中にはもちろんレバーや腎臓、心臓などの内臓も含まれますが、頭や足、尾などの極部を指す場合もあります。また、骨や脂、膜組織など、胴体の切れ端を指す場合もあります。この章ではまさに「頭から足まで」無駄なく使う方法を紹介します。

どの国にも人気の臓物とその調理法がそれぞれ存在しますが、どうやら内臓系料理における聖地は中東にあるようです。動物を端から端まで使って工夫をきかせたおいしい食べ方が数多く存在します。これこそ継続可能で最良の食肉のあり方だと言えるでしょう。実際、移民コミュニティをみても、食材を無駄にしない母国の文化、すなわち内臓類、副産物料理に対する親しみが失われていることはまれです。また、その多様性に魅入られたモダンなシェフたちの間でも内臓類は見直されています。

臓物を買う

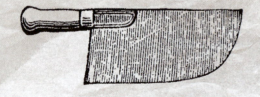

一般的に、臓物は24時間以内に調理、もしくは冷凍しなければなりません。普通の肉より早く傷むものが多く、吊るすことで質が良くなるものでもありません。従って、臓物は主に胴体を吊るして熟成させる前に取り除かれます。ものによっては事前に注文しなければならないものもあります。一般的ではない臓物を調達するのに最適なのは、老舗の肉屋や地元の要望に応える肉屋など、伝統的なスタイルの肉屋です。これらを手に入れられるかどうかで肉屋の力量が測れると言えるかもしれません。

> これらの滋味は
> バラエティに富んだ風味や食感を
> 体感させてくれます。

臓物を調理する

一部のレバーなどいくつかの例外を除き、臓物は大方弱火で優しく長時間煮るなどしてしっかり火を通します。場合によってはさらにその後切ったり焼いたり、ローストすることもあります。

しかし近年では、伝統的には煮込んだりじっくり焼いたりしてきたもの（心臓など）をステーキのように手早くレアに焼いて食べられるようにもなりました。それ以外のレシピでは、準備と調理のどちらにも長時間がかかりますが、それによって安値で豊かな風味と食感が楽しめるのです。これらは料理に割け

る時間や気力が限られている人には向きませんが、調理作業や家族を賄うことに喜びを感じる人にとっては絶好の料理です。

健康上の利点

臓物の多くは栄養や重要な脂肪酸が豊富で、体に悪い脂肪も少ないです。しかし、鶏レバーなど集約的に生産された動物の内臓は、サルモネラ菌による食中毒を避けるためにもしっかり火を通さなければなりません。また、生産者が決められた休薬期間を守ったとしても、腎臓やレバーなど体内をろ過する内臓には、集約的生産においてよく使われる薬物が蓄積していることもあります。

臓物のカット

バラエティー豊富な風味や食感を提供するだけでなく、臓物は栄養素と重要な脂肪酸に長けており、大抵脂肪もあまり多くありません。ただし、とても傷みやすいので、買うときは新鮮なものを選んでください。特にろ過機能のあるものは、なるべく早く調理するか、冷凍しなければなりません。

レバー
レバーは鉄分に富んでおり、臓物の中では最も人気がある。家禽類、仔牛、仔羊、鹿のレバーが持つ繊細で甘い風味に比べ、牛や豚のレバーはより風味が強い。

心臓
この筋肉はきめ細かい肉と同じ食感を持つ。家禽類の心臓はご馳走として売られ、北欧では鹿の心臓を燻煙した後乾燥させる。余分な脂肪は切り落とす。

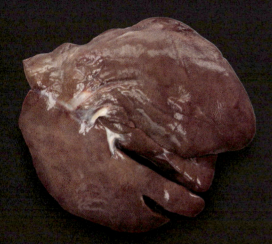

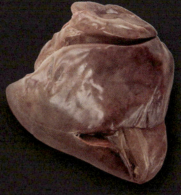

仔羊のレバー
甘みのある仔羊のレバーは、仔牛と同様に手早く調理してピンク色が残るように仕上げ、薄く切って食べるのが最適。

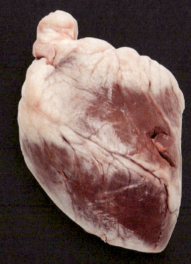

豚のレバー
風味の強いこのレバーは、テリーヌやパテに使われる。焼いたり、蒸し焼きにするのもよい。

腎臓
主役の食材として、また風味を高める具材として、腎臓は煮込み料理によく使われる。牛の腎臓は大きな房状だが、仔羊（下の写真）など他の種のものは単体で売られている。

仔羊の心臓
肉の詰まった筋肉は薄切りにして焼いたり、煮たり、詰めものをしてオーブンで丸ごと焼いて食べる。

家禽類のレバー
家禽類のレバーは独特の甘みを持つが、中でも太らせたカモやガチョウのレバーが特に上質とされている。

家禽類の心臓
家禽類の心臓はとても小さいので（上の写真の鶏の心臓など）、1人分には複数個が必要。主にグリルするか、手早く炒めて食べられる。

仔牛のレバー
色も淡く繊細な仔牛のレバーは、最も柔らかいレバー。手早く調理し、ピンク色が残るようレアに仕上げるのが最適。

シビレ

消化しやすいこのカットは、主に膵臓と胸腺からなる複数の内臓でできているが、睾丸や耳下腺がシビレとして売られることもある。

胸腺のシビレ
胸腺とは喉または首にみられる腺。大方のシビレは調理前にゆがく。

膵臓のシビレ
膵臓は仔牛や仔羊などの若い動物のものが重宝されるので、数が少なく、値も張る場合がある。

脳

脳は繊細な風味となめらかな食感を持つ臓物。仔牛や仔羊の脳はどちらも高級品だが、動物の脳の間でサイズ以外に特に大きな違いはない。

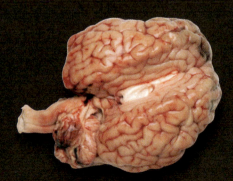

胃袋

反芻動物の4つの胃のうち、主に3つが食用にされる。第三胃であるセンマイ、ハチノスとも呼ばれる第二胃、そして第四胃のギアラ。第一胃はミノで、下処理を行ったうえで食用にされることもある。

腸

まだ離乳していない若い動物の腸を使ったレシピはごく少数で、主にソーセージの皮として使われる。刻んでアンドゥイエットなどのソーセージに加えられることもある。

肺

伝統的に農民の料理に使われてきた内臓。スポンジのような食感を持ち、現代では主にソーセージやスコットランドのハギスなどに使われている。

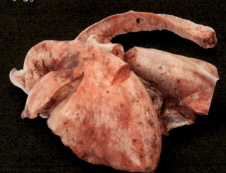

脾臓

食用の脾臓は主に豚、牛、仔牛から取れたもので、味は腎臓に似ている。主に加工食品に使われるが、詰めものをして煮込んだり、サンドイッチに挟んだりしても食べられる。

砂肝

鳥が食べ物を砕くための器官で、硬い筋肉だがスープやスープストックを作るのに便利。コンフィとして調理するととても柔らかくなる。

臓物を準備する

- 多くの臓物は調理できる状態で売られているが、中には調理前に少し時間を要するものもある。P.266～267を見て臓物の定番である腎臓、レバー、シビレ、砂肝、そして脳の準備法を確認しよう。
- 狩猟肉のレバーに胆管（濃い緑色の液体が入った小さな袋）が付いている場合は、苦味が強いので注意深く取り外す。

OFFAL ORGAN MEET

その他の副産物のカット

これらは動物の外側や端にある部分で、多くは他の肉同様に調理できますが、中には脂肪や骨を多く含むものもあります。それ以外はゼラチンや軟骨を多く含む部分で、煮込んだりローストしたりすることで、食感を強調することができます。

動物の足や腱

最高のゼラチン源で、透明なゼリーやアスピック(煮こごり)を作ったり、スープストックになめらかさを加えるのに用いられる。仔牛や豚足は一品料理にもなる。

頭

主に弱火でじっくり煮込み、骨を抜いたものを頭自体のゼラチンで固めてヘッドチーズにする。ゆでた仔牛の頭は足と一緒に盛り付けることが多い。イノシシの頭のローストを華やかに飾り付けるとお祝いの席に相応しいご馳走になる。

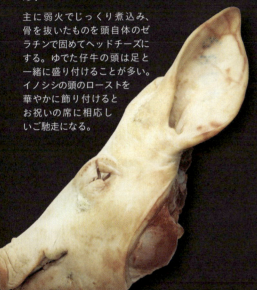

頬肉、顎肉

どの動物にも見られる小さくてとてもおいしいカット(硬い場合もある)。頭と一緒にヘッドチーズに入れられるが、塩漬けにしたものにパン粉をまぶして作るハムもある。

テール(尾)

オックステールは風味が奥深くて肉厚。鹿のテールのスープストックは漢方薬として使われる。中東では平らな尾の羊がその独特な茶色の脂のため、重宝される。豚の尾は軽食として食べられる。

タン

栄養に富んだこのご馳走カットはとろけるほどの柔らかさ。小さなウサギや鳥の舌まで、様々な動物の舌が食べられている。牛や鹿の舌は皮をはいだ後燻製にされる。

皮

皮は食感のポイントになる。ゆでるとゼラチン質がとろみとなり、焼くとこんがり仕上がる。豚の皮を付けたままローストすると「クラックリング」と呼ばれるカリカリの皮ができる。

耳

仔牛や豚の耳が一般的だが、仔羊の耳も食べられている。軟骨が完全に柔らかくなることはなく、コリコリした食感がこのカットの醍醐味。

家禽類の首

首に付いている肉はごく少量で、取り外しも難しいのでスープなどに使われる。カモやガチョウの首の皮は詰めものをして調理される。

脂

硬い背脂はラードとして、またかたまり肉をローストする際に塗る脂として使われ、脂肪の膜は肉のパテを入れる袋として使われる。角切りのラードはサラミ系のソーセージに使われる。

骨

家禽類の骨はスープなどに使われ、脊髄がご馳走として重宝される国もある。ナックルや髄入りの骨はアスピックや透明のゼリーに、またスープストックにも使われる。

鼻口部

料理に食感を加えるために使われるが、調理してこのカット自体のゼラチンで固めたり、頭部の他の部分と一緒に、スパイスで味付けしたスープで煮込まれることもある。

家禽類の足

伝統的には鶏、カモ、ガチョウの足は西洋料理に使わないが、中華料理ではその歯応えとなめらかな食感が楽しまれている。軟骨を柔らかくするために長時間煮込まれる。

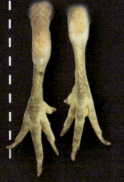

血

最も一般的に使われるのは、多くの国で見られるブラックプディング。カモやガチョウの血もスパイスや脂と混ぜて焼くパテに使われる。

臓物・その他の副産物の保存食品

臓物やその他の副産物の保存食品は、非常に傷みやすいことから、他の肉の保存食品に比べて一般的ではありません。そのため、臓物・その他の副産物の多くは新鮮（多くのブラッド・ソーセージがそうであるように）なものか、貯蔵期間を延ばすために部分的に保存したもの（ヘッドチーズやフォアグラなど）です。

チョリソー・デ・サングエ
ブラックプディングは多くの国で作られています。豚の脂を加えたものもあれば、肉や米などの穀物を加えたものもあり、このポルトガルのブラッドソーセージは燻煙した後、保存のために乾燥させます。

フォアグラ
ガチョウやカモを太らせて作った贅沢なレバーは、調理した後カモ自身の脂の中で保存されます。

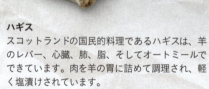

ハギス
スコットランドの国民的料理であるハギスは、羊のレバー、心臓、肺、脂、そしてオートミールでできています。肉を羊の胃に詰めて調理され、軽く塩漬けされています。

ツンゲンヴルスト
大きく切った豚の舌、皮、脂、そして肉を、血とオートミール、スエットで固めて作った華やかなドイツのコッホヴルスト（調理したソーセージ）。

クー・ファルシ・ド・カナール
カモの首の皮に、調理して裂いた肉やフォアグラの肉片を詰めて、保存のために軽く調理したものです。

バスチョップス
豚の頬肉を、味付けした塩水に漬け込んで軽く保存加工したもの。この小さなハムは調理した後、皮をむいてパン粉をまぶします。

アンドゥイエット
ゆでた豚の胃袋と小腸を巻いて加熱し、時には燻煙されるフランスの大きなソーセージです。

フィガテル
コルシカ発祥のこの硬いソーセージは、豚のレバーと血に脂をちりばめ、乾燥、燻煙させたものです。

ポーク・スクラッチング
豚の皮を細く切り、焼くかローストして脂を溶かし出したもの。薄塩味で、歯応えのあるお菓子として人気です。

サルチソン
多くの国で人気のこのヘッドチーズは、豚の頭から作られています。ポーランド版は肉が肉自体のゼラチンによって保存されます。

乾燥鶏足
下処理できれいにして乾燥させることで、簡単に保存できる鶏足（「鳳凰の爪」と呼ばれることもある）は、中華料理でよく使われる食材です。

PRESERVED **OFFAL**

臓物の下準備

ほとんどの臓物には何らかの膜組織が付いています。これらは火を通すと硬くなって肉を歪ませてしまう危険があるため、調理前に取り除きます。大体は簡単にはがせます。

腎臓を焼く前の下準備

こちらは仔牛の腎臓。複数の房からなる牛や仔牛の腎臓は、取り除く脂肪が少なく、単純な形をした仔羊、豚、鹿の腎臓とは異なります。

レバーの下準備

レバーはピンク色に焼き上げるか、じっくり優しく加熱するのが最もおいしい。また、そうでないと苦味が出てしまうことがあります。

1 腎臓全体を覆っている白い脂肪（スエット）を丁寧に引きはがして取り除く。比較的簡単に取れる。

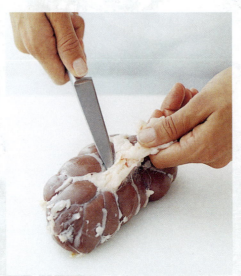

2 腎臓を裏返す。小型ナイフの先で芯の脂肪を切り取り、これを引っ張って、腎臓を覆っている膜をはがす。

仔牛のレバー
高温で手早く火を通せるため、焼くのに最適。膜や動脈は小型のナイフを使ってすべて切り取り、レバーを厚切りにする。

3 芯を捨て、膜をすべてはがす。指で引っ張ると簡単にはがれる。

4 元の形に沿って腎臓を一口大に切り、それぞれに付いている芯の脂肪を切り落とす。これで腎臓を焼くための下準備は完了。

鶏のレバー
鶏のレバーはとても経済的。小型のナイフを使って緑の斑点やそれぞれの中心にある膜と繊維を切り取って下処理する。

膵臓・胸腺（シビレ）を焼く前の下準備

シビレを水にさらすと色は白くなり、表面を覆う膜が柔らかくなる。24時間以内に使わない場合は水にさらした後、塩水に漬け込む。

1 シビレを水に1〜2時間さらして表面の膜や血合いをなるべく取り除く。膜はしっかりしているため簡単にめくれる。

2 水1.5ℓに対し酢大さじ1を混ぜたものに1〜2時間漬け込む。内部や表面に管や膜が残っていれば取り除く。

砂肝の下準備

一般的に家禽類の砂肝は、下処理済みの状態で売られているが、猟鳥の砂肝は自ら下処理をしなければならない。

1 真ん中の硬い所で砂肝をおよそ半分に切る。硬い筋肉であるため切るのが難しい。裏返して中の砂を取り除き、水洗いする。

2 切った端に硬い所があれば切り落とし、銀色の厚い皮をすべてはがす。最後に中の太い膜組織をめくり、硬い所は切り落とす。

脳の下準備

濃い塩水に4時間漬け置き、余分な血を取り除く。水で洗うか、ボウルに入れて流水にさらす。膜組織をはがし、骨の破片と残りの血をできるだけ取り除く。5分間優しくゆでたら冷ましておく。好みで薄切りにしてもよい。

ブラックプディングを作る

このフランス式ブラックプディングは柔らかくてなめらか。このレシピでは新鮮な豚の血を使いますが、乾燥させた豚の血を肉屋で買って作ることもできます。

1 ミックススパイス小さじ1、黒砂糖小さじ1、塩85g、パセリのみじん切り大さじ山盛り4、パン粉175gを混ぜ合わせる。ここに3ℓの新鮮な豚の血とダブルクリーム750mlを加える。豚の背脂1.5kgを7〜10mm角に切る。

2 大きなフライパンに無塩バターかサラダ油を入れ、玉ねぎ1.5kgを焼き色は付けずに柔らかくなるまで炒める。熱を冷まして1の血に加える。背脂の角切りを加えて材料をよく混ぜ合わせる。

3 長さ7mの牛の小腸を用意し、片方の端を結ぶ。開いている方に漏斗をはめてノズルの上まで引き上げる。2で混ぜた血を漏斗に注いで小腸に詰めていく。

4 詰めている時は腸が滑り落ちないようノズルをしっかり握る。火を通すと膨張するので緩めに詰める。詰め終わったら端をしっかり結ぶ。

5 プディングは渦巻き状のままにするか、結んで輪にする。輪にする場合は同じ間隔で糸で結んで分割する。余った腸を折りたたんで結び目の上で合わせて再び結び、次に両端を一緒に結ぶ。こうすればプディングが端で破裂することを防げるので扱いやすくなる。

6 大きな鍋に水を半分まで張り、鍋底にラックを敷く。水を沸騰させ、鍋を火からおろす。プディングをゆっくりおろして湯に入れ、鍋を弱火にかける。プディングが破裂してしまう場合があるため沸騰はさせない。

7 プディングが浮いてきたら殺菌処理した針か爪楊枝で刺す。15分ゆで、再び針で刺す。出てきた液体が赤ければさらに5分、もしくは液体が茶色になるまで加熱する。

8 プディングは破れやすいので十分注意しながら水を切るか、ラックを使って取り出す。清潔な流しに水を張ってプディングを15分浸け置いて冷ます。冷蔵庫でさらに冷やし固め、輪切りにして調理する。

FAGGOTS
ファゴット

豚肉と豚の臓物を混ぜて
セージと玉ねぎで味付けしたこちらは
栄養と風味が豊かな一品。

使用するカット：豚のレバーと心臓　6人分
準備時間：1時間
調理時間：1時間

材料
- 皮なし・骨抜き豚バラ肉…900g　脂肪を切り落として筋を取り除いたもの
- 薄切り筋入りベーコン…900g
- 豚のレバー…250g
- 豚の心臓…1個
- 粉末ナツメグ…小さじ1/4
- 粉末ジンジャー…小さじ1/4
- セージ…小さじ1
- マジョラム…小さじ1
- 玉ねぎ…1個　みじん切り
- 塩、挽きたて黒胡椒…小さじ1/4ずつ
- パン粉…550g
- 卵（大）…3個　軽く溶く
- 豚の大網膜…400gほど×1個
- チキンストック…250ml

1 オーブンを190℃に熱する。肉をすべて粗く刻んで大きなボウルに入れる。スパイス、ハーブ、玉ねぎ、塩胡椒を加えてミートミンサーに通す。

2 肉を大きなボウルに移す。パン粉と卵を加えてよく混ぜ合わせ、60gの小さな団子に丸める。

3 豚の大網膜を水で柔らかくして広げ、肉を包めるくらいの正方形に切る。肉を包んでオーブン用のトレイに並べる。乾いてしまわないように少量のチキンストックを加え、オーブンで1時間ほど加熱する。オーブンから取り出してトレイの肉汁をスプーンですくってかける。マッシュポテトとグリーンピースなどの緑の野菜と一緒に食卓に出す。

PORK AND LIVER TERRINE

豚肉と鶏レバーのテリーヌ

このクラシックな田舎風パテは、層になったハムがクリームと卵で濃厚に仕上がります。

使用するカット：鶏レバーと豚の脂　8人分
準備時間：1時間
調理時間：1時間半

材料

- バター…大さじ1
- 玉ねぎ…1個　みじん切り
- 鶏レバー…125g　下準備をしたもの
- 脂の少ない豚脚肉か豚肩肉…250g
- 豚の脂…115g
- 粉末オールスパイス…小さじ1/4
- 粉末クローブ…ひとつまみ
- 粉末ナツメグ…ひとつまみ
- にんにく…2片　つぶす
- ブランデー…大さじ2
- 卵…2個　軽く溶く
- ダブルクリーム…150mℓ
- 塩、挽きたて黒胡椒…適量
- 筋入りベーコン…200g　薄切り
- ハム…200g　薄切り
- ベイリーフ…1枚

1 オーブンを180℃に予熱する。バターをフライパンで熱し、玉ねぎを入れて軽く焼き色が付いて柔らかくなるまで炒め、わきに置く。

2 鶏レバー、豚肉、豚の脂を挽く。肉を大きなボウルに入れてスパイス、にんにく、ブランデーを加える。卵、クリーム、調理した玉ねぎを加え、塩胡椒をふってよく混ぜ合わせる。

3 1ℓのテリーヌ型にベーコンを敷いていく。中身を上から包めるよう十分に長さを残して器からはみ出るようにして並べる。挽き肉の1/3量を入れて空気が入らないように角を押さえてしっかり詰める。ハムの半量をのせ、挽き肉の1/3量を入れてしっかり詰める。残りのハムをのせて挽き肉の最後を上から詰める。ベーコンをたたんで上からかぶせ、テリーヌをすべて覆う。隙間ができたらベーコンを新しく切って継ぎ足す。ベイリーフをのせて蓋をかぶせる。

4 テリーヌをバンマリー鍋に入れて、真ん中を刺したら透明の肉汁が出てくるまでオーブンで1時間半ほど加熱し、取り出して冷ます。重しを使ってテリーヌを押さえ、最低3日置く。パテを皿に返して出し、薄切りにしていただく。

CALF'S LIVER WITH SAGE

仔牛のレバーとセージ

セージの葉のアロマがさっと炒めたレバーに浸透する定番料理。レモン果汁の代わりにバルサミコ酢を使ってもよいでしょう。

使用するカット：仔牛のレバー　4人分
準備時間：15分
調理時間：5分

材料

- 小麦粉…大さじ2　塩胡椒を少々混ぜる
- 仔牛のレバー…450g　脂肪を切り落として薄切りにしたもの
- オリーブオイル…小さじ1
- バター…大さじ1と1かけ
- セージの葉…ひとつかみ
- レモン果汁…1個分

1 小麦粉を浅めの器に入れる。レバーを入れて全体に軽くまぶし、余分な粉を落とす。オリーブオイルとバター大さじ1を大きなフライパンに入れて中火で熱する。バターが泡立ってきたらレバーが互いに触れないようにフライパンに入れて両面2分ずつ加熱する。フライパンが過密にならないよう数回に分けて調理する。レバーを取り出して皿にのせ、温かく保つ。

2 火を弱めてバターを1かけ入れる。セージの葉を加え、レモン果汁を入れる。セージの葉をレバーにのせて調理汁を上からかけ、熱々で食卓に出す。

VARIATION

《仔牛のレバーとベーコン》

薄切りベーコン数枚をレバーと一緒に焼き色が付くまで炒める。ベーコンをレバーにのせてバター1かけを加える。バターとベーコンの汁を混ぜ、泡立ってくるまで加熱し、レバーとベーコンにかけて熱々でいただく。

SAUTÉED LIVER, ONIONS, AND POTATOES

レバー、玉ねぎ、じゃがいものソテー

カラメル化した甘い玉ねぎが主役の一皿。
前日の晩に準備することも可能です。

使用するカット：仔牛のレバー　6人分
準備時間：15〜20分
調理時間：1時間

材料
オリーブオイル…90㎖
玉ねぎ（大）…1kg　薄切り
塩、挽きたて黒胡椒…適量
仔牛のレバー…750g

マッシュポテトの材料
ジャガイモ…635g　皮をむいて角切り
牛乳…大さじ4
バター…60g

1　オリーブオイルの2/3量をフライパンに入れて弱火で熱する。玉ねぎを加えて塩胡椒をふり、アルミホイルをかぶせる。ときどき混ぜながら柔らかくなるまで25〜30分加熱する。

2　アルミホイルを外して火を中〜強火にし、常に混ぜながら玉ねぎがカラメル化して飴色になるまで5〜7分加熱する。余分な油はフライパンに残して玉ねぎを取り出し、ボウルに移す。

3　その間に塩水を張った鍋にジャガイモを入れて沸騰させる。柔らかくなるまで弱火で15〜20分ゆで、水をしっかり切ってフォークでつぶす。別の鍋に牛乳を入れて熱し、バターを加えて塩胡椒をふり、よく混ぜる。軽くてふわふわになるまで温めたミルクを少しずつ加える。味見をして塩胡椒でととのえ、温かく保つ。

4　レバーを厚さ5mmほどに伸ばし、塩胡椒で下味を付ける。残りのオイルを強火で熱し、レバーを加えて両面45〜60秒ずつ焼き色を付け、中はピンク色に仕上げる。皿に移して温かく保つ。フライパンに玉ねぎを戻して熱々になるまで30〜60秒熱する。塩胡椒をふって温めた皿にのせ、マッシュポテトを添えていただく。

VENISON LIVER WITH ONIONS

鹿のレバー　玉ねぎ添え

とろけるレバーとカラメル化した甘い玉ねぎの組み合わせが絶妙。
手早く作れる家庭料理の定番です。

使用するカット：鹿レバー　4人分
準備時間：15分
調理時間：1時間

材料
オリーブオイル…大さじ4
バター…60g
玉ねぎ…450g　薄切り
タイムの葉…小さじ1/2
レモン果汁…少々
塩、挽きたて黒胡椒…適量
塩胡椒で味付けした小麦粉…少々
鹿レバー…600g　脂肪と腱を切り落として厚さ1cmにスライスしたもの
刻んだイタリアンパセリ（好みで）…少々

1　オリーブオイルとバターの半量を大きなフライパンに入れて強火で熱する。玉ねぎを加えて色が変わってくるまで混ぜる。火を弱めてタイムを加え、ときどきかき混ぜながら玉ねぎが柔らかくなって軽く焼き色が付くまで45分加熱する。レモン果汁を加えて塩胡椒をふり、わきに置く。

2　残りのオリーブオイルとバターをフライパンに入れて熱する。小麦粉を浅い器に入れ、レバーを入れて全体にまぶし、余分な粉を落とす。フライパンにレバーを入れて両面1分ずつ加熱し、外側は黄金がかった茶色、中はピンク色に仕上げる。

3　スプーンで玉ねぎをすくって温めた器に移し、レバーを上に盛り付ける。好みでパセリを散らし、マッシュポテトを添えていただく。

VARIATION
《仔羊のレバーと玉ねぎ》
鹿の代わりに仔羊のレバーを使い、玉ねぎにバルサミコ酢小さじ1を加える。上記と同様に調理して熱いうちにいただく。

MOROCCAN SKEWERED LIVERS AND HEARTS

モロッコ風レバーとハツの串焼き

この柔らかい肉のグリルは、
夏のバーベキューにぴったりのレシピ。
レアでいただくと絶品です。

使用するカット：仔羊のレバーと心臓　4人分
準備時間：15分＋浸け置き時間とマリネ時間
調理時間：5〜6分

材料
仔羊のレバー…450g　脂肪や筋などを切り取ったもの
仔羊の心臓…450g　脂肪や筋などを切り取ったもの
にんにく…2片　つぶす
刻んだパセリ…大さじ1
粉末クミン…小さじ1
パプリカ…小さじ1
海塩…少々
オリーブオイル…大さじ1

1　12本の串を最低1時間冷水に浸け置く。レバーと心臓の腱や筋をはがす。心臓は串に刺せるくらいの角切りにする。

2　レバーと心臓を大きなボウルに入れ、残りの具材を入れてよく混ぜる。室温で1時間以上置いてマリネする。

3　グリルを中火に設定する。レバーと心臓を交互に串に刺していく。ときどき裏返しながら中はピンク色で外側には均等に焼き色が付くまで3〜4分グリルする。緑のサラダとタヒーニを添えて熱々でいただく。

DO NOT CHOP!
切らないで！

焼く過程や盛り付ける際に串から落ちるのを防ぐためレバーは切らずに使います。

OFFAL RECIPES

QUICK FRY VENISON HEARTS

鹿ハツのソテー

手軽に作れるマリネ液が
とろける肉に深みを与えます。

使用するカット：鹿の心臓　2人分
準備時間：15分＋マリネ時間
調理時間：5分＋寝かせ時間

材料

鹿のハツ…大きいもの1つか小さいもの2つ　脂肪と筋を切り取る
オリーブオイル…115㎖
赤ワインビネガー…大さじ2
ローズマリー…1枝　軽くつぶす
砕いたジュニパーベリー…小さじ1
塩、挽きたて黒胡椒…適量
バター…小さじ1
オリーブオイル…小さじ2

1 心臓を厚さ1cmに切ってボウルに入れる。別のボウルでオリーブオイル、赤ワインビネガー、ハーブを混ぜる。塩ひとつまみと胡椒を少々ふる。
2 混ぜたオリーブオイルとハーブを心臓にかける。よく混ぜて一晩、もしくは12時間ほどマリネする。
3 心臓を取り出してキッチンペーパーで水分を拭き取る。バターとオリーブオイルを厚手のフライパンに入れて強火で熱する。
4 心臓をフライパンに入れて両面1分ずつ加熱し、火からおろす。心臓を取り出し、皿にのせて最低4分休ませる。緑のサラダとチップスを添えて温かいうちにいただく。

COOK WITH CARE
丁寧に調理する

ハツの水分をよく拭いてから調理することで火の通りが早くなり、柔らかく仕上がります。

DIRTY RICE

ダーティーライス

アメリカの最南部地方に伝わる定番レシピ。
名前は全体が肉の色に染まることに由来しています。

使用するカット：鶏レバー　6人分
準備時間：15分
調理時間：1時間＋寝かせ時間

材料

オリーブオイル…大さじ4
玉ねぎ…1個　みじん切り
セロリの茎部…1/2本　細かく刻む
ピーマン…1個　みじん切り
豚挽き肉…250g
鶏レバー…200g　脂を切り取って細かく刻む
青唐辛子…1本　種を取り除いて細かく刻む
にんにく…2片　みじん切り
スモークパプリカ…小さじ1
コリアンダーシード…小さじ1　砕く
長粒白米…300g
塩、挽きたて黒胡椒…適量
熱いチキンストック…750㎖
タイム…大きめの枝1本
イタリアンパセリ…ひとつかみ　みじん切り
オレガノの葉…大さじ1　みじん切り

1 オーブンを160℃に予熱する。オリーブオイル大さじ3を大きな耐熱性のキャセロール鍋かダッチオーブンで熱する。玉ねぎ、セロリ、ピーマンを加えて柔らかくなるまで5分ほど加熱する。鍋を火からおろしてわきに置く。
2 残りのオイルを鍋に入れて強火にする。豚挽き肉と鶏レバーを加え、ときどき裏返しながら全体に焼き色が付くまで5分ほど炒める。青唐辛子、にんにく、スモークパプリカ、コリアンダーシードを加えてさらに2分加熱する。
3 野菜を鍋に戻し、米を混ぜ入れて塩胡椒をふる。チキンストックとタイムを加えて沸騰させる。米をよく混ぜて蓋をし、オーブンに入れる。ときどき混ぜながら米がチキンストックを吸収し、火が通るまで30～40分加熱する。
4 火からおろして5分ほど寝かせる。タイムを取り除いて捨て、パセリとオレガノを混ぜ入れる。味見をして必要に応じて塩胡椒を加え、温かいうちにいただく。

CHICKEN LIVER WITH MARSALA

鶏レバーとマルサラソース

トリュフを含む天然のマッシュルームが豊富なイタリアのピエモンテ発祥の、シンプルなソースを使ったおいしい一品。

使用するカット：鶏レバー　4人分
準備時間：15分＋水戻し時間
調理時間：10分

材料
- バター…60g
- 鶏レバー…400g　脂肪を切り落としたもの
- エシャロット…2個　みじん切り
- 乾燥ポルチーニ茸…30g　水で30分戻す　戻し汁は取り置く
- トマトピューレ…小さじ1
- マルサラ…大さじ4

1 バターを大きな鍋に入れて中火で熱する。レバーを入れて2分ほど加熱したら鍋から取り出し、キッチンペーパーを敷いた皿に移してわきに置く。
2 エシャロットを入れて柔らかくなるまで加熱し、ポルチーニとトマトピューレを加えて混ぜ合わせる。マルサラを入れ、鍋を軽く揺すって混ぜる。
3 レバーを鍋に戻して、よく混ぜてソースであえる。味見して塩胡椒でととのえ、濃すぎるようであれば戻し汁を少し加えてソースを伸ばす。少量のトリュフオイルを混ぜたタリアテッレを添え、温かいうちにいただく。

VARIATION

《仔羊のレバーとドライシェリー》
鶏レバーの代わりに小さく切った仔牛のレバーを、乾燥ポルチーニ茸の代わりにボタンマッシュルーム75gを、マルサラの代わりにドライシェリーを使い、上記と同様に調理していただく。

LAMB HEARTS STEWED WITH PRUNES

ラムの心臓のプルーン煮

乾燥プルーンで自然な甘さを加えた、温かく風味豊かな一皿。

使用するカット：仔羊の心臓　4人分
準備時間：20分
調理時間：1時間45分

材料
- バター…大さじ2
- パールオニオン…16個
- 仔羊の心臓…2個　脂肪を切り落として薄切りにする
- 小麦粉…小さじ1
- 赤ワイン…200㎖
- 海塩、挽きたて黒胡椒…適量
- クローブ…1個
- レッドカラントジャム…小さじ1
- 乾燥プルーン…12個　種を取り除く
- レモンの皮…1個分　すりおろす

1 バターを大きな鍋に入れて中火で溶かす。玉ねぎを入れて軽く焼き色が付くまで5分ほど加熱する。鍋から取り出してわきに置く。
2 キッチンペーパーで心臓を拭いて血を取り除く。小麦粉を浅い器に入れ、心臓を加えて全体に粉をまぶす。余分な小麦粉は落としてハツを鍋に入れ、よく焼き色が付くまで加熱する。
3 ワインと水200㎖を加える。塩胡椒をたっぷりふって、クローブとレッドカラントジャムを加える。蓋をして1時間15分弱火で煮る。ときどきチェックして水分が足りなければ少し水を加える。
4 プルーンとレモンの皮を加え、玉ねぎを戻して肉に火が通るまでさらに20分加熱する。味見して塩胡椒でととのえる。ソースが水っぽければ肉と玉ねぎ、プルーンを取り出し沸騰させて少し濃縮させ、具材を鍋に戻し入れてよく混ぜる。ライスかマッシュポテトを添え、熱々を食卓に出す。

VARIATION

《ウサギとプルーンの煮込み》
仔羊のハツの代わりにウサギ肉を、小麦粉の代わりに全粒粉を使う。刻んだローズマリーを加えて上記と同様に調理する。

鶏レバーのパテ

濃厚でなめらかなこちらのパテは、ブランデー、セージ、にんにくで風味付けします。
簡単に作れるので前菜としても便利です。

使用するカット：鶏レバー　8〜10人分
準備時間：20分
調理時間：10分

材料

バター…300g　柔らかくしたもの
鶏レバー…225g　脂肪を切り落としたもの
セージ…小さじ1/4
にんにく…1片
ブランデー…大さじ2
海塩、挽きたて黒胡椒…適量
澄ましバター…50g

VARIATION

《刻みレバーとゆで卵》
鶏の脂大さじ3を鍋に入れて中火で熱する。塩をひとつまみを加え、柔らかくなるまで6分ほど優しく加熱する。鍋から取り出してわきに置く。鶏の脂大さじ3を新たにフライパンに入れる。脂が熱くなったら鶏レバーを入れ、中はピンク色が残り、外は焼き色が付くまで加熱する。加熱しすぎないよう気をつける。材料をフードプロセッサーに移し、鶏の脂大さじ3と刻んだゆで卵を1個分加える。レバーの肉片が残って粗刻みになるまで回す。塩胡椒で味をととのえ、大きなボウルに移す。刻んだゆで卵もう1個分と、好みでカリカリに焼いた鶏の皮を上に散らし、冷蔵庫に入れて冷やす。ハラーブレッド、ピクルスと一緒に食卓に出す。

CREAMY CONSISTENCY
なめらかな食感

なめらかなパテを作るには手順4で混ぜた肉をお玉の裏でこし器に通す。バターが冷えてしまう前に行うこと。

1 レバーの色が悪い部分はすべて切り落とし、キッチンペーパーで拭いて表面の血を取り除く。バター100gを浅い鍋に入れて中火で熱する。レバーを加えて混ぜながら火が通るまで8分加熱する。セージとにんにくを加え、混ぜながら1〜2分加熱する。

2 ブランデーを加えて塩小さじ1/2と胡椒を少々加える。木べらを使って細かい破片もすべてフードプロセッサーに入れる。残りのバターを少しずつ加えながらなめらかになるまでよく混ぜる。

3 ペーストを容器に移し、スプーンの裏で軽く押さえてしっかり詰める。しばらく置いて熱を冷ます。

4 パテが冷めたら澄ましバターを注いで上に膜を作り、冷蔵庫に入れて一晩冷やす。トーストと一緒に冷たいままで食卓に出す。

CALF BRAINS IN BLACK BUTTER
仔牛の脳の黒バターがけ

手軽に作れる、口の中でとろける珍味。
なめらかな口当たりにレモンがよい
アクセントになります。

使用するカット：仔牛の脳　4人分
準備時間：30分＋浸け込み時間と冷まし時間
調理時間：25分

材料

仔牛の脳…2個
小麦粉…大さじ2　塩胡椒を少々混ぜる
オリーブオイル…大さじ2
バター…大さじ2
レモン果汁…1個分
イタリアンパセリ…大さじ1　刻む

クールブイヨンの材料

玉ねぎ（小）…1個　薄切り
粒胡椒…5粒
ベイリーフ…1枚
イタリアンパセリ…6枝
タイム…1枝
白ワインビネガー…大さじ1

1 脳を大きな鍋に入れて冷水をかぶるまで注ぎ、2時間浸ける。血を取り除くために水を2回替える。
2 クールブイヨンを作る。すべての材料を脳が入るくらいの大きな鍋に入れ、冷水1.5ℓを加える。沸騰させて火を弱火にし、脳を入れて20分ゆでる。水を切って冷ましたら、肉を冷蔵庫に入れて最低3時間冷やす。
3 ハサミを使って膜をはがし、スライスする。小麦粉を大きな浅い皿に入れる。切った脳を入れて全体にまぶし、余分な粉は払い落とす。オリーブオイルとバター大さじ1を大きなフライパンに入れて中火で熱する。バターが泡立ってきたら脳を入れて全体に焼き色が付くまで5分炒める。フライパンから取り出し、キッチンペーパーを敷いた皿に移して油を切る。
4 残りのバターを鍋に入れ、茶色くなってきてナッツのような香りが出てくるまで熱する。レモン果汁を加えてバターと混ぜ合わせる。脳を温めた皿4枚にのせ、パセリを散らしてレモンとバターのソースをかけ、すぐに食卓に出す。

LAMB SWEETBREADS CROSTINI
仔羊のシビレのクロスティーニ

前菜や軽食にぴったりの一品。
固いトーストがなめらかなシビレの食感によく合います。

使用するカット：仔羊のシビレ　4人分
準備時間：10分＋重しをのせる時間
調理時間：10分

材料

仔羊のシビレ…750g
小麦粉…75g　塩胡椒を少々混ぜる
バター…100g
ケッパー…大さじ1
イタリアンパセリ…大さじ1　刻む
海塩、挽きたて黒胡椒…適量
レモン果汁…1個分
1日たったバゲットを切ったトースト…適量

1 シビレを水でよく洗う。熱湯で1～2分湯がき、冷水に浸けて冷やす。
2 ハサミを使って外側の皮をはがして捨てる。皿2枚の間にシビレを挟み、重しをのせて1時間置く。シビレを2.5cm角に切る。小麦粉を浅い器に入れたら肉を入れて全体にまぶし、余分な粉は落とす。
3 バターをフライパンに入れて中火で熱する。泡立ってきたらシビレを加えて全体に軽く焼き色が付くまで5～6分加熱する。ケッパーとパセリを加え、塩胡椒をふり、レモン果汁を絞り入れる。火からおろしてシビレをトーストにのせ、熱々でいただく。

> **PERFECT SUBSTITUTE**
> 代用できます
>
> 仔羊のシビレの代わりに仔牛のシビレを使っても同じように作れます。

PIG KIDNEYS TURBIGO

豚の腎臓のトゥルビーゴ

スパイスや土の香りが漂う家庭料理は、ブランチや晩ご飯に食べてホッとする一品。
ナポレオン三世の戦勝のひとつから名前を取ったとされています。

使用するカット：豚の腎臓4人分
準備時間：30分
調理時間：20分

材料

- 豚の腎臓…4つ
- 塩、挽きたて黒胡椒…適量
- サラダ油…小さじ1
- バター…小さじ2
- チポラータソーセージ…4本　半分に切る
- 玉ねぎ（小）…1個　みじん切り
- ボタンマッシュルーム…140g　1/4に切る
- ディジョンマスタード…小さじ2
- 赤ワイン…大さじ1（好みで）
- ウスターソース…少々

1　豚の腎臓を水平に半分に切り、縦半分に切る。白い芯をできるだけ取り除いて均等にスライスし、塩胡椒をふる。

2　油とバター小さじ1をフライパンで熱する。バターが泡立ってきたら十分に間隔を開けて豚の腎臓を入れ、全体に焼き色が付くまで5分ほど加熱する。この時点でまだ少し血が見える。フライパンから取り出してわきに置く。

3　チポラータを加えて中火で1〜2分、全体に焼き色が付くまで加熱する。火を弱めて残りのバターを加え、玉ねぎを混ぜ入れる。柔らかくなるまで加熱し、マッシュルームを加えて1〜2分加熱する。

4　マスタードと好みで赤ワインを混ぜ入れ、1〜2分弱火で煮る。豚の腎臓とその肉汁をフライパンに戻す。ウスターソースを加えてよく温め、味見をして塩胡椒でととのえる。ピラフライスを添えて熱々を食卓に出す。

ANDALUCIAN TRIPE

アンダルシア風トリッパ

チョリソーで風味を加え、
じっくり煮込んで柔らかく仕上げる
スペインの伝統的な煮込み料理。

使用するカット：牛の胃袋　4人分
準備時間：30分＋浸け時間
調理時間：3時間

材料

- 乾燥赤ピーマン…4つ
- エキストラバージンオリーブオイル…大さじ2
- 無塩バター…60g
- 白いパンか全粒粉のパン…1枚
- 玉ねぎ…1個　みじん切り
- にんにく…2片　みじん切り
- チョリソー…75g　薄切り
- イタリアンパセリ…大さじ2　刻む
- カットトマト缶…400g×1/2缶
- クルミ…1個　殻をむく
- 粉末クローブ…小さじ1/4
- 粉末クミン…小さじ1/4
- 海塩、挽きたて黒胡椒…適量
- 白ワイン…200ml
- 調理済みの牛の胃袋…500g　2.5cm角に切る
- ひよこ豆…400g×1缶　汁気を切る

1　乾燥赤ピーマンをぬるま湯に1時間浸す。オリーブオイルとバターを鍋に入れて中火にかける。パンを入れて両面がきつね色に焼けるまで加熱する。鍋から取り出してわきに置く。

2　玉ねぎを鍋に入れて柔らかくなるまで炒める。にんにくを混ぜ入れて柔らかくなるまで炒める。チョリソー、パセリ、トマトを加える。混ぜながら1〜2分加熱する。

3　その間にクルミ、パン、クローブ、クミン、塩少々をすり鉢に入れ、細かくなるまで挽く。

4　1のピーマンの水を切って半分に切り、種を取り除く。表面の薄皮をはぎ、ワイン、牛の胃袋、ひよこ豆と共に鍋に入れる。塩胡椒をふってかぶるくらいに水を入れる。弱火にして蓋をし、胃袋が柔らかくなるまで2〜3時間加熱する。

5　挽いたクルミと胃袋を混ぜ入れてソースに少しとろみが付くまで1〜2分加熱する。タパスとして、もしくは陶器のボウルによそってパプリカをふり、固いパンを添えて食卓に出す。

TRIPES À LA MODE DE CAEN

トリップ・ア・ラ・モード・ド・カーン

地元のりんご酒とカルバドスを使ったフランスの伝統的なこちらの一品はお腹を満たす家庭料理。

使用するカット：牛の胃袋と仔牛の足　4人分
準備時間：30分
調理時間：3時間

材料
- 玉ねぎ…1個　4等分に切る
- セイヨウネギ…1本　根元を切り落とす
- にんにく…4片
- クローブ…2粒
- イタリアンパセリ…1束
- 豚の脂…300g
- 4種類すべてを含む牛の胃袋…1kg　下ゆでして5cm角に切る
- 人参（大）…3本　薄切り
- 仔牛の足…1本　下ゆでして縦半分に切る
- りんご酒…240ml
- 海塩…小さじ1
- 挽きたて黒胡椒…適量
- カルバドス…大さじ1

1 玉ねぎ、セイヨウネギ、にんにく、クローブ、パセリをモスリン布に包んでタコ糸で結ぶ。豚の脂を大きな厚手の鍋の底に広げる。その上に胃袋の半量を広げ、人参の半量、仔牛の足半分をのせる。モスリン布の包みをのせたら残りの胃袋、人参、仔牛の足の順に重ねる。

2 りんご酒と、胃袋がかぶるくらいの水を入れ、塩胡椒をふって弱火にかける。胃袋を煮汁に浸して黒ずみを防ぐ。鍋にキッチンペーパーをかぶせる。沸騰はさせず、弱火でことこと煮る。蓋をして胃袋と仔牛の足がとても柔らかくなるまで2時間半加熱する。

3 火からおろしてモスリン布の包みを捨てる。仔牛の足を取り出し、肉を骨から外したら骨は捨てる。肉を鍋に戻し、カルバドスを混ぜ入れる。味見して塩胡椒でととのえる。温めた大きなスープ皿によそい、バゲットと共に食卓に出す。

BLACK PUDDING

ブラックプディング

伝統的なヨーロッパのブラッドソーセージに、麦とオートミールを加えたイギリス北部版です。

使用するカット：豚の血　15人分
準備時間：30分＋浸し時間、冷まし時間
調理時間：1時間半

材料
- サラダ油…少々
- 精白玉麦…500g
- 全乳…1.2l
- パン…250g　小さくちぎる
- 新鮮な豚の血か水で戻した乾燥の豚の血…1.2l
- おろした牛スエット…500g
- 細かいオートミール…250g
- 乾燥セージ…小さじ2
- 塩、挽きたて黒胡椒…それぞれ小さじ2
- バター…大さじ1〜2

1 オーブンを180℃に予熱する。大きなオーブン用のトレイ2つにサラダ油を引く。麦を流水で洗い、鍋に入れてかぶるくらいに水を入れ、蓋をして弱火で30分加熱する。水を切ってわきに置く。

2 全乳を人肌に温めてパンを加え、10分浸す。大きなボウルに血を入れて混ぜた牛乳とパンを混ぜ入れる。麦、スエット、オートミール、セージを混ぜる。塩胡椒を加えてよく混ぜ合わせる。

3 トレイの3/4以上入れないように気をつけながら2つのトレイに均等に入れ、押さえて平らにする。1時間ほど加熱したらオーブンから取り出して冷ます。四角に切って少量のバターで焼き、好みで焼いたりんごかマッシュポテトを添えていただく。

BRAWN

ヘッドチーズ

豚の頭は世界中で調理されていますが、
肉をすべて型で固めるこの手法はヨーロッパの伝統です。

使用するカット：豚の頭と足　10人分
準備時間：1時間
調理時間：4時間半＋固め時間

材料

豚の頭…8.5kgほど×1個ひとつ　半分に割る
豚足…300gほど×2本　水で洗う
セージかパセリ…1束
にんにく…2片　つぶす
粒胡椒…小さじ2
ベイリーフ…3枚
海塩…小さじ2
玉ねぎの皮…1個分
青唐辛子…2本
塩、挽きたて黒胡椒…適量
イタリアンパセリ…大さじ2　刻む
マジョラム…大さじ1　刻む

1 肉を大きな鉄製のトレイに入れる。ハーブと塩胡椒以外のすべての材料を加えてひたひたに水を注ぐ。一度沸騰させ、弱火にする。アクを取り除きながら肉が骨から落ちるまで4時間ほど煮てスープストックを作り、火からおろして冷ます。

2 スープストックをこして鍋に戻す。アクを取り除きながら強火で沸騰させ、半量になるまで水分を飛ばす。

3 その間に豚足を取り出して捨てる。頭の肉をすべて外し、骨を捨てる。粗く刻んで塩胡椒をふる。

4 スープストックを目の細かいこし器に通してボウルに入れる。鍋をきれいに拭く。スープストックを500mlほど鍋に戻し、肉とハーブを入れて5分ほど弱火で煮る。

5 プリン皿かテリーヌ型に流し入れる。涼しいところに置いて冷やし固める。テリーヌ型の底をお湯に浸けてヘッドチーズを皿に返す。サラダ、トースト、マスタードかベイクドポテトを添えていただく。

CHITTERLINGS

チタリングス

チトリンとも呼ばれる、
豚の小腸を少量のスパイスで味付けし、
じっくり煮込むアメリカ最南部地方の料理。

使用するカット：豚の小腸　4人分
準備時間：15分＋洗って水に浸ける時間
調理時間：3時間半

材料

チタリングス（豚の小腸）…2kg
ジャガイモ…2個
モルトビネガー…大さじ2
玉ねぎ…1個　薄切り
赤ピーマン…2個　種を取り除いて薄切り
チリフレーク…小さじ1
にんにく…2片　塩少々と一緒につぶす
白ワインビネガー…大さじ2
チキンストック…250ml

1 豚の小腸を冷たい流水で洗い、色の悪い膜などすべて取り除く。大きなボウルに入れて水を張り、2時間浸ける。

2 豚の小腸をボウルから取り出して再び流水で洗う。別のボウルに入れてジャガイモとモルトビネガーを加え、水を張って2時間浸ける。

3 豚の小腸を取り出して水で洗い、ジャガイモは捨てる。豚の小腸を大きな鍋に入れ、玉ねぎ、ピーマン、チリフレーク、にんにく、白ワインビネガーを加える。チキンストックを入れ、具材がかぶるくらいまで水を足す。

4 鍋を強火にかけて沸騰させる。弱火にしてときどき混ぜながら豚の小腸が柔らかくなるまで3時間半ことこと煮る。火からおろし、緑の野菜を添えて熱々でいただく。

OFFAL RECIPES

OX TONGUE WITH BEETROOT AND CAPERS

牛タンのビーツとケッパー添え

牛の舌を塩水に浸けて下ゆですることで、
肉が柔らかくなり風味を引き出します。

使用するカット：牛タン　6人分
準備時間：15分＋冷まし時間、浸け置き時間
調理時間：3〜4時間

材料
牛タン…1.5〜2kg
ビーツ…2個　ローストしたものか軽くゆでたもの
　皮をむいて短冊切り
小さいケッパー…大さじ2

塩水の材料
海塩…300g
黒砂糖…200g
ベイリーフ…3枚
ジュニパーベリー…5粒

クールブイヨンの材料
セロリの茎部…3本
玉ねぎ…2個　半分に切る
セイヨウネギ…2本　根元を切り落とす
人参…1本
粒胡椒…小さじ2
にんにく…1玉　水平に半分に切る
シナモンスティック…1本
ベイリーフ…2枚
タイム…1枝
ローズマリー…1枝

ドレッシングの材料
ディジョンマスタード…小さじ2
オリーブオイル…大さじ2
白ワインビネガー…小さじ1
レモン果汁…1/2個分
イタリアンパセリ…大さじ1　刻む
塩、挽きたて黒胡椒…適量

1 塩水の材料を大きな鍋に入れ、水2ℓを入れて沸騰させる。火からおろして完全に冷ます。大きめの密閉容器に入れて牛タンを加え、2〜5日浸け込む。

2 牛タンを塩水から取り出して水で洗い、キッチンペーパーで水気を拭き取る。塩水は捨てる。クールブイヨンの材料を大きな深い鍋に入れる。水1.5ℓを加えて牛タンを入れる。沸騰させて表面に浮いた灰色のアクをすべて取り除く。

3 弱火にして蓋を斜めにかけ、柔らかくなるまで3〜4時間ことこと煮る。火からおろして冷ます。触れられるくらいになったらタンを取り出して皮をはがし、根元の骨や筋をすべて取り除く。ゆで汁は捨てる。

4 ドレッシングを作る。すべての材料を小さいボウルに入れて混ぜ合わせ、塩胡椒で味をととのえる。ビーツとケッパーを別のボウルで混ぜ合わせる。タンを薄切りにして4枚の皿に盛り付け、ビーツとケッパーを散らし、ドレッシングを回しかける。

LAMB TONGUE WITH GREENS AND SMOKED BACON

仔羊のタン 緑の野菜とベーコン添え

色、味、食感の組み合わせがすばらしいこの料理は
前菜として完璧な一品。

使用するカット：仔羊のタン　6人分
準備時間：15分＋浸け置き時間と冷まし時間
調理時間：1時間

材料

仔羊のタン…100gほど×6切れ　冷たい水に最低2時間浸け置く
レモンの皮…1個分
シナモンスティック…2本
海塩…小さじ1/2
サボイやヒスピなど緑のキャベツ…1玉
オリーブオイル…大さじ3
燻製バックベーコンのラードン…140g
醤油…小さじ1

1 タンをよく洗い、大きな鍋に入れて水を750mℓほど入れる。強火で沸騰させて表面に浮いた灰色のアクをすべて取り除く。レモンの皮、シナモン、塩を加える。弱火にして肉が柔らかくなるまで45分ほど煮る。
2 その間にキャベツの外側の葉を取って処分する。4等分して細かい千切りにし、ざるに入れてよく洗う。濡れたままでいったんわきに置く。
3 タンを取り出して冷ます。触れられるくらいになったら皮をはがしてキッチンペーパーで拭き、温かく保つ。
4 オリーブオイルを大きなフライパンに入れて強火で熱する。ベーコンを入れて焼き色が付くまで焼く。キャベツを加えてオリーブオイルとベーコンの汁でよくあえ、しおれてくるまで数分加熱する。
5 醤油を加えてよく混ぜ、火からおろす。キャベツとベーコンを温めた皿4枚に盛り付ける。仔羊のタンを薄切りにしてキャベツの上にのせ、汁を回しかけ、熱々でいただく。

CALF TONGUE

仔牛のタン

手早く作れるこちらの料理は、繊細な煮汁が柔らかい肉によく合うソースとなります。

使用するカット：仔牛のタン　4人分
準備時間：15分
調理時間：3時間＋冷まし時間

材料

仔牛のタン…200gほど×1枚
セロリの茎部…1本　粗みじん切り
粒胡椒…6粒
玉ねぎ（小）…適量　クローブ5つを刺す
にんにく…1玉

1 大きな寸胴鍋にすべての材料を入れる。肉がかぶるくらいに水を入れ、いったん沸騰させてから弱火にし、表面に浮いた灰色のアクをすべて取り除く。3時間ほどことこと煮る。火からおろしてタンをゆで汁に入れたまま完全に冷ます。
2 鍋からタンを取り出す。よく切れるナイフで皮をはがす。ゆで汁をこして液を取り置く。タンを厚めに切って温め、ゆで汁を回しかけていただく。冷たいままで薄切りにし、マスタードとピッカリリーを添えていただいてもよい。

VARIATION

《仔牛の頭と足のビネグレットソースがけ》
タンの代わりに仔牛の頭と足を使い、4時間煮る。肉を骨から外して皮と骨は捨てる。オリーブオイル大さじ3、レモン果汁大さじ1、粒マスタード小さじ1をボウルに入れて混ぜ、ビネグレットソースを作る。塩ひとつまみ、挽きたて黒胡椒少々、キャスター糖ひとつまみを加えてよく混ぜる。冷たい肉にビネグレットソースをかけていただく。

PIED DE COCHON À LA STE MENEHOULD

ピエ・ド・コション・ア・ラ・サントムヌー

お酢でじっくり煮込むフランスの伝統的な豚足の調理法。
柔らかくなった骨まで食べることができます。

使用するカット：豚足　4人分
準備時間：20分＋冷まし時間
調理時間：8時間半

材料

前足の豚足…300gほど×4本　2本ずつをタコ糸で結ぶ
白ワイン…200ml
白ワインビネガー…200ml
クローブ…6粒
ベイリーフ2枚
マジョラム…1枝
砂糖…小さじ4
生姜…小さじ1/2
にんにく…2片　つぶす
塩、挽きたて黒胡椒…適量
細かいパン粉…25g

1 豚足を大きな耐熱性のキャセロール鍋に入れ、ワインとビネガーを入れる。クローブ、ベイリーフ、マジョラム、砂糖、生姜、にんにくを加える。塩小さじ2を加えて豚足がかぶるくらいに水を入れ、沸騰させる。

2 火を弱火にし、蓋をして必要に応じて水を加えながら8時間煮る。圧力鍋か150℃のオーブンに入れて8時間加熱してもよい。

3 火からおろして少し冷ます。豚足を煮汁から取り出し、大きな皿に乗せる。皿をもう1枚かぶせて豚足が冷める間形を保てるように上から押さえる。完全に冷めるまでしばらく置く。オーブンを190℃に熱する。

4 タコ糸を丁寧に外して豚足を分ける。パン粉をふってオーブンに移し、30分加熱する。グリルを最高温で熱する。

5 豚足をオーブンから取り出してグリルで手早く焼き色を付ける。3の煮汁を大きなボウルにこし入れ、味見して塩胡椒をふる。豚足を大きな皿にのせて煮汁を少し回しかけ、食卓に出す。

SCRATCHINGS

スクラッチング

食前酒のおつまみにぴったりのこの料理は乾燥させた豚の皮をローストして作ります。

使用するカット：豚の皮　8人分
準備時間：15分＋乾燥に一晩
調理時間：2時間

材料

豚の皮…1.35～2kg
きめ細かい海塩…大さじ1

1 豚の皮を清潔な台にのせて2cm幅の帯状に切る。皮をオーブン用の鉄板に並べ、冷蔵庫に入れて冷やし、乾燥させる。

2 オーブンを150℃に予熱する。鉄板を冷蔵庫から取り出し、塩をまんべんなくふってオーブンに移す。

3 オーブンで1時間加熱したらオーブンから取り出し、皮を裏返してさらに1時間、全体がカリカリになるまで加熱する。キッチンペーパーを敷いた皿に移して油を切る。熱々でいただく。

SPICY TWIST
スパイスでひと工夫

オーブンから取り出したら、五香粉やパプリカなど色々なスパイスをふって味にバリエーションを出しましょう。

OX CHEEKS WITH GREMOLATA

牛頬肉のグレモラータがけ

牛頬肉の濃厚な風味となめらかな食感が、対照的な柑橘の風味とよく合います。

使用するカット：牛頬肉　4人分
準備時間：30分
調理時間：4時間半＋寝かせ時間

材料

牛頬肉…1kg
塩、挽きたて黒胡椒…適量
オリーブオイル…大さじ1～2
バター…大さじ1
エシャロット…8個
人参…3本　斜めに厚切り
ビーフストック…500ml
ベイリーフ…1枚
タイム…2～3枝

グレモラータの材料

イタリアンパセリ…大さじ2
にんにく…1片　みじん切り
レモンの皮…1個分　すりおろす

1 オーブンを150℃に予熱する。牛頬肉にたっぷり塩胡椒をふる。オリーブオイルを耐熱性のキャセロール鍋で熱する。肉を入れてよく焼き色が付くまで加熱する。肉を鍋から取り出してわきに置く。バターを鍋に入れる。エシャロットと人参を加えて焼き色が付くまで加熱する。

2 火を弱めて肉を鍋に戻す。ビーフストックを入れて弱火にする。ハーブを加え、鍋に合わせて丸く切ったクッキングシートを入れて水分の蒸発をやわらげる。蓋をしてオーブンで3時間半～4時間加熱する。ときどき水分が減りすぎていないことを確認し、必要に応じてビーフストックを足す。

3 キャセロール鍋を取り出し、肉を煮汁に入れたまま30分寝かせる。その間にグレモラータを作る。パセリ、にんにく、レモンの皮をボウルに入れて混ぜる。

4 肉と野菜を取り出す。煮汁を別の鍋にこしてハーブを捨てる。ソースを弱火にかけて少し濃縮させる。味見して塩胡椒でととのえる。頬肉をスライスし、野菜とともにソースに加えて温め、火からおろす。スプーン1杯のグレモラータを牛頬肉に散らし、エシャロット、人参、ソースと一緒に食卓に出す。

CASTILLIAN PIG TROTTERS

豚足のカスティリア風

スパイスをきかせた濃厚で風味豊かなこの料理は粉末アーモンドを加えてムーア流に仕上げます。

使用するカット：豚足　4人分
準備時間：30分
調理時間：2時間半

材料

- 玉ねぎ…2個
- クローブ…4粒
- 前足の豚足…4本　縦半分に割る
- ベイリーフ…3枚
- 塩、挽きたて黒胡椒…適量
- ラード…大さじ1
- にんにく…1片　みじん切り
- アーモンド…大さじ1　粗く刻む
- 小麦粉…大さじ1
- 白ワイン…125㎖
- ホットパプリカ…小さじ1
- 人参…2本　角切り

1 玉ねぎ1個にクローブを刺す。豚足をよく洗って大きな蓋付きの寸胴鍋に入れる。玉ねぎとベイリーフを加え、肉がかぶるくらいに水を加え、沸騰させる。

2 弱火にして塩胡椒をふる。蓋をして肉が骨から落ちるまで2時間ほど加熱し、火からおろす。豚足を取り出し、大きな皿にのせてアルミホイルをかぶせ、いったんわきに置く。煮汁をこして取り置く。

3 ラードを浅いフライパンに入れて中火で熱する。残りの玉ねぎを薄切りにする。玉ねぎとにんにくをフライパンに入れて柔らかくなるまで加熱したらアーモンドと小麦粉を加え、軽く焼き色が付くまで加熱する。

4 こした煮汁500㎖をフライパンに加える。ダマができないよう常に混ぜながらワインを加え、塩胡椒、パプリカで味付けをする。

5 人参を加えて弱火で10分煮る。豚足をフライパンに入れてさらに20分煮たら火からおろす。ライスと一緒に熱々でいただく。冷蔵庫で一晩冷やして次の日にいただいてもよい。

BRAISED OXTAIL WITH CLEMENTINE

オックステールの焼き煮 ミカン添え

オックステールは濃厚で力強く、じっくり蒸し焼きにすると柔らかくなります。プルーンとミカンの自然な甘みが肉によく合います。

使用するカット：オックステール　4～6人分
準備時間：20分
調理時間：3時間15分

材料

- オックステール…1.35kgほど×2本
- 塩、挽きたて黒胡椒…適量
- オリーブオイル…大さじ2
- 赤玉ねぎ…2個　薄切り
- にんにく…3片　みじん切り
- 乾燥チリフレーク…ひとつまみ
- 赤ワイン…350㎖
- 八角…4粒
- 粒胡椒…ひとつかみ
- ベイリーフ…1枚
- 柔らかいプルーン…8つ　種を取り除いて刻む
- 熱いビーフストック…800㎖
- ミカン4個かオレンジ2個　皮をむいて輪切り
- カーリーパセリ…小さめの束　みじん切り

1 オーブンを150℃に予熱する。オックステールに塩胡椒で下味を付ける。オリーブオイルの半量を大きな耐熱性のキャセロール鍋に入れて中火で熱し、肉を数回に分けて8～10分、全体に焼き色が付くまで加熱したら取り出してわきに置く。

2 残りのオリーブオイルをキャセロール鍋に入れて中火で熱し、玉ねぎを加えて柔らかくなるまで3～4分加熱する。にんにくとチリフレークを混ぜ入れ、ワインを加えて5分ほど弱火で水分を飛ばす。肉を鍋に戻して八角、粒胡椒、ベイリーフ、プルーンを加え、肉がかぶるくらいまでビーフストックを入れ、沸騰したら弱火にする。残りのビーフストックを入れて蓋をし、オーブンで2時間半ほど加熱する。ときどき水分が減りすぎていないか確認し、必要に応じて湯を足す。

3 ミカンかオレンジを加えて鍋をオーブンに戻し、蓋をしないでさらに30分、煮汁が濃縮され、肉が骨から外れるまで加熱する。オックステールが乾かないようときどき混ぜてグレイビーにからめ、オーブンから取り出す。骨、ベイリーフ、八角を取り除き、パスタにのせてパセリを散らす。

VARIATION

《オックステールのキクイモ添え》

皮をむいて乱切りにしたキクイモ250gと輪切りにした人参2本を調理する前に混ぜ入れる。八角、チリフレーク、ミカンは省く。赤ワインと共にブランデー大さじ1を加え、上記と同様に調理する。ふんわり軽いマッシュポテトにかけていただく。

ROASTED VEAL BONE MARROW

仔牛の骨髄のロースト

簡単においしく調理できる骨髄はトーストと一緒にいただくか、牛や仔牛のソースを添えて副菜としていただきます。

使用するカット：仔牛の骨髄　4人分
準備時間：5分
調理時間：30分

材料

骨髄…7.5cmほど×12切れ

緑のサラダ…適量　付け合わせに

ハーブ数種類のみじん切り…ひとつかみ　付け合わせに

1　オーブンを230℃に予熱する。十分に間隔を空けながら骨髄を大きなロースト用のトレイに入れる。髄を取り出しにくくなるので小さいものは使わないようにする。

2　トレイを真ん中の段に移して、髄がまだ溶けてはいないが、取り出せるくらいに柔らかくなるまで20分ほど加熱する。

3　オーブンから取り出し、髄をスプーンで取り出す。トーストに塗って、新鮮な緑のサラダとハーブを添えて食卓に出す。また、牛肉料理のソースやグレイビーソースに加えて風味に奥深さを与えてもよい。

OSSO BUCO

オッソブッコ

イタリアの定番料理に冬の柑橘類が食欲をそそる香りを加えます。
肉屋に頼んで前脚より肉付きのよい後脚をもらいましょう。

使用するカット：骨付き仔牛のスネ肉　4～6人分
準備時間：30～35分
調理時間：1時間45分～2時間15分

材料

小麦粉…30g　塩胡椒を少々混ぜる

骨付き仔牛のスネ肉…1.8kg

サラダ油…大さじ2と少々

バター…30g

人参…1本　薄切り

玉ねぎ…2個　みじん切り

白ワイン…250mℓ

プラムトマト缶…400g×1缶　水を切って粗く切る

オレンジの皮…1個分　すりおろす

塩、挽きたて黒胡椒…適量

熱いチキンストックか仔牛のスープストック…120mℓ

グレモラータの材料

イタリアンパセリ…小さめの束　みじん切り

レモンの皮…1個分　すりおろす

にんにく…1片　みじん切り

1　オーブンを180℃に予熱する。小麦粉を器に入れ、肉を入れて全体にまぶし、余分な粉は落とす。

2　油とバターを大きな耐熱性の鍋に入れて中火で熱し、肉を加えて（必要に応じて数回に分け、油を追加する）全体に焼き色が付くまで加熱する。肉を取り出し、皿に移してわきに置く。

3　人参と玉ねぎをキャセロール鍋に加えてときどき混ぜながら柔らかくなるまで加熱する。ワインを加えて半量になるまで水分を飛ばす。トマト、にんにく、オレンジの皮を混ぜ入れ、塩胡椒をふる。肉をのせてスープストックを上からかける。蓋をして肉が柔らかくなるまでオーブンで1時間半～2時間加熱する。ときどき水分が減りすぎていないことを確認し、必要に応じて湯を足す。

4　グレモラータを作る。パセリ、レモンの皮、にんにくを小さいボウルに入れて混ぜ合わせる。仔牛の肉を温めた皿にのせてスプーンでソースをかけ、グレモラータを散らす。

VARIATION

《オッソブッコのセロリ、セイヨウネギ、アーモンド添え》

上記と同様に調理するが、玉ねぎ2個の代わりにセイヨウネギ2本を使い、手順2のはじめにセロリのみじん切り2本分を入れる。手順3で白ワインの代わりにキャンティなどのイタリア産の赤ワインを使い、砂糖ひとつまみを加える。グレモラータを作る時にから炒りして細かく刻んだアーモンドを軽くひとつかみ加える。

OFFAL RECIPES　287

第8章
家で解体する
HOME BUTCHERY

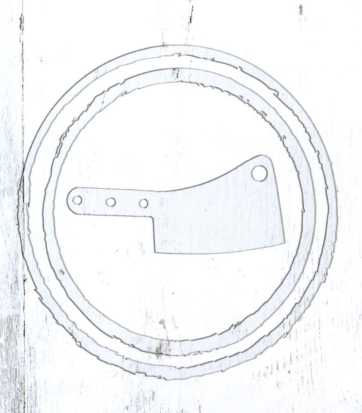

家で解体する

自分の手で肉を解体するというのはじつに面白い作業です。解体の技術を習得するには何年もかかりますが、国や地域によって肉屋の取り組み方は全く異なります。ここでは解体の基礎を一歩ずつ紹介します。

ここでは専門的な道具を使わずに、使いやすいサイズに肉を切り分ける方法を紹介しますがここで紹介するもの以外にも様々なカットが作れます。筋肉を切り分けて脂肪を切り落とすほど、脂の少ない小さなカットになります。

このガイドの使い方

それぞれの冒頭をよく読んで、どのカットを作りたいか決めてから作業に取り掛かりましょう。それによって切ったり骨を抜いたりする手順が変わってくるからです。場合によってはここで紹介するものと少し異なる順序で進めなければならないこともあります。選択肢のある場合は文中で取り上げています。

体の大小にかかわらずどの動物も筋肉の基本構造は同じなので、たとえばフォークォーターを切り分ける作業など、すべての動物に共通する手順もあります。大きい動物ほど筋肉は小分けにカットされ、肉は骨から外されます。小さい動物は骨を含むカットが多くなります。

インターネット上にも多くの解体ガイドが掲載されており、中には肉屋やシェフに向けて作られているデモンストレーションなど、非常に参考になるものもあります。これらを利用する場合はなるべく小売り用のカットを作る例を探しましょう。

安全第一

- 大きくて重い動物を扱う際は怪我をしないよう注意を払う。
- 作業台は材質が硬くて安定感のあるものを使うこと。解体前の肉は重量があるので、不安定な台だと肉を切る際に危険が伴う。
- 歩きまわる際は必ずナイフの刃を外側ではなく下に向ける。
- 肉切り用のナイフや動物の骨はとても鋭利で、解体作業は体に向かって切る手順もあるので、必ず鉄製のエプロンと金属製メッシュの手袋を装着する。
- 脂や肉片が床に落ちていると、踏みつけて滑ってしまう場合があるので注意する。

衛生面

- 外気を通すなどして部屋の温度をなるべく下げる。肉を切らない間は冷蔵庫で保管する。
- 蠅が入らないよう開放されたドアや窓には網を張り、中には捕虫器を設置する。肉に何もかぶせない状態で放置しないように。可能な限り蠅の少ない冬に解体する。
- 手や爪は作業の前にしっかり洗う。
- 作業の途中でときどきナイフを消毒する。やかんいっぱいの熱湯をナイフが入るくらいの大きな水差しに入れ、ナイフを熱湯に2分以上浸ける。
- 解体が終わったら作業台と道具をきれいに掃除する。まず冷水で血と肉を除去し、次に熱湯と洗剤で脂を洗う。殺菌剤や水で薄めた漂白剤を使い、洗剤を流す。

肉を最大限に利用する

筋肉の多くはきれいに脂肪を取り除くことで質が上がり、さっと炒めるのに適したカットとなります。大部分の余分な脂肪は取り除きますが、肉をしっとりさせるのに適度な量を残します。

ローストやステーキにする場合は筋、腱、軟骨、膜をすべて取り除きますが、じっくり煮込む場合は残してもよいでしょう。

乾燥熟成された肉には乾ききった部分やぬるっとした部分、また端の方にはカビが生えている部分の見つかる場合があります。異常ではないですが、作業を始める前に切り落とすように。

道具

- 安定した作業台
- 大きな厚手のまな板
- ボーニングナイフ（薄くてしなやかな刃のもの）
- ステーキナイフ（大きなカットを切るため）
- 鋼砥
- 肉切り用のこぎりとのこ刃
- 大きな容器やトレイ（肉や切り落とした破片を入れるため）
- タコ糸
- 串（肉を結ぶ前に固定する）

体を保護するもの

- 金属製メッシュの手袋（包丁を持たない方の手に付ける）

**体の大小にかかわらずどの動物も筋肉の基本構造は同じなので、
すべての動物に共通する手順もあります。**

- 鉄製のエプロン（体に向かって肉を切る場合があるので、初心者にとっては必須）
- 救急箱

便利なコツ

- 骨粉が肉に付くと質が落ちるので、のこぎりの使用はなるべく控える。骨粉が付いてしまったら払い落とす。
- 指を使って骨の破片が刺さっていないか確認する。小動物の骨はのこぎりを使うと粉々になりやすい。
- 骨を取り除く際は筋肉の間の継ぎ目を包丁の先で探して手で引き離す。硬いところはナイフで切る。
- 重力を利用する。動物の曲がった部分を机の端に沿わせて切ると部位分けしやすい。
- 湿らせた厚手のタオルにまな板をのせて作業すると、まな板がずれにくくなる。
- 血の多い肉や骨の破片、余分な脂肪、リンパ節、筋や軟骨、銀色の腱などはすべて切り落とす。

包丁の使い方

包丁の持ち方は各手順の図を参照してください。主に垂直に持って手首を使って動かします。スライスする際は通常の持ち方でよいでしょう。ナイフを骨に向かって傾けながら切ることで、肉を傷つけないようにします。

長く切る場合はまず浅く切り込みを入れて印を付け、それをなぞってなでるように切ります。肋骨から肉を外す際も同じ動作を使います。

のこぎりを使う

のこぎりを使う前にナイフで骨まわりの肉をできるだけ切り取り、肉を開いて骨をむき出しにします。骨を切り終える手前でナイフに持ち替え、肉を傷つけないようにしましょう。

かたまり肉を結ぶ

下記はかたまり肉の結び方を2通り紹介しています。丸めた布巾で練習するとよいでしょう。タコ糸の代わりにゴムバンドを使ってもよいですが、調理が終わって外す際に脂や肉汁が飛び散るのでおすすめではありません。

肉屋の結び方

この結び方を使うと、糸の間を切って小分けにしたり、ノワゼットを作ったりする際にきれいに切り分けることができます。P.299の「ロール肉を作る」の手順で応用しています。

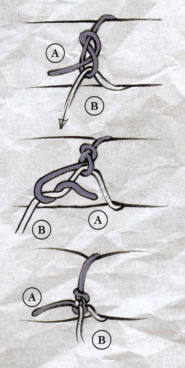

1 糸を肉の下に通して図のように中心で緩めに引き結びする。A側に5cmほど残す。B側を持ち上げて（P.299参照）結び目をきつく締めて肉を結ぶ。結び目を適切な位置に合わせ、少し引っ張って固定する。

2 結び目を固定するためにもう一度簡単に結ぶ。B側をAに回して引っ張り、糸がほどけることを防ぐ。

3 完成した結び目は図の通りになる。余った糸の端を短く切り、等間隔で同様に肉を結んでいく。かたまり肉が安定しない場合は縦長にもう1本結んで固定する。

「小包」にする結び方

この結び方は上記より簡単にできるが、上記ほど安定していないうえ、糸の間を切って小分けにしたい場合は使えない。

1 糸をかたまり肉の片方の端の下から通して引き結びにする（上記の手順1参照）。C側に最低10cmの糸を残す。

2 図のように均等に幅を取りながら、肉に糸を回していく。肉の下に糸を通して、最初の結び目の長い方の糸と結ぶ。

豚、仔羊、仔鹿

この3種の解体原理は基本的には一緒です。異なる部分は文中で取り上げていますが、図は仔豚で説明しています。仔羊や仔鹿の体はより細長いですが、筋肉や骨の位置はすべて豚と同じです。

プライマルカットに切り分ける

肉を扱いやすくするために、まずは胴体を3つに切って「プライマルカット」を作ります。フォークォーター、ミドル／サドル、ハインドクォーターの3つに分けます。胸骨は切り開かれているはずですが、そうでない場合は作業を始める前にのこぎりで切り開いておきましょう。

フォークォーターを切り取る

下準備
豚の場合のみ、顎と耳の後ろで頭を切り離す。好みに応じて半分に切るか、そのままで取り置く。

1. 胸部を開け、頭側から肋骨を5本数える。5本目と6本目の間でナイフを腹側に刺して切る。
2. 裏返して背骨まですべて切ったら、反対側も同様に切る。
3. 肉切断用のこぎりで背骨を切って、フォークォーターを外す。切り口の骨粉を拭き取る。

注：5本目と6本目の肋骨の間を切ると、ミドルに8本残る。豚は4本目と5本目の間を、仔羊は6本目と7本目の間を切ることもある。

ミドルとハインドクォーターを切り分ける

1. 手で触って寛骨を見つけたら腹側から背骨に向かって切る。反対側も同様に切る。
2. 尾の方から数えて1個目と2個目の腰椎の間を切る。両側の肉を傷つけないように気をつけながら、ナイフで背骨の軟骨を切る。ロースの肉を切って脚を切り離す。

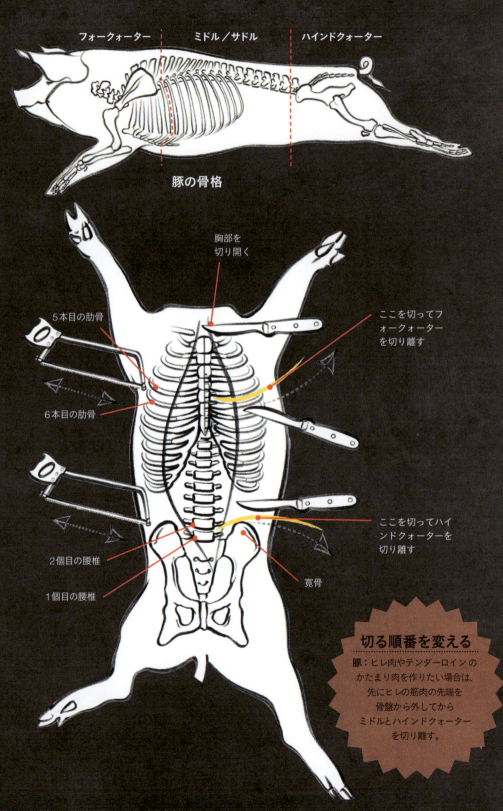

フォークォーター　ミドル／サドル　ハインドクォーター

豚の骨格

胸部を切り開く

5本目の肋骨

ここを切ってフォークォーターを切り離す

6本目の肋骨

2個目の腰椎

1個目の腰椎

寛骨

ここを切ってハインドクォーターを切り離す

切る順番を変える
豚：ヒレ肉やテンダーロインのかたまり肉を作りたい場合は、先にヒレの筋肉の先端を骨盤から外してからミドルとハインドクォーターを切り離す。

フォークォーター

フォークォーターの切り分け方には、豚の場合、特に様々な方法があります。カットの組み合わせを選んで半分は骨付きを、もう半分は骨抜きのカットを作ることができます。仔羊と仔鹿はよりシンプルな切り分け方をします。牛はほぼ完全に骨を取り除きます。

半分に割る

骨抜き、骨付き、いずれのカットを切るにしてもフォークォーターは最初に半分に分けなければなりません。骨粉が付いていると肉が痛むのですべて拭き取りましょう。

準備作業
仔羊と仔鹿のみ、首側から2～3cm切り取って処分する。残った首は、骨を取って煮込みや挽き肉にするか、骨付きの輪切りにするために切り取って置く。

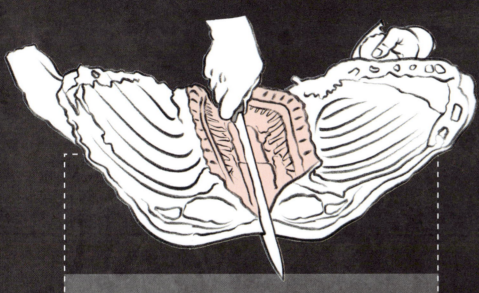

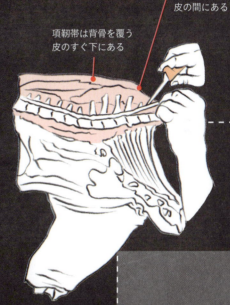

脂肪は首側の肋骨と皮の間にある

項靭帯は背骨を覆う皮のすぐ下にある

1. 背中を下にしてフォークォーターを台にのせる。
背骨に沿ってナイフで真ん中に線を作り、これを基準にして切っていく。肉切断用のこぎりで背骨を切断し、反対側の肉をナイフで切ってフォークォーターを半分に分ける。

2. 図のように白い脊髄をすべて取り除く（仔羊の場合のみ必須だが、他の種も取り除くのが望ましい）。リンパ腺を含む首まわりの三角の脂肪を切り取って処分する。項靭帯（硬い黄色い軟骨）を取り除く。

骨付きのカットを作る

骨付きのカットには様々な種類があります。スネの有無にかかわらず、骨付きのフォークォーターを丸ごと使いたい場合は下記参照。肩肉のチョップや、スペアリブのかたまり肉、肩肉の骨付きかたまり肉をカットしたい場合はP.294参照

胸骨の軟骨

1. 骨付きのホールフォークォーターのカット。 胸骨が肋骨とつながる所の軟骨を切り取る。仔羊だとこれをホールショルダーと呼ぶこともある。

2. シャンク、またはホックを切り外す（好みで）。これは切り外しても肩肉に付けたままでもどちらでもよい。ナイフと肉切断用のこぎりを使って肉を切る。

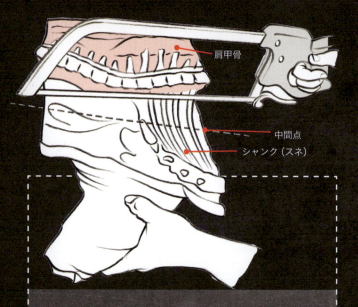
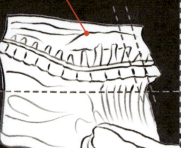

肩甲骨

中間点

シャンク（スネ）

肩甲骨側

こちら側からチョップを切っていく

肩肉のチョップを作るには、図のようにフォークォーターの背骨が一番下に曲がっている所の下を切って、肩甲骨のある方のかたまり肉を使う。チョップは肩甲骨を一部含んでもよいが、下記の骨付きかたまり肉のように肩を切り離した後で切り分けてもよい。前部の肋骨をナイフで切り、続けてリブロースの筋肉も切る。首の骨をのこぎりで切ってチョップを作る。

ハーフショルダーのかたまり肉を作るには、肋骨を真ん中で切り、肉と骨を切って骨粉を拭き取る。上半分が肩甲骨で、下半分がシャンク（豚の場合はハンドとホックとも呼ばれる）。

フォークォーターのスペアリブを作るには、胸骨から肋骨を切り離し、スペアリブに切り分ける。首の長い椎骨も背骨から切り離せば「スペアリブ」になる。

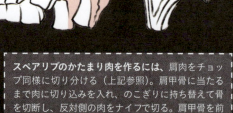

スペアリブのかたまり肉を作るには、肩肉をチョップ同様に切り分ける（上記参照）。肩甲骨に当たるまで肉に切り込みを入れ、のこぎりに持ち替えて骨を切断し、反対側の肉をナイフで切る。肩甲骨を前部の肋骨から切り離す。結んで固定してもよい。

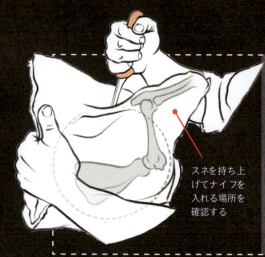

肩肉をまるごと使った骨付きかたまり肉を作るには、肩甲骨全体を持ち上げる。スネを持ち上げて肉が伸びている所をナイフで切る。前脚を持ち上げ続けて肉を離し、ナイフの先を使って肩肉をフォークォーターから切り離す（骨ではつながっていない）。必要に応じて余分な脂肪を切り落とす。

スネを持ち上げてナイフを入れる場所を確認する

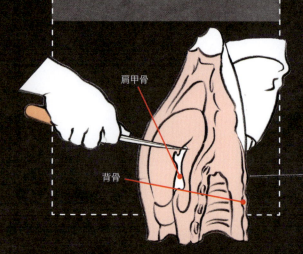

肩甲骨

背骨

フォークォーターの骨を取り除く

ステーキやロール肉、煮込み用角切り肉や挽き肉を作るには、肩肉の骨を取り除かなければなりません。後でロール肉が作りやすいように外の皮をきれいに保ち、中から外に向かって作業を進めましょう。

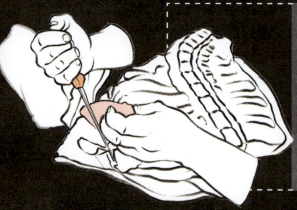

1.肋骨と背骨を取り除く
胸側から始める。肋骨を持ち上げ、肉を肋骨から切り離し、ナイフを肋骨に傾けながら腹側の肉を撫でるような動作で背骨に向かって削っていく。

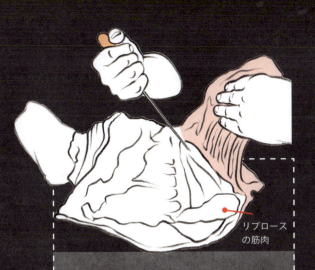

リブロース
の筋肉

2. 手に取れる量になったら、肋骨を引いて持ち上げる。重力を利用してナイフで肉を骨から切り離す。リブロースの筋肉のまわりを丁寧に切って、背骨とリブをまとめて外す。

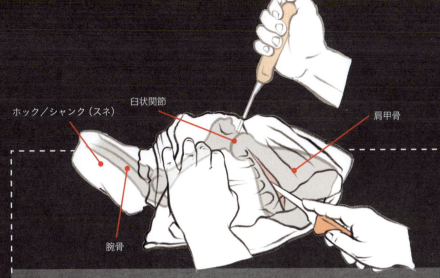

ホック／シャンク（スネ）　臼状関節　肩甲骨

腕骨

3. **肩甲骨を外す**：ホック／シャンクを奥側にして、ナイフの先を90度で肩の中心（肋骨が終わる所）に刺し、肩甲骨と前脚の骨をつなげる臼状関節に触れるまで切る。この切り込みを目印にする。フォークォーターを切り離した肩甲骨の端を探し、そこから臼状関節までナイフで線を描く。肩甲骨の端の内側を切る。ナイフの先を骨に向かって傾けながら、臼状関節に達するまで肩甲骨の上の肉を削っていく。

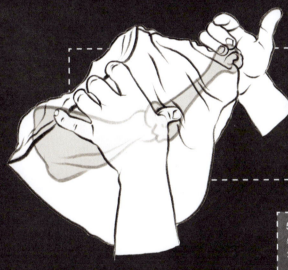

4. 肩甲骨の上の肉を切り離したら、裏返して肩肉の皮を上にする。シャンクかホックを持って、シャンクと前脚の間の部位が動くまで揺らす。肉がとれるまでシャンクを上に引っ張る。

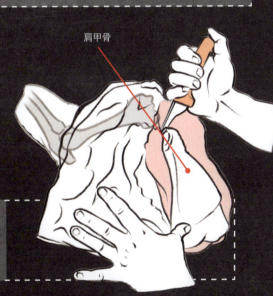

肩甲骨

5. 肩甲骨のくぼみの両側の肉を切り取っていく。必要に応じてナイフを使いながら、肩甲骨を取り外す。

前脚
の骨

6. 前脚の骨を取り出す。骨と球関節が取れるまで両側と底面にナイフを走らせる。

次は…
- 余分な脂肪、筋、腱を切り取る。
- 脂肪が一番少ない、最も肉厚な部分を使って肩肉ステーキのカットを作る。
- リブロースを注意深く切り取って、仔羊、仔鹿の首ヒレ肉か、豚のリブロースを作る。
- 巻いて肩肉のかたまり肉を作る（P.299参照）。
- 煮込み用に角切りにし、切れ端を挽き肉にする。
- シャンクの崩れた方の端を肉切断用のこぎりで切り落としてホールのシャンクかホックのかたまり肉にする。
- シャンクの肉を切り離して角切りか挽き肉にする。

HOME BUTCHERY PORK, LAMB, AND SMALL DEER

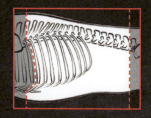

ミドル／サドル

ロースとしても知られるこのカットには、ヒレ肉やテンダーロインといった最上質の肉が含まれています。大方脂肪がたくさん付いていますが、鹿になると少なくなります。

フランクと肋骨を切り離す

肋骨は色々な長さで切ることができます。サドルの作り方はページ右部参照。

フランクを切り取る。 肋骨の内側に望みの長さまで（普通はリブロースの2倍の長さが最大）ナイフで背骨に平行に直線を引く。肋骨をのこぎりで切り、肉を切る。人によってはミドルを半分に割った後でフランクを切り取る方が良い場合もある（下記の手順1参照）。

- フォークォーター側
- リブロースまたはロース芯の筋肉
- 肋骨はチョップやラックを作れるくらいの幅に切る

注： 年齢の高い動物（マトン、山羊、野生の鹿）は背中に硬い腱が付いているので、サドルの外側の脂肪、皮、腱はすべて切り取り、ベーコンで包んでローストする（P.232参照）。

サドルを作る

サドルを切り取るには、図のようにロース芯近くに沿ってフランクを切り離す。このままで長めのサドルとして使うか、肋骨とヒレ肉の付いている方で切り分けて使う。図のように肋骨の終わるところで切断する。ダブルチョップ、もしくはバーンズリーチョップを作るには、肋骨のない方から切っていく。

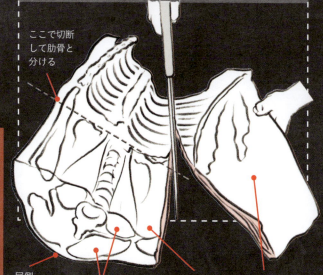

- ここで切断して肋骨と分ける
- 尾側
- ヒレ肉とロース芯が最も柔らかいカット
- バーンズリーチョップはこちら側から切る
- フランク側にはスペアリブとバラが含まれる

骨付きのカットを作る

ロースやダブルロースチョップ、上品なロースト用のラック、バーンズリーチョップ（上記参照）を含みます。

1. サドル／ミドルを半分に割る： サドルの背中を下にする。背骨の中心に沿ってナイフで線を入れ、これを目印にする。背骨の中心をのこぎりで切って2つに割り、残りの肉と脂肪をナイフで切る。

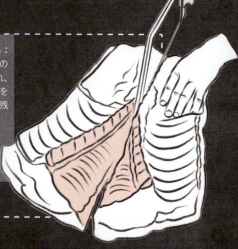

2. 背骨を切り取る： こうすることでチョップやラックの尖った骨を取り除ける。45度の角度で背骨を切り、肋骨から外れそうになったら肉を軟骨の所でナイフで切って背骨から外す。肉を傷つけないよう慎重に切る。P.193ではクリーバーを使った別の方法も紹介している。

HOME BUTCHERY PORK, LAMB, AND SMALL DEER

かたまり肉、ラック、チョップを作る

骨付きのロースを切り分けてかたまり肉やチョップ、ダブルロースチョップスにする：余分な皮、脂肪、腱を切り取り、ナイフの先を使って椎骨の間の軟骨を探し、肋骨の間を切る。大きなナイフで力強く切って肉を開く。肉を切る。別の方法としては、肉を傷つけないように気をつけながら背骨をのこぎりで切断する。P.193のラックのフレンチトリミング参照。

ロース部

ラック部

ダブルロースチョップにはヒレが含まれる

ロースチョップは肋骨が含まれるがロースは含まれない

リブ、バラ、胸部、フランクを作る

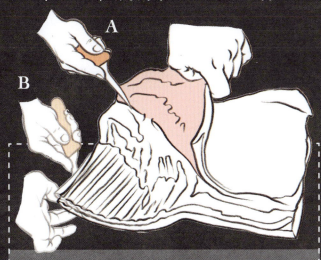

スペアリブ：肋骨の端と、肋骨が途切れた所とバラ肉の境目を覆っているフランク(A)を持ち上げる。肋骨はセットのままにしておいても、個々のスペアリブに切り分けてもよい。

バラ、胸肉、フランクのカットを作る：別の方法として、肋骨の肉をすべて骨から切り離しても良い。図Bのようにナイフを肋骨の下に滑らせ、肉を削り取る。バラ、胸部、フランクは巻いて結ぶか（P.299参照）薄く切るか、挽き肉にするか、ベーコンにする（P.21参照）。

骨抜きのカットを作る

肋骨は色々な長さで切ることができる。サドルの作り方は左ページ参照。

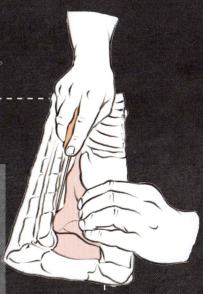

1. ヒレ、またはテンダーロインを切り離す：ロースの皮を下にしてヒレを骨から削り取る。ナイフは背骨に添わせる。銀色の腱やチェーンステーキ（ヒレに沿って付いている細長い切れ。ヒレカブリとも呼ばれる）は切り取る。

蝶形骨はヒレ肉下にあるので、ヒレを切り取らないと見えない

2. 中心の骨を取り除く：なるべく骨にナイフを沿わせて背骨と蝶形骨の内側をカットする。背骨の一番下までできたらナイフを90度傾けて肉を背骨から外す。

次は…
余分な皮、脂肪、腱を切り取るか、好みによっては付けたまま使う。必要に応じて肉をロースステーキか、ロース芯ステーキ、ロースのかたまり肉にカットする。

ハインドクォーター／ホーンチ

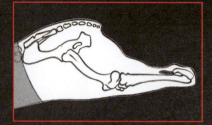

仔羊や鹿など小さめの動物のハインドクォーターやホーンチは、骨付きかたまり肉に切り分けるか、ホールのまま使用します。また、骨を取り除いてロール肉やステーキにすることも可能です。豚の脚は丸ごとハムや大きなローストに使われたりもしますが、ステーキや骨抜きかたまり肉にも使われます。P.303では骨を取り除いて切り分ける手順も紹介しています。

脚を切り分ける

その独特な形から、脚を切り分ける際に肉をしっかり固定するのは難しい。必要に応じて一方の下に何かをはさんで固定します。

準備作業
豚の場合のみ足を切り落とす（後で使うこともできる）。

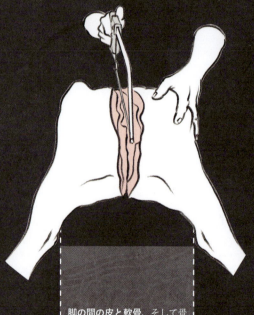

脚の間の皮と軟骨、そして骨盤を切る。背骨と尻尾の骨をのこぎりかナイフで切って脚を2つに分ける。

骨付きかたまり肉を作る

仔羊と鹿の場合、脚のかたまり肉は主にチャンプやランプが付いた状態で使われます。切り分けやすいように骨盤を取り除いてもよいでしょう。下記の「骨盤全体を取り除く」参照。豚は大方小さい部位に切り分けられます。

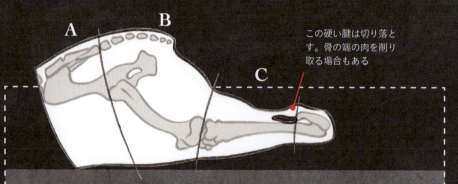

この硬い腱は切り落とす。骨の端の肉を削り取る場合もある

脚は数切れの骨付き肉に切り分けることができる。上記の線は一般的な切り分け方を示している。Aはチャンプ側（切り離し方は右ページの「チャンプを切り離すには」参照）。骨盤があるために切り分けにくいので骨を取り除くかチョップにする。Bは脚側。こちらも骨盤を取り除いた方が切り分けやすい（下記の「骨盤全体を取り除く」参照）。Cはシャンク／ホック。仔羊と鹿の場合は大方脚と一緒になっていて、脚の先端は骨が多く小さいので普通は切り落として腱を取り除く。骨付きの脚肉ステーキを作る際は、のこぎりとナイフを使い分けながら骨ごと脚を切っていく。骨粉は取り除く。

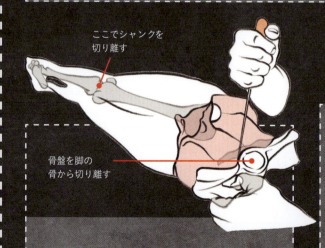

ここでシャンクを切り離す

骨盤を脚の骨から切り離す

骨盤全体を取り除く（尻の骨、寛骨、尾骨）：ヒレの先端を寛骨から切り離してむき出しにする（右ページの「チャンプの骨を取り除くには」参照）。ナイフの先端を尻の骨から臼状関節に向かって走らせて軟骨を切り離す。尾骨まわりにナイフを走らせて肉を切り離す。骨盤のまわりに沿ってナイフを走らせ骨を持ち上げ取り出し、余分な脂肪や皮を切り外す。

のこぎりを使わずにシャンク／ホックを切り離すには、ホックの中心（膝）を探り当てて、軟骨を通って切る。作業台の角を使ってホックを後ろに曲げて開き、間の軟骨を切る。続いて肉を切り、ホックを外す。

シャンクをスライスしてオッソブッコに、崩れた方の端を切り落としてホールシャンク、またはホックとして使うか、骨を取り除いて角切りや挽き肉にする。

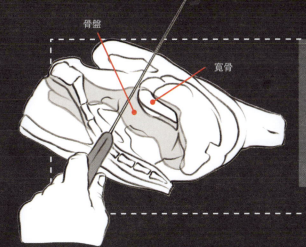

チャンプを切り離すには、骨盤と1個目の腰椎（尾の方から数える）の間を45度の角度で半分まで切り、肉を切ってチャンプを切り離す。そのまま丸ごと使って骨付きのチャンプローストにするか、ナイフとのこぎりを使って輪切りにし、チャンプチョップを作る。残ったフランクは必要に応じて切り離す。

骨抜きかたまり肉を作る

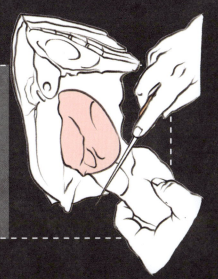

チャンプの骨を取り除くには、ヒレの先端を寛骨から切り離してむき出しにする。ナイフを骨に沿わせて骨を肉から切り出す。切り分けてチャンプステーキにするか、巻いたものを結んでかたまり肉にする。

脚の骨を取り除くには、P.303の手順3〜6に従う。これで骨抜きの脚を巻いて結ぶこともできる（下記参照）。トップサイドと脚肉を切り離したら、シャンクありでもなしでも、骨抜きの脚肉で大きめのロール肉を作ることができる。トップサイドは巻いて小さめのロール肉にするか、切り分けてステーキ肉にする。

ステーキ肉を切るには、切る位置に近い所で肉をしっかり押さえてずれないようにする。繊維を断つ形で、大きなナイフをなめらかに前後に大きく引き、均等に切り分ける。

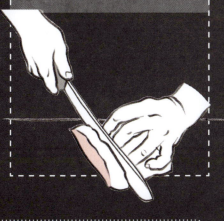

ロール肉を作る

ひとつながりの筋肉なら結ばなくてもローストできるが、結んだ方がきれいな形に仕上がる。ゴムバンドを使ってもよいが、こちらは調理の後に取り外すのが難しい。

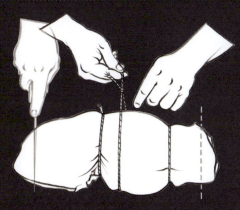

1. 肉をかたまり肉にするために巻く： 肉の厚さを均等にする。厚い所は肉を切り取って薄いところに重ねる。片方にまとまった肉がついていると巻きやすくなる（ロースを巻く際はフランクを少し残しておき、なるべくきつく巻く。必要に応じて串で固定する。

2. 肉を結ぶには： はじめに真ん中を結ぶ。肉の下に糸を通して引き結びにする（P.291の「肉屋の結び方」手順の1参照）。図のように結び目を肉の上に持ってきたら優しく引いて固定する。もう一度引いて固く結び、さらに玉結びで固定する（P.291の手順2参照）。ひとつながりの筋肉は中心から端に向かって結ぶ。複数の筋肉が連なるカットは、両端を先に結んでから間を結んでいく。こうすることで肉が飛び出ることを防ぐ。端が散らかっている場合は切ってきれいにする。肉がまだ安定しない場合は長い方の端から端まで糸を回して調理の間固定する。

HOME BUTCHERY PORK, LAMB, AND SMALL DEER

牛と大型の鹿

ここでは牛や大型の鹿の解体法を紹介します。牛のフォークォーターは家庭での解体には大きすぎますが、牛や大型の鹿を解体する原理は豚、仔羊、仔鹿と同じなのです（P.293〜295参照）。

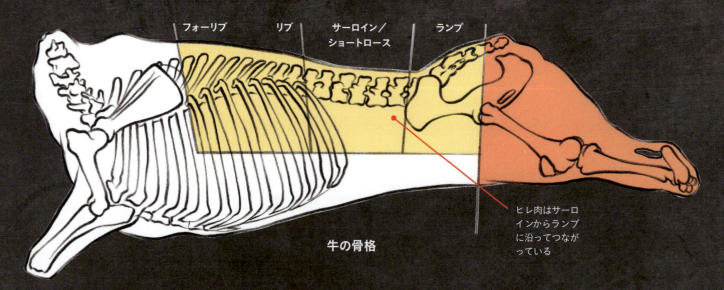

サーロイン／ミドル（フランクなし）　　　　　　　　　脚、トップ／ホーンチ

フォーリブ　リブ　サーロイン／ショートロース　ランプ

ヒレ肉はサーロインからランプに沿ってつながっている

牛の骨格

サーロイン／ミドル（フランクなし）

サーロインや牛リブは、主に片方（半分）で売られています。鹿のサドルの割り方、フランクの外し方に関しては、P.296を参照してください。最初に骨付きか骨抜きか、もしくはその組み合わせにするかを決めます。それによって解体手順が変わってくるからです。解体を始める前に、腎臓を取り除きます。サーロインまたはサドルの背中を下にして大きな脂肪のかたまりを切り外します。ナイフを脂肪の下に走らせ、下のヒレ肉を傷つけないように気をつけながら脂肪を骨から外します。腎臓は脂肪の中に埋め込まれています。鹿の場合は、腎臓まわりの脂肪は付いていてもごく少量です。

骨付きのカットを作る

骨付きのカットにはサーロイン、リブ、前部リブなどのロースト用カットに加え、Tボーンやポーターハウスといったステーキカットが含まれます。鹿サドルのかたまり肉の作り方はP.296参照。ヒレやテンダーロインをホールで使う場合は、右ページの「ヒレ肉を切り離すには」を参照してヒレ肉全体を最初に取り出す。ただし、この場合サーロインやTボーンステーキは作れなくなる。

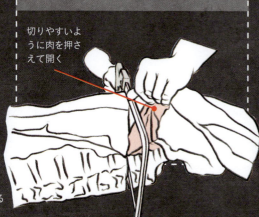

1. ランプをサーロインから切り離す：湾曲した尾骨がより大きい腰椎の骨に切り替わる所でランプを切り離す。骨盤の先にぎりぎり当たらない所で真っ直ぐ肉を切る。

寛骨

ここを通して切る

2. のこぎりで背骨を切ってランプとロースを分けるが、肉を傷つけないように注意する。ランプの骨抜きに関しては右ページ参照。

切りやすいように肉を押さえて開く

次は…
骨付きロースト用かたまり肉やステーキを切る

サーロインロースト
ヒレ肉が一部含まれるため、背骨の両側に肉が付いており、肉を傷つけずに切り分けるのが難しい。肋骨の代わりに短い蝶形骨が付いている。どんなロースト用カットにしたいのか考えてからナイフでヒレとロースを切る。肉をよけて脊椎の間を慎重に切り、かたまり肉を切り離す。

サーロインリブ、スタンディングリブ、前部のリブのかたまり肉
これらは肋骨の前部から切り取るが、ヒレ肉は含まれない。望みの肋骨の数を選び、骨の間をナイフで切る。背骨はのこぎりで切って、ロース芯の筋肉をナイフで切る。右の図では肋骨3本のみだが、サーロインと肋骨が長い場合、肋骨の前部に肩甲骨の軟骨が少し付いてくる場合があるが、これは取り除く。背骨は好みで取り除いても良い（P.296手順2参照）。かたまり肉の端は好みでフレンチトリミングしてもよい。

ポーターハウスステーキ
このステーキ（右下）はサーロインのランプを切り離した所から切り取ったもの。1個目の脊椎の厚さに合わせてカットされる。Tボーンステーキの厚さは様々だが、ヒレ肉の一部が含まれなければならない。これらのステーキをカットするには、背骨の両側の肉をそれぞれ切ってから肉を手で開き、のこぎりで骨を切る。こうすることで肉をのこぎりで切ってしまうことを避ける。

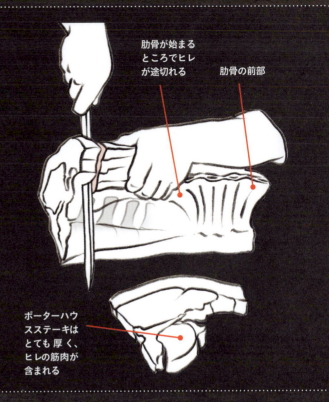

肋骨が始まるところでヒレが途切れる

肋骨の前部

ポーターハウスステーキはとても厚く、ヒレの筋肉が含まれる

骨抜きのカットを作る

骨抜きのカットは、骨抜きサーロインやロース芯から切り取ったロースト用カットやステーキ、ヒレステーキやヒレローストを含む。リブ芯ステーキなど、肋骨の前部から取るカットは脂肪が多い。

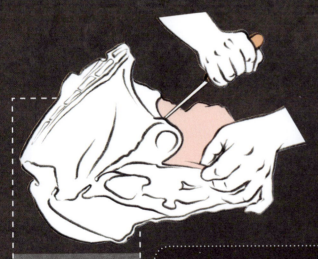

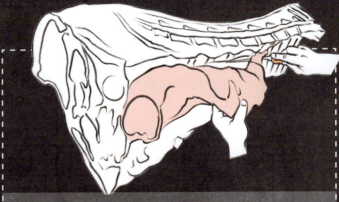

ランプの骨抜き：平たい尻の骨の上に横たわるヒレの先端を切り取る。次に尻の骨（最もいびつな形をした骨のひとつ）を取り除く。肉を傷つけないようナイフを骨に沿わせながら、曲がりくねった輪郭に沿ってナイフを走らせる。ランプ肉は脂肪や軟骨が多いのですべて丁寧に切り取る。

次は…
ランプ肉の下準備
余分な皮、脂肪、腱を切り取るか、好みによっては付けたまま使う。必要に応じて肉をロースステーキか、ロース芯ステーキ、ロースかたまり肉にカットする。

ヒレ肉を切り離すには：ロースの背を下にして、ヒレ肉の先が細くなっている方から切っていく。ナイフの端を肋骨に沿わせながら、力強い動作でヒレ肉を骨から外していく。肋骨が途切れる所でその下にあるロースの筋肉にナイフが切り込まないよう注意する。ランプに到達したらヒレの先（シャトーブリアンと呼ばれる）は2つの筋肉に分かれていて、一部は尻の骨に埋め込まれている。ヒレの先端を尻の骨から削り取ってなるべくきれいに全体を取り除く。

次は…ヒレのカットの下準備
チェーンステーキ（ヒレカブリ）と呼ばれる、ヒレの背骨側に沿って付いている細長くて少しでこぼこした筋肉を切り取る。脂肪と軟骨を切り取り、骨の破片を取り除く。ヒレ肉はロースト用のカットに切り分けたり、ステーキ肉にカットしてもよい。

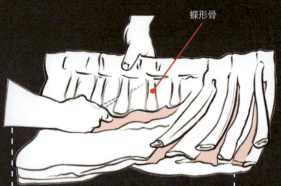

蝶形骨

1. ロースの骨を取り除く：まずは肋骨と蝶形骨を取り出す。ロース側の肋骨を上にして、切った肋骨の下に沿ってナイフを動かし、なでるように切って肉を骨から外す（この時ナイフは自分に向かって動かす）。肉を外しやすいように肋骨を持ち上げる。

2. 肋骨と軟骨を取り出す：背骨（脊椎）まで切ったら、今度はナイフを下に向けて背骨から肉を切り離す。脊椎の突起に注意してロースの骨をすべて取り除く。

次は…ロースの下準備

ロースの余分な脂肪を切り落とす。肉を裏返して皮を上にし、乾いている方の端を2cmほどと、背骨側に沿って伸びている筋を切り取る。ロース芯を傷つけてしまわないようナイフを上に向けて作業する。骨抜きのロースは、より小さいかたまり肉やステーキなど好みのカットに切る。皮、脂肪、銀色の腱も好みによって取り除き、ロースト用のロース芯やステーキにカットしてもよい。

ランイチ（ランプとイチボ）およびモモ肉全体

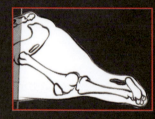

これらはサイズがとても大きいので、後脚をホールで、もしくは骨付きで調理することはほとんどありません。つまり、この部位での主な解体作業は骨抜きと、ステーキ、ロースト、煮込み用肉、挽き肉などを作るために、扱いやすいサイズに切り分けていくことです。

骨を取り除いて3つの筋肉に切り分ける

まずは残っている尻の骨とスネを外してから脚の骨を取り除き、3つの主な筋肉に切り分ける。

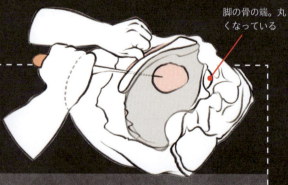

脚の骨の端。丸くなっている

1. ランプ側から尻の骨と尾骨を取り除く：尻の骨を上にして脚を台に置く。脂肪や尻の骨の上にまたがる薄い肉を削り取る（図はこれらが取り除かれた状態で骨が露出している状態。脚の骨の大きくて丸い端が見える）。図のように、のこぎりで切った骨の端周辺を、ナイフを骨に沿わせながら慎重に切っていく。手元が見えやすいように、肉を押さえて骨から離しながら作業を進める。臼状関節に到達したら、尻の骨を後ろに引いて腱を露出させる。スチールをつかって後ろに動かしてもよい。腱を切ったら尻の骨が取り出せるまで輪郭に沿ってナイフを走らせる。

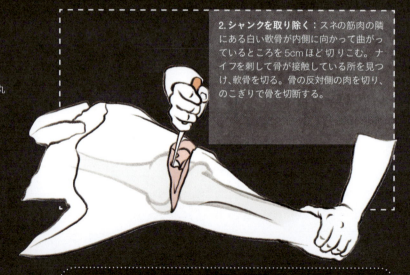

2. シャンクを取り除く：スネの筋肉の隣にある白い軟骨が内側に向かって曲がっているところを5cmほど切りこむ。ナイフを刺して骨が接触している所を見つけ、軟骨を切る。骨の反対側の肉を切り、のこぎりで骨を切断する。

次は…シャンクの下準備

オッソブッコを作るには、厚めに間隔を取って骨のまわりの肉を切っていく。次にのこぎりで骨を切り、骨粉を取り除く。脚の骨の隣にある薄い尖った骨を指で探り当て、ナイフでまわりを切って取り除く。両端のカットは処分する。また、肉をすべて骨から外して薄切りや角切りにしたり、挽き肉や加工食品にしてもよい。ぶ厚いゲンコツはゼラチン質が多く、よいスープストックが取れる。

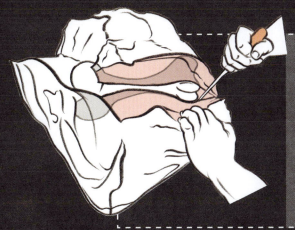

3. 脚の骨を取り除く：脚の骨の全長に沿って斜めに伸びている継ぎ目で、トップサイドを厚いフランク肉から切り離す。鹿だと目に見えるが、牛の場合は脂肪で覆われている。継ぎ目は斜めに伸びているのでナイフを傾けて筋肉の間を骨まで切る。骨のまわりを切ってトップサイドとフランクを分ける。作業台の端を利用して2つを離す。骨の端まで慎重に継ぎ目を切る。

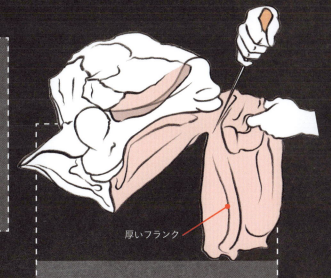

厚いフランク

5. 骨を取り除く：ナイフの先を骨に沿わせ、両端が露出するまでトップサイドを削る。次にシルバーサイドを脚の筋肉の下から離れるまで削る。

トップサイド

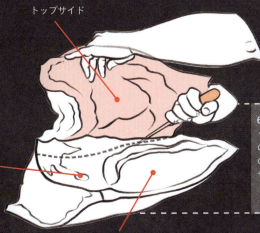

シルバーサイド

厚い銀色の腱

4. 厚いフランクを切り離す：厚いフランクを脚の骨から削り取る間、この筋肉を台の横から下に垂らすことでシルバーサイドの銀色の腱が見えやすくなる。膝蓋骨の軟骨を切って厚いフランク肉をシルバーサイド（骨の下に位置する）から切り離し、わきに置く。

6. トップサイドをシルバーサイドから切り離す：トップサイド（上に乗っているクッションのような形の肉）とシルバーサイドの境目を見つける。ナイフの先端を使って2つを切り離し、図のようにトップサイドをめくり上げ、外の皮を切り外す。

次は…骨抜きのカットを作る

トップサイド
トップサイドとは外側の端に皮と脂肪が付き、切断面は大まかな三角形をしたカットである。上にのっているトップサイド（デックルとも呼ばれる）は切り取ってステーキとして使うことができる。骨抜きのカットとして使う際は、トップサイドを繊維に沿って縦長に切った後、繊維を断つように小分けにしてステーキ肉にする。また、継ぎ目に沿って肉を大きい方の筋肉と小さい方の筋肉に切り分け、好みによってさらに細かく切ってもよい。余分な脂肪と銀色の皮は取り除く。

シルバーサイド
シルバーサイドが厚いフランクと接触する部分には、分厚くて硬い銀色の腱が付いており、これは取り除かなければならない。シルバーサイドは継ぎ目を切って2つの筋肉に分ける。大きい方のカットはかたまり肉やステーキ肉にして使う。小さい方のカットはサーモンカットと呼ばれる部位で、良質のかたまり肉とされているが、こちらもステーキ肉にできる。余分な脂肪や銀色の皮は取り除く。

厚いフランク
膝蓋骨と軟骨のゲンコツ側を切り、上にかぶさる薄い肉をめくる。これはトモサンカク、またはランプのキャップと呼ばれる。残った厚いフランクは数種類の筋肉からなるカットで、好みに応じてさらに細かく切り分けることができる。厚く切ってステーキ肉にしたり、薄く切ってミニッツステーキに、煮込み用に角切りにして使う。また、脂肪が少ないので低脂肪の挽き肉になる。

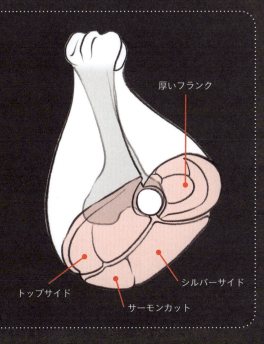

厚いフランク
シルバーサイド
トップサイド
サーモンカット

猟鳥の下準備

猟鳥の状態は仕留め方によって変わります。ダメージが著しい場合は全体の毛をむしる必要はありません。代わりに、傷のついていない胸肉だけを切り取りましょう。ここではハトを例に羽のむしり方を紹介します。

弾痕の傷

弾痕を探し、弾を探り当ててピンセットで取り除きます。弾と一緒に羽が巻き込まれていることもよくあるので注意しましょう。

羽、嘴、足

尾や翼の羽をむしる際、大きな力が必要となります。カモやガンなどの水鳥は羽の下にさらに羽毛が生えていますが、これらは羽をむしった後で取り掛かります。

鳥の年齢によって下準備の手順は変化します。若い鳥の嘴は年齢の高い鳥より柔らかく、容易に取り外せます。また、若い雄鳥の蹴爪は短くて太めですが、成長と共に長く尖っていきます。

下準備のコツ

屋内で作業する場合は、羽毛が飛ばないよう風のないことを確かめましょう。座って作業する場合は鳥を膝で支えながら、むしった羽毛をそのまま箱や袋に入れます。少し逆撫でするなどして羽毛を根元から立たせると、一気に数本ずつ抜くことができます。胸・背中の羽毛を先にむしってから脚にかかりたいという人もいます。順番はどちらでも構いませんが、胸肉の皮が一番破れやすいので脚を後でむしる際は、胸肉を傷つけないよう特に注意が必要となります。

道具

- **家禽類用のキッチンバサミ、またはその他の強いハサミ**：足や羽を切り落とすため。
- **ペンチ**：尾や翼の羽をつかむのに使う。
- **プラスチックのゴミ袋、またはダンボール箱**：むしった羽を入れるため。
- **小さくてよく切れるナイフ**：皮を切るため。

胸肉を取り外す

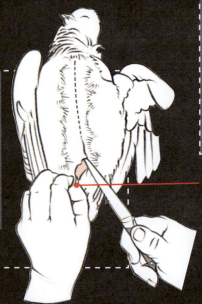

1. 胸の羽毛を肛門から首元まで縦長の帯状にむしる。こうすることで肉が羽毛だらけになることを防ぐ。小さなナイフを肛門のすぐ上に刺し、歯を肉の逆に向けて首元まで皮を切る。

肉を傷つけないよう切る際に皮をつまみ上げる

2. 足元や手羽元の近くまで、皮をできるだけ引っ張ってめくる。胸肉を胸骨近くまで切り、胸の空洞まわりを直角に切って、手羽先近くまでなるべく広い範囲で胸肉を切り取る。ヒレ（アグレット）は胸肉の下にあるが、胸肉と一緒に切り離す。

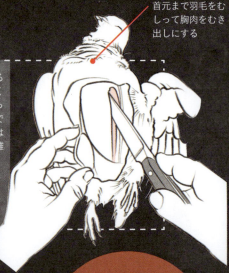

首元まで羽毛をむしって胸肉をむき出しにする

ポイント

アグレットと胴体をつなげる腱がある。この腱を人差し指と親指でつまみ、空いている手でアグレットを固定しながら腱を引っ張って取り除く。腱が胴体につながっている状態で行う方が成功しやすい。

羽毛をむしって内臓を取り出す

1. 脚から順に始める。足を片手で持ち、もう一方の手で羽をつかんで生えている方向と逆に、皮を傷つけないように気をつけながら強く短く引っ張って引き抜く。皮が破れそうな場合(もしくは破れてしまった場合)は、片手で皮が破れないように押さえながら、もう片方の手で生えている方向に向かって1枚ずつ丁寧に羽を引き抜く。

2. 背中の羽をむしり、次に翼の下、胸、そして首の10cmくらいの羽をむしる。これらの部位は皮がより繊細なので、羽の生えている方向に引っ張って抜く。

3. 手羽の第一関節までむしる。そこから先の翼は鳥用のハサミか強力なキッチンバサミで切り落とす。翼や尾の羽は1枚ずつ生えている方向に向かって引き抜く。ペンチがあると抜きやすい。小さな羽や長い羽を抜く際は、ロウソクかコンロの火にかざして燃やして取り除くことも可能。ただし、鳥に燃えた羽の味が付かないようこの方法は必要最低限に抑える。

小さい鳥の場合は翼を根元から切ってもよい

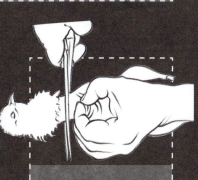

4. 足の関節をナイフで一周させる。ただし、この時切るのは皮のみで、肉や筋は傷つけないように。足を前後に曲げ(腱をほぐすため)、関節が割れるまで折る。手羽元を片手で持って足と腱を引っ張る。かなり硬い場合もある。

5. 頭を切り落とす。羽をむしった皮を胴体の方へたぐりよせ、胴体になるべく近いところで骨を切断する。調理の際、首の皮を織り込むことができる。

餌袋には鳥の食べていたものが入っている

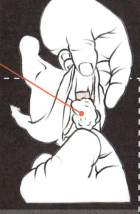

6. 餌袋を取り除く。皮をめくって指で首から取り除く。簡単に外れる。餌袋が取り出せたら食道と気管も取り除く。

肛門自体ではなく、その上部を切る

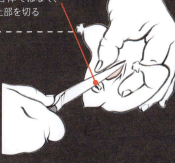

7. 内臓を傷つけないように肛門のまわりを切る。肛門から胸に向かって長さ2〜4cmほどの切り込みを入れて小さな穴を作る。

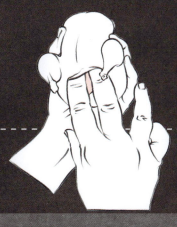 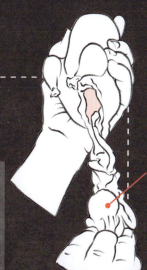

8. 指2本を切り込みから胸部に向かって横隔膜まで差し込み、内臓を引き出す。砂肝は一緒に出てくるが、心臓とレバーは後から出てくる。これで内臓を取り出す作業は完了。鳥の内側の水分を拭き取る。内臓の中身がこぼれてしまった場合は中を水できれいに洗う。

砂肝は硬い(調理法はP.267参照)

HOME BUTCHERY PLUCKING GAME BIRDS 305

小動物の下準備

ウサギ、野ウサギ、リスの下準備は同じ手順で行えます（下記はウサギの例）。ウサギや野ウサギの部位分けについてはP.233参照。リスはとても小さいので丸のまま料理するか、簡単に脚、サドル、ショルダーに分けて調理する。

ウサギや野ウサギの皮はきれいにはがれるので下準備も簡単。一方、リスの皮ははがしにくいのでナイフでの作業が必要となります。

ウサギ、野ウサギ、またはリスを自分で仕留めた場合は、直ちに膀胱を空にします。こうすれば胴体がより清潔に保たれます。

下準備の作業は机やシンクの水切り台で、または脚を一本ずつ別に結んで、頭を下にして胴体を吊るして行います。後者の場合床に新聞を敷いて汚れを防ぐとよいでしょう。

内臓がすでに取り除かれている場合は、下記の手順を5まで行います。皮をはぐ際、肉を傷つけないよう特に注意してください。

ナイフの先を使って皮を肉からはがしていきます。皮が汚れている場合はなるべく肉に触れないように注意しましょう。腹の空洞の端を削り取る際、内臓を取った後で汚れているので、肉を汚さないよう気をつけながら作業します。

野ウサギの血はソースにとろみをつけるために使うので保存します。胸の空洞に溜まるので胸部の下にボウルを置き、凝固を防ぐために酢大さじ1を加えます。

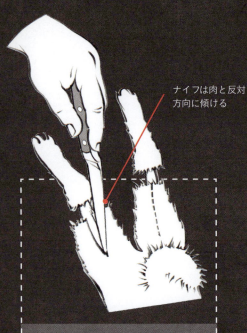

ナイフは肉と反対方向に傾ける

1. 後ろ脚を一本ずつ、かかとの上をナイフで切ってぐるっと一周する。腱ではなく皮のみを切る。前脚の足の上も同様に切る。片方の後ろ脚の外側にかかとから尻尾の付け根まで切り込みを入れる。皮の下にナイフの先端が刺さったら、尖った方を外側、下方向（自分と反対側）に向けて皮の下にナイフを滑らせる。肉ではなく皮のみを切る。もう片方の後ろ脚も同様に切る。

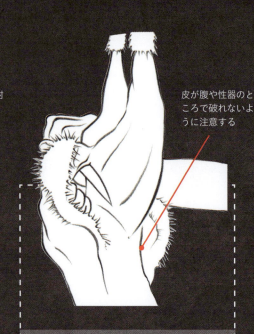

皮が腹や性器のところで破れないように注意する

2. 皮を脚から引き離す。硬い筋や皮をはぐ際に、肉も一緒に引っ張ってしまいそうな筋をナイフの先端を使って切断する。皮を尾や腹に向かって下に引く。尾の付け根で皮から脚へ切り込みを入れる。ナイフで切り込みを入れて尾の根元の肉につながっていないことを確かめる。皮と性器は根元から取り外す。肉を破らないためにはナイフを使って皮を切らなくてはいけない場合もある。

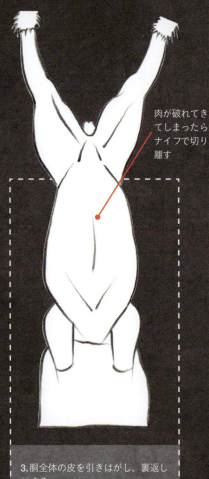

肉が破れてきてしまったらナイフで切り離す

3. 胴全体の皮を引きはがし、裏返しにする。

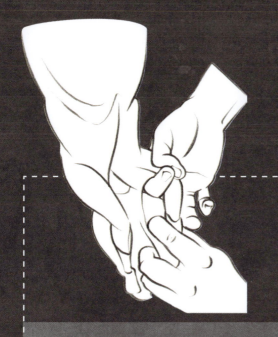

4.前脚を皮から取り出す。頭や耳に当たってそれ以上引きはがせないところまで引っ張る。

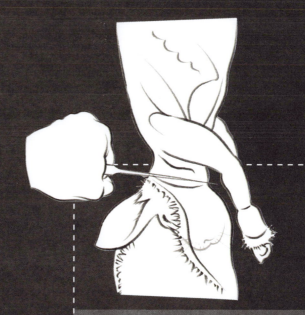

5.ナイフで頭を切り落とし、次に手足を切り落とす。後ろに曲げて関節を折り、ナイフで切断する。この時点で胴体が汚れている場合は、内臓を取り出す前に洗って水分を拭き取る。

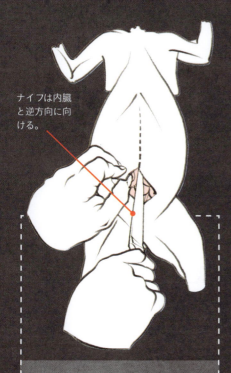

ナイフは内臓と逆方向に向ける。

6.内臓を取り出す。ナイフの先端を腹部の下に差し込み、中の臓器を傷つけないよう注意しながら胸に向かって半分ほど皮を切る。

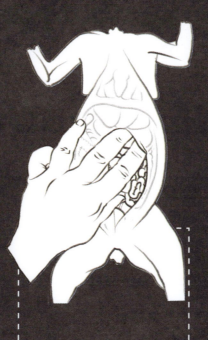

7.指2本を胸と内臓の間に差し込み、横隔膜まで到達したら内臓を引っ張り出す。

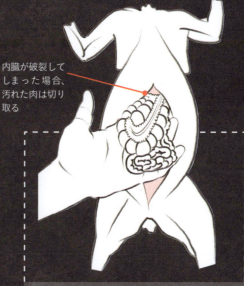

内臓が破裂してしまった場合、汚れた肉は切り取る

8.丁寧に肛門から内臓を切り離す。内臓、性器、膀胱は処分する。心臓、レバー、腎臓は好みで取り置く。破裂させないように注意しながらレバーに付属している緑の胆のうを切り離す。腹の空洞の水分を拭き取る。野ウサギの場合のみボウルに酢大さじ1を入れて胸部の下に置く。胸の空洞を広げてボウルに血を受ける。レバーを血と酢の入ったボウルに一緒に入れる。

HOME BUTCHERY SKINNING SMALL GAME ANIMALS

ソーセージの下準備と作り方

自分で作る新鮮なソーセージは満足度が高く、味付けの組み合わせ方も無限です。
パン粉やオートミールは好みによって除外しても問題ありません。また、好みに合わせてスパイスやハーブも変化させましょう。
新しいレシピを試す際は、混ぜた生地を少し焼いて味見し、味付けを調節しましょう。

道具

ナイフやまな板の他に特別な道具が1～2つ必要となります。材料や道具、古物はインターネットで買うことができます。

- ミンサー、グラインダー　手動と電動がありますが、フードプロセッサーに付属のグラインダーを使用してもよいでしょう。
- 大きなボウル　内容量が5ℓ以上のプラスチック製のボウル。生肉を扱う際は欠ける可能性があるものを使用するのは危険です。
- 大きな深めのトレイ　スパイスを肉に混ぜる際や、ソーセージを皮に詰める際の受け容器として。深い方が混ぜやすいです。
- 大きな漏斗　十分に口が広い漏斗を選ぶこと。肉を押し込むための木製かプラスチック製の棒も準備するように。
- ソーセージ詰機
- 詰機のノズル

卓上用ハンドミンサー
台に固定できる卓上用ハンドミンサーを購入すれば粗挽きにも細挽きにも使える。ノズルを装着して使用できるタイプもある。

ミンチプレート
目の大きいものは粗挽き肉を、細かいものは細かい粒を作る。二度挽くとよりなめらかに仕上がる。

ノズル
ソーセージ詰機やミンサーに装着して使う。皮の幅に合うサイズのノズルを使う。サイズ違いが2つあれば基本的には十分。

ソーセージ詰機
手早くきれいに作ることができる。万能調理器やミキサーによってはソーセージを詰める機能が付属しているものもある。

大きな漏斗
ソーセージ詰機がない場合は大きな漏斗が役に立つ。

衛生と健康

衛生
特に火を通さずに食べる場合、ソーセージ作りはすべてを清潔に冷たく保つことが大切です。肉を刻んだり挽いたり、他の具材を加えたりするほど危険が増すので、食品加工用ビニール手袋を使って汚染を避けます。

保存、調理の温度
なるべく温度の低い環境で作業を行います。ソーセージは4℃以下で保存し、内部温度が75℃以上に達するまで加熱して有害な菌を除去します。肉用温度計を使って温度を確認すること。

材料

極端に言うと、どんな材料もソーセージに使うことができます。上質な材料を使うと上質なソーセージになり、スパイスやハーブは時間と共に風味を失いがちなのでなるべく新鮮なものを使いましょう。

- 肉　ソーセージを作るには肩肉が最も適切。新鮮なものを選び、余分な脂肪や腱、血の滲んでいる所は切り取ります。ミンサーがない場合は挽き肉を買ってすぐに使います。
- 脂肪　ソーセージをしっとりさせ、風味を向上させます。硬い背脂は食感のためにサラミに使われ、柔らかいバラ肉の脂肪は溶けやすく、肉をしっとりさせます。つなぎを使わない場合、脂肪と肉の割合は1:4です。
- スパイスやハーブ　乾燥ハーブを使って風味に奥深さを加えます。新鮮なハーブの1/3の重さを使えば正しい量になります。
- つなぎ　つなぎを使うとソーセージが柔らかく仕上がるので脂の割合を減らすことができます。乾燥パン粉、オートミール、ブルガー小麦、または米を使い、できるだけ乾燥した状態で使用します。
- 液体　液体（一般的には水）を加えることでソーセージを皮に詰めやすくなり、空洞ができてしまうことを防げます。ワインや果汁を加えると味に変化を与えられ、ワインビネガーを使うとソーセージを発酵させられます。

ソーセージの皮

「ケーシング」とも呼ばれるこれらの皮は、様々な幅で売られています。天然の皮は伸縮性があるのでリンクを型取りやすく、調理しても硬くならないので最も上質なソーセージを作ることができます。塩漬けにしたものや、塩水入りで塩抜きの必要なものが売られていて、束になって量り売りされています。

豚の皮（キャスティング）
最も一般的なもの。チョリソーやキルバサ、新鮮な、または加熱済みの厚いソーセージに使われる。

羊のケーシング
価格は高いが、薄くて強く、もっとも口当たりが柔らかい。細い新鮮なソーセージやフランクフルトに使われる。

コラーゲンのケーシング
牛皮を再構成して作られるケーシング。水に浸ける必要はないが、きれいなソーセージを作るのが難しい。調理すると硬くなってしまうことがある。

皮の下準備と詰め方

ソーセージをはじめて作る際は、2人で行うと作業が簡単に（そして楽しく）なります。一人が詰機のハンドルを回し、もう一人が肉を詰める間、皮を手で固定します。練習を重ねれば作業には慣れてきます。形がいびつになってしまっても味はおいしいのでご心配なく。

1 塩漬けのケーシングは一晩、塩水漬けのケーシングは30分水に浸け、ざるに上げて水を切る。中にきれいな水を通して内側を洗い、片方の端を結ぶ。冷水に浸けておく。

2 結んでいない方の端を開いてノズルに取り付け、湿らせておく。調理中に破裂しないよう余分な空気を押し出す。

3 皮を優しく、かつしっかり支えながら肉を押し込む。破裂したら皮を切って再び端を結び直す。リンクや調理済みソーセージを作る場合は、破裂してしまうので肉を詰め過ぎないように気をつける。

新鮮なソーセージを作る

こちらのソーセージはグリルしたり焼いたりするのに最適。細いソーセージが作りたい場合は羊のケーシングを使いましょう。ソーセージ1〜2人分ずつラップに包んで冷凍保存します。

分量
2.5kg分

必要な道具
欠ける危険のない大きなボウル
ミンサー
ソーセージ詰機
食品加工用ビニール手袋

材料
脂肪の少ない豚肉…1.25kg
豚バラ肉…500g
豚の背脂…500g
塩…85g
乾燥セージ…小さじ1と1/2
粉末ナツメグ…小さじ1
粉末ジンジャー…小さじ1/2
パン粉か中挽きオートミール…180g
氷水…275ml
羊か豚のケーシング…28〜35mmのものを6m分　水に浸けて片端を結ぶ

1 肉と脂をぶつ切りにしてよく冷やす。肉と脂を粗挽きのミンチプレートに通して、大きな深いトレイに受ける。脂と肉を交互に入れる。

2 塩、ハーブ、スパイスをパン粉もしくはオートミールと混ぜ合わせる。これを挽き肉にふりかけて混ぜ始める。水を加え、スパイスが全体にいきわたるようよく混ぜる。

3 小さなパテを作ってフライパンで焼き、味見をする。スパイスが足りなければ少し足してよく混ぜる。

4 混ぜた生地を目の細かいミンチプレートに通す。皮をノズルに装着してソーセージを詰めて行く（P.309参照）。リンクを作る際に破裂してしまうので、きつく詰めすぎないように注意する。

5 ソーセージの端を結んで閉じる。1本のソーセージの長さを決める。好みの長さでつまんで肉をよけ、ケーシングに隙間を作る。

6 ケーシングをソーセージの間で2回ねじる。再度つまんで次のソーセージを作り、今度は逆の方向にねじって解けないようにする。

コイルを作る

コイルを作るには皮が薄い羊のケーシングが最適。中心から好みの幅できつめに巻いていく。調理に向けて串で固定する。

7 ソーセージ全体にわたって繰り返す。気泡が残ってしまったら殺菌済みの針か爪楊枝で突いて空気を逃す。詰め方の緩すぎるソーセージがないか確認する。緩いものはねじった所から肉を詰め、再度ねじって閉じる。

リングを作る

すべてのソーセージの間に皮を6cm残し、空気をすべて押し出す。結んだ両端をくっつけて輪を作り、端を結び合わせる。燻製ソーセージの一般的な形。

レシピ名索引

アイリッシュシチュー……199
アストゥリア風豆煮込み……134
アプリコットとプルーンのモロッコ風マトン煮込み……216
アンダルシア風トリッパ……279
田舎風ステーキの黒胡椒グレイビーがけ……170
猪のドライカレー……239
猪のドルチェフォルテ……236
イワシャコのシャルトルーズ……249
ウォルドーフ・チキンサラダ……066
ウサギとプルーンの煮込み……275
ウサギのサラダ……242
ウサギのマスタード添え……240
エールの牛肉カルボナード……154
オックステールスープ……240
オックステールのキクイモ添え……286
オックステールの焼き煮 ミカン添え……286
オッソブッコ……287
オッソブッコのセロリ、セイヨウネギ、アーモンド添え……287
ガイヤーン……095
カスレ……088
ガチョウのポットパイ……092
ガチョウのロースト……092
鴨のクリスピーチャーシュー……088
鴨のコンフィ……086
鴨のパテ……085
鴨のレッドタイカレー……090
鴨胸肉の包み焼き……254
カリビアン・ジャーク・ビーフ……162
カリブ風ジャークブッサン……094
カンガルーテールとひよこ豆のスープ……240
カントリーハムと卵のレッドアイ・グレイビーとグリッツ添え……136
刻みレバーとゆで卵……276
キジとベーコンのポットロースト……245
キジのノルマンディー風……245
キジのハンバーガー……257
キジ胸肉とスモークパプリカ……244
牛カルパッチョ……162
究極のステーキ……174
牛サーロインの生姜、はちみつ、醤油グレーズ焼き……172
牛スネ肉の赤ワイン煮……177
牛タンのビーツとケッパー添え……282
牛肉のドーブ プルーン添え……155
キューバサンドイッチ……137
牛バラ肉のスパイス焼き ビーツ、クレームフレーシュ、ホースラディッシュ添え……158
牛ヒレ肉のスパイスチリ 赤ワインとマッシュルームのソースがけ……168

牛ヒレ肉のフライパン焼き……164
牛ファヒータ ワカモレとトマトサルサ添え……173
牛ブリスケットとハーブのダンプリング添え……158
牛頬肉のグレモラータがけ……284
ギリシャ風ラムシチュー……196
クラシックバーガー……153
グリーンピースとハム、ジャガイモのスープ……134
グルジア風キジ……248
クロック・マダム……138
クロック・ムッシュ……138
燻製ハムのポットロースト……136
ケイジャン・アンドゥイユ・ガンボー……139
ケイジャン・スパイス・チキン……074
ケーララビーフ……157
ゴア風仔牛のケバブ……183
仔牛の頭と足のビネグレットソースがけ……283
仔牛のエスカロープ ピーマン添え……180
仔牛のクリーム煮（ブランケット・ド・ヴォー）……182
仔牛の骨髄のロースト……287
仔牛のシュニッツェル 目玉焼き、ケッパー、パセリ添え……180
仔牛のスカロピーネとサルサ・ヴェルデ……179
仔牛のタン……283
仔牛の脳の黒バターがけ……278
仔牛のほうれん草詰め……183
仔牛のレバーとセージ……271
仔牛のレバーとベーコン……271
仔牛のロースト レモン、オリーブ、ミニトマト添え……182
仔牛ラックのロースト ペスト添え……178
コーニッシュ・ペイスティー……162
仔鴨のサルミ……256
ココナッツと生姜のマトンカレー……217
コチニータピビル……114
コッコーヴァン……070
仔羊のシビレのクロスティーニ……278
仔羊のタン 緑の野菜とベーコン添え……283
仔羊のレバーと玉ねぎ……272
仔羊のレバーとドライシェリー……275
仔羊ヒレ肉のアンチョビペースト焼き……198
ゴマのチキンサラダ……078
裂いた豚のモレ・エンチラーダ……120
サウザン・フライドチキン……071
塩漬けレモンのローストブッサン……095
鹿後脚のバーベキュー……236
鹿肩肉の蒸し焼き……235
鹿肉、エシャロット、栗の鍋煮込み……234
鹿肉ソーセージ 根セロリのグラタンと紫キャベツの蒸し焼き添え……238
鹿肉の赤ワイン煮込み……235

鹿の厚切り肉 アンズタケ添え……236
鹿のシヴェ……234
鹿のステーキ ブラックベリー添え……238
鹿のレバー 玉ねぎ添え……272
鹿ハツのソテー……274
七面鳥とオリーブのキッシュ……083
七面鳥のスパッチコックグリル……083
七面鳥のスパッチコックロースト……083
七面鳥のソーセージとビスケット……064
七面鳥のテットラジーニ……080
七面鳥の丸揚げ……084
ジャマイカ風ジャーク・チキン……067
狩猟肉のキャセロール……252
狩猟肉のテリーヌ……256
ショークルート・ガルニ……123
スウェディッシュミートボール グレイビーソースがけ……108
スクラッチング……284
スコッチエッグ……108
ステーキと天然キノコのパイ……172
ステーキのバルサミコ焼き ビーツ添え……164
ステーク・オ・ポワヴル……173
スパイシーなタイ風ラムサラダ ライムドレッシング……207
スパイス風味のステーキ チミチュリーソース添え……159
タ―ダッキン……083
ダーティーライス……274
タジン・ビル・ミシュミシュ……200
ダチョウのステーキ……254
ダチョウのハンバーガー……257
タンドリー・チキン・サモサ……062
チェルケシアン・チキンサラダ……079
チキン・アドボ……068
チキン・カチャトラ……074
チキン・カラヒ……071
チキンカルニータスのじっくり煮、ワカモレ添え……117
チキングーラッシュ……113
チキン・ジャンバラヤ……063
チキン・タジン……068
チキン・ティッカ・マサラ……075
チキンとバジルソースのミートボール……063
チキン・パルメザン……067
チコリーの七面鳥とミントのせ……084
チタリングス……281
チポトレシナモンベーコン……125
中華風牛肉と麺のスープ……176
中華風豚バラ肉……125
チョリソーとパタタス・ブラバス……139
チョレント……092
チリコンカルネ……152
ツヴィーベルクーヘン……128
テンダーロインのパルマハム包み ソーセージとゴルゴンゾーラチーズ詰め……121
トード・イン・ザ・ホール オニオングレイビーがけ……138
トムカーガイ……076

鶏脚肉のマスタード添え……240	豚脚肉のグレーズ焼き……118	山羊とエール、マッシュルームのポットパイ……221
トリップ・ア・ラ・モード・ド・カーン……280	豚脚肉のマリネ……132	山羊と大麦のシチュー……198
鶏肉とデーツのエンパナーダ……068	豚肩肉のじっくり煮 サイダーグレイビーソース……112	山羊とキャベツのシチュー……220
鶏肉とライスのスープ……076	豚とクラム……114	野生ガチョウのじっくり焼き……255
鶏胸肉のサラダ……252	豚肉と鶏レバーのテリーヌ……271	野生ガチョウの胸肉包み焼き……254
鶏レバーとマルサラソース……275	豚肉と春キャベツの炒めもの……117	野生鴨の胸肉とソース・ビガラート……255
鶏レバーのパテ……276	豚肉の点心……109	ヤマウズラとレンズ豆の蒸し焼き……250
トンカツ……123	豚のサテ ピーナッツソース添え……124	ヤムヌア……171
豚足のカスティリア風……286	豚の腎臓のトゥルビーゴ……279	ライチョウのオーブン焼き……248
豚足の砂糖煮……117	豚のビール煮込み……110	ラズベリーとカルダモングレーズの焼き鴨胸肉……085
鍋一つで作るスパニッシュチキンとライス……070	豚バラ肉のじっくり焼き……123	ラビット・カラヒ……071
西インドの山羊カレー……221	豚バラ肉のポルケッタ……127	ラム脚肉の赤ワイン煮……211
野ウサギとマッシュルームのシチュー……242	豚ロースのミルク煮……120	ラム脚肉のバタフライ……211
野ウサギのサドルとビーツ……243	プッサン蒸し煮とポレンタ……094	ラム脚のロースト……212
野ウサギのチョコレートソースがけ……244	プティ・サレとレンズ豆の煮込み……127	ラム肩肉の蒸し焼き……235
ノロジカ脚肉のバタフライ……211	ブフ・アン・クルート……166	ラムケバブ ヨーグルトとザクロ添え……196
ハーブのローストチキン……080	ブフ・ブルギニョン……177	ラムコフタのグリル……194
バイソンのレッドカレー……178	ブラックプディング……280	ラムスネ肉のライマメとセロリ添え……214
バヴァリアンローストビーフ……110	ブラックベリーグレーズのポークチャップ……085	ラムチョップとなすの炭火焼き 紫キャベツの
バヴァリアンローストポーク……110	フランゴ・ピリピリ……079	コールスロー添え……206
パスタ・カルボナーラ……129	フリカデラ……109	ラムチョップとフェンネルの包み焼き……203
ハズリット……127	ベーコンジャム……128	ラムと大麦のシチュー……198
バターミルクチキンとビスケット……064	北京ダック……090	ラムとザクロのトルコ風ピラフ……214
パッタイ……066	ヘッドチーズ……281	ラムと根セロリのガレット……205
バッファローチキンウィング……072	ベトナム風牛スープ……168	ラム肉のレモンとオリーブ添え……210
バッファローブリスケットの蒸し焼き……178	ベネチア風鴨のラグー……091	ラムの厚切り肉 西洋かぼちゃ、豆、ミントを添えて……208
パテ・デ・ジビエ・アン・クルート……246	ポークカルニータス……117	ラムのじっくり煮 ファトゥーシュサラダ添え……206
鳩のタイ風スイート＆サワー煮……251	ポークシュニッツェルのクリーミーマスタードソースがけ	ラムの心臓のプルーン煮……275
鳩のバスティラ……250	……132	ラムのバーベキュー ミントのオランデーズソースがけ
鳩胸肉と春キャベツの海鮮醬炒め……117	ポークチョップのさつまいも、豆、タイム添え……208	……209
鳩胸肉のサラダ……252	ポークチョップのホイル焼き……123	ラムの干し草焼き アンチョビとケッパーのソース……208
ハムホックのキャベツとセロリ添え……135	ポークのカスレ……088	ラムバーガー 焼きトマトのレリッシュ添え……195
ハムホックの紫キャベツ添え……135	ポークリブのオーブンロースト……130	ラムヒレ肉 トマトとバジルのサラダ添え……202
ハンガリアン・グーラッシュ……113	ポークリブのバーベキュー……130	ラムラックの香草パン粉焼き……204
ビア缶チキン……080	北欧流マトンのハニーマスタード焼き 根菜添え……218	ラムロースと山羊チーズのロースト……202
ビーフ・グーラッシュ……156	ポソレ……113	ラムロースの赤ピーマン添え……203
ビーフ・ストロガノフ……169	ポッテド・ビーフ……156	ランカシャー・ホットポット……199
ビーフ・タルタル……169	ポッテド・ポーク（瓶詰めポーク）……114	リブアイのロースト……161
ビーフとグリーンピースのスパイシーパテ……152	ポットロースト・チキン……078	リブアイのロティスリー……161
ビーフのミートボール……063	ホロホロチョウとスモークベーコン……253	レバー、玉ねぎ、じゃがいものソテー……272
ビーフブライディー……195	マッツォ・ボール スープ……062	レモンとセージのウサギパイ……240
ビーフレッドカレー……178	マトンとかぶのカシミール風煮込み……218	レモンとタラゴンのチキンパイ……240
ピエ・ド・コション・ア・ラ・サントムヌー……284	マトンハム……217	ローストビーフ……176
ビゴス……110	マリネチキンのファヒータ……064	ローストポークのセージと玉ねぎ詰め……121
ひなバトのオーブン焼き……248	みすじのステーキ 黒オリーブバター添え……153	ロクロ・デ・パパ……075
ピリッとスパイシーな牛ヒレ 焼き野菜添え……165	ミルクで煮込んだマトンのモモ肉 ケッパー乗せ……218	わさびビーフと青梗菜……170
ビルマ風ゴールデン・ポーク……124	ムサカ……194	
ヒレステーキのブルーチーズソースがけ……163	蒸し焼きウズラのルクルス……253	
ファゴット……270	メイプルとマスタードクラストの牛リブ……160	
フィリピン風ビーフシチュー……154	モロッコ風山羊のバーベキュー……210	
プール・オ・ポ……076	モロッコ風ラム脚肉のバーベキュー……210	
フェイジョアーダ……135	モロッコ風レバーとハツの串焼き……272	
フェセンジャン……257	山羊肩肉のはちみつ漬け フラジョレット豆添え……220	
フォーファーブライディー……195	山羊コフタのバーベキュー……194	

素材別レシピ名索引

あ

◎アーモンド
アプリコットとプルーンのモロッコ風マトン煮込み‥‥216
オッソブッコのセロリ、セイヨウネギ、アーモンド添え
‥‥‥‥‥‥‥‥‥‥‥‥‥‥‥‥‥‥‥‥‥‥287
豚足のカスティリア風‥‥‥‥‥‥‥‥‥‥‥‥286
鳩のバスティラ‥‥‥‥‥‥‥‥‥‥‥‥‥‥‥250

◎アスパラガス
ラムチョップとフェンネルの包み焼き‥‥‥‥‥203
ラムのバーベキュー ミントのオランデーズソースがけ
‥‥‥‥‥‥‥‥‥‥‥‥‥‥‥‥‥‥‥‥‥‥209
ラムロースと山羊チーズのロースト‥‥‥‥‥‥202

◎アプリコット
アプリコットとプルーンのモロッコ風マトン煮込み‥‥216
タジン・ビル・ミシュミシュ‥‥‥‥‥‥‥‥‥200

◎アンチョビ
牛カルパッチョ‥‥‥‥‥‥‥‥‥‥‥‥‥‥‥162
仔羊ヒレ肉のアンチョビペースト焼き‥‥‥‥‥198
ダチョウのハンバーガー‥‥‥‥‥‥‥‥‥‥‥257
ビーフ・タルタル‥‥‥‥‥‥‥‥‥‥‥‥‥‥169
ポッテッド・ビーフ‥‥‥‥‥‥‥‥‥‥‥‥‥156
ラムの干し草焼き アンチョビとケッパーのソース‥‥208

◎イタリアンパセリ
アンダルシア風トリッパ‥‥‥‥‥‥‥‥‥‥‥279
エールの牛肉カルボナード‥‥‥‥‥‥‥‥‥‥154
オッソブッコ‥‥‥‥‥‥‥‥‥‥‥‥‥‥‥‥287
牛スネ肉の赤ワイン煮‥‥‥‥‥‥‥‥‥‥‥‥177
牛タンのビーツとケッパー添え‥‥‥‥‥‥‥‥282
牛ヒレ肉のスパイスチリ
赤ワインとマッシュルームのソースがけ‥‥‥‥168
牛ブリスケットとハーブのダンプリング添え‥‥158
牛頬肉のグレモラータがけ‥‥‥‥‥‥‥‥‥‥284
グルジア風キジ‥‥‥‥‥‥‥‥‥‥‥‥‥‥‥248
ケイジャン・アンドゥイユ・ガンボー‥‥‥‥‥139
仔牛のクリーム煮（ブランケット・ド・ヴォー）‥‥182
仔羊のシビレのクロスティーニ‥‥‥‥‥‥‥‥278
仔牛のシュニッツェル 目玉焼き、ケッパー、パセリ添え
‥‥‥‥‥‥‥‥‥‥‥‥‥‥‥‥‥‥‥‥‥‥180
仔牛のスカロピーネとサルサ・ヴェルデ‥‥‥‥179
仔牛のロースト レモン、オリーブ、ミニトマト添え‥‥182
仔牛の脳の黒バターがけ‥‥‥‥‥‥‥‥‥‥‥278
鹿のシヴェ‥‥‥‥‥‥‥‥‥‥‥‥‥‥‥‥‥234
鹿のレバー 玉ねぎ添え‥‥‥‥‥‥‥‥‥‥‥272
ショークルート・ガルニ‥‥‥‥‥‥‥‥‥‥‥123
スパイス風味のステーキ チミチュリーソース添え‥‥159
ダーティーライス‥‥‥‥‥‥‥‥‥‥‥‥‥‥274
ダチョウのハンバーガー‥‥‥‥‥‥‥‥‥‥‥257
チェルケシアン・チキンサラダ‥‥‥‥‥‥‥‥079
トリップ・ア・ラ・モード・ド・カーン‥‥‥‥280
鍋一つで作るスパニッシュチキンとライス‥‥‥070
西インドの山羊カレー‥‥‥‥‥‥‥‥‥‥‥‥221
ハーブのローストチキン‥‥‥‥‥‥‥‥‥‥‥080
鳩のバスティラ‥‥‥‥‥‥‥‥‥‥‥‥‥‥‥250
鳩胸肉のサラダ‥‥‥‥‥‥‥‥‥‥‥‥‥‥‥252
ビーフ・タルタル‥‥‥‥‥‥‥‥‥‥‥‥‥‥169
プール・オ・ポ‥‥‥‥‥‥‥‥‥‥‥‥‥‥‥076
フェセンジャン‥‥‥‥‥‥‥‥‥‥‥‥‥‥‥257
フォーファーブライディー‥‥‥‥‥‥‥‥‥‥195
豚脚肉のマリネ‥‥‥‥‥‥‥‥‥‥‥‥‥‥‥132
豚のビール煮込み‥‥‥‥‥‥‥‥‥‥‥‥‥‥110
プティ・サレとレンズ豆の煮込み‥‥‥‥‥‥‥127
ヘッドチーズ‥‥‥‥‥‥‥‥‥‥‥‥‥‥‥‥281
みすじのステーキ 黒オリーブバター添え‥‥‥153
ミルクで煮込んだマトンのモモ肉 ケッパー乗せ‥‥218
ムサカ‥‥‥‥‥‥‥‥‥‥‥‥‥‥‥‥‥‥‥194
蒸し焼きウズラのルクルス‥‥‥‥‥‥‥‥‥‥253
メイプルとマスタードクラストの牛リブ‥‥‥‥160
モロッコ風ラム脚肉のバーベキュー‥‥‥‥‥‥210
ラムスネ肉のライマメとセロリ添え‥‥‥‥‥‥214
ラムと根セロリのガレット‥‥‥‥‥‥‥‥‥‥205
ラムと大麦のシチュー‥‥‥‥‥‥‥‥‥‥‥‥198
ラムのじっくり煮 ファトゥーシュサラダ添え‥‥206
ラムバーガー 焼きトマトのレリッシュ添え‥‥195
ラムヒレ肉 トマトとバジルのサラダ添え‥‥‥202
ラムラックの香草パン粉焼き‥‥‥‥‥‥‥‥‥204
ラムロースと山羊チーズのロースト‥‥‥‥‥‥202
ラム肉のレモンとオリーブ添え‥‥‥‥‥‥‥‥210

◎インゲン豆
チョレント‥‥‥‥‥‥‥‥‥‥‥‥‥‥‥‥‥092
チリコンカルネ‥‥‥‥‥‥‥‥‥‥‥‥‥‥‥152
ポークのカスレ‥‥‥‥‥‥‥‥‥‥‥‥‥‥‥088

◎エール
エールの牛肉カルボナード‥‥‥‥‥‥‥‥‥‥154
山羊とエール、マッシュルームのポットパイ‥‥221

◎エシャロット
鴨のパテ‥‥‥‥‥‥‥‥‥‥‥‥‥‥‥‥‥‥085
ガチョウのポットパイ‥‥‥‥‥‥‥‥‥‥‥‥092
キジ胸肉とスモークパプリカ‥‥‥‥‥‥‥‥‥244
牛スネ肉の赤ワイン煮‥‥‥‥‥‥‥‥‥‥‥‥177
牛頬肉のグレモラータがけ‥‥‥‥‥‥‥‥‥‥284
コッコーヴァン‥‥‥‥‥‥‥‥‥‥‥‥‥‥‥070
ゴマのチキンサラダ‥‥‥‥‥‥‥‥‥‥‥‥‥078
鹿肉、エシャロット、栗の鍋煮込み‥‥‥‥‥‥234
鹿肉の赤ワイン煮込み‥‥‥‥‥‥‥‥‥‥‥‥235
鹿のシヴェ‥‥‥‥‥‥‥‥‥‥‥‥‥‥‥‥‥234
鹿の厚切り肉 アンズタケ添え‥‥‥‥‥‥‥‥236
ステーキと天然キノコのパイ‥‥‥‥‥‥‥‥‥172
ステーク・オ・ポワヴル‥‥‥‥‥‥‥‥‥‥‥173
スパイシーなタイ風ラムサラダ ライムドレッシング‥‥207
チキンとバジルソースのミートボール‥‥‥‥‥063
中華風牛肉と麺のスープ‥‥‥‥‥‥‥‥‥‥‥176
テンダーロインのパルマハム包みソーセージと
　　ゴルゴンゾーラチーズ詰め‥‥‥‥‥‥‥‥121
トムカーガイ‥‥‥‥‥‥‥‥‥‥‥‥‥‥‥‥076
鶏レバーとマルサラソース‥‥‥‥‥‥‥‥‥‥275
野ウサギのサドルとビーツ‥‥‥‥‥‥‥‥‥‥243
パテ・デ・ジビエ・アン・クルート‥‥‥‥‥‥246
ビーフ・タルタル‥‥‥‥‥‥‥‥‥‥‥‥‥‥169
ヒレステーキのブルーチーズソースがけ‥‥‥‥163
ブフ・アン・クルート‥‥‥‥‥‥‥‥‥‥‥‥166
ポッテッド・ポーク（瓶詰めポーク）‥‥‥‥‥114
メイプルとマスタードクラストの牛リブ‥‥‥‥160
ヤムヌア‥‥‥‥‥‥‥‥‥‥‥‥‥‥‥‥‥‥171
ラズベリーとカルダモングレーズの焼き鴨胸肉‥‥085
ラムケバブ ヨーグルトとザクロ添え‥‥‥‥‥196
ラムのバーベキュー ミントのオランデーズソースがけ
‥‥‥‥‥‥‥‥‥‥‥‥‥‥‥‥‥‥‥‥‥‥209
ラムバーガー 焼きトマトのレリッシュ添え‥‥195

◎エビ
ケイジャン・アンドゥイユ・ガンボー‥‥‥‥‥139

◎エンドウ豆
ガチョウのポットパイ‥‥‥‥‥‥‥‥‥‥‥‥092

◎オクラ
ケイジャン・アンドゥイユ・ガンボー‥‥‥‥‥139

◎オリーブ
ギリシャ風ラムシチュー‥‥‥‥‥‥‥‥‥‥‥196
仔牛のロースト レモン、オリーブ、ミニトマト添え‥‥182
七面鳥とオリーブのキッシュ‥‥‥‥‥‥‥‥‥083
チキン・カチャトラ‥‥‥‥‥‥‥‥‥‥‥‥‥074
チキン・タジン‥‥‥‥‥‥‥‥‥‥‥‥‥‥‥068
みすじのステーキ 黒オリーブバター添え‥‥‥153
ラム肉のレモンとオリーブ添え‥‥‥‥‥‥‥‥210

◎オレンジ

- 猪のドルチェフォルテ……236
- オックステールの焼き煮 ミカン添え……286
- オッソブッコ……287
- 牛肉のドーブ プルーン添え……155
- グルジア風キジ……248
- コチニータピビル……114
- 鹿肉の赤ワイン煮込み……235
- タジン・ビル・ミシュミシュ……200
- フェイジョアーダ……135
- モロッコ風ラム脚肉のバーベキュー……210
- 野生ガチョウのじっくり焼き……255
- 野生鴨の胸肉とソース・ビガラート……255

か

◎かぶ

- ウサギのサラダ……242
- トムカーガイ……076
- プール・オ・ポ……076
- マトンとかぶのカシミール風煮込み……218

◎キクイモ

- オックステールのキクイモ添え……286
- 燻製ハムのポットロースト……136

◎キノコ／マッシュルーム

- 牛スネ肉の赤ワイン煮……177
- 牛ヒレ肉のスパイスチリ 赤ワインとマッシュルームのソースがけ……168
- 仔牛のクリーム煮（ブランケット・ド・ヴォー）……182
- コッコーヴァン……070
- 仔羊のレバーとドライシェリー……275
- 鹿肉、エシャロット、栗の鍋煮込み……234
- 鹿のシヴェ……234
- 七面鳥のテトラジーニ……080
- 狩猟肉のキャセロール……252
- ステーキと天然キノコのパイ……172
- ダチョウのステーキ……254
- チキン・カチャトラ……074
- トムカーガイ……076
- 鶏レバーとマルサラソース……275
- 野ウサギとマッシュルームのシチュー……242
- バイソンのレッドカレー……178
- ビーフ・ストロガノフ……169
- ビゴス……110
- 豚の腎臓のトゥルビーゴ……279
- 豚のビール煮込み……110
- ブッサン蒸し煮とポレンタ……094
- ブフ・アン・クルート……166
- ブフ・ブルギニョン……177
- 山羊とエール、マッシュルームのポットパイ……221

- ラム脚肉の赤ワイン煮……211

◎キャベツ

- イワシャコのシャルトルーズ……249
- 仔羊のタン 緑の野菜とベーコン添え……283
- 鹿肉ソーセージ 根セロリのグラタンと紫キャベツの蒸し焼き添え……238
- トンカツ……123
- 鳩胸肉と春キャベツの海鮮醤炒め……117
- ハムホックの紫キャベツ添え……135
- 豚脚肉のマリネ……132
- 豚肉と春キャベツの炒めもの……117
- 山羊とキャベツのシチュー……220
- ラムチョップとなすの炭火焼き 紫キャベツのコールスロー添え……206

◎栗

- 鹿肉、エシャロット、栗の鍋煮込み……234

◎グリーンピース

- グリーンピースとハム、ジャガイモのスープ……134
- 七面鳥のテトラジーニ……080
- チキン・ジャンバラヤ……063
- 鍋一つで作るスパニッシュチキンとライス……070
- パスタ・カルボナーラ……129
- ビーフとグリーンピースのスパイシーパテ……152
- ファゴット……270
- 豚バラ肉のポルケッタ……127
- モロッコ風ラム脚肉のバーベキュー……210

◎クルミ

- アンダルシア風トリッパ……279
- ウォルドーフ・チキンサラダ……066
- グルジア風キジ……248
- 仔牛のほうれん草詰め……183
- チェルケシアン・チキンサラダ……079
- フェセンジャン……257
- ポッテッド・ビーフ……156

◎ケッパー

- 牛カルパッチョ……162
- 牛タンのビーツとケッパー添え……282
- 仔牛のシュニッツェル 目玉焼き、ケッパー、パセリ添え……180
- 仔牛のスカロピーネとサルサ・ヴェルデ……179
- 仔羊のシビレのクロスティーニ……278
- 仔羊ヒレ肉のアンチョビペースト焼き……198
- ダチョウのハンバーガー……257
- ビーフ・タルタル……169
- プール・オ・ポ……076
- ミルクで煮込んだマトンのモモ肉 ケッパー乗せ……218
- ラムの干し草焼き アンチョビとケッパーのソース……208

◎コーン

- ロクロ・デ・パパ……075

◎ココナッツ／ココナッツミルク

- 鴨のレッドタイカレー……090
- ケーララビーフ……157
- ゴア風仔牛のケバブ……183
- ココナッツと生姜のマトンカレー……217
- 西インドの山羊カレー……221
- トムカーガイ……076
- バイソンのレッドカレー……178
- フィリピン風ビーフシチュー……154

さ

◎ざくろ

- ラムケバブ ヨーグルトとザクロ添え……196
- ラムとザクロのトルコ風ピラフ……214
- ラムのじっくり煮 ファトゥーシュサラダ添え……206

◎サツマイモ

- ポークチョップのさつまいも、豆、タイム添え……208

◎ザワークラウト

- ショークルート・ガルニ……123
- バヴァリアンローストポーク……110
- ビゴス……110

◎サンド豆

- ポークチョップのさつまいも、豆、タイム添え……208
- ラムチョップとなすの炭火焼き 紫キャベツのコールスロー添え……206
- ラムの厚切り肉 西洋かぼちゃ、豆、ミントを添えて……208

◎生姜

- 猪のドライカレー……239
- 鴨のレッドタイカレー……090
- カリビアン・ジャーク・ビーフ……162
- 牛サーロインの生姜、はちみつ、醤油グレーズ焼き……172
- ケーララビーフ……157
- ゴア風仔牛のケバブ……183
- ココナッツと生姜のマトンカレー……217
- 鹿後脚のバーベキュー……236
- ジャマイカ風ジャーク・チキン……067
- チキン・カラヒ……071
- 中華風牛肉と麺のスープ……176
- トムカーガイ……076
- 豚足の砂糖煮……117
- ビーフとグリーンピースのスパイシーパテ……152
- ピエ・ド・コション・ア・ラ・サントムヌー……284
- ビルマ風ゴールデン・ポーク……124
- 豚肉の点心……109

豚のサテ ピーナッツソース添え……124	◎セロリ	カントリーハムと卵のレッドアイ・グレイビーとグリッツ
ベトナム風牛スープ……168	猪のドルチェフォルテ……236	添え……136
マトンとかぶのカシミール風煮込み……218	ウォルドーフ・チキンサラダ……066	刻みレバーとゆで卵……276
	ウサギのサラダ……242	クラシックバーガー……153
◎ジャガイモ	オッソブッコのセロリ、セイヨウネギ、アーモンド添え	クロック・マダム……138
アイリッシュシチュー……199	……287	仔牛のエスカロープ ピーマン添え……180
牛ヒレ肉のフライパン焼き……164	牛タンのビーツとケッパー添え……282	仔牛のクリーム煮（ブランケット・ド・ヴォー）……182
グリーンピースとハム、ジャガイモのスープ……134	牛ブリスケットとハーブのダンプリング添え……158	仔牛のシュニッツェル 目玉焼き、ケッパー、パセリ添え
コーニッシュ・ペイスティー……162	仔牛のクリーム煮（ブランケット・ド・ヴォー）……182	……180
仔羊のレバーと玉ねぎ……272	仔牛のタン……283	コーニッシュ・ペイスティー……162
チョリソーとパタタス・ブラバス……139	仔牛のほうれん草詰め……183	七面鳥とオリーブのキッシュ……083
チョレント……092	仔鴨のサルミ……256	スウェディッシュミートボール グレイビーソースがけ
バヴァリアンローストビーフ……110	ゴマのチキンサラダ……078	……108
バヴァリアンローストポーク……110	鹿肉の赤ワイン煮込み……235	スコッチエッグ……108
北欧流マトンのハニーマスタード焼き 根菜添え……218	狩猟肉のキャセロール……252	ステーキと天然キノコのパイ……172
ムサカ……194	ダーティーライス……274	タンドリー・チキン・サモサ……062
ラムと根セロリのガレット……205	チキン・カチャトラ……074	チキンとバジルソースのミートボール……063
ランカシャー・ホットポット……199	チリコンカルネ……152	チキン・パルメザン……067
ロクロ・デ・パパ……075	パテ・デ・ジビエ・アン・クルート……246	チョリソーとパタタス・ブラバス……139
	ハムホックのキャベツとセロリ添え……135	ツヴィーベルクーヘン……128
◎白インゲン豆	プティ・サレとレンズ豆の煮込み……127	トード・イン・ザ・ホール オニオングレイビーがけ……138
オックステールスープ……240	ブフ・ブルギニオン……177	鶏肉とデーツのエンパナーダ……068
カスレ……088	ベネチア風鴨のラグー……091	トンカツ……123
チョレント……092	ポットロースト・チキン……078	パスタ・カルボナーラ……129
ポークのカスレ……088	マトンハム……217	ハズリット……127
	メイプルとマスタードクラストの牛リブ……160	パッタイ……066
◎西洋かぼちゃ	山羊と大麦のシチュー……198	パテ・デ・ジビエ・アン・クルート……246
ピリッとスパイシーな牛ヒレ 焼き野菜添え……165	ヤマウズラとレンズ豆の蒸し焼き……250	鳩のパスティラ……250
ラムの厚切り肉 西洋かぼちゃ、豆、ミントを添えて……208	ラムスネ肉のライマメとセロリ添え……214	ビーフ・グーラッシュ……156
	ラムチョップとなすの炭火焼き 紫キャベツの	ビーフ・タルタル……169
◎セイヨウネギ	コールスロー添え……206	ビーフとグリーンピースのスパイシーパテ……152
オッソブッコのセロリ、セイヨウネギ、アーモンド添え	ラムと大麦のシチュー……198	ビーフのミートボール……063
……287		ファゴット……270
牛タンのビーツとケッパー添え……282	◎セロリアック（根セロリ）	プール・オ・ポ……076
牛ブリスケットとハーブのダンプリング添え……158	牛バラ肉のスパイス焼き ビーツ、クレームフレーシュ、	豚肉と鶏レバーのテリーヌ……271
トリップ・ア・ラ・モード・ド・カーン……280	ホースラディッシュ添え……158	豚肉の点心……109
プール・オ・ポ……076	鹿肉ソーセージ 根セロリのグラタンと紫キャベツの	ブフ・アン・クルート……166
ポットロースト・チキン……078	蒸し焼き添え……238	フリカデラ……109
マトンハム……217	鹿肉の赤ワイン煮込み……235	ポークシュニッツェルのクリーミーマスタードソースがけ
	フィリピン風ビーフシチュー……154	……132
◎セージ	ラムと根セロリのガレット……205	マッツォ・ボール スープ……062
仔牛のスカロピーネとサルサ・ヴェルデ……179		ムサカ……194
仔牛のレバーとセージ……271	◎ソラマメ	山羊とエール、マッシュルームのポットパイ……221
チキン・カチャトラ……074	アスツリア風豆煮込み……134	ラムコフタのグリル……194
トード・イン・ザ・ホール オニオングレイビーがけ……138		ラムチョップとフェンネルの包み焼き……203
鶏レバーのパテ……276	# た	ラムのバーベキュー ミントのオランデーズソースがけ
ハズリット……127		……209
ファゴット……270	◎卵	ラムの干し草焼き アンチョビとケッパーのソース……208
豚ロースのミルク煮……120	田舎風ステーキの黒胡椒グレイビーがけ……170	レモンとセージのウサギパイ……240
ブラックプディング……280	ガチョウのポットパイ……092	
ヘッドチーズ……281	鴨のパテ……085	◎チーズ
ポッテッド・ポーク（瓶詰めポーク）……114		牛カルパッチョ……162
レモンとセージのウサギパイ……240		キューバサンドイッチ……137
ローストポークのセージと玉ねぎ詰め……121		ギリシャ風ラムシチュー……196

クロック・マダム	138
クロック・ムッシュ	138
仔牛のエスカロープ ピーマン添え	180
仔牛のほうれん草詰め	183
裂いた豚のモレ・エンチラーダ	120
七面鳥のソーセージとビスケット	064
七面鳥のテトラジーニ	080
チキン・パルメザン	067
チキンとバジルソースのミートボール	063
チリコンカルネ	152
テンダーロインのパルマハム包み ソーセージと ゴルゴンゾーラチーズ詰め	121
パスタ・カルボナーラ	129
バッファローチキンウィング	072
ビーフのミートボール	063
ヒレステーキのブルーチーズソースがけ	163
ポソレ	113
ムサカ	194
ラムとザクロのトルコ風ピラフ	214
ラムロースと山羊チーズのロースト	202
ロクロ・デ・パパ	075

◎チコリー

チコリーの七面鳥とミントのせ	084

◎デーツ

鶏肉とデーツのエンパナーダ	068

◎唐辛子／カイエンペッパー

田舎風ステーキの黒胡椒グレイビーがけ	170
猪のドライカレー	239
ガイヤーン	095
ガチョウのポットパイ	092
カリビアン・ジャーク・ビーフ	162
カリブ風ジャークプッサン	094
牛サーロインの生姜、はちみつ、醤油グレーズ焼き	172
牛バラ肉のスパイス焼き ビーツ、クレームフレーシュ、ホースラディッシュ添え	158
牛ヒレ肉のスパイスチリ 赤ワインとマッシュルームのソースがけ	168
牛ヒレ肉のフライパン焼き	164
牛ファヒータ ワカモレとトマトサルサ添え	173
ケイジャン・アンドゥイユ・ガンボー	139
ケイジャン・スパイス・チキン	074
ゴア風仔牛のケバブ	183
ココナッツと生姜のマトンカレー	217
裂いた豚のモレ・エンチラーダ	120
サウザン・フライドチキン	071
鹿後脚のバーベキュー	236
七面鳥のスパッチコックグリル	083
七面鳥のスパッチコックロースト	083
七面鳥のソーセージとビスケット	064
ステーキのバルサミコ焼き ビーツ添え	164
スパイシーなタイ風ラムサラダ ライムドレッシング	207
ターダッキン	083
ダーティーライス	274
チェルケシアン・チキンサラダ	079
チキン・カラヒ	071
チキン・ジャンバラヤ	063
チキン・ティッカ・マサラ	075
チョリソーとパタタス・ブラバス	139
チリコンカルネ	152
鶏肉とデーツのエンパナーダ	068
鍋一つで作るスパニッシュチキンとライス	070
西インドの山羊カレー	221
バターミルクチキンとビスケット	064
パッタイ	066
バッファローチキンウィング	072
ビーフとグリーンピースのスパイシーパテ	152
ビルマ風ゴールデン・ポーク	124
フランゴ・ピリピリ	079
ヘッドチーズ	281
ベトナム風牛スープ	168
ポークリブのオーブンロースト	130
ポークリブのバーベキュー	130
ポッテド・ビーフ	156
マリネチキンのファヒータ	064
山羊とキャベツのシチュー	220
ラビット・カラヒ	071
ラムとザクロのトルコ風ピラフ	214
ラムのじっくり煮 ファトゥーシュサラダ添え	206
ラムの厚切り肉 西洋かぼちゃ、豆、ミントを添えて	208
ラムバーガー 焼きトマトのレリッシュ添え	195

◎トマト

鴨のレッドタイカレー	090
牛ファヒータ ワカモレとトマトサルサ添え	173
ギリシャ風ラムシチュー	196
ケイジャン・アンドゥイユ・ガンボー	139
仔牛のロースト レモン、オリーブ、ミニトマト添え	182
裂いた豚のモレ・エンチラーダ	120
七面鳥とオリーブのキッシュ	083
ステーキのバルサミコ焼き ビーツ添え	164
チキン・ティッカ・マサラ	075
チキン・パルメザン	067
チョリソーとパタタス・ブラバス	139
チリコンカルネ	152
ベネチア風鴨のラグー	091
ポソレ	113
ヤムヌア	171
ラムのじっくり煮 ファトゥーシュサラダ添え	206
ラムバーガー 焼きトマトのレリッシュ添え	195
ラムヒレ肉 トマトとバジルのサラダ添え	202

◎トルティーヤ

牛ファヒータ ワカモレとトマトサルサ添え	173
裂いた豚のモレ・エンチラーダ	120
ポークカルニータス	117
マリネチキンのファヒータ	064

な

◎なす

ピリッとスパイシーな牛ヒレ 焼き野菜添え	165
フィリピン風ビーフシチュー	154
ムサカ	194
ラムチョップとなすの炭火焼き 紫キャベツのコールスロー添え	206

は

◎パースニップ（白人参）

牛ヒレ肉のフライパン焼き	164
燻製ハムのポットロースト	136
北欧流マトンのハニーマスタード焼き 根菜添え	218

◎パイ

ガチョウのポットパイ	092
コーニッシュ・ペイスティー	162
ステーキと天然キノコのパイ	172
パテ・デ・ジビエ・アン・クルート	246
フォーファーブライディー	195
レモンとセージのウサギパイ	240
レモンとタラゴンのチキンパイ	240
山羊とエール、マッシュルームのポットパイ	221

◎パイナップル

鴨のレッドタイカレー	090
カリビアン・ジャーク・ビーフ	162
豚脚肉のグレーズ焼き	118

◎バジル

鴨のレッドタイカレー	090
チキンとバジルソースのミートボール	063
チキン・パルメザン	067
ラムヒレ肉 トマトとバジルのサラダ添え	202
ラムロースの赤ピーマン添え	203

◎パスタ

オックステールの焼き煮 ミカン添え	286
ギリシャ風ラムシチュー	196
七面鳥のテトラジーニ	080
チキンとバジルソースのミートボール	063
チキン・パルメザン	067
野ウサギとマッシュルームのシチュー	242
パスタ・カルボナーラ	129
ブフ・ブルギニョン	177
ベネチア風鴨のラグー	091

◎バターミルク

サウザン・フライドチキン	071

INDEX 317

七面鳥のソーセージとビスケット……064
バターミルクチキンとビスケット……064
バッファローチキンウィング……072

◎ビーツ
牛タンのビーツとケッパー添え……282
牛バラ肉のスパイス焼き ビーツ、クレームフレーシュ、
　ホースラディッシュ添え……158
ステーキのバルサミコ焼き ビーツ添え……164
野ウサギのサドルとビーツ……243

◎ピーナッツ
スパイシーなタイ風ラムサラダ ライムドレッシング…207
パッタイ……066
フィリピン風ビーフシチュー……154
豚のサテ ピーナッツソース添え……124
ヤムヌア……171

◎ピーマン
アンダルシア風トリッパ……279
ケイジャン・アンドゥイユ・ガンボー……139
仔牛のエスカロープ ピーマン添え……180
ダーティーライス……274
チキングーラッシュ……113
チキン・ジャンバラヤ……063
チタリングス……281
チリコンカルネ……152
鍋一つで作るスパニッシュチキンとライス……070
バイソンのレッドカレー……178
鳩のタイ風スイート＆サワー煮……251
ハンガリアン・グーラッシュ……113
ビーフ・グーラッシュ……156
ビーフレッドカレー……178
ピリッとスパイシーな牛ヒレ 焼き野菜添え……165
マリネチキンのファヒータ……064
ラビット・カラヒ……071
ラムのバーベキュー ミントのオランデーズソースがけ
　……209
ラムロースの赤ピーマン添え……203

◎ビール
エールの牛肉カルボナード……154
バッファローブリスケットの蒸し焼き……178
ビア缶チキン……080
豚のビール煮込み……110
北欧流マトンのハニーマスタード焼き 根菜添え……218
山羊とエール、マッシュルームのポットパイ……221

◎ピスタチオ
鴨のパテ……085
狩猟肉のテリーヌ……256
モロッコ風ラム脚肉のバーベキュー……210

◎ひよこ豆
アンダルシア風トリッパ……279
カンガルーテールとひよこ豆のスープ……240

◎ピント豆
ポソレ……113

◎フェンネル
猪のドライカレー……239
ケーララビーフ……157
豚バラ肉のポルケッタ……127
ラムチョップとフェンネルの包み焼き……203

◎ブドウ
蒸し焼きウズラのルクルス……253

◎フラジョレット豆
山羊肩肉のはちみつ漬け フラジョレット豆添え……220

◎ブラックビーンズ
フェイジョアーダ……135

◎ブラックベリー
鹿のステーキ ブラックベリー添え……238
ブラックベリーグレーズのポークチャップ……085
野生ガチョウのじっくり焼き……255

◎プルーン
アプリコットとプルーンのモロッコ風マトン煮込み……216
猪のドルチェフォルテ……236
ウサギとプルーンの煮込み……275
オックステールの焼き煮 ミカン添え……286
牛肉のドーブプルーン添え……155
ビゴス……110
ラムの心臓のプルーン煮……275

◎ホースラディッシュ
牛バラ肉のスパイス焼き ビーツ、クレームフレーシュ、
　ホースラディッシュ添え……158
牛ヒレ肉のフライパン焼き……164
牛ブリスケットとハーブのダンプリング添え……158
ステーキのバルサミコ焼き ビーツ添え……164
リブアイのロティスリー……161

ま

◎マッシュルーム／キノコ
牛スネ肉の赤ワイン煮……177
牛ヒレ肉のスパイスチリ 赤ワインとマッシュルームの
　ソースがけ……168
仔牛のクリーム煮（ブランケット・ド・ヴォー）……182
コッコーヴァン……070

仔羊のレバーとドライシェリー……275
鹿肉、エシャロット、栗の鍋煮込み……234
鹿のシヴェ……234
七面鳥のテットラジーニ……080
狩猟肉のキャセロール……252
ステーキと天然キノコのパイ……172
ダチョウのステーキ……254
チキン・カチャトラ……074
トムカーガイ……076
鶏レバーとマルサラソース……275
野ウサギとマッシュルームのシチュー……242
バイソンのレッドカレー……178
ビーフ・ストロガノフ……169
ビゴス……110
豚の腎臓のトゥルビーゴ……279
豚のビール煮込み……110
プッサン蒸し煮とポレンタ……094
ブフ・アン・クルート……166
ブフ・ブルギニヨン……177
山羊とエール、マッシュルームのポットパイ……221
ラム脚肉の赤ワイン煮……211

◎ミント
アプリコットとプルーンのモロッコ風マトン煮込み……216
カンガルーテールとひよこ豆のスープ……240
ギリシャ風ラムシチュー……196
スパイシーなタイ風ラムサラダ ライムドレッシング……207
タジン・ビル・ミシュミシュ……200
チコリーの七面鳥とミントのせ……084
ビーフとグリーンピースのスパイシーパテ……152
ピリッとスパイシーな牛ヒレ 焼き野菜添え……165
モロッコ風ラム脚肉のバーベキュー……210
モロッコ風山羊のバーベキュー……210
ヤムヌア……171
ラムケバブ ヨーグルトとザクロ添え……196
ラムとザクロのトルコ風ピラフ……214
ラムの厚切り肉 西洋かぼちゃ、豆、ミントを添えて……208
ラムのバーベキュー ミントのオランデーズソースがけ
　……209
ラムの干し草焼き アンチョビとケッパーのソース……208
ラムバーガー 焼きトマトのレリッシュ添え……195

◎麺
中華風牛肉と麺のスープ……176
パッタイ……066
ベトナム風牛スープ……168

ら

◎ライス
猪のドライカレー……239
鴨のレッドタイカレー……090
キジ胸肉とスモークパプリカ……244

ケイジャン・アンドゥイユ・ガンボー……………139	オッソブッコ……………287	ラム脚肉の赤ワイン煮……………211
仔牛のクリーム煮（ブランケット・ド・ヴォー）……182	オッソブッコのセロリ、セイヨウネギ、アーモンド添え	ラム脚肉のバタフライ……………211
ココナッツと生姜のマトンカレー……………217	……………287	ラムと大麦のシチュー……………198
塩漬けレモンのローストプッサン……………095	イワシャコのシャルトルーズ……………249	ラムと根セロリのガレット……………205
ダーティーライス……………274	ウサギのマスタード添え……………240	ラムのじっくり煮 ファトゥーシュサラダ添え……206
チキン・ジャンバラヤ……………063	カスレ……………088	ラムの心臓のプルーン煮……………275
チキン・ティッカ・マサラ……………075	キジとベーコンのポットロースト……………245	ラムのバーベキュー ミントのオランデーズソースがけ
チリコンカルネ……………152	牛スネ肉の赤ワイン煮……………177	……………209
鶏肉とライスのスープ……………076	牛肉のドーブ プルーン添え……………155	ラムラックの香草パン粉焼き……………204
豚足のカスティリア風……………286	牛バラ肉のスパイス焼き ビーツ、クレームフレーシュ、	ラムロースの赤ピーマン添え……………203
鍋一つで作るスパニッシュチキンとライス……070	ホースラディッシュ添え……………158	ローストポークのセージと玉ねぎ詰め……………121
西インドの山羊カレー……………221	牛ヒレ肉のスパイスチリ 赤ワインとマッシュルームの	
バイソンのレッドカレー……………178	ソースがけ……………168	◎わけぎ
鳩のタイ風スイート＆サワー煮……………251	牛ヒレ肉のフライパン焼き……………164	仔羊ヒレ肉のアンチョビペースト焼き……………198
ビーフ・ストロガノフ……………169	ギリシャ風ラムシチュー……………196	ジャマイカ風ジャーク・チキン……………067
ビーフレッドカレー……………178	グルジア風キジ……………248	ステーキのバルサミコ焼き ビーツ添え……………164
フェイジョアーダ……………135	仔牛ラックのロースト ペスト添え……………178	中華風牛肉と麺のスープ……………176
フェセンジャン……………257	仔牛のクリーム煮（ブランケット・ド・ヴォー）……182	豚足の砂糖煮……………117
豚の腎臓のトゥルビーゴ……………279	仔牛のほうれん草詰め……………183	パッタイ……………066
野生鴨の胸肉とソース・ビガラート……………255	仔牛のロースト レモン、オリーブ、ミニトマト添え……182	フィリピン風ビーフシチュー……………154
ラムとザクロのトルコ風ピラフ……………214	仔鴨のサルミ……………256	豚肉の点心……………109
ラムの心臓のプルーン煮……………275	コッコーヴァン……………070	北京ダック……………090
	鹿肉、エシャロット、栗の鍋煮込み……………234	ベトナム風牛スープ……………168
◎ライマメ	鹿肉の赤ワイン煮込み……………235	モロッコ風山羊のバーベキュー……………210
ラムスネ肉のライマメとセロリ添え……………214	鹿のシヴェ……………234	モロッコ風ラム脚肉のバーベキュー……………210
	鹿のステーキ ブラックベリー添え……………238	ヤムヌア……………171
◎りんご	七面鳥のテトラジーニ……………080	ラム肉のレモンとオリーブ添え……………210
ウォルドーフ・チキンサラダ……………066	狩猟肉のキャセロール……………252	
キジのノルマンディー風……………245	ショークルート・ガルニ……………123	
鹿肉ソーセージ 根セロリのグラタンと紫キャベツの	ステーキのバルサミコ焼き ビーツ添え……………164	
蒸し焼き添え……………238	チキン・カチャトラ……………074	
ショークルート・ガルニ……………123	トード・イン・ザ・ホール オニオングレイビーがけ…138	
ブラックプディング……………280	豚足のカスティリア風……………286	
ポークチョップのホイル焼き……………123	野ウサギのサドルとビーツ……………243	
	ノロジカ脚肉のバタフライ……………211	
◎レーズン	ピエ・ド・コション・ア・ラ・サントムヌー……………284	
猪のドルチェフォルテ……………236	ヒレステーキのブルーチーズソースがけ……………163	
野ウサギのチョコレートソースがけ……………244	プール・オ・ポ……………076	
ハムホックの紫キャベツ添え……………135	豚脚肉のマリネ……………132	
野生ガチョウのじっくり焼き……………255	豚とクラム……………114	
ラムとザクロのトルコ風ピラフ……………214	豚の腎臓のトゥルビーゴ……………279	
	プッサン蒸し煮とポレンタ……………094	
◎レンズ豆	ブフ・ブルギニョン……………177	
プティ・サレとレンズ豆の煮込み……………127	ベーコンジャム……………128	
ヤマウズラとレンズ豆の蒸し焼き……………250	ベネチア風鴨のラグー……………091	
	ポークシュニッツェルのクリーミーマスタードソースがけ	
# わ	……………132	
	ホロホロチョウとスモークベーコン……………253	
◎ワイン	みすじのステーキ 黒オリーブバター添え……………153	
アンダルシア風トリッパ……………279	ムサカ……………194	
猪のドルチェフォルテ……………236	蒸し焼きウズラのルクルス……………253	
オックステールのキクイモ添え……………286	メイプルとマスタードクラストの牛リブ……………160	
オックステールの焼き煮 ミカン添え……………286	山羊と大麦のシチュー……………198	
	ヤマウズラとレンズ豆の蒸し焼き……………250	

【著者】ニコラ・フレッチャー

世界で最も権威ある肉専門家のひとり。30年以上前に英国初の鹿牧場を夫とともに拓くほか、コンサルタントや講演も行い、肉に関することすべての教育指導者として活躍している。また、『Ultimate Venison Cookery (2007)』や『Sausage (2012)』を含む8冊の本の共著者としても知られる。食物史家としての受賞歴を経て、鹿肉業への重要な貢献が認められ、現在も暮らすスコットランドにて2014年度のMBE（大英帝国勲章）を受勲。

デザイン	工藤亜矢子（OKAPPA DESIGN）
編集協力	塩川純佳
校正	佑文社
DTP	株式会社リングウッド社

【監修】田辺晋太郎

一般社団法人「食のコンシェルジュ協会」代表理事。「肉のコンシェルジュ」「肉マイスター」」としてテレビ・ラジオの出演、および雑誌の監修や連載などを手がける。食肉の知識、調理法、扱い方など多様な分野において造詣が深く、生産者、料理人など専門家からの支持も篤い。

【翻訳】リース恵実

イラストレーター、翻訳・通訳者。京都にてアメリカ人の父と日本人の母の間で育つ。19歳で大学進学を目的に渡米し、NYで7年間を過ごした後、アートや食の分野を中心に活動中。著書に『ビール語辞典』（誠文堂新光社）がある。

プロのための肉料理大事典
牛・豚・鳥からジビエまで300のレシピと技術を解説

2016年9月16日　発行　　　　　　　　　　　　　　　　NDC 596

著　者　　ニコラ・フレッチャー
発行者　　小川雄一
発行所　　株式会社誠文堂新光社
　　　　　〒113-0033　東京都文京区本郷3-3-11
　　　　　（編集）電話03-5800-3614
　　　　　（販売）電話03-5800-5780
　　　　　http://www.seibundo-shinkosha.net/

© 2016, Dorling Kindersley Limited.　　　　　　　　　Printed in China

検印省略
禁・無断転載
落丁・乱丁本はお取り替え致します。

本書のコピー、スキャン、デジタル化等の無断複製は、著作権法上での例外を除き、禁じられています。本書を代行業者等の第三者に依頼してスキャンやデジタル化することは、たとえ個人や家庭内での利用であっても著作権法上認められません。

Ⓡ〈日本複製権センター委託出版物〉本書の全部または一部を無断で複写複製（コピー）することは、著作権法上での例外を除き、固く禁じられています。本書をコピーされる場合は、事前に日本複製権センター（JRRC）の許諾を受けてください。
JRRC〈http://www.jrrc.or.jp/〉 E-mail: jrrc_info@jrrc.or.jp　電話03-3401-2382〉

ISBN978-4-416-51628-7

Original Title: The Meat Cookbook
Copyright © 2014 Dorling Kindersley Limited
A Penguin Random House Company

Japanese translation rights arranged with
Dorling Kindersley Limited, London
through Fortuna Co., Ltd. Tokyo
For sale in Japanese territory only.

Printed and Bound in China

A WORLD OF IDEAS: SEE ALL THERE IS TO KNOW
www.dk.com